한국 저작권 법제사 100년

최경수 崔京洙

1956년 출생.

학력 고려대학교 법과대학 법학과(법학사), 영국 Dundee대학교 대학원(법학석사), 고려대학교 일반대학원(법학박사)

경력 저작권심의조정위원회 연구위원, 미국 Harvard대학교 방문연구원, 미국 Fordham대학교 방문학자, 한국저작권위원회 연구위원, 연구실장 등 역임.

우루과이라운드 지적재산권 협상 정부 대표, WIPO 저작권조약 및 실연·음반조약 외교회의 정부 대표, WIPO 시청각실연 보호에 관한 외교회의 정부 대표 및 외교회의 부의장, 한·미 FTA 지적재산권 분야 협상 정부 대표, 한·EU FTA 지적재산권 분야 협상 정부 대표, 한·중 FTA 지적재산권 분야 협상 정부 대표

연구실적 『국제지적재산권법』(개정판, 도서출판 한울, 2017), 『저작권법 개론』(도서출판 한울, 2010) 외 논문 다수

이메일 dochocha@gmail.com

한국 저작권 법제사 100년

최 경 수 지음

초판 1쇄 발행 2018년 10월 25일

펴낸이 오일주
펴낸곳 도서출판 혜안

등록번호 제22-471호
등록일자 1993년 7월 30일

주 소 ㊥04052 서울시 마포구 와우산로 35길 3(서교동) 102호
전 화 3141-3711~2
팩 스 3141-3710
이메일 hyeanpub@hanmail.net

ISBN 978-89-8494-615-6 93360

값 30,000 원

<이 도서는 한국출판문화산업진흥원 2018년 우수출판콘텐츠 제작 지원 사업 선정작입니다.>

한국 저작권 법제사 100년

최 경 수 지음

혜안

머리말

역사는 우리에게 과거에서 교훈을 얻을 것을 끊임없이 가리키고 가르치고 있다. 필자는 30년가량 저작권법을 공부했지만, 그 뿌리가 무엇이고, 우린 어디에 있으며 어디로 가고 있는지 되돌아보는 시간은 갖지 못했다. 저작권법의 골격을 이해하고 그 안에 흐르는 사상을 짚어보기까지는 시간이 필요했다. 이런 과정을 거치면서 법제사로 관심이 이어졌다. 다소 늦은 출발이었다.

법제사 연구는 사료와 자료에 접근하고 이를 해독하는 작업을 거친다. 저작권 분야 사료는 한문, 일본어, 프랑스어, 영어 등으로 기록돼 있다. 필자는 서양 언어보다 동양 언어 해독 능력이 취약했다. 지난 몇 년간 일본어를 배우면서 취약 부분을 보완했다. 일본어 자료들이 눈에 들어오기 시작하면서 연구에 자신감이 붙었다. 오히려 늦은 출발이 연구의 질을 높이는 데 도움이 되었다.

법제사 연구는 단순히 과거 기록을 살펴보는 데 머물지 않는다. 먼지에 쌓여 있는 보석을 발굴하고, 그 진가를 알아내는 작업이다. 그 과정에서 새로운 것, 기념비적인 것들을 찾아내는 희열을 맛본다. 필자는 법제사 연구를 통해 선현들이 어떤 사상을 토대로 저작권 제도를 만들었는지, 제도의 이론적 기반은 무엇이었는지, 제도 정착 과정에서 어떤 고민을 했고 얼마나 정진했는지 깨닫는 한편, 이를 후세에 전하는 다리 역할을 하고자 했다. 그것만으로 영광이고 그럴 수 있다면 행복하다.

이 저술은 법제사 연구 시리즈 중 1편이라 할 수 있다. 지난 130여 년의 역사를 불과 몇 백 쪽에 지나지 않는 이 저술 안에 가둘 수는 없는 것이다. 법률이 사람들의 생활관계를 규율하는 것이니만큼 사람들이 살아왔던 수많은 모습을 살펴볼 수 있기 때문이다. 연구 결과는 오로지 필자의 몫이다. 부족한 부분은 후학들이 채워줄 것으로 믿는다.

이 저술은 한국저작권위원회에서 2017년 발간한 『저작권법 기초 연구Ⅱ : 법제정 전후 저작권 법제사』를 고치고 다듬은 것이다. 30년 가까이 역사 서적을 고집해온 도서출판 혜안에서 이 책을 출판하기로 결단을 내리고 필자에게 기회를 주었다. 오일주 사장님께 감사드린다.

목 차

일러두기

1. 문헌상 인물을 호칭할 때 경칭을 사용하지 않았다. 활동 시기에 따라 경칭 사용 여부를 가리는 것도 그렇고, 학술 도서에서 경칭을 사용하는 것도 어색하기 때문이다. 독자의 양해를 구한다.
2. 1945년 이후 국내에서 발행되거나 공개된 모든 문헌이나 자료에서 사용된 한자는 모두 한글로, 한자로 된 숫자는 아라비아 숫자로 바꿨다. 이들 문헌이나 자료의 발행 연월일 표시 또한 같은 방법으로 바꿨다. 이해의 편의를 위해 괄호 안에 한자를 넣기도 했다.
3. 1950년대까지 국내에서 발표된 기사와 논문 및 저서(공식 문서 제외)를 직접 인용할 때에는, 별도로 언급하지 않는 한, 본문에서 사용된 표현은 그대로 두되, 띄어쓰기는 현대 문법에 맞췄다.
4. 법학 분야에서 일반적으로 사용하는 방식으로 출처 표시를 했다[예를 들어, 장인숙, 「현행저작권법에 관한 문제점 해설」, 『문예진흥』, 제3권 제3호(1976), 33~36쪽.]. 잡지나 정기간행물의 원본에 접근하지 못해 해당 권이나 호에 관한 정보를 알 수 없는 경우에는 국회도서관과 국립중앙도서관(이들 도서관에서는 권이나 호에 관한 정보를 알 수 있는 간행물 표지 정보를 제공하지 않는다)에서 제공한 서지사항을 반영했다.
5. 링크된 자료는 연구기간(2017년 5월 12일부터 11월 12일) 중에 인터넷에서 찾은 것이다. 해당 링크에서는 별도로 접속 날짜를 표시하지 않았다.
6. 본문이나 부록에서 원문을 인용하거나 수록할 때 원문 문헌상의 단락이나 행간, 들여쓰기나 내어쓰기 등을 부득이 수정했다.

제1장 서론

1. 저술의 목적

이 저술의 목적은 크게 두 가지라 할 수 있다. 첫째는 유럽의 저작권 사상이 우리나라에 찾아온 이래 우리 저작권 법제도가 정착되는 과정을 추적하는 것이다. 둘째는 법제도 변천을 확인할 수 있는 자료를 수집하여 제공하는 것이다. 가급적 텍스트 파일로 디지털화한 뒤 이를 제공하는 목표도 가지고 있다. 이것은 후학들이 자료를 추적하고 찾는 시간을 획기적으로 줄임으로써 연구 그 자체에 집중할 수 있도록 하기 위한 것이다. 첫째 목적은 둘째 목적에 부수하는 것으로, 필자는 수집 자료를 가지고 가급적 객관적으로 분석하고 평가하겠지만 역사 연구가 그렇듯이 그 객관성은 상대적일 수밖에 없다.[1] 이들 작업은 우리 저작권 법제도가 시기적으로 단절되었다는 오해를 덜어주기 위한 의미도 있다. 흩어진 사료와 자료를 찾아 집적함으로써 역사의 궤적을 복원하는 '원대한' 목표를 부분적으로나마 실현하고자 하는 희망이 담겨 있는 것이다.

---

1) 우리에게 역사적인 사실은 순수한 것이 아니다. 그것은 기록자의 마음으로부터 굴절되어 나오는 것이다. 우리는 과거를 현재의 눈으로 본다. 역사가는 현재에 살면서 자신이 살고 있는 환경에 얽매인다. 역사가는 과거의 사실들을 추출한 뒤 이를 스스로 해석한다. E. H. Carr, *What is History*, Penguin Books, 2nd ed., 1987, pp.22, 24, 30.

법제사는 "인간의 생활을 법이라는 측면에서 역사적으로 고찰하는 것을 목적으로 하는 학문"으로, "사회생활의 기본적 기틀이 되는 질서로서의 법이 원초적 사회의 가장 단순한 기본요소로부터 시작하여 현행법의 복잡한 체계를 이루기에 이르기까지 발전하여 온 변동의 과정을 탐구하는 것을 내용으로" 한다. 우리나라 법제사는 제도적 연속성은 떨어지지만 법이념 내지 법의식 측면에서는 역사적 연속성이 있다.[2] 우리 저작권 법제사도 이 점에서는 다르지 않다. 다만, 저작권법은 다른 분야에 비해 국제적으로도 역사가 짧다는 점, 조선 후기에 유럽의 저작권 사상이 우리나라에 흘러들어와 사상적 토대가 마련된 점, 1908년 이래 유럽의 제도를 배워 만든 일본의 법제도가 직접 우리나라에 도입되었고 광복 이후에도 간접적으로 지속적으로 영향을 미쳤다는 점에서, 제도적 연속성은 상대적으로 높게 유지되고 있다 할 수 있다.

일본의 법제도가 어떻게 우리 사회에 뿌리를 내렸는지 살펴보고, 우리 선현들이 광복 이후 1957년 저작권법 제정 과정에서 일본을 극복하려 노력했는지 되돌아보는 것은 우리가 기존의 법률과 제도를 다듬고 개선하는 과정에서 필요한 작업이라 생각한다. 이제까지 단편적이고[3] 개괄적인 연구[4]가 이뤄진 적은 있지만 포괄적인 법제사 연구는 아직까지 존재하지 않았다는 점에서 연구의 필요성은 크다 하겠다.

---

2) 박병호, 『한국법제사』, 민속원, 2012, 5쪽.

3) 대표적으로는, 곽중섭, 「우리나라 저작권법의 발전과정 연구」, 『계간 저작권』, 1992년 봄호, 45~51쪽. 이 논문은 시기적으로 1908년부터 1957년까지를 연구 대상으로 삼고 있다.

4) 가장 대표적인 저술로는 두 가지가 있다 : 허희성, 「한국 저작권법의 제·개정 역사」, 『저작권법 제·개정 관련 국회 회의록』[2], 저작권관계자료집 33, 저작권심의조정위원회, 2000, 217~283쪽 ; 문화관광부·저작권위원회, 『한국저작권 50년사』, 2007. 전자는 법학자의 시각에서 1908년부터 2000년까지 다루고 있고, 후자는 역사가의 관점에서 고려시대부터 2006년까지 다루고 있다. 논문 형식으로 저작권 법제 성립 과정을 추적한 저술도 있다. 박성호, 「한국에 있어서 저작권법제의 도입과 전개」, 『계간 저작권』, 1999년 겨울호, 2~14쪽.

2. 집필의 범위와 한계

가. 집필 범위

조선 후기부터 일제시대까지 법제사의 영역에서 다룰 만한 내용을 담고 있는 사료와 자료가 없는 것은 아니다. 그렇다고 많지도 않다. 이제까지 우리 저작권 제도사에 관한 연구를 보면 유길준의 『서유견문』으로 시작한다.[5] 저작권 제도에 관해 언급하고 있는 것은 『서유견문』만이 아니다. 그에 앞서 조선왕조실록에도 기록이 존재하고 있다. 1908년 저작권에 관한 미·일 조약과, 이어 제정된 한국저작권령에 관한 기록도 다수 발견되고 있다. 곧이어 합방[6]으로 일본의 법률이 우리나라에 그대로 시행되면서 일본의 각종 법령, 칙령, 시행규칙 등도 우리 법제사에 한 자리씩 차지하고 있다. 관련하여 2차 사료 내지 자료로서 신문 기사, 논문 등도 꽤나 찾아볼 수 있다.

광복 후 1986년 저작권법 전문 개정에 이르는 시기에는 별도로 조사해서 분류해야 할 만큼 자료가 쏟아져 나왔다. 저작권법 제정 과정만 해도 국회가 입법에 심혈을 기울였다는 점, 정부는 법 제정 후 그 시행을 위해 여러 정책을 고민하고 실제 수행했다는 점도 확인할 수 있다.

필자는 이 저술에서, 시기적으로 그리고 연구 범위와 관련해 다음을 염두에 두었다. 첫째, 저작권 제도가 공식적으로 도입될 때까지 우리나라에 유입된 저작권 사상을 살펴보는 것이다. 조선 후기 유럽의 문물이 우리나라

---

5) 예를 들어, 박성호, 앞의 논문, 7쪽. 이 연구를 그대로 따르고 있는 것으로, 문화관광부·저작권위원회, 위의 책, 61쪽 참조.

6) 한일합병이든 한일합방이든 적절한 용어가 될 수 없다 한다. 합병의 불법성 때문이다. 병탄이란 용어가 적절하다고 한다. http://www.hani.co.kr/arti/opinion/column/398270.html. 한일합방을 대신해서 경술국치라는 표현도 있다. 여기서는 단지 중립적인 용어를 택해 합방이라는 용어를 사용한다. 물론 일제 침략의 적법성을 추호도 용인할 생각은 없다. 그 합방은 강제적인 것이었기 때문이다.

에 들어오면서 저작권 사상도 함께 유입되었는바, 『서유견문』 등을 통해 당시 선각자들이 받아들인 저작권 사상을 검토하고자 한다.

둘째, 1908년 이후 일제 식민지 시대를 거치면서 일본 제도가 어떤 과정과 방식으로 우리나라에 '이식'되었고, 수용되었는지 살펴보기로 한다.

셋째, 1957년 저작권법(이하 구법이라 한다)이 어떻게 탄생했는지, 그리고 그 과정에서 입법부는 어떤 활동을 했는지 알아보는 것이다.

넷째, 구법의 체계나 구성상의 특징, 주요 조문의 의미 등을 중심으로 구법을 '해제(解題)'하는 작업을 하는 것이다. 아울러 법시행 후의 정부의 정책과 새로운 제도에 대해서도 다루기로 한다. 이 과정에서 일본 저작권법이 우리 법에 얼마나 어떻게 투영됐는지도 함께 검토하고자 한다.

나. 집필의 한계

필자는 구법이 효력을 다할 때까지, 관련 모든 사료와 자료를 수집하고 이를 가급적 텍스트 자료로 변환하여 제공하는 목적으로 작업을 시작했다. '연구' 못지않게 '수집'과 '조사'가 주요 작업이었던 것이다. 필자가 확보한 자료들은 오래된 사료와 문헌이 많고 이들 자료는 거의 대부분 이미지 형태의 자료로 제공되고 있다. 필자는 이들 자료 중 연구자들에게 꼭 필요하다 생각되는 자료들을 텍스트 자료로 변환하여 부록에 넣었다. 일종의 오픈 액세스 활동에 동참하는 뜻이기도 하다.

필자는 작업 초기에 연구 대상으로 구상했던 범위를 모두 저술에 반영하지 못했다. 예를 들어 다음과 같은 것들이 있다. 첫째, 민간 부분, 특히 창작자들이 저작권 보호를 위해 어떠한 활동을 펼쳤는지, 법시행 후 법제도 개선을 위해 어떤 역할을 했는지 하는 것이다.

둘째, 일제시대와 구법 시대의 판례를 상당수 수집했음에도 불구하고 이에 관해 다루지 못했다는 점이다. 법을 어떻게 해석하고, 법이 어떻게 작동하는지 살펴볼 수 있는 중요한 작업임에도 불구하고 미처 이에 손길이 미치지 못했다.

셋째, 법제사 연구에서 저작권법과 출판법과의 관계 또한 규명해야 할 영역으로 보인다. 특히 일제시대에는 출판 규제가 저작권 보호에 제약 요인이었을 것으로 추정할 수 있음에도 이를 살펴볼 여유가 없었다.

넷째, 개괄적인 연구를 탈피하고자 하는 의지를 관철하지 못했다. 연구 대상 하나하나에 구체적으로 접근하기에는 필자의 연구 역량으로 소화할 수 없는 경우가 많았기 때문이다. 예를 들어, 일제시대 저작권 관련 법령의 효력과 관련해서는 일제 식민지에 대한 법적 평가와 당시 법령의 체계와 해석에 관한 연구를 바탕에 두고 검토가 돼야 한다. 그런가 하면, 일제가 체결한 각종 조약이 우리나라에 효력이 있는지, 언제까지 효력이 있는지 여부는 당시 일제가 조약을 체결하는 관행, 조약이 헌법상 어떤 지위를 가지는지 여부에 대해서도 조예가 있어야 한다. 각론에 해당하는 연구는 해당 분야 전문가와 함께 공동으로 수행함으로써 좀 더 '완결성'을 갖출 것으로 본다.

3. 연구 자료

가. 공통 사항

필자는 이 연구를 위해 기존 문헌에서 언급하고 있는 사료나 자료를 추적하고 찾아내는 한편, '저작권'이나 '저작권법' 등의 키워드를 국립중앙도서관과 국회도서관, 국가기록원 사이트에서 검색하고 열람한 뒤 복사하고 이 중 일부는 텍스트 파일로 변환했다. 인터넷으로 바로 공개된 것들은 사본(프린트물)이나 디지털 파일(공개하는 디지털 파일은 의외로 적다)을 수집했다. 그렇지 않은 것들은 필자가 필요하다고 판단한 경우 정보공개청구나 사본신청을 통해 사본이나 디지털 파일을 받았다.

국립중앙도서관과 국회도서관, 국가기록원과 외교사료관 웹사이트에서 두 가지 키워드('저작권'과 '지적재산권')를 가지고 수 천 편의 자료를 확인하고,[7] 이 중 법제사에 참고가 될 만한 자료를 모두 추출하여 일일이 복제물을 열람하고, 디지털 파일이 있는 경우에는 그대로 다운로드하고, 없는 경우에는 사본을 신청하여 받아본 다음 직접 디지털 작업을 했다.

아울러, 1957년 법 시행 초기부터 오랜 기간 저작권 정책을 담당하거나 저작권 실무에 종사한 사람들과 면담을 진행했다. 당시의 정책 목표, 방향을 파악하고 정책 수립을 위해 참고했던 연구 자료가 무엇인지 파악하는 작업도 병행했다.

나. 국가기록원 자료

공공 부문의 기록은 '공공기록물 관리에 관한 법률'[8]에 근거해 관리하고 이를 국민에게 공개하고 있다.[9] 국가기록원은 이 법률에 의해 설치·운영되고 있는 기관으로, "국가기관, 지방자치단체, 그 밖에 대통령령으로 정하는 기관"이 업무와 관련하여 생산하거나 접수한 모든 기록정보 자료 등을 관리하고 있다. 주로 행정부가 이관한 자료를 관리하고 있다.

필자는 2017년 7월 25일 기준 키워드를 '저작권'으로 하여 모두 2,542건의 자료를 검색했다. 이 중 형사 사건 자료는 모두 1,829건이고,[10] 이 중 저작권

7) 주요 정부 문서는 국가기록원에서 찾아볼 수 있다.

8) 법률 제14839호, 2017. 7. 26., 타법 개정 ; 시행 2017. 7. 26.

9) 헌법기관은 별도의 법규정을 두어 기록물을 관리하고 있다. '대통령기록물 관리에 관한 법률', '국회기록물 관리 규칙', '법원기록물 관리 규칙', '헌법재판소 기록물 관리 규칙', '선거관리위원회 기록물 관리규칙' 등이 있다.

10) 파일 제목 중 다음 표현이 나올 경우 형사 사건으로 분류하였다 : '저작권법위반'(1,799건) '저작권법위범'(2건), '저작권위반'(17건), '저작권및출판법위반'(2건),

등록 자료는 236건이다.[11] 형사 사건과 등록 자료를 제외하면 477건이 검출되었다. 이 중 법제사와 관련된 것으로 판단되는 자료를 선별하여 사본신청을 통해 확보했다.[12]

다. 국회도서관

필자는 국회도서관 소장 도서를 열람하고 이용했을 뿐만 아니라 국회기록보존소가 가지고 있는 국회기록물 중에서 구법 제정 관련 초기 자료를 찾을 수 있었다. 키워드 '저작권법' 또는 '저작권 법안'으로 검색한 뒤, 정보공개청구를 통해 12건의 자료를 확보했다.[13]

라. 국립중앙도서관

국립중앙도서관은 희귀본을 상당수 가지고 있다. 일제시대 저작권법 개론서를 비롯하여, 우리나라 최초 저작권법 개설서로 보이는 도서(김두홍, 『저작권법개요』, 보문출판사, 1950)를 소장하고 있다. 조선총독부 관보도 제공하고 있다.

'출판법저작권위반'(1건), '저작권침해'(8건, 검찰청 생산 자료 국한).

11) 파일 제목 중 다음 표현이 나올 경우 저작권 등록 자료로 분류하였다 : '저작권등록사항'(173건), '저작권등록'(26건) [등록 접수와 관련이 없는 자료(서식 자료, 의견회답 등)는 포함시키지 않았다], '저작권등록신청'(1건), '저작권 등록부'(12), '저작권의최초발행년월일등록'(1건), '저작권년월일등록'(1건), '저작권설정등록'(1건), '저작권공연권등록'(1건), '저작권및공연권등록'(2건), '저작권및공연권등록사항'(1건), '저작권및공연권'(1건), '저작권상속등록'(4건), '저작권상속등록신청'(1건), '저작권 상속 등록 신청서'(2건), '저작권 상속등록 신청서'(1건), '저작권 상속 등록'(1건), '저작권양도등록사항'(1건), '저작권양도등록신청서'(1건), '저작권양도등록'(3건), '저작권 양도 등록 신청서'(1건), '저작권 양도등록 신청서'(1건).

12) 주요 자료는 부록 2. 참조.

13) 국회도서관 자료는 부록 1.1. 참조.

마. 신문

신문은 의외로 찾아보기 어렵다. 이미 오래 전에 종간한 것도 있고, 신문사마다 기사 제공 정책이 달라 다양한 방법으로 찾아야 한다. 몇 가지 경로로 접근했는바, 여기 일부 소개한다.

○ 한국언론재단 뉴스라이브러리(https://www.kinds.or.kr/news/libraryNews.do : 1883~1945)
한성순보, 한성주보, 독립신문, 독립신문_영문, 협셩회회보, 매일신문, 황성신문, 대한매일신보, 대한매일신보_영문, 대한매일신보_국한문, 매일신보, 시대일보, 중외일보, 중앙일보, 조선중앙일보

○ 네이버 뉴스 라이브러리(http://newslibrary.naver.com : 1920~1999)
경향신문, 매일경제, 동아일보, 한겨레

○ 조선일보 'DB조선' 메뉴에서 기사 검색 서비스
http://db.chosun.com/DBmain.html

바. *Le Droit d'Auteur*

이 연속간행물은 1888년부터 1994년까지 베른협약 관련 정보, 베른 동맹국의 국내법, 학술 연구, 뉴스 등을 제공했다. 필자는 1888년부터 1986년까지 약 100년간 모두 일본(japon)과 한국(corée)으로 검색하여 관련 자료를 수집했다. 검색을 통해 관련 자료를 찾는 데 적지 않은 시간을 소비했으나 다행히 해당 자료는 텍스트 파일로 변환하는 데 큰 무리가 없었다. 부분 교정으로 텍스트 원본을 확보할 수 있었다.[14)]

14) 해당 자료는 부록 5. 참조.

제2장 저작권법 전사 : 조선 후기 저작권 사상

1. 문호 개방

저작권 사상은 유럽 문명의 산물로, 1886년 베른협약 체결을 계기로 유럽을 넘어 전 세계로 보급되었다.[1] 우리나라에도 개방의 물결을 타고 일찍 저작권 사상이 들어왔다. 우리나라는 1876년 일본과 강화도조약을 체결한 뒤, 1882년부터 1886년까지 미국(1882), 영국(1883), 독일(1883), 러시아(1884), 프랑스(1886) 등과 수호(修好)통상조약을 체결했다. 외국에 문호를 개방하면서 신문물이 쏟아져 들어왔고, 저작권 사상도 동반 유입되었다 할 수 있다.

2. 저작권 사상의 유입

우리나라에서 서양의 저작권 사상을 이해하고 이를 국가에서 제도화하기를 원했던 선각자가 있다. 우리나라에 우두법을 소개한 지석영은 외국

---

1) 독일, 벨기에, 스페인, 프랑스, 영국, 아이티, 이탈리아, 리베리아, 스위스, 튀니지 등 10개국이 체약국으로 이름을 올렸다. 미국과 일본도 1886년 외교회의에는 참석했으나 협약에 참여하지는 않았다. 유럽 이외 국가로는 아이티와 리베리아, 그리고 튀니지 등 3개국이 있다.

문물에 높은 관심을 보였고 이를 국내에서 널리 받아들이기를 원했다. 그는 1882년 고종에게 올리는 상소문에서[2] 외국 서적을 수입하고 연구시킬 것을 요청하면서 저작권 제도 도입 필요성을 제기했다 : [3]

> "서적들을 정밀히 연구하여 세무(世務)를 깊이 알거나, 기계를 본떠서 만들어 그 깊고 신비한 기술을 모두 터득한 자가 있으면, 그 재능을 평가하여 수용(收用)하소서. 또 기계를 만드는 자는 전매권을 허가하고 책을 간행하는 자는 번각을 금하게 한다면[4] 모든 원에 들어간 자들은 우선적으로 기계의 이치를 이해하고 시국의 적절한 대응책을 깊이 연구하지 않으려는 자가 없어 너나없이 빠른 시일 안에 깨우치게 될 것입니다. 이런 사람이 한번 깨우치면 이 사람의 아들이나 손자 및 이웃으로서 평소 그를 존경하여 심복하던 자들도 따라서 모두 바람에 쏠리듯이 교화될 것입니다. 이것이 어찌 백성을 교화하고 풍속을 이루는 첩경(捷徑)이 아니겠으며, 이용후생(利用厚生)하기 위한 좋은 법이 아니겠습니까?"

이 상소문을 보면 특허를 기계를 만드는 사람에게 부여하는 전매권으로 이해하고 있다. 특허에 대한 이해는 매우 정확하다는 점을 알 수 있다. 저작권에 대해서는 그것을 전매권이라 하지 않고 금지권으로 보는 한편, 그 권리는 책을 발행하는 사람에게 부여하는 권리로 이해하고 있다. 그즈음 일본에서 제도화한 '판권'이라는 의미와 상당히 유사한 개념으로 파악한

---

2) 일부 논문에서는 지석영이 1882년 『한성순보』에서 저작권 보호를 주장했다고 하고 있으나(남석순, 「1910년대 신소설의 저작권 연구－저작권의 혼란과 매매 관행의 원인을 중심으로－」, 『동양학』, 제43집(2008), 9쪽.) 확인할 길이 없다. 『한성순보』는 1883년(고종 20) 창간된 것이다.

3) 『고종실록』, 19권, 고종 19년 8월 23일 병자 4번째 기사, [원본] 23책 19권 58장 B면 [국편영인본] 2책 63쪽. 국사편찬위원회 『조선왕조실록』(http://sillok.history.go.kr/id/kza_11908023_004).

4) 원문 일부를 옮기면 다음과 같다 : "又造器者, 許其專賣, 刊書者, 禁其飜刻."

것은 아닌가, 추측해본다.[5)]

유길준도 우리나라에 저작권 사상을 처음 소개한 사람들 중 하나이다. 유길준은 1889년 집필한[6)] 『서유견문』[7)]에서 다음과 같이 언급했다 :

> "大槩新書의 著述과 新物의 發造가 人世의 裨益을 可助홀 者는 其本主에게 專賣權을 許施ᄒᆞ야 年限을 酌定ᄒᆞ고 國法으로 護受ᄒᆞ야 他人의 侵犯ᄒᆞ는 弊를 抑止ᄒᆞ기는 亦特異ᄒᆞᆫ 權利를 附與ᄒᆞ야 其莫大ᄒᆞᆫ 勤勞를 償ᄒᆞ고 因ᄒᆞ야 世人의 智巧를 鼓勵홈이어니와 ……"[8)]

이를 오늘날의 표현으로 바꾸면 다음과 같다 :

> "대개 새로운 서적의 저술과 새로운 문물의 발명으로 사람 세상에 도움과 이익을 준다면 그 사람에게 국법으로 연한을 정하여 전매권을 허가하여 보호한다. 이것은 다른 사람이 침범하는 폐단을 억지할 수 있는 특수한 권리를 부여함으로써 그 막대한 근로를 보상하고 그로 인하여 사람들의 슬기나 재주를 고무하고 장려하고자 한 것이다. ……"[9)]

개화사상의 '교본'으로 평가받는 『서유견문』은 모두 20편으로 구성된

---

5) 일본은 1875년 '출판조례'에서 판권이란 "도서를 저작하거나 번역하여 출판하려는 자에게 부여하는 권리"로 보았다. 이에 관해서는 후술한다.

6) 유길준은 『서유견문』 비고(備考)에서 1884년부터 1889년까지 5년간 집필한 것으로 적고 있다. 오랜 시간이 지난 뒤 1895년에 일본에서 발간되었다. 다수 문헌들에서 서유견문의 발행년도에 주목해 1895년 나온 것으로 기술하고 있다.

7) 兪吉濬, 『西遊見聞』, 交詢社, 開國504年. 이 책에서 '開國'을 연도 표기에 사용하고 있다. 개국 1년이 1392년이므로 개국 504년은 1895년이 된다. 여기서 인용한 책은 국립중앙도서관에서 제공한 영인본으로 서지사항을 보면 1969년 景仁文化社에 발간한 것으로 되어 있다.

8) 앞의 책, 122쪽.

9) 필자가 현대문으로 옮겼다.

것으로,[10] 그 제4편에서 '인민의 권리'와 '세상의 경쟁(人世의 競勵)'에 관해 기술하고 있다. 위 구절은 '인민의 권리'에 관해 기술하면서 지적재산권 관련 내용을 다룬 것이다.

이 내용을 이해하기 위해서는 유길준의 약력을 볼 필요가 있다. 유길준은 1881년 신사유람단의 일원인 어윤중의 수행원으로 일본에 갔다. 그곳에서 임무를 마친 뒤 1년간 게이오의숙(慶應義塾)에서 수학했다. 수학 중에 게이오 설립자인 후쿠자와 유키치(福澤諭吉)를 만났다. 유길준은 후쿠자와가 저술한 『서양사정』[11]을 접하고 서유견문을 쓰기로 작정했다고 한다. 1883년에는 보빙사 민영익의 수행원으로 미국을 방문한 뒤 그곳에 남아 2년가량 수학하고 1885년 유럽과 동남아를 거쳐 귀국했다.

유길준의 권리론은 후쿠자와의 『서양사정외편(西洋事情外編)』(1867)과 『서양사정2편(西洋事情二編)』을 수용하고 참조한 것이다.[12][13] 후쿠자와는 저작권

---

10) "근대화를 향한 잉태 속에서 이수광과 최한기가 그 주춧돌을 놓은 새로운 세계관의 바톤을 넘겨받은 유길준은 개화의 산고 속에서 그것을 다져나갔다. 최초의 일본 유학생이자 미국 유학생이기도 한 개화운동가 유길준은 미국에서 돌아오면서 유럽을 순방하고 나서 국한문 혼합체로 된 여행 견문기 『서유견문』을 투옥 등 우여곡절 끝에 집필 10년 만에 출간했다. 총 20편으로 구성된 이 책의 내용은 크게 여행기록과 서양문물에 대한 소개, 그리고 개화사상의 전개 등 세 부분으로 나눠진다. 내용의 대부분은 세계지리와 서양문물의 소개지만, 그 행간 사이사이에는 개화사상을 관류시키고 있다. 따라서 그가 이 책을 쓴 목적은 근대화로의 전환을 촉진하기 위한 방편으로서 개화사상을 고취시키려는 데 있다. 그래서 비록 저자 자신은 이 책이 "영원히 전해지기를 바라고 쓴 것이 아니라, 일시적인 신문지의 대용품으로나 이바지하고자 한 것"이라고 겸허를 토하지만, 그것을 훨씬 넘어 개화사상의 '교본'이라는 높은 평가를 받기에 충분하다." 정수일, 「세계문명기행(42) 조선인들의 눈에 비친 세계」, 『한겨레』, 2005. 4. 4. http://legacy.www.hani.co.kr/section-009100030/2005/04/009100030200504041638081.html 참조.

11) 『서양사정』은 후쿠자와가 미국과 영국을 다녀온 뒤 저술한 것으로 1866년 3권으로 간행되었다. 후쿠자와는 1867년 다시 미국에 갔다온 뒤 1868년 『서양사정외편』을 발행했다.

12) 김봉진, 「서구 '권리' 관념의 수용과 변용 : 유길준과 후쿠자와 유키치의 비교 고찰」, 『동방학지』, 제145집(2009), 70, 74~89쪽. 이 논문에서는 『서양사정외편』이 1867년 나온 것으로 기술하고 있다. 유길준의 권리론은 후쿠자와의 초기 저술에 크게 의존하고 있으나 후기 저술과는 거리를 두고 있다. 후쿠자와는 1870년대 이후

사상을 일본에 처음 소개한 사람으로 알려져 있다.[14] 그는 『서양사정외편』, 3권에서 사유재산을 보호하는 것은 "사람의 근로를 보호"하는 것, 즉 "근로로 인해 발생하는 사유재산을 보호하는 것"에서 출발한다고 했다. 아울러 특허와 저작권을 각기 별도로 설명하면서 '페이턴트(パテント)'를 '발명의 면허(發明의 免許)'라고 하고, '코피라이트(コピライト)'를 '장판의 면허(蔵版의 免許)'라 하였다.[15] 후쿠자와의 저술은 영국, 미국, 독일 등의 법제도를 소개하는 등 저작권 제도에 대해서도 비교적 상세히 소개했다.[16] 후쿠자와가 사용한 '장판의 면허'는 출판자가 가지는 독점권에 주목한 것이어서 오늘날 우리가 이해하는 '저작권'과는 거리가 있는 것이었다.

1875년 일본 출판조례에서 '판권(版權)'에 대해 처음으로 규정했다.[17][18] 도서를 저작하거나 번역하여 출판하려는 자는 사전에 내무성에 신청해야 하는데, 이렇게 신청하는 자에게 전매권으로서 판권을 부여한 것이다. 이런 의미의 판권도 역시 오늘날 우리가 이해하는 '저작자의 권리'로서 저작

법우선론, 민권에 대한 국권 우선론을 표명하면서 점차 국권주의, 팽창주의, 식민지주의를 옹호했다. 앞의 논문, 87, 90~93쪽.

13) 후쿠자와는 챔버스(William Chambers)의 저술(*Political and Social Economy in Relation to Working Classes*, 1860)과 블랙스톤(William Blackstone)의 저술(*Commentaries of the Law of England*)을 의역했다. 앞의 논문, 75~77쪽.

14) 著作權法百年史編集委員會, 『著作權法百年史』(이하 『著作權法百年史』라 한다), 社團法人 著作權情報センター, 平成12年(2000), p.34.

15) Ibid. '蔵'은 우리가 통상 쓰는 한자('藏')와는 다르다. 일본이 1946년 도요칸지(當用漢子)를 제정하면서 '藏'을 '蔵'으로 표기한 것이다. 당시에는 '藏版の免許'라고 썼음은 물론이다. 藏版이란 판목(版木)이나 지형을 의미한다.

16) 『서양사정외편』을 집필할 당시 유럽 대륙에서 사용하는 저작권이라는 용어('droit d'auteur', 'Urheberrecht')에 대해서는 모르고 있었던지, 언급하지 않았다.

17) "원서를 제출하여 면허를 신청하는 자에게는 30년간의 전매권을 부여할 수 있다. 이 전매권을 판권이라 한다. ……"(제2조) 『著作權法百年史』, p.55.

18) 이에 앞서 후쿠자와는 1873년 '코피라이트(コピライト)'를 출판의 특권, 약칭 판권이라고 부르기도 했다. 『著作權法百年史』, p.51. 후쿠자와는 저작권 침해로 많은 피해를 보았고 이에 대응하여 저작권 보호에 각별한 관심을 가지고 활발한 활동을 벌였다. 당시 저작권 침해는 '중판(重版)' 내지 '위판(僞版)'의 문제로 다뤘다.

권과는 다르다.[19)]

일본에서 '저작권'이라는 말이 언제부터 쓰였는지 필자가 접근한 문헌으로는 확인하기 어렵다.[20)] 일본『著作權法百年史』에 의하면, 1883년경으로 추정할 수 있다. 1870년대 후반 유럽에서는 국제조약 체결을 위한 활동이 활발했다.[21)] 1883년에 이르러 국제문학예술협회(ALAI)는 '문학적 및 미술적 저작물의 저작권 보호를 위한 일반 동맹 설립을 위한 조약초안'[22)]을 작성했고, 이에 스위스 정부는 국제회의에 일본을 초청했다. 일본 외무성은 초청장을 받고 1884년 문부성, 농상무성 등에 의향을 물었다. 이때 농상무성은 그 답신에서 '저작권'이라는 용어를 사용했다.[23)] 그 후에도 1899년 저작권법이 제정될 때까지는 여전히 공식적으로는 판권이라는 용어를 사용했다.[24)]

---

19) 우리 저작권법을 제정하기도 전에 용어를 가지고 고민한 연구자들도 있었다. 하나의 예로 '인세'에 관해 다음과 같은 의견은 주목할 만하다 : "인세(印貰)를 인세(印稅)라고도 일부에서 불리워지고 있는데 인세(印貰)가 우리말로 타당하며 어의로도 그럴 것이다. 인세(印稅)는 어데서부터 온 말인지 모르나 뜻이 없는 일제 때 그 말이다. 현재 법조계에서는 인세(印貰)라는 용어를 쓰고 있다." 오소백,「저작권법의 골자 : 해설과 실례를 중심으로」,『신경향』, 제2권 제5호(1950), 56쪽.

20) 박성호, 위의 논문, 5쪽에서 '저작권'이라는 용어의 등장에 대해 자세히 설명하고 있다.

21) 당시 유럽에서는 1858년 브뤼셀 문학·예술 재산권 회의(Congress on Literary and Artistic Property), 1878년 파리 국제문학회의(International Literary Congress) 등 일련의 국제회의가 열렸다. 1878년 회의에서 국제문학협회[International Literary Association ; 이 협회는 나중에 국제문학예술협회(Association littérraire et artistique international, ALAI)가 된다]를 창설했다.

22) 이 명칭은『著作權法百年史』, p.62에서 사용한 것을 그대로 번역한 것이다.

23) "우리나라에서는 아직 저작권 보호의 법이 없어서 가맹은 할 수 없고, 저작권법규를 제정하고자 하더라도 심의에 힘을 쏟아야 하므로 당장은 사절해야 할 것이다." Ibid. 농상무성이 저작권이란 용어를 사용한 것은 5월 16일자 답신 문서인데, 그 해 6월 16일 외무성 문서에서도 저작권이란 용어를 볼 수 있다. 1886년 베른협약 출장 보고서에는 '저작권(droit d'auteur)', '복사(reproduction)', '위작(僞作, contrefaçon)'이라는 용어를 사용했다. Ibid., p.118.

24) 1884년 10월 31일자 아사히신문은 베른 국제회의 기사 제목을 '저술 및 미술 특유권 보호 만국회의(著述及美術特有權保護万國會議)'로 뽑았다. 1894년 7월 16일 영일통상항해조약에서도 판권이라는 용어를 사용했다.『著作權法百年史』, pp.742, 750.

유길준은 『서유견문』에서 언급하고 있는 저작권(물론 '저작권'이라는 용어는 등장하지 않는다) 관련 내용은 몇 가지 점에서 의미가 있다. 첫째, 저작권을 인민의 권리 중 하나로 보면서, 그것을 전매권으로 이해했다. 전매권이란 배타적인 권리로서, 새로운 서적을 저술한 사람에게 일정 기간 부여하는 것이다("새로운 서적의 저술 …… 로 사람 세상에 도움과 이익을 준다면 그 사람에게 국법으로 연한을 정하여 전매권을 허가하여 보호한다."). 후쿠자와가 언급한 '장판의 면허'나 일본 판권조례에서 말하는 '판권'과는 구별되는 듯하다.

둘째, 저작권은 '특이한 권리'라고 보았다. 저작권은 민법과 같은 일반법이 아니라 독자적인 법률에 의해 독자적으로 보호하는 제도(sui generis system)로 파악했다 할 수 있다.

셋째, 유길준은 후쿠자와의 저술에서도 볼 수 있듯이, 저작권을 근로에 대한 보상으로 보았다("특수한 권리를 부여함으로써 그 막대한 근로를 보상하고 ……"). 이것은 로크의 노동이론(labour theory), 즉 사람이 노동의 결과 자연이 제공하는 과실을 채취하면 그것이 자신의 재산이 된다는 이론을 연상하게 한다.[25] 또한 유길준은 또한 창작 유인론(incentive theory)도 피력하고 있다("특수한 권리를 부여함으로써 그 막대한 근로를 보상하고 그로 인하여 사람들의 슬기나 재주를 고무하고 장려하고자 한 것이다."). 유인론은 주로 영미법계의 지배적인 이론으로, 이에 의하면 새로운 저작물은 저작권 보호로 인해 지속적으로 창작된다는 것이다. 노동이론이며 유인론이 모두 영미법계 주류 이론이라는 점도 흥미롭다.[26]

『서유견문』 이후 다른 문헌에서도 저작권에 관한 기록이 일부, 간헐적으로 존재한다. 저작권 사상에 대해 진지하게 고민했다기보다는 '그런 권리

---

25) 노동이론은 후학들에 의해 이론적 깊이를 더해갔는데, 이들은 사람이 연구하고 생각한 결과로서 저작물에 대해서도 재산권을 가진다고 했다. 최경수, 『저작권법 개론』, 도서출판 한울, 2010, 22~23, 202쪽 참조.

26) 창작 유인론에 관해서는, 앞의 책, 24~25쪽 참조.

도 있다'는 정도로 파악했던 것으로 보인다. 예를 들어, 『매천야록』에 일진회의 활동에 관한 기록이 있다. 일진회가 1904년 강령을 발표하면서 1) 황실 안녕, 2) 정부 개혁, 3) 인민의 재산보호, 4) 군정과 재정 정리 등 4개항에 걸친 개혁을 주창하면서 저작권을 언급하고 있다 : "국가는 인민이 이룩한 것이며 인민은 사회를 유지하는 것이다. 그러므로 인민으로서 그 의무를 이행하지 않으면 국가는 국가로 발전할 수 없고, 사회가 그 단체를 조직하지 못하면 백성을 백성으로 삼을 수 없는 것이다. 그것은 인민의 의무가 병역과 납세에만 있는 것이 아니라 국가의 치란(治亂)과 안위(安危)에 있어서 그 논평과 권고의 권리를 가지고 있기 때문이다. 그러므로 지금 열강들은 특히 인민들에게 언론과 저작권을 허락하여, 그들은 혹 집회도 하고 단체도 결성하여 제각기 자유를 누리고 있는 것이다."[27] 전후 맥락이 어색하다.

3. 대한제국[28]

가. 식민지화

대한제국은 고종이 1897년 2월 러시아 공사관에서 경운궁(지금의 덕수궁)으로 돌아온 뒤 그 해 10월에 제국을 선포하면서 시작된다. 연호로 광무를 사용했다. 대한제국은 광무개혁을 시행하는 등 근대화를 추진했으나 제국 선포 10년도 채 되기 전에 일본의 식민지로 전락했다. 먼저 1905년 을사보호

---

27) 인용문은 국사편찬위원회 '한국사료총서'에 수록된 매천야록 번역본을 바탕으로 한 것이다. 메뉴제목 : "국역 梅泉野錄> 梅泉野錄, 제4권> 光武 8년 甲辰(1904년 3)> 3. 일진회의 강령." http://db.history.go.kr/item/level.do?setId=2&itemId=sa&synonym=off&chinessCharon&position=0&levelId=sa_001r_0040_0030_0030 참조.

28) 이 장에서는 '대한제국'을 공식적으로 사용하되, 편의상 '한국'을 그 약칭으로 사용한다. 대한제국은 1897년부터 1910년 한일합방 전까지, 조선왕조의 다른 이름이다.

조약에 의해 외교권이 박탈당했다. 이 조약 제1조가 이 점을 분명히 하고 있다 : "일본국 정부는 재동경 외무성을 경유하여 금후에 한국이 외국에 대하는 관계 급(及) 사무를 감리, 지휘할 것이요, 일본국의 외교대표자 급 영사는 외국에 있어서의 한국의 신민 급 이익을 보호할 것임."[29)]

일본은 이후 하나씩 식민지 정책을 노골화했다. 대한제국의 "외교에 관한 사항을 관리"[30)]하기 위하여 1906년 통감부를 설치하는 한편, 내정 간섭의 근거를 만들기 위해 1907년 정유7조약을 체결했다. 이 조약 제1조에서 "한국 정부는 시정개선에 관하여 통감의 지도"[31)]를 받도록 하고, "한국정부의 법령 제정 및 중요한 행정상의 처분은 예(豫)히 통감의 승인을 경(經)하"[32)]도록 한 것이다. 이로써 통감부는 식민지 정책의 핵심기구가 되었다.

통감부는 천황에 대해서만 책임을 지는 독립기관으로, 천황이 통감을 직접 임명한다. 통감은 외교권뿐만 아니라, 대한제국 내에서 실질적으로 입법, 행정 및 사법상의 전권을 가지고 있었다. 통감의 권한은 합방 이후 총독으로 이어져 식민지 지배 기간 내내 유지되었다고 한다.[33)] 그런데 일본 정부든 통감부든 대한제국에 권한을 행사하는 근거로는 1905년 을사보

---

29) 현대문은 국회도서관 입법조사국, 『구한말 조약휘편(1876~1945)』, 상권, 입법참고자료 제18호, 1964에 따랐다. 을사보호조약 제1조 원문은 다음과 같다 : "日本國政府는 在東京 外務省을 由ᄒᆞ야 今後에 韓國이 外國에 對ᄒᆞᄂᆞᆫ 關係及事務를 監理指揮ᄒᆞᆷ이 可ᄒᆞ고 日本國의 外交代表者及領事ᄂᆞᆫ 外國에 在ᄒᆞᄂᆞᆫ 韓國의 臣民及利益을 保護ᄒᆞᆷ이 可ᄒᆞᆷ." 원문은 앞의 책, 78~79쪽 참조.

30) 을사보호조약 제3조 참조.

31) 앞의 책, 87~89쪽. 제1조 원문은 다음과 같다 : "韓國政府ᄂᆞᆫ 施政改善에 關ᄒᆞ야 統監의 指導ᄅᆞᆯ 收ᄒᆞᆯ 事." 원문은, 앞의 책, 89쪽 참조.

32) 앞의 책, 87~89쪽. 제2조 원문은 다음과 같다 : "韓國政府의 法令의 制定及重要ᄒᆞᆫ 行政上의 處分은 豫히 統監의 承認을 經ᄒᆞᆯ 事." 원문은 앞의 책, 89쪽 참조.

33) 정긍식, 『한국 근대법사고』, 박영사, 2002, 117~119, 125쪽. 정긍식은 다음과 같이 설명한다 : "통감은 한국에서 조약상의 외교권만을 대행하는 것이 아니라 행정권도 장악하였다. 그리고 통감부령을 제정하여 형벌을 부과할 수 있으며, 나아가 후술하는 것처럼 이사청을 감독하므로 간접적으로 사법권을 감독하는 등 입법·사법·행정의 전권을 장악하였다." 앞의 책, 119쪽.

호조약과 1907년 정유7조약을 들 수 있는데, 이들 조약에 의하면 외교관계의 감리 및 지휘는 일본 정부가, 시정개선에 관한 지도는 통감부가 행사하도록 하고 있을 뿐이므로, 일본이 대한제국 내에서 적어도 입법권을 직접적으로 행사하는 법적 근거로 이들 조약을 내세울 수는 없다.[34] 그렇다고 일본이 한국을 병합한 것도 아니므로 통감부의 입법 관련 권한은 어떻게 설명할 수 있을까.

통감부는 원칙적으로 대한제국에 거주하는 일본인들을 대상으로 법령을 제정할 수 있었다.[35] 따라서 통감부는 일반적인 효력이 있는, 즉 대한제국 내에서 그 신민에게도 효력이 있는 법령을 제정하고 시행할 수는 없었다. 다른 방법이 동원될 필요가 있었고, 이 점에 저작권을 포함한 지적재산권 보호와 관련한 방법에 주목할 필요가 있다. 과정은 다음과 같다. 일본은 먼저 미국과 조약을 체결한다. 이 조약에서 대한제국 내에서 지적재산권 보호를 위한 법령이 필요하고 그 법령을 마련하여 시행하도록 한다. 일본은 조약을 근거로 그 조약 시행 시기에 맞춰 일본 법령을 제정하여 시행한다. 법령 시행을 위해서는 대한제국의 권한을 활용하기도 한다. 이 과정을

34) 외교권의 경우, 일본은 을사보호조약상으로 대한제국을 대리하거나 대신해서 외교권을 직접 행사하는 것이 아니라 외교관계를 감리하고 지휘하는 권한만을 가지고 있었다. 따라서 일본이 대한제국과 다른 국가 간의 조약이나 외교관계를 맺도록 지휘할 뿐 형식적으로는 여전히 대한제국이 다른 국가들과 조약이나 외교관계를 맺을 수 있는 여지를 두었다 할 수 있다. 물론 대한제국이 1905년 이후 일본 이외의 국가와 조약을 맺거나 외교관계를 수립한 사례는 없었으므로 을사보호조약으로 외교권이 '박탈'되었다 말할 수 있다.

35) 정긍식은 이렇게 설명한다 : "통감부 법령은 원칙적으로 일본 법령이다. 즉 한국에 거주하는 일본인-거류민과 일본 통감부 및 이사청 관리-들을 대상으로 하고 있다. 그리고 일본에 위탁한 사무, 예컨대 통감부 설치 이전에는 통신, 통감 설치 이후에는 외교분야에 대해서는 일본의 통감부가 법령제정권을 갖고 있어서 통감부 법령은 한국인에 대해서도 효력을 가졌다." 정긍식, 위의 책, 125쪽. 필자는 후자의 설명 부분에 동의하기 어렵다. 일본 정부나 통감부는 직접 외교권을 가지고 있는 것도 아니고, 설령 외교권이 가지고 있다고 해석하더라도 그 외교권을 근거로 관련 법령제정권이 통감부에 부여되었다고 할 수는 없기 때문이다. 이에 관해서는 후술한다.

구체적으로 설명하기로 한다.

나. 한국의 발명·의장·상표 및 저작권 보호에 관한 미·일 조약[36)37)]

일본은 1908년 5월 19일 워싱턴에서, 한국 내에서 지적재산권 전반의 보호를 위해 미국과 조약을 체결했다. 이 조약 제1조에 의하면,

> "일본국 정부는 발명·의장·상표 및 저작권에 관하여 현재 일본국에서 시행하는 것과 동일한 법령이 본 조약의 실시와 동시에 한국에서 시행되게 하며 우(右) 법령은 한국에 있는 미국 인민에 대하여도 일본국 신민과 한국 신민에 대하는 것과 동일하게 적용된다. 전항에 게시한 일본국의 현행 법령이 금후 개정될 때에는 한국에서 시행된 법령도 역시 개정 법령의 취지에 의하여 개정한다."[38)]

---

36) 이 명칭은 국회도서관 입법조사국, 『구한말 조약휘편(1876~1945)』, 중권, 입법참고자료 제26호, 1965, 268~274쪽에 따른 것이다. 일본어 명칭은 '韓國に於ける發明意匠 商標及 著作權の保護に關する日米條約'이고, 영어 명칭은 'Convention between Japan and the United States of America for the Protection of in Korea of Inventions, Designs, Trade-marks and Copyrights'이다. 융희 2년(1908) 내각고시 제3호에서는 '韓國에 在ᄒᆞᆫ 發明·意匠·商標及 著作權의 保護에 關ᄒᆞᆫ 日美條約'이라고 하고 있다. 조약 본문은 부록 3.1.a. 참조.

37) 미국 국무부가 편찬한 조약집(*Treaties and Other International Agreements of the United States of America 1776~1949*, Vol.9, 1972)에 의하면 이 조약은 제2차 세계대전 이후 효력을 잃은 것으로 분류하고 있다.

38) 번역은 국회도서관 입법조사국, 위의 책에 따랐다. 조약 제1조 원문을 그대로 옮기면 다음과 같다 :

일본어 | "日本國政府ハ發明、意匠、商標及著作權ニ關シ現ニ日本國ニ行ハルル同樣ノ法令カ本條約ノ實施ト同時ニ韓國ニ於テ施行セラルルコトト爲スヘシ。

右法令ハ韓國ニ於ケル米國人民ニ對シテモ日本國臣民及韓國臣民ニ對スルト同シク適用セラルヘキモノトス。……"

영어 | "The Japanese Government shall cause to be enforced in Korea simultaneously with the operation of this Convention, laws and regulations relative to inventions, designs, trade marks and copyrights similiar to those which now exist in Japan.

이 조약은 일본으로 하여금 '일본에서 시행하는 것과 동일한 법령'이 한국에 '시행되게'('施行되게 ᄒᆞ며', 'cause to be enforced'), 즉 시행되도록 하고 있다. 이 규정은 세 가지 점을 일본의 의무로 하고 있다. 첫째, 일본은 한국에서 지적재산권 보호를 위해 '일본에서 시행하는 것과 동일한 법령'을 마련해야 하고, 둘째, 그런 법령을 한국에서 시행할 수 있는 조치를 해야 한다. 이에 따라 일본은 '한국저작권령'을 제정하고, 대한제국은 이를 대한제국 내에서 시행할 수 있도록 내각고시를 제정·공포했다.[39] 셋째, 그런 법령은 "한국에 있는 미국 인민"에게 일본 신민이나 한국 신민과 같이 동일하게 적용되도록 해야 한다.[40] 이 세 번째 의무를 보면 이 조약은 일본의 적극적 요구에 따라 미국이 수동적으로 응한 것이 아닌가 하는 추측을 하게 한다. 미국이 당시 한국 내에 있는 미국 인민의 저작권을 보호하기 위해 적극적으로 조약 체결에 나섰다고 하기는 어렵기 때문이다.

일본은 이 조약 발효일(1908년 8월 16일)에 맞춰 한국저작권령(1908년 8월 12일 칙령 제200호)을 제정하였고, 이 칙령은 조약 발효일과 같은 날부터 시행되었다.[41] 한편, 대한제국은 내각고시 제3호를 융희 2년(1908) 8월 13일 공포했다. 이 고시는 '한국에 재(在)한 발명·의장·상표급(及) 저작권의 보호에 관한 일미조약을 공포하는 건'이라는 제목으로, 이 조약의 체결과 비준을 확인하고 있다 :

The laws and regulations are to be applicable to American citizens in Korea equally as to Japanese and Korean subjects. ……" 조약 원문은 앞의 책, 270~274쪽 참조.

39) 이 문장은 "이에 따라 일본은 '한국저작권령'을 제정하고, 일본은 대한제국 내에 시행할 수 있도록 대한제국으로 하여금 내각고시를 제정·공포하도록 했다."고 표현하는 것이 적절한 듯하다.

40) "동일하게 적용된다"는 것은 뒤에서 보는 바와 같이 '동등한 대우'로 해석된다.

41) 이 조약은 미국에서는 8월 11일에, 일본에서는 8월 13일 공포되었다. Charles I. Bevans (ed.), *Treaties and Other International Agreements of the United States of America, 1776~1949*, Vol.13 (Iraq-Muscat), Department of State, 1972, p.408 ; 『著作權法百年史』, p.760 참조.

"융희 2년 5월 19일 발명·의장·상표 및 저작권의 보호에 관하여 일본국 정부는 아메리카합중국 정부와 좌의 조약을 체결하여 이 달 6일 비준서의 교환을 완료하였으므로 이에 그 번역문을 공포함."[42)]

내각고시 제3호와 함께 내각고시 제4호도 같이 공포했다. '특허·의장·상표·상호급(及) 저작권의 보호에 관한 일본법령'이라는 제목으로, 특허·의장·상표·상호 및 저작권에 관한 일본의 법령을 그대로 번역하여 싣고 있다.[43)44)] 내각고시 제4호에서 명시하고 있는 관련 법령으로, 저작권에 국한해 보면 '한국저작권령', '관동주 및 제국이 치외법권을 행사할 수 있는 외국에서 특허권, 의장권, 상표권 및 저작권의 보호에 관한 건',[45)] '한국저작권령시행규칙', '저작권법',[46)] '저작권등록에 관한 규정', '저작권자 불명의 저작물 발행 또는 흥행 방법' 등 모두 6건이 있다.

고시의 제정과 공포는 일본이 계획한 일련의 과정 중 일부라 할 수 있다. 대한제국 고시를 활용한 것은 일본이 입법 형식의 완결을 위해 취한 방법이라

---

42) 필자가 현대문으로 바꿨다. 원문은 다음과 같다 :
"內閣告示第三號
隆熙二年五月十九日 發明 意匠 商標及 著作權의 保護에 關ᄒᆞ야 日本國政府ᄂᆞᆫ 亞米利加合衆國政府와 左의 條約을 締結ᄒᆞ야 本月 六日에 批准書의 交換을 了ᄒᆞᆫ지라 玆에 其譯文을 公布홈
隆熙二年八月十三日 ……" 원문은 송병기·박용옥·서병한·박한설(편저), 『한말근대법령자료집』, VII, 대한민국국회도서관, 1971, 168쪽, 부록 3.1.b. 참조.

43) 원문은 다음과 같다 :
"內閣告示第四號
特許 意匠 商標 商號及 著作權에 關ᄒᆞᆫ 日本國의 現行法令 譯文이 左와 如홈
隆熙二年八月十三日 ……" 원문은 송병기·박용옥·서병한·박한설(편저), 위의 책, 171쪽 참조. 부록 3.2.e. 참조.

44) 정긍식은 한국특허령과 한국저작권령이 통감부령이라고 하고 있으나(정긍식, 위의 책, 128쪽) 이들 영은 일본의 칙령(각기 제196호 및 제200호)이다. 일본의 법령 형식은 법률, 칙령, 각령, 성령(省令) 등이 있었다. 정긍식, 위의 책, 131쪽.

45) 이에 관해서는 부록 3.2.f. 및 3.2.f-2. 참조.

46) 이 '저작권법'은 1899년 일본 저작권법이다. 부록 4.2. 참조.

추정해볼 수는 있지만, 일본 법령의 효력을 대한제국의 고시에 의존하는 것은 어딘가 입법 형식 또는 입법 절차에 흠이 있는, 궁색하고 어색한 방법이라 하지 않을 수 없다. 고시는 법령 하위의 것으로 법령을 대체할 수도, 거스를 수도 없기 때문이다. 대한제국 시대에 법령 체계가 완성된 것은 아니지만, 그럼에도 고시 그 자체의 규범성에 대해서는 여전히 의문이 있다.[47)]

고시가 법령 체계상 존재하는 여부는 별론으로 하더라도, 우리 학자들은 을사보호조약 이후 고시는 해당 법령(일본 칙령이든 통감부법령이든)을 시행하기 위한 절차의 하나로 이해하고 있는 듯하다.[48)] 일본이 합방 2년을 앞두고 저작권 등 지적재산권 보호를 위해 동분서주하는 사례를 다른 분야에서는 찾아보기 어렵다. 그만큼 특이한 사례라 하지 않을 수 없다.

다. 한국저작권령

'한국저작권령'은 일본 칙령 제200호로 제정되었다. 한국저작권령은 일본

---

47) 갑오개혁 시대(1894)에 법률, 칙령, 의정부령, 경무청령, 지방령, 규칙, 훈령 등이 있었다고 하며, 을미년간(1895)에는 법률, 각령, 부령, 훈령 등이 제정되었다. 고시에 대해서는 언급이 없다. 이희봉, 「한말법령소고」, 『학술원논문집 : 인문사회과학편』, 제19집(1980), 162~163쪽.

48) 이희봉은 을사보호조약 이후의 입법 특징으로 입법 주체의 이원화를 들고 있다. 그는 을사조약으로 일본에게 외교권이 이양되었고, 외교권 이외에도 1905년 전신기관관리권, 1907~1908년 사법 및 감옥관리권과 경찰권도 이양되었는바, "이와 같이 이양한 분야에 관한 입법은 일본 칙령 또는 그 위임에 의하여 통감부령(대개는 절차법령 또는 관서설치법령)으로 일제에 의하여 제정되고 한국 내각이 이를 고시하여 시행되였다."(필자가 임의로 띄어쓰기를 했다)고 한다. 이희봉, 앞의 논문, 164쪽. 정긍식은 다소 다른 뉘앙스로 고시에 대해 설명한다 : "통감부법령은 한국정부에서 고시를 통하여 적용을 선언하는 형식을 취하였다. 통감부 설치 이후 1910년 병합까지 총 315건의 통감부법령이 한국인에게 적용되었다." 정긍식, 위의 책, 133쪽. 이들 견해에 의하더라도, 고시가 입법 형식의 하나인지, 그리고 법시행을 위한 절차적 요건인지 여부는 불분명하다. 후자의 견해(고시를 통해 통감부법령을 적용한다는 것)는 일본 칙령 제200호와 관련한 설명으로는 적절하지 않다. 일본 칙령은 통감부법령이 아니기 때문이다.

법령이다. 일본 법령이지만 대한제국 내에서 적용될 것을 예정하고 제정된 것이다. 여기 그대로 옮긴다 :

“제1조 한국에서 저작권에 관하여는 저작권법에 의함. 단 동법 중 제국이라 함은 한국에, 재판소라 함은 이사청 급(及) 통감부 법무원에 해당함.

제2조 본령은 일한 양국의 신민의 저작권에 대하여 동양(同樣)의 보호를 여(與)하고 차(且) 한국에서 저작권의 보호에 관하여 치외법권을 행사하지 않은 국(國)의 신민 급 인민에도 차(此)를 적용함.

부 칙

제3조 본령은 메이지41년 8월 16일로부터 차를 시행함.

제4조 본령 시행 전에 일본국 신민 한국 신민 우(又)는 미국 인민이 일본국에서 향유하는 저작권은 본령에 의하여 보호를 수(受)할 것으로 함.

제5조 본령 시행 전 미국에서 저작권의 등록을 수한 일본국 신민 한국 신민 우는 미국 인민은 본령 시행일부터 1년을 한하여 통감부 특허국에 기(其) 저작권의 무료등록을 출(出)함을 득함.

제6조 일본국 우는 미국에서 보호되는 일본국 신민 한국 신민 우는 미국 인민의 저작물을 본령 시행 전 한국에서 저작권자의 승낙없이 복제한 자 번역한 자 우는 흥행한 자 우는 복제 번역 흥행에 착수한 자는 본령 시행 후 1년간은 차(此)를 완성하여 발매 반포하며 혹은 흥행함을 득함.

제7조 전조의 경우에서는 통감부령의 정한 수속을 이행하지 않고서는 기 복제물을 발매 반포하며 우는 흥행함을 부득함.”[49]

---

49) 현대문은 송병기(편저), 『통감부법령자료집』, 중, 대한민국국회도서관, 1973, 249~250쪽에 따랐다(필자가 편의상 한자로 된 숫자를 아라비아 숫자로 바꾸고, 오기를 바로잡고(‘향유하은’이 아닌, ‘향유하는’), 마침표를 넣고, 띄어쓰기를 했다). 제1조 원문은 다음과 같다 : “韓國의 著作權에 關ᄒᆞ야ᄂᆞᆫ 著作權法에 依ᄒᆞ되 但 同法中 帝國이라 ᄒᆞᆷ은 韓國에 裁判所라 ᄒᆞᆷ은 理事廳及 統監府法務院에 該當ᄒᆞᆷ.” 원문은 송병기·박용

옥·서병한·박한설(편저), 위의 책, 174쪽 참조. 부록 3.2.a. 및 3.2.a-2. 참조.

이 영은 7개 조(본문 2개조, 부칙 5개조)로 간단하게 돼 있으나 형식적으로는 온전한 법령 형식을 취하고 있다. 본문 2개조는 적용 법률과 권리의 주체에 관해서, 부칙은 경과규정에 해당하는 것으로 시행일, 소급보호, 등록, 기득권 등에 관해 규정하고 있다.

먼저 제1조는 대한제국 내에서 일본 저작권법에 '의'하도록 하고 있다. 일본 저작권법은 1899년 제정된 법률을 말한다. 이른바 '의용(依用)'의 방법으로 일본 저작권법을 대한제국에 적용한다는 것인데, 아직 대한제국이 일본의 일부도 아니므로 위에서 언급한 바와 같이 옹색한 방법을 취한 것이다. 필자가 의문을 갖듯이, 절차상에 하자가 있으면 실제 해당 법령의 효력을 확증하기 어렵다.

제2조는 두 가지 내용을 담고 있다. 하나는 일본 신민과 마찬가지로 대한제국 신민도 동양(同樣)의 보호를 받는다는 것이다.[50] '동양의 보호'란 일본 신민이든 대한제국 신민이든 모두 권리 주체로서 동등한 대우를 받는다는 뜻으로 읽힌다. 다른 하나는 대한제국에서 치외법권[51]을 행사하지 않는 국가(치외법권이 없는 국가를 포함한다고 본다)의 신민이나 인민에게도 "차를 적용"한다는 것이다. 언뜻 이들 신민이나 인민[52]도 일본 신민과 마찬가지로 보호를 받는 것처럼 보인다. 이런 해석은 무리가 있다. 일본 저작권법

50) 송병기·박용옥·서병한·박한설(편저), 위의 책, 174쪽에서는 '동일한'이라고 하고 있다.

51) 대한제국은 1882년부터 미국 등과 수호통상조약을 체결하면서 치외법권을 인정했다. 예를 들어, 미국과 맺은 조약 제4조에서 치외법권, 특히 영사재판권에 관해 규정하고 있다.

52) 김현주는 신민과 인민을 모두 '국민'으로 이해하고, 통일적으로 번역해 사용하고 있다. 김현주, 『한·일 저작권법의 발전사와 현행법제에 관한 상호비교연구』, 건국대학교 대학원 박사학위논문, 2015, 33쪽. 제국의 '신민'과 공화국의 '인민'은 해당 국가의 국적을 가지고 있다는 점에서는 같다고 할 수 있으나, 그 정의를 일률적으로 내릴 수는 없는 것으로 엄밀하게 본다면 다른 것이다. 조약에서 사용하는 영어 표현도 다르다. 전자는 'subject'이고, 후자는 'citizen'이다.

제28조는 "외국인의 저작권에 대하여는 조약에 별단의 규정이 있는 것을 제외하고 본법의 규정을 적용한다. 다만, 저작권 보호에 관한 조약에 규정이 없는 경우에는 제국에서 최초로 그 저작물을 발행한 자에 한하여 본법의 보호를 향유한다."고 하고 있다. 조약상의 의무가 없는 한 외국인의 저작물은 보호하지 않는다는 것이다. 그렇다면, 1908년 미국과 체결한 조약에 따라 '한국에 있는 미국 인민'은 일본국 신민과 한국 신민과 동일한 대우를 받는다고 할 수 있고,[53] 그 밖의 신민이나 인민은 '일본 저작권법에 따라' 보호를 받을 뿐이다. 하나의 예로, 일본이나 한국에서 최초 발행한 저작물은 외국인의 것이라도 보호를 받는 것이다.

1908년 베른협약 개정을 위한 베를린회의를 앞두고 BIRPI[54]는 몇 가지 조사를 수행했다. 각국이 ① 저작권을 보호하는 법을 가지고 있는지, ② 국내법상으로 자국민과 외국인을 어떤 기준으로 보호하는지(국적 또는 발행 등 기준), ③ 그리고 국제관계에 관해서 어떤 규정을 두고 있는지 살펴보았다.[55] 여기서 ①과 ③과 관련해서 한국에 관해 언급하고 있다.

① 각국을 3개 부류로 나누었는바, 이에는 저작권에 관한 법률을 가지고 있지 않은 나라(중국을 포함한 10개국), 특별법은 없으나 지적재산의

53) 일본이 1899년 베른협약에 가입했으므로 이에 따라 베른 동맹국도 동일한 대우를 받는다고 생각할 수 있다. 일본은 1931년, 1928년 로마 개정 베른협약을 비준하면서 베른협약을 식민지 한국에도 적용한다고 선언한 적이 있다. 베른 동맹국은 그 전까지는 한국 내에서 보호를 받지 못했다고 할 수 있다. 합방 이후 외국인 저작물 보호에 관해서는 뒤에서 다룬다.

54) 광복 이전에 BIRPI 발간 잡지 *Le Droit d'Auteur*에 우리나라 관련 기사가 몇 차례 나온다. 광복 후에는 1959년 7월호에 구법 전문을 싣고, 그 후 일절 소식을 전하지 않다가 1978년 12월호에 우리나라가 WIPO 설립협약에 가입한다는 소식을 알린다. 그 후 1986년 저작권법이 전면 개정될 때까지 우리나라 소식은 등장하지 않는다.

55) "Études générales: Législation, traités et durée des délais de protection en matière de propriété littéraire et artistique dans tous les pays," *Le Droit d'Auteur*, 15 Octobre 1908, pp.121~131.

원리를 받아들이는 나라(아르헨티나 등 9개국), 특별법을 가지고 있는 나라(한국을 포함한 39개국) 등이 있다.

③ 국제적 보호를 하지 않는 나라(한국 등 13개국), 조약에 의해 외국에서 발행된 저작물을 보호하는 나라(독일, 중국, 일본 등 21개국), 조약이 없더라도 상호주의에 의해 외국 저작물을 보호하는 나라(미국, 영국 등 16개국), 조약이 없더라도 상호주의 없이 외국 저작물을 보호하는 나라(벨기에, 이집트, 프랑스, 룩셈부르크 등 4개국) 등이 있다.

이에 의하면, 한국은 특별법을 가지고 있고, 국제적 보호는 하지 않는 국가로 분류하고 있는 것인데, 발표 당시(1908년 10월) 한국은 일본에 외교권을 박탈당했고, 한국저작권령에 의해 형식적으로 저작권 법제도가 존재했으므로 그런 조사 결과가 나온 것으로 보인다.[56)]

제3조 이하 부칙은 경과규정으로 몇 가지 의미 있는 내용을 담고 있다. 먼저, 제4조는 '본령 시행 전'이라 하더라도 일본에서 저작권 보호를 받는다면 한국에서도 보호를 받도록 한 것이다. 일본은 1905년 미국과 저작권 조약을 체결하여 1906년부터 상호 간에 저작권 보호를 약정하고 있으므로, 미국 인민은 조약에서 예정한 범위 내에서 한국에서도 소급해서 보호를 받을 수 있는 것이다. 한국 신민은 일본국에서 저작권 보호를 받는 경우가 있다면(예를 들어, 일본 저작권법 제28조에 따라 일본에서 최초 발행된 저작물) 그에 따라 보호를 받을 수 있을 것이다.

제5조는 미국에서 저작권 등록을 했다면 이를 근거로 한국에서 무료 등록 신청을 할 수 있다는 것을, 제6조는 저작권령 시행 전에 복제, 번역, 흥행 등을 한 경우 시행 후 1년간 발매 반포하거나 흥행할 수 있다는 것을 명시하고 있다. 후자의 경우는 특히 기왕의 투자를 보호하기 위한 규정이

56) 반면, 일본은 1899년 베른협약에 가입했고 그에 맞춰 법률도 제정했으므로 한국과는 사정이 다르다.

다.[57] 제6조에서 허용하는 행위는 제7조에서 정한 절차(통감부령으로 정한 절차)를 따를 것을 조건으로 하고 있다.

라. 한국저작권령시행규칙

'한국저작권령시행규칙'[58]은 '한국저작권령'의 구체적인 실행 정책을 담고 있다. 저작권령 제5조에서 언급하고 있는 등록, 제6조에서 허용하는 행위를 하기 위한 절차 등에 대해서 규정하고 있다. 특히 저작권령 제6조의 절차에 대해서는 매우 구체적으로 밝히고 있다.

몇 가지 주요 규정을 발췌 인용한다 : [59]

"제1조 한국의 저작권 등록에 관하여는 메이지32년 내무성령 제28호에 의하되, 다만 동령 중 내무성이라 함은 통감부 특허국에, 내무대신이라 함은 통감부 특허국장에 해당함.[60]

---

57) 우리 저작권법도 유사한 규정이 있다. 1995년 개정 저작권법 부칙 제4조가 그것이다. 제4조 제2항은 "회복저작물 등의 복제물로서 1995년 1월 1일 전에 제작된 것은 1996년 12월 31일까지 이를 계속하여 배포할 수 있다."고 하고 있고, 제3항은 "회복저작물 등을 원저작물로 하는 2차적저작물로서 1995년 1월 1일 전에 작성된 것은 이 법 시행 후에도 이를 계속하여 이용할 수 있다. 다만, 그 원저작물의 권리자는 1999년 12월 31일후의 이용에 대하여 상당한 보상을 청구할 수 있다."고 하고 있다. 법개정 당시 한국저작권령을 참조한 흔적은 찾을 수 없지만(필자도 1995년 법개정 과정에 참여한 바 있으나, 당시 기억으로는 한국저작권령을 검토한 적은 없었다.), 90년쯤 전에도 비슷한 생각을 했던 것은 분명하다.

58) 통감부령 제28호[메이지41년(1908)]. 부록 3.2.b., 3.2.b-2. 및 3.2.b-3. 참조.

59) 이 규칙은 송병기·박용옥·서병한·박한설(편저), 『한말근대법령자료집』, VII, 대한민국국회도서관, 1971, 178~181쪽과 송병기(편저), 『통감부법령자료집』, 중, 대한민국국회도서관, 1973, 265~269쪽에 모두 실려 있다. 전자는 고문으로, 후자는 현대문으로 돼 있다. 양자 간에는 단지 고문과 현대문 간의 표현의 차이 외에 실제 내용상의 차이도 곳곳에 발견된다. 여기서는 전자 자료집에 수록된, 고문으로 된 것을 필자가 현대문으로 바꿔 싣는다. 편의상 한자로 된 숫자를 아라비아 숫자로 바꾸고, 마침표를 넣고, 띄어쓰기를 했다.

60) 이 조는 통감부령 제33호[메이지43년(1910)]에 의해 개정되었다 : "第一條 韓國에서

제3조 저작권자가 불명한 저작물의 발행이나 흥행에 관하여는 메이지32년 내무성령 제27호의 규정에 의하되, 다만 동령 중 관보라 함은 경성일보에, 동경이라 함은 경성에 해당함.[61]

제4조 한국저작권령 제5조에 의한 청원에는 그 저작물이 미국에서 등록을 받은 것과 청원인이 그 저작권을 향유한 것을 증명할 서면을 첨부하여야 함.

제5조 한국저작권령 제6조에 의하여 복제물을 발매 반포하거나 흥행하고자 하는 자는 좌에 게시한 절차를 이행하여야 함.

1. 이미 복제한 것에 대하여는 메이지41년 11월 20일까지 제1서식(갑)에 의하여 검인을 신청하여야 함.
2. 복제에 착수한 것에 대하여는 착수한 사실을 전호 기간 내에 제1서식(을)에 의하여 신고하고 복제물 발행 전에 그 복제물에 대하여 제1서식(갑)에 의하여 검인을 청구하여야 함.
3. 이미 번역한 것이나 번역에 착수한 것에 대하여는 그 사실을 본조 제1호의 기간 내에 제2서식(을)에 의하여 신고하고 복제물 발행 전에 그 복제물에 대하여 제2서식(갑)에 의하여 검인을 신청하여야 함.
4. 이미 흥행하거나 흥행에 착수한 것에 대하여는 그 사실을 본조 제1호의 기간 내에 제3서식에 의하여 신고하여야 함."

이 규칙은 저작권령 제5조와 제6조에서 위임한 사항(각기 규칙 제4조 및 제5호)뿐만 아니라, 저작권 등록(규칙 제1조)과 불명(不明) 저작물의 강제

의 著作權登錄에 關하여는 明治四十三年 內務省令第二十三號에 依함 但同令中 內務大臣이라 있는 것은 統監府特許局長에 外國人이라 있는 것은 日本國及 韓國以外의 國에 臣民 又는 人民에 官報라 있는 것은 統監府公報에 該當함." 송병기(편저), 『통감부 법령자료집』, 하, 대한민국국회도서관, 1973, 618쪽. 부록 3.2.b-3. 참조.

61) 이 조는 통감부령 제33호[메이지43년(1910)]에 의해 개정되었다 : "第三條中 「京城日報」를 統監府公報로 改正함." 앞의 책, 618쪽.

허락(제3조)에 관한 사항도 다루고 있다. 규칙 제1조는 한국에서도 저작권 등록을 할 수 있도록 하면서, 1899년 일본 내무성령 제28호를 의용하도록 하고 있다. 내무성령 제28호는 '저작권 등록에 관한 규정'으로서 등록 절차에 관한 내용을 담고 있다.[62] 규칙 제3조는 한국에서 저작권자 불명 저작물을 사용할 수 있도록 하기 위해 1899년 일본 내무성령 제27호를 의용하도록 하고 있다. 내무성령 제27호는 '저작권자 불명의 저작물에 관한 건'[63]으로 우리 현행 저작권법상 '상당한 노력'[64]의 요건과 일부 흡사한 내용을 담고

---

62) '著作權登錄ニ關スル規定'[明治32年(1899) 6月 28日 公布, 7月 15日 施行], 著作權法百年史編集委員會, 『著作權法百年史』(資料編)[이하 '『著作權法百年史』(資料編)'이라 한다.], 社團法人 著作權情報センター, 平成12年, p.903. 부록 3.2.c. 참조.

63) '著作權者不明ノ著作物に關スル件'[明治32年(1899) 6月 28日 公布, 7月 15日 施行]. 『著作權法百年史』(資料編), p.903.

64) 1986년 전문 개정 저작권법에서는 불명 저작물을 이용을 위한 강제허락 제도를 두었다. 이 제도는 구법하에서도 존재했다. 제20조 제3항 참조. 이 조항에서는 단지 "거소가 불명"한 경우 보상금을 공탁하고 발행이나 공연할 수 있다고 하였을 뿐, '상당한 노력'과 같은 요건은 존재하지 않았다. 일본은 1970년 저작권법에서 불명 저작물에 대한 강제허락 제도를 유지하면서 '상당한 노력' 요건을 추가했고, 우리 1986년 저작권법도 해당 규정을 상당한 정도로 차용한 것으로 보인다. 일본 1970년 저작권법 시행령 제7조의7에서는 1) 문화청장관이 권리자 정보가 있다고 인정하는 간행물 등의 열람, 2) 저작권관리사업자의 정보 조회, 3) 일간 신문 등에 게재하는 등의 방법에 의한 권리자정보 요청 등을 '상당한 노력'의 기준으로 제시하고 있다. 우리의 경우 '상당한 노력' 기준은 2000년 시행령(대통령령 제16917호, 2000. 7. 27)에서 처음 등장했다. 당시 규정은 다음과 같다 :

"제6조 (상당한 노력의 기준) 법 제47조제1항(법 제72조의2에서 준용하는 경우를 포함한다)에서 "대통령령이 정하는 기준에 해당하는 상당한 노력"이라 함은 다음 각호의 요건을 모두 충족하는 것을 말한다.

1. 당해 저작물(실연·음반 및 방송을 포함한다. 제22조를 제외하고 이하 같다)이 속하는 분야의 저작물을 취급하는 법 제78조제3항의 규정에 의한 저작권위탁관리업자(이하 '저작권위탁관리업자'라 한다) 또는 당해 저작물에 대한 이용허락을 받은 사실이 있는 이용자중 2 이상에 대하여 저작재산권자(저작인접권자를 포함한다. 이하 같다)의 명칭·주소 또는 거소의 조회를 위하여 확정일자 있는 문서를 발송한 날부터 1월이 경과할 것. 이 경우 당해 저작물이 속하는 분야의 저작물을 취급하는 법 제78조제1항의 규정에 의하여 저작권신탁관리업의 허가를 받은 자(이하 '저작권신탁관리업자'라 한다)가 있는 경우에는 반드시 그에 대한 조회를 실시하여야 한다.

2. 전국을 주된 보급지역으로 하는 일간신문 및 정보통신망에 문화관광부령이

있다는 점에서 흥미롭다. 전문을 인용하면 다음과 같다 : [65]

> "저작권법 제27조에 의하여 저작물을 발행하거나 흥행하려는 자는 그 이유, 저작물의 제목 및 저작자의 성명이나 칭호 등을 관보 및 동경의 4개사 이상 중요 신문에, 저작자의 성명이나 주소가 분명한 경우에는 그 거주지의 신문에 7일 이상 광고하여야 한다.
>
> 전항의 기일 최종일로부터 6개월 이내에 저작권자가 나타나지 아니하는 때에는 이를 발행 또는 흥행할 수 있다."[66]

한국저작권령은 1910년 합방으로 폐지되었다. 한국저작권령시행규칙도 운명을 같이 했다 할 수 있다. 그러나 이 규칙 제1조와 제3조는 각 조에서 예정하고 있는 등록에 관해서, 그리고 불명 저작물의 발행이나 흥행에 관해서는 각기 일본 내무성령 제28호와 내무성령 제27조가 1899년 일본 저작권법 시행과 더불어 그대로 한국에서 계속 시행되었다고 할 수 있으므로,[67] 실제로는 효력을 이어갔다 할 수 있다. 실제 효력을 잃은 것은 이 규칙 제4조와 제5조라 할 수 있다. 이들 조문은 제1조와 제3조와는 달리, 계속 유지된다는 법적 근거가 없기 때문이다. 이들 조문은 잠정적 성격의 것이어서 폐지된 것이 아닌가, 또는 실질적으로 사문화 과정을 밟은 것이 아닌가, 추정해본다.[68]

정하는 바에 의하여 저작재산권자의 명칭·주소 등의 조회사항을 공고한 날부터 10일이 경과할 것"

65) 송병기·박용옥·서병한·박한설(편저), 위의 책, 244쪽에서는 '著作權者不明의 著作物發行 又는 興行方法'이라는 제목을 붙였는데, 이것은 위 『著作權法百年史』(資料編)에서 사용하는 제목('저작권자 불명의 저작물에 관한 건')과는 다르다. 부록 3.2.d. 참조.

66) 필자가 현대문으로 바꾸고 문장부호를 추가했다.

67) 일본 저작권법의 시행에 관해서는 뒤에서 서술한다.

68) 실제로 이들 조항에 근거한 절차를 진행한 사례가 있는지 확인할 수도 없다.

제3장 일제 식민지 시대

1. 한일 합방

일본은 1910년 8월 29일 '한국을 제국에 병합'하면서 국호를 '조선'으로 변경했다.[1] 일본은 합방과 동시에 칙령 제338호('저작권법을 조선에 시행하는 데 관한 건')를 발표했다. 이 칙령은 서문에 해당하는 구절[2][3]에 이어져 있는데, 아주 간단한 내용을 담고 있다 : [4]

---

1) 『朝鮮總督府官報』, 第一號, 明治四十三年八月二十九日, pp.1, 3, 17, 18. 조선총독부 관보는 국립중앙도서관에서 제공하고 있다. http://www.dlibrary.go.kr/JavaClient/jsp/wonmun/full2.jsp?v_db=3&v_doc_no=11943 참조.

2) "짐은 이에 긴급한 필요를 인정하여 추밀고문의 자순을 거쳐 제국헌법 제8조에 의하여 저작권법을 조선에 시행함에 관한 건을 재가하여 이를 공포케 하노라." 필자가 한글본을 현대문으로 바꾼 것이다. 원문은 다음과 같다 :
일본어 | "朕玆ニ緊急ノ必要アリト認メ樞密顧問ノ諮詢ヲ經テ帝國憲法第八條ニ依リ著作權法ヲ朝鮮ニ施行スルコトニ關スル件ヲ裁可シ之ヲ公布セシム"
한국어 | "朕이玆에緊急ᄒᆞᆫ必要가有ᄒᆞᆷ을認ᄒᆞ야樞密顧問의諮詢을經ᄒᆞ야帝國憲法第八條에依ᄒᆞ야著作權(필자 주 | 著作權法의 오기인 듯)을朝鮮에施行ᄒᆞᆷ에關ᄒᆞᄂᆞᆫ件을裁可ᄒᆞ야公布케ᄒᆞ노라."

3) 여기에 '저작권법을 조선에 시행함에 관한 건'이라는 구절이 나온다. 이것이 칙령의 제목에 해당한다 하겠는데, 1957년 구법 부칙에서 이를 가리켜 '저작권법을 조선에 시행하는 데 관한 건'이라고 했다. 이 책에서는 편의상 구법상의 표현을 사용하기로 한다.

4) 『朝鮮總督府官報』, 第一號, op.cit., pp.13, 28. 부록 3.3.c. 참조.

"한국저작권령에 의한 등록은 이를 저작권법에 의한 등록으로 간주한다. 한국저작권령은 이를 폐지한다."5)

이 칙령은 '한국저작권령'을 폐지하는 것을 내용으로 하고 있다. 폐지한 결과 한국저작권령에 의한 일본 저작권법의 '의용' 또한 불필요해졌다. 그렇다면, 한국6)은 합방으로 인해 일본 제국의 일부가 되었으므로, 이제 일본 저작권법을 한국에 그저 '적용'하면 그만인 것이라고 생각할 수 있다. 일본 법률의 장소적 효력이 식민지 한국에도 미친다고 보기 때문이다. 그런데, 일본은 그렇게 하지 않았다. 일본은 같은 날 특허법, 의장법, 실용신안법 및 상표법과 더불어 저작권법을 한국에 시행하는 별개의 칙령을 내놨다. 칙령 제335호('특허법 등을 조선에 시행하는 건')가 그것인데,7) 이에 의하면 위 5개 법률을 명시하면서 이를 "조선에 시행한다."고 했다.8)

---

5) 필자가 현대문으로 바꾸고 문장부호를 추가했다. 원문은 다음과 같다 :
일본어 |
"勅令第三百三十八號
韓國著作權令ニ依ル登錄ハ之ヲ著作權法ニ依ル登錄ト看做ス
韓國著作權令ハ之ヲ廢止ス"
한국어 |
"勅令第三百三十八號
韓國著作權令에依ᄒᆞᄂᆞᆫ登錄은著作權法에依ᄒᆞᄂᆞᆫ登錄이라看做ᄒᆞᆷ이라
韓國著作權令은廢止ᄒᆞᆷ이라"

6) 이 장에서도 한국이란 명칭을 그대로 사용한다.

7) 이 칙령 서문에 해당하는 부분은 다음과 같다 : "짐이 특허법 등을 조선에 시행하는 건을 재가하여 이에 공포케 하노라." 필자가 한글본을 현대문으로 바꾼 것이다. 원문은 다음과 같다 :
일본어 | "朕特許法等ヲ朝鮮ニ施行スルノ件ヲ裁可シ玆ニ公布セシム"
한국어 | "朕이特許法等을朝鮮에施行ᄒᆞᄂᆞᆫ件을裁可ᄒᆞ야玆에公布케ᄒᆞ노라"

8) 한글본 원문은 다음과 같다 :
"勅令第三百三十五號
左에 揭ᄒᆞᄂᆞᆫ 法律은 朝鮮에 施行ᄒᆞᆷ이라
一 特許法
二 意匠法
三 實用新案法

여기서 식민지 한국의 법적 지위와 일본의 식민지 한국에 대한 입법권을 살펴볼 필요가 있다. 일본은 합방과 더불어 다수의 칙령을 공포하여 시행했는데, 그 중 하나가 칙령 제324호('조선에 시행할 법령에 관한 건')이다. 이 칙령에 의하면, 조선에서 법률을 요하는 사항은 "조선총독의 명령으로써 규정할 수 있다."[9] 조선총독의 명령을 제령(制令)이라 한다. 조선총독에게 독자적인 입법권을 부여함으로써 한국은 일본과는 다른 독자적인 법체계를 가지게 되었다. 일본 정부는 식민지 한국에도 일본 헌법이 적용된다는 원칙을 내세웠으나 실제로는 그렇지 못했다. 식민지 한국은 천황과 조선총독의 자의적인 지배에 맡겨져 있었다. 조선총독은 천황에게만 복종했고 내각에 대해서는 책임을 지지 않는 무소불위의 독재권력을 행사했다.[10]

일본은 '대일본 제국헌법' 시행 이후 제2차 세계대전이 끝날 때까지 일본 통치하에 있는 대만, 한국, 사할린, 관동주, 남양군도 지역을 '외지'라고 칭했다. 외지란 일본 의회가 제정한 법률이 직접 시행되는 지역인 내지와는 구별되는, 내지와는 다른 법체계를 가지고 있는 지역을 말한다.[11] 외지에는 "이들 지역에는 이미 존재하는 관습법이며 제도를 무시할 수 없는 등의 사정으로 인해" 일본 본토와 동일한 법령을 그대로 적용하는 것이 곤란했기 때문에 외지법이라는 법체계가 형성되었다고 한다.[12] 당시 일본 헌법에는

四 商標法
五 著作權法
附則
本令은 公布ᄒᆞᄂᆞᆫ일부터 施行ᄒᆞᆷ이라."
『朝鮮總督府官報』, 第一號, op. cit., pp.11, 26. 부록 3.3.b. 참조.

9) 『朝鮮總督府官報』, 第一號, op. cit., pp.5, 20. 부록 3.3.a. 참조.

10) 정긍식, 위의 책, 190~191쪽.

11) 外務省條約局 編, 『外地法制誌』, 第2巻(外地法令制度の概要), 文生書院, 1990, pp.1~2. 國立國會図書館, '旧外地法令の調べ方'. https://rnavi.ndl.go.jp/research_guide/entry/gaiti-hourei.php#%E3%80%8C%E6%B3%95%E5%BE%8B%E3%81%AE%E4%BE%9D%E7%94%A8%E3%80%8D%E3%81%AB%E3%81%A4%E3%81%84%E3%81%A6 참조.

12) 國立國會図書館, op. cit.

외지에 적용할 법령에 대한 규정이 없었기 때문에 각 외지에 시행할 법령에 관한 법률, 즉 '외지법령법'을 제정했다. 이 법은 외지에서 시행할 목적으로 제정된 것이다.[13)]

그런가 하면, '의용'의 방식은 한일 합방 후에도 여전히 활용되었다.[14)] 1912년 '조선민사령'(제령 제7호)이 대표적이다. 조선민사령은 제령의 형식을 취하고 있다. 이 제령 제1조는 "민사에 관한 사항은 본령 외의 법령에 특별 규정이 있는 경우를 제외하고는 좌의 법률에 의한다."(밑줄 강조)고 하면서 관련 법률을 열거하고 있다.[15)] 일본 자료에서는 다음과 같이 설명한다. 외지(식민지)에서는 실질적으로 내지(일본)에서 시행되는 법률과 공통적인 내용을 규정하는 경우 내지의 법률에 '의한다'는 취지로 규정하는 경우가 있다. 이것은 소위 '의용'이라고 하는 독자적인 외지의 입법 형식이다. 의용 대상이 되는 내지의 법령은 의용하는 법령과는 별개로서 법률 효과가 직접 외지에 미치지 않는다. 내지의 법령을 개정하더라도 외지의 의용 법령이 일일이 확인해주어야만 외지에서 법률 효과가 생긴다.[16)]

이상에서 알 수 있는 것은, 외지는 내지와는 다른 법률이 미치는 지역이고, 따라서 식민지로서 외지에 해당하는 한국에는 일본 법률이 직접 적용되는 것이 아니라 일정한 절차와 형식에 따라 일본 해당 법률이 '적용되도록' 한다는 것이다. 그럼에도 저작권법의 경우는 의용이라는 방식을 취하지 않았다. 관련 칙령만이 존재할 뿐이다. 이를 어떻게 해석해야 할까.

위에서 언급한 칙령은 세 가지로서 모두 합방과 동시에 나온 것이다.

---

13) Ibid. 위 1910년 칙령 제324호('조선에 시행할 법령에 관한 건')와 이를 대체한 1911년 법률 제30호('조선에 시행할 법령에 관한 법률')가 외지법령법의 하나이다.

14) 1911년 '법률에 의한다는 규정이 있는 경우 그 법률 개정이 있는 경우 효력에 관한 건(制令に於け法律に依るの規定ある場合に於て其の法律改正ありたるとき効力に關する件)'이라는 제목의 제령(明治44年制令第11号)이 공포된 바 있다. 이 제령은 '의용'을 염두에 둔 것이다.

15) 朝鮮總督府 編纂, 『朝鮮法令輯覽』, 大正4年(1915), 第十四輯, p.1.

16) 國立國會図書館, op. cit. 참조.

일본 제국헌법상 칙령에는 두 가지가 있는데, 하나는 '법률에 준하는 긴급명령'으로 의회의 승인을 받아야 하는 것도 있고, 시행명령에 해당하는 것도 있다.17) 전자의 경우는 제국의회 다음 회기에서 승낙을 받아야 하고 그렇지 못한 경우에는 효력을 잃는다.18) 칙령 제324호는 1911년 같은 내용의 법률19)로 대체되었다. 이 법률은 총독의 제령이 '공식적으로' 한국에서 법률과 같은 효력을 가지게 된다는 점을 확인해주고 있는 것이다. 다음으로, 칙령 제338호는 1911년 의회의 승인을 얻어 헌법적 근거를 확보했다.20) 그런데 정작 일본 저작권법을 한국에 적용하는 근거라고 '할 수도' 있는 칙령 제335호의 법적 효력은 확인되지 않고 있다. 이것은 헌법 제8조에서 말하는 긴급칙령에 해당하지 않는 듯하다.21)

그럼에도, 여기서 필자는 칙령 제335호에 주목하고 싶다. 이 칙령은 일본 저작권법 등 5개 법률을 특정해서 이들 "법률은 조선에 시행한다."고 명시하고 있는 반면, 제338조는 그 제목을 '저작권법을 조선에 시행하는 데 관한 건'이라고 하고 있으나 본문의 내용은 단지 한국저작권령을 폐지한다고 하고 있을 뿐이다. 그렇다면, 칙령 제335호(와 그 상위 규범인 1911년 법률 제30호)가 일본 저작권법의 한국 내 시행의 법적 근거라고 보는 것이 더욱

---

17) 정긍식, 위의 책, 131쪽.

18) 일본 제국헌법 제8조 : "천황은 공공의 안전을 지키거나 또는 재난을 피하기 위하여 긴급한 필요에 따라, 제국의회 폐회의 경우에 있어서 법률을 대신하는 칙령을 발표한다. 이 칙령은 다음 회기에 제국의회에 제출하여야 한다. 만약 의회에서 승낙하지 아니하면 정부는 장래에 그 효력을 잃는다는 것을 공포하여야 한다."

19) '朝鮮ニ施行スヘキ法令ニ關スル法律'. 이에 관해서는 후술한다.

20) 1911년 3월 제국 의회의 승낙을 받았다. 朝鮮總督府 編纂, 『朝鮮法令輯覽 全』, 帝國地方行政學會, 昭和3年(1928), 第九輯, p.161.

21) 增田知子, 「近代日本政治における緊急勅令の概要」, 『法政論集』, 273号(2017), pp.12~23. 이 논문에서는 1891년부터 1946년까지 긴급칙령 107개를 분석했으나 칙령 제335호에 대해서는 언급하지 않고 있다. 이 칙령이 제국헌법 제8조에서 말하는 긴급칙령이 아닌 것으로 파악한 듯하다. 이 논문에서는 일본 정부가 작성한 자료를 가지고 조사한 결과, 1886년부터 1946년까지 법률 3,282건, 칙령 25,252건, 긴급칙령 107건을 찾아냈다.

설득력이 있다.

우리 구법 부칙에서는 "'저작권법을 조선에 시행하는 데 관한 건'은 이를 폐지한다."고 분명히 하고 있다. 이 부칙은 '저작권법을 조선에 시행하는 데 관한 건', 즉 칙령 제338호가 구법 시행 전까지 계속 효력이 있는 것으로 봤기 때문에 이 칙령을 폐지하고자 한 것이다. 구법의 영향 때문인지, 국내 모든 저술에서 칙령 제338호가 일본 저작권법의 한국 내 시행에 관한 법적 근거로 해석하고 있다.[22] 필자는 효력 존속 여부와 일본 저작권법의 한국 내 시행의 법적 근거 문제는 구별하고 싶다. 필자도 이 칙령의 법적 효력에 대해서는 이의가 없다. 이 칙령은 일본 의회의 승인을 받았기 때문이다. 필자는 다만 앞에서 언급한 대로 이 칙령이 일본 저작권법이 한국 내 일본 저작권법의 적용 내지 시행의 근거로 삼기에는 한계가 있다고 보는 것이다.

결론을 내기 위해서는 몇 가지 추가적인 검토가 필요하다.[23] 첫째, 일본이 왜 이렇게 복잡한 방식으로 저작권법을 한국에 시행하고자 했는지 하는 것이다. 칙령 제335호와 제338호를 별도로 제정하여 시행한 연유를 파악하지 않고서는 제대로 결론을 내리기 어렵다.

둘째, 칙령 제338호 제목이 이른바 '저작권법을 조선에 시행하는 데 관한 건'이다. 본문이 한국저작권령을 폐기한다는 것을 내용으로 하고 있음에도,

---

22) 법무부장관, 「저작권법유효여부에관한건(회답)」, 법조(法調)제288호, 단기4282. 11. 7 ; 정광현, 「저작권법안의 비판-보호법이냐 보허법(保虛法)이냐-」, 『조선일보』, 단기 4289. 2. 10 ; 허희성, 위의 논문, 218쪽 ; 박성호, 위의 논문, 12쪽.

23) 다른 분야, 특히 산업재산권 분야도 마찬가지 해석 문제를 안고 있다. 특허법과 상표법 관련해서는 각기 칙령 제336호와 칙령 제337호가 있다. 이들 칙령은 칙령 제338호와 맥을 같이한다. 이들 3개 칙령은 모두 두 가지 내용을 주축으로 하고 있다. 하나는 기득권 보호에 관한 것이다. 특허나 상표의 경우에는 기득권 문제가 복잡하기 때문에 이런 문제들을 여러 조문에 걸쳐 반영할 필요가 있었으나 저작권의 경우에는 등록에 한해 기득권 문제가 있다고 보고 이를 반영한 것이다("한국저작권령에 의한 등록은 이를 저작권법에 의한 등록으로 간주한다.). 다른 하나는 기존 칙령의 폐지에 관한 것이다. 위 칙령 제336호와 제337호는 각기 한국저작권령과 같이 1908년 8월 12일 제정된 한국특허령(칙령 제196호)과 한국상표령(칙령 제198호)을 폐지하고 있다.

칙령의 제목은 '저작권법의 시행'을 언급하고 있는, 특이한 방식이다. 필자는 "짐은 이에 ……" 운운하는 부분을 단지 서문으로 보고 본문과 같은 법적 효력은 없는 것으로 해석한다. 본문만이 법적 효력이 있는 것으로 본 것이다. 이에 대해 다른 해석, 즉 그 부분도 본문과 같은 법적 효력이 있는 것으로 해석할 수도 있다. 해당 부분의 의미에 대한 검토를 마친 후 제338호의 법적 의미도 분명해질 수 있을 것이다.[24)]

셋째, 일본이 이들 칙령을 어떻게 다루고 있는지 살펴봄으로써 일본이 이들 칙령을 어떻게 해석했는지 간접적으로 확인해볼 수도 있다. 조선총독부가 편찬한 1928년 『조선법령집람』을 보면 흥미로운 사실을 발견할 수 있다. 이 집람 제9집 제4장은 '저작권'에 관한 법령을 수록하고 있다. 모두 네 건이 있는데, 먼저 칙령 제335조와 1899년 저작권법이 차례대로 실려 있다. 칙령 제335호에서 저작권법을 한국에 시행한다고 했으므로 해당 법률인 저작권법을 첨부한 것이라 할 수 있다. 이어서 칙령 제313호 '저작권법시행기일'과 칙령 제338호 '저작권법을 조선에 시행하는 데 관한 건'이 수록돼 있다. 이 집람에서는 칙령 제338호가 1911년 3월 제국의회의 승인을 받았다는 점을 명기하고 있는 반면, 칙령 제335호에 대해서는 아무런 언급을 하지 않고 있다. 그럼에도 칙령 제335호를 이 집람에 수록했다는 것은 일본이 이 칙령을 한국에서 효력이 있는 것으로 해석하고, 아울러 이 칙령 바로 뒤에 일본 구법을 수록한 것은 구법 시행의 근거를 이 칙령에 둔 것이 아닌가, 추정해볼 수 있다.

넷째, 앞에서 언급한 칙령 제324호('조선에 시행할 법령에 관한 건')를 자세히 살펴보면 일본 저작권법의 한국 내 시행과 관련한 근거를 추적하는

---

24) 이 점은 박성호 교수가 필자 원고를 검토하면서 제시한 의견을 반영한 것이다. 박 교수는 필자가 서문이라고 한 부분도 본문과 같은 효력을 가지는 것으로 해석할 수 있고, 그 부분에서 '저작권법을 조선에 시행하는 데 관한 건'(밑줄 강조)이라는 구절은 그 시행을 간접적으로 시사하는 것이라고 해석할 수도 있다고 했던 것으로 기억한다.

데 도움이 된다. 이 칙령 본문은 다음과 같다 : [25]

제1조 조선에서는 법률을 요하는 사항은 조선총독의 명령으로 규정할 수 있다.

제2조 전조의 명령은 내각총리대신을 경유하여 칙재(勅裁)를 청하여야 한다.

제3조 임시 긴급을 요하는 경우 조선총독은 즉시 제1조의 명령을 발할 수 있다.

전항의 명령은 발포 후 즉시 칙재를 청하여야 하며 칙재를 얻지 못한 때에는 조선총독은 즉시 그 명령은 장래에 효력이 없음을 공포하여야 한다.

제4조 법률의 전부 또는 일부를 조선에 시행할 것을 요하는 것은 칙령으로 정한다.

제5조 제1조의 명령은 제4조에 의하여 조선에 시행할 법률 및 특히 조선에 시행할 목적으로 제정한 법률 및 칙령에 위배될 수 없다.

제6조 제1조의 명령은 제령이라 칭한다.[26]

---

25) 『朝鮮總督府官報』, 第一號, op. cit., pp.5, 20. 부록 3.3.a. 참조.

26) 필자가 현대문으로 바꾸고 문장부호를 추가했다. 원문은 다음과 같다 :

일본어 I

"朕茲ニ緊急ノ必要アリト認メ樞密顧問ノ諮詢ヲ經テ帝國憲法第八條ニ依リ朝鮮ニ施行スヘキ法令ニ關スル件ヲ裁可シ之ヲ公布セシム

……

勅令第三百二十四號

第一條　朝鮮ニ於テハ法律ヲ要スル事項ハ朝鮮總督ノ命令ヲ以テ之ヲ規定スルコトヲ得

第二條　前條ノ命令ハ內閣總理大臣ヲ經テ勅裁ヲ請フヘシ

第三條　臨時緊急ヲ要スル場合ニ於テ朝鮮總督ハ直ニ第一條ノ命令ヲ發スルコトヲ得

前項ノ命令ハ發布後直ニ勅裁ヲ請フヘシ若勅裁ヲ得サルトキハ朝鮮總督ハ直ニ其ノ命令ノ將來ニ向テ效力ナキコトヲ公布スヘシ

第四條　法律ノ全部又ハ一部ヲ朝鮮ニ施行スルヲ要スルモノハ勅令ヲ以テ之ヲ定ム

第五條　第一條ノ命令ハ第四條ニ依リ朝鮮ニ施行シタル法律及特ニ朝鮮ニ施行スル目的ヲ以テ制定シタル法律及勅令ニ違背スルコトヲ得ス

第六條　第一條ノ命令ハ制令ト稱ス

이 칙령은 조선총독에게 제령제정권을 부여하는 것을 골자로 하고 있으나 다른 규정들도 적지 않게 의미가 있다. 즉, 제4조는 조선에 시행할 법률을 칙령으로 정할 수 있다고 하고 있고, 제5조는 조선에 시행할 법률을 직접 '법률'로 정할 수도 있다고 하고 있다.[27] 제4조에 해당하는 것으로 칙령 제338호를 들 수 있고, 제5조에 해당하는 법률로 메이지44년 법률 제30호('조선에 시행할 법령에 관한 법률')를 들 수 있다. 후자 법률은 칙령 제324호를 대체하는, 같은 제목과 같은 내용으로 돼 있다. 후자 법률이 칙령 제324호의 효력을 실질적으로 이어갔다 할 수 있다.

필자는 이 법률에 대한 평가를 접어놓고 본다면,[28] 적어도 형식적으로는

附則
本法ハ公布ノ日ヨリ之ヲ施行ス"
한국어 |
"朕이茲에緊急ᄒᆞᆫ必要가有ᄒᆞᆷ을認ᄒᆞ야樞密顧問의諮詢을經ᄒᆞ야帝國憲法第八條에依ᄒᆞ야朝鮮에施行ᄒᆞᆯ法令에關ᄒᆞᄂᆞᆫ件을裁可ᄒᆞ야公布케ᄒᆞ노라
……
勅令第三百二十四號
第一條　朝鮮에셔ᄂᆞᆫ法律을要ᄒᆞᄂᆞᆫ事項은朝鮮總督의命令으로서規定ᄒᆞᆷ을得ᄒᆞᆷ
第二條　前條의命令은內閣總理大臣을經ᄒᆞ야勅裁ᄅᆞᆯ請ᄒᆞᆷ이可ᄒᆞᆷ이라
第三條　臨時緊急을要ᄒᆞᄂᆞᆫ場合에朝鮮總督은直히第一條의命令을發ᄒᆞᆷ을得ᄒᆞᆷ이라
前項의命令은發布後에直히勅裁ᄅᆞᆯ請ᄒᆞᆷ이可ᄒᆞᆷ或勅裁ᄅᆞᆯ得지못ᄒᆞᆫᄯᅢ朝鮮總督은直히其命令이將來에向ᄒᆞ야效力이無ᄒᆞᆷ을公布ᄒᆞᆷ이可ᄒᆞᆷ이라
第四條　法律의全部나或一部ᄅᆞᆯ朝鮮에施行ᄒᆞᆷ을要ᄒᆞᄂᆞᆫ거ᄉᆞᆫ勅令으로써定ᄒᆞᆷ이라
第五條　第一條의命令은第四條에依ᄒᆞ야朝鮮에施行ᄒᆞᆫ法律과及特히朝鮮에施行ᄒᆞᄂᆞᆫ目的으로制定ᄒᆞᆫ法律과及勅令에違背ᄒᆞᆷ을得지못ᄒᆞᆷ이라
第六條　第一條의命令은制令이라稱ᄒᆞᆷ이라
附則
本法은公布ᄒᆞᄂᆞᆫ日부터施行ᄒᆞᆷ이라"

27) 제5조는 문장이 복잡하다. 즉, "제1조의 명령은 제4조에 의하여 조선에 시행할 법률 및 특히 조선에 시행할 목적으로 제정한 법률 및 칙령에 위배할 수 없다."(밑줄 강조)(필자가 현대문으로 바꿨다). 이것은 조선에 시행할 목적으로 법률이 제정될 수도 있다는 것을 시사한다.

28) 김창록, 「식민지 피지배기 법제의 기초」, 『법제연구』, 제8호(1995), 66쪽 : "법률 제30호에 의해 담보되는 자의성은 단지 조선총독이 제령으로 식민지 조선의 입법사항을 좌지우지할 수 있다는 데에 그치는 것이 아니었다. 이 법률에 따르면 일제가 편리하다고 판단하는 경우에는 또한 언제든지 천황[이] … 식민지 조선의 입법기구

이 법률이 칙령 제335호의 효력을 확인해주는 근거라고 해석한다. 일제시대 일본 학자들은 "칙령에 의해 시행되는 법률은 칙령의 내용으로서 시행되는 것이 아니라, 그 칙령이 정하는 바에 따라 법률로서 시행되는 것이라는 해석"을 했다. 따라서 시행 법률의 개정이 있다 하더라도 개정 법률을 칙령으로 시행하는 추가적인 절차가 없더라도, 그 효력은 당연히 한국에도 미치게 된다.[29][30] 이렇게 본다면, 칙령 제335호도 부분적으로는 그 법적 지위를 확인할 수 있다. 즉, 칙령 제335호는 칙령 제324호를 대체한 위 법률 제30호를 상위 규범으로 삼고 있는 단순한 칙령[31]으로 여전히 효력이 있는 것이다.[32]

필자는 잠정적인 결론으로, 일본 저작권법이 합방 이후 우리 구법 시행 전까지 한국에 효력을 미칠 수 있게 한 법적 근거는 칙령 제324호와 칙령 제335호이고, 칙령 제324호를 대체한 메이지44년 법률 제30호가 발효한 뒤에는 이 법률과 칙령 제335호가 일본 저작권법의 한국 내 시행의 근거라고

로서 등장할 수도 있었다. 즉 천황은 오로지 자신의 판단에 따라 언제든지 칙령으로 법률의 전부나 일부를 조선에 시행하게 할 수 있었으며(제4조), 또 언제라도 특별히 조선에만 시행할 것을 목적으로 칙령이나 법률을 제정할 수 있었던 것이다.(제5조)"

29) 야마자키(山崎丹照)와 마쓰오카(松岡修太郎)의 견해. 김창록, 위의 논문, 70쪽에서 재인용. 이런 견해에 따르면, 칙령에 의한 시행 방식은 앞에서 본 '의용' 방식과는 법적 효과가 다르다는 점을 알 수 있다.

30) 정광현은 다음과 같이 설명한다 : "여기에서 왜정 당시의 저작권법이라 함은 메이지32년에 제정된 일본 저작권법으로, 합병 전 통감부 시대인 메이지41년에 한국저작권령에 의하여 메이지41년 8월 16일부터 아국에 『의용』되다가 합병되던 메이지43년 8월 29일부터는 직접 『시행』으로 전환한 것으로 그 후 수차례 개정되는 대로 해방 당시 아국에 현행되고 있던 일본 저작권법을 말하는 것을 부언하여 둔다."(밑줄 강조). 정광현, 「저작권법의 입법과 행사문제」, 『대학신문』, 단기4286. 6. 22, 2쪽.

31) 칙령 제338호는 서문에서 "짐은 이에 긴급한 필요를 인정하여 추밀고문의 자순을 거쳐 제국헌법 제8조에 의하여 저작권법을 조선에 시행함에 관한 건을 재가하여 이를 공포케 하노라."라고 하여 그 성격이 '긴급칙령'이라는 점을 확인시켜주고 있으나 칙령 제335호는 이런 문장이 없이 저작권법을 "시행한다."고 하고 있을 뿐이다.

32) 필자는 일본이 '조선민사령'과 같이, 제령에 의해 일본 법률을 '의용'하는 '편리한 방식'을 택할 수도 있었음에도 이를 마다한 이유가 무엇인지 궁금하다. 총독이 공포하는 제령은 의회가 제정하는 법률보다는 입법이 훨씬 편리하지 않았을까.

삼가 해석한다.

2. 일본 저작권법의 한국 내 시행

가. 일본 저작권법 제정

1899년 일본 저작권법(이하 '일본 구법'이라 한다)[33]은 메이지 시대의 법률이다. 메이지 시대의 저작권 제도는 3기로 구분할 수 있다. 제1기는 전매 시대로 관청의 특허에 의해 도서를 발행할 수 있는 전매권이 생기는 시대이다. 제2기는 판권법 시대로서 특허주의에서 권리주의로 옮겨가는 시기로서, 특정한 절차(등록)를 밟아야만 권리가 발생하는 시기이다. 제3기는 저작권 시대로서, 이 시대에는 아무런 절차를 거치지 않아도 당연히 권리가 발생한다.[34]

제1기에 해당하는 시기에 출판조례가 나왔다. 일본 정부는 메이지 시대 초기의 혼란을 극복하기 위한 수단의 하나로 출판을 통제했다. 1869년(메이지 2) 출판조례를 발령했다. 이에 의하면, 도서를 출판하려면 그 제목, 저자, 출판자의 성명과 주소 등을 제출해서 면허장을 받아야 하며 이렇게 해서 출판하게 되면 출판자는 전매의 이익을 받는다. 보호기간은 대개 저자의 생존기간에 한한다. 정부의 면허를 받지 않은 중판(重版) 내지 위판(僞版) 도서와 판목(版木) 등은 몰수된다. 중판자는 벌금에 처한다.[35]

제2기에 판권조례가 등장했다. 1887년(메이지 20) 출판조례를 개정하면서 그 중 판권 관련 규정을 별도로 뽑아 새로 제정한 판권조례에 담았다.

---

33) 이에 관해서는 부록 4.2. 참조.

34) 水野錬太郎, 「本邦著作權法の沿革」, 『法學協會雜誌』, 第20卷 第8號[明治35年(1902)]. 『著作權法百年史』, p.118에서 재인용.

35) 『著作權法百年史』, p.46.

출판조례는 오로지 출판규제법으로 남았다. 판권조례에 의하면, 문서나 도화를 출판하는 경우 그 이익을 전유(專有)하며 이를 판권이라 한다. 판권소유자의 승낙을 받지 못하면 그런 문서나 도화를 제작하는 것을 위판(僞版)이라 한다. 출판조례에 의해 문서나 도화를 출판하는 자는 모두 그 조례에 의해 판권의 보호를 받을 수 있다. 판권 보호를 받으려는 자는 발행 전에 판권 등록을 내무성에 신청해야 한다. 판권 등록 문서나 도화에는 보호기간 동안 '판권소유' 넉 자를 기재해야 하고, 기재하지 않으면 등록의 효과를 잃는다. 판권 보호 기간은 저작자 사후 5년으로 한다.[36]

이 조례가 비록 출판조례와 밀접한 관계를 가지고 있고,[37] 여전히 등록을 판권 보호의 조건으로 하고 있다는 점에서 근대적 의미의 저작권 제도의 출현을 상징하는 것으로 볼 수는 없다. 그럼에도 이 조례에는 저작권 보호를 위한 내용이 다수 포함돼 있고 그 중 상당수는 1899년 저작권법에 담기게 된다.[38] 이때까지 판권은 여전히 근대적 의미의 저작권과는 거리가 있는 개념이었다.

1899년 저작권법은 저작권 시대를 알리는 법률이었다. 이 법은 다음 몇 가지 특징을 가지고 탄생했다. 첫째, 저작권은 창작과 동시에 당연히 발생한다는 것이다. 비록 등록 제도가 존재했지만 등록은 저작권의 성립

---

36) 『著作權法百年史』, pp.63~64. 판권조례는 일본 국회도서관 데이터베이스에서 접근할 수 있다. http://dl.ndl.go.jp/info:ndljp/pid/787970/330 참조.

37) 1875년 개정 출판조례에 의하면 문서나 도화를 출판하는 자는 정부에 신고해야 한다. 판권 보호를 받기 위해서는 신고만으로는 안 되며, 정부의 면허를 받아야 했다. 1887년 출판조례에는 이런 규정은 없으나, 동시에 제정된 판권조례 제2조에서 "출판조례에 의하여 문서도화를 출판하는 자는 모두 그 조례에 의하여 판권의 보호를 받을 수 있다(出版條例ニ依リ文書圖畫ヲ出版スル者ハ總テ此條例ニ依リ其保護ヲ受ルコトヲ得)"고 하여 출판조례에 의한 출판에 대해 판권이 미치도록 하여 여전히 판권조례가 독자적으로 판권 보호 장치가 된 것은 아니다. 1875년 판권조례는 다음 주소에서 찾아볼 수 있다 : http://dl.ndl.go.jp/info:ndljp/pid/787955/143.

38) 예를 들어, 법인저작, 편집저작권, 재정에 의한 저작물 이용, 저작인격권, 친고죄 등이 그것이다. 『著作權法百年史』, p.64.

요건이 아니라 단지 양도나 입질의 경우 대항요건으로 인정했다. 둘째, 저작권 보호의 범위를 확대했다. 종래 보호대상에서 조각과 모형을 추가했다. 또한 저작인격권에 관한 규정을 보완함으로써 인격권 범위를 확장했다. 셋째, 보호기간을 확대하여 저작자 사후 30년으로 했다. 넷째, 외국인의 저작권을 인정했다. 종전에는 외국 저작물은 자유로이 번역할 수 있었으나 베른협약 가입에 따라 내외국인 평등주의를 취했다.[39]

이 법은 다음과 같은 배경 속에서 제정되었다. 먼저, 일본은 1894년 영국과 우호통상항해조약을 개정할 때 국내법을 정비하기로 약속한 바가 있다. 유럽 다른 국가들에 대해서도 같은 약속을 했다. 또한 일본은 베른협약 가입 전에 관련 법률, 즉 판권법, 출판법, 신문지법, 사진판권조례 등을 정비해야 한다는 언론 등의 지적을 받기도 했다.[40] 일본이 베른협약에 가입한 것은 1899년 4월 18일이다. 국내법을 제정한 뒤 공포한 것은 3월 4일이고 시행일은 7월 15일이다. 베른협약이 일본에 발효하는 날짜에 맞추려 노력한 흔적이 역력하다. 위에서 언급한 사항들은 모두 베른협약 실체 규정을 준수하기 위해 저작권법에 반영할 수밖에 없는 내용들이다.[41] 판권법, 각본악보조례, 사진판권조례는 저작권법 시행일에 폐지되었다.[42]

한편, 일본은 1905년 11월 10일에는 미국과 저작권에 관한 조약을 체결했다.[43][44] 일본은 베른협약에 참여한 후 협약에 가입하지 않은 미국과 상호

---

39) 『著作權法百年史』, p.84 ; 『著作權法百年史』(資料編), p.902.

40) 『著作權法百年史』, pp.108~112.

41) 1886년 베른협약은 보호기간을 정해놓고 이를 동맹국의 의무로 하지 않았다. 사후 50년을 동맹국의 의무로 삼은 것은 1948년 개정 협약이다.

42) 『著作權法百年史』(資料編), p.902. 일본 구법 부칙 제46조.

43) Charles I. Bevans (ed.), *Treaties and Other International Agreements of the United States of America: 1776~1949,* Vol.13 (Iraq-Muscat), Department of State, 1972, pp.402~403.

44) 이 조약은 1906년 5월 10일 발효했다. Bevans (ed.), op. cit., p.402. 일본에서는 1906년 5월 11일 공포했다. 『著作權法百年史』, p.760.

보호를 위한 조약이 필요했을 것이고, 미국도 유럽 일부 국가들과 저작권에 관한 양자조약을 체결한 후 일본과도 유사한 조약을 체결할 필요가 있었을 것이다.[45]

이 조약은 3개 조문으로 돼 있는데, 제1조와 제2조가 실체 규정이다. 제1조에 의하면, "양 체약국의 어느 한 체약국의 신민 또는 시민은 상대방의 영역에서 상대방의 신민이나 시민에게 부여된 보호와 같이 문학과 예술 저작물 및 사진의 불법 복제에 대한 저작권 보호를 향유한다. 다만, 이 협약 제2조의 규정에 따른다."[46] 제2조에서는 "각 체약국의 신민이나 시민은 상대방의 영역에서 그 상대방의 신민이나 시민이 발행한 서적, 팸플릿 또는 그 밖의 저술, 연극저작물 및 악곡을 허락 없이 번역할 수 없고, 그러한 번역물을 인쇄하고 발행할 수 없다."고 하고 있다.[47]

나. 일본 저작권법 시행

일본 저작권법이 한국 내에서 시행되는 한편, 칙령 제338호로 '한국저작권령'이 폐지되었다. 한국저작권령에 근거를 둔 '한국저작권령시행규칙' 또한 폐지되었다. 대신, 일본 저작권법에 근거를 둔 칙령 제313호('저작권법시행기일'),[48] 칙령 제314호('저작권법 시행에 관한 건'), 내무성령 제27호('저작권

---

45) 『著作權法百年史』, p.119.

46) 필자 번역. 영어본은 다음과 같다 : "The subjects or citizens of each of the two High Contracting Parties shall enjoy in the dominions of the other, the protection of copyright for their works of literature and art as well as photographs, against illegal reproduction, on the same basis on which protection is granted to the subjects or citizens of the other, subject however to the provisions of Article II of the present Convention."

47) 필자 번역. 영어본은 다음과 같다 : "The subjects or citizens of each of the two High Contracting Parties may without authorization translate books, pamphlets or any other writings, dramatic works, and musical compositions, published in the dominions of the other by the subjects or citizens of the latter, and print and publish such translations."

48) '저작권법시행기일'은 조선총독부가 편찬한 1928년 『조선법령집람』에서 사용한

등록에 관한 규정')와 내무성령 제28호('저작권자 불명의 저작물에 관한 건') 등이 직접 한국에 적용되기 시작했다.[49]

합방 이후 일본 저작권법이 '공식적으로' 한국 내에서 시행되었지만 이를 피부로 느낀 저작자는 그다지 없었던 것 같다. 일제시대의 저작권 제도를 회고하는 사례들을 보더라도 저작권 보호는 현실과는 거리가 있었던 듯하다. 작가 이헌구는 1950년 "과거 일제시대의 법률에 의하여서는 우리는 아무런 옹호를 받을 수 없었"다고 하는가 하면,[50] 전국문화단체총연합회에서 "왜정하의 탄압 속에서 대부분의 저작물들은 재산적 권리의 지위에 있지 못하였다."고 했다.[51] 그러나 저작권 보호를 받지 못했다 하더라도 저작권법은 엄연히 존재했다. 보호의 부재가 저작권법의 공백을 설명해주지는 못하는 것이다. 일제시대 판례 중 엄연히 일본 저작권법을 '조선인'에게 적용한 다수의 형사 판례가 존재한다.[52][53]

식민지 한국에서 저작권법이 어떤 의미인지, 일본이 저작권법을 어떻게 바라보는지 간접적으로나마 알 수 있는 자료가 있다. 조선총독부가 편찬한 1915년 『朝鮮法令輯覽』에서는 저작권법을 제5집(문서 통계)에 넣었다.[54]

표현으로, 『著作權法百年史』(資料編), p.902에서는 '著作權法施行の件'이라고 하고 있다.

49) 후자 3개 칙령의 명칭은 각기, '著作權法施行に關する件', '著作權登錄に關する規定', '著作權者不明の著作物に關する件'이다. 『著作權法百年史』(資料編), p.903 참조.

50) 이헌구, 「통일과 실천성 : 문화인 권익을 옹호하라」, 『동아일보』, 1950. 1. 1.

51) 전국문화단체총연합회, 「저작권법에관한결의서」, 단기4289. 1.

52) 민사 사건 판례도 일부 존재한다. 정광현, 「저작권법안의 재비판 : 저작권법은 시행되지 않았는가」, 『동아일보』, 3. 27 ; 박성호, 위의 논문, 11쪽에서는 『조선요리제법』에 관한 판례를 소개하고 있다.

53) 국가기록원은 일제시대 형사판결 원본을 가지고 있다. 기록원 웹사이트에서 '저작권법위반', '저작권법위범' 또는 '저작권침해'라는 제목의 판결 기록을 1910년부터 1930년까지 11건 확인할 수 있다. 그 중 하나는 1909년 일본 저작권법이 의용되던 시기에 저작권법 위반에 대해 1910년 내려진 판결이고, 나머지는 1926년부터 1930년까지 판결이다.

54) 당시 분류를 보면, 제1집 헌법 황실, 제2집 관규(官規), 제3집 복제 휘장, 제4집 훈기(勳記) 포상(褒賞) 구휼 은급(恩給), 제5집 문서 통계, 제6집 외사, 제7집 사사(寺

1922년 편찬한 『朝鮮法令輯覽』에 의하면 저작권법은 제9집(위생 경찰)에 편입되었다. 특허와 의장, 실용신안과 상표는 제16집(산업)에 편철한 것과 대비된다. 제9집은 제1장 위생, 제2장 경찰, 제3장 출판, 제4장 저작권, 제5장 신문지 등으로 편제돼 있다.[55] 이후 1928년과 1940년 『조선법령집람』에서도 각기 제9집(위생 경찰)과 제10집(위생 경찰)에 수록돼 있다.[56]

출판법의 역사에 대해서는 별도의 논의가 필요하지만, 우리나라 학계에서는 일제시대 한국 내에서 효력이 있었던 출판법[57]이 출판을 규제함으로써 저작권 제도가 저작권 보호, 특히 한국어 출판물에 대해서는 저작권 보호 장치로 미흡했다는 평가가 지배적이다.[58]

다. 외국인 저작물 보호

일본 구법 제28조는 "외국인의 저작권에 대하여는 조약에 별단의 규정이 있는 것을 제외하고 본법의 규정을 적용한다. 다만, 저작권 보호에 관한 조약에 규정이 없는 경우에는 제국에서 최초로 그 저작물을 발행한 자에 한하여 본법의 보호를 향유한다."고 하고 있다. 외국인의 저작물은 조약에

社) 종교, 제8집 지방행정, 제9집 위생 경찰, 제10집 토지 임야 치수 토목, 제11집 재무, 제12집 군사, 제13집 재판, 제14집 민사 형사 감옥, 제15집 학사(學事), 제16집 산업, 제17집 통신 운수 전기 등으로 돼 있다. 朝鮮總督府 編纂, 『朝鮮法令輯覽』, 巖松堂書店, 大正4年(1915).

55) 朝鮮總督府 編纂, 『朝鮮法令輯覽』, 帝國地方行政學會, 大正11年(1922).

56) 朝鮮總督府 編纂, 『朝鮮法令輯覽 全』, 帝國地方行政學會, 昭和3年(1928) ; 朝鮮總督府 編纂, 『朝鮮法令輯覽』, 帝國地方行政學會, 朝鮮行政學會, 昭和15年(1940).

57) 朝鮮總督府 編纂, 『朝鮮法令輯覽』, 巖松堂書店, 大正4年(1915)에서는 1893년 일본 출판법(明治26年 4月. 法律 第15號), 1909년 한국 출판법(隆熙3年, 法律 第6號)을 같이 싣고 있다. 일제시대에 모두 효력이 있었던 것으로 보인다.

58) 최준, 「한국의 출판연구 : 1910년으로부터 1923년까지」, 『신문연구소학보』, 1권(1964), 19쪽 ; 정근식, 「식민지적 검열의 역사적 기원」, 『사회와 역사』, 통권64집(2003), 25쪽 ; 권정희, 「식민지 조선의 번역/번안의 위치－1910년대 저작권법을 중심으로－」, 『반교어문연구』, 제28집(2010), 302쪽.

별단의 규정이 있는 경우에는 그에 따라, 그렇지 않은 경우에는 본법을 적용하여 보호한다는 것이다. 본법을 적용해 보호하는 대상은 단서에서 언급하고 있듯이, 일본에서 최초 발행되는 저작물이다.

이 규정은 일본이 조약상의 의무를 부담하는 범위 내에서는 해당 조약이 우선 적용되는 것으로 해석된다. 일본은 1899년 베른협약에 가입하였고, 1905년에는 미국과 조약을 체결하였으므로 이들 조약에 따라 외국인 저작물을 보호해야 한다.[59] 먼저, 일본은 베른 동맹국으로서, 협약에서 정한 연결점의 원칙에 따라 다른 베른 동맹국 국민의 저작물이나 그 다른 동맹국 내에서 최초 발행된 저작물 또는 그 다른 동맹국에 상시 거주하는 저작자의 저작물을 보호해야 한다. 또한 미국(미국은 베른 동맹국이 아니다)과 맺은 조약에 따라 미국 시민, 즉 미국 국적의 저작자에게 저작권 보호를 해야 한다. 이런 조약상의 원리는 일본의 식민지 한국에도 일견 작동하는 것으로 생각할 수 있다.

이와 관련한 베른협약 규정이 존재한다. 이 협약 제31조 제1항에 의하면, "어느 국가든지 비준서나 가입서에 의한 선언 또는 그 후에 사무총장에게 문서에 의한 통고로, 자국이 국제관계의 책임을 지는 영토의 전부나 일부를 지정하여 이 협약이 적용된다고 할 수 있다." 이 조항은 식민지를 염두에 둔 것이라 할 수 있는데, 식민지를 가지고 있었던 영국이나 프랑스는 이 제도를 적극 활용한 바 있다. 일본도 이를 활용한 흔적이 보인다. 일본이 1928년 로마회의에서 개정된 베른협약에 1931년 비준서를 기탁하면서 비준의 효과가 한국과 대만 등에도 미치는 것으로 표명했다는 기록이 나온다.[60]

---

59) 다른 조약상의 의무도 존재한다. 예를 들어 일본은 청국과 1896년 7월 21일 '추가일청통상항해조약(追加日清通商航海條約)'을 체결했는바, 여기 저작권 관련 조항이 있다. 이에 관해서는 http://dl.ndl.go.jp/info:ndljp/pid/2949474/1 참조.

60) http://www.wipo.int/treaties/en/ActResults.jsp?act_id=25: "Ratification of the Rome Act (1928) included Korea, Formosa, South Sakhalin and Kanto." 이 기록을 뒷받침할 만한 1차 사료는 찾지 못하다가, 연구를 마무리할 즈음 BIRPI 발간 월간 잡지 *Le Droit d'Auteur*에서 찾았다. 일본은 비준서를 기탁하면서 두 번의 통고를 했다.

한편, 미국과 일본 간의 조약에서 “어느 한 체약국의 신민 또는 시민은 상대방의 영역에서”(밑줄 강조) 보호를 받는다고 하고 있다. 영역(dominion)은 영토보다 넓은 개념이라 할 수 있어서,61) 이 조약이 보호국이나 식민지에도 효력이 미칠 수 있는 것으로 해석할 여지가 있다. 우리 정부도 1950년 이런 해석을 한 적이 있다. 당시 법무부는 “한국이 일제의 식민지로서 통치를 받어오든 때에 유효하게 존속하던 미일 간의 저작권 보호에 관한 조약 …… 이 현재도 한국 내에서 유효하게 존속한다고는 인정할 수 없으므로 ……”라고 했다.62)

앞의 사례는 일본이 베른협약 규정을 활용해 협약(적어도 1928년 로마 개정 베른협약)이 한국에 적용된다고 선언한 것이고, 뒤의 사례는 우리 정부가 1905년 미·일 조약이 일제시대에는 유효했다는 것이다. 이를 어떻게 해석해야 할까. 필자는 유보적인 관점에서 접근하고자 한다. 그 유효성 여부는 몇 가지 검토를 거쳐 긍정할 수 있을 것이다.63) 첫째, 일본이 조약을 국내법으로 수용(incorporation)하는 국내 절차가 있는지, 조약이 국내법상 어떤 법적 위계를 가지는지 살펴봐야 한다. 저작권에 국한해보면, 일본 저작권법 제28조 해석 문제로 귀착한다. 즉, 제28조에서 “외국인의 저작권에 대하여는 조약에 별단의 규정이 있는 것을 제외하고 본법의 규정을

첫 번째는 비준서 기탁 사실을 전해준 것이고, 두 번째는 베른협약이 한국 등에도 적용된다는 사실 등을 통고한 것이다. 그대로 번역하면 다음과 같다. “또한 1931년 7월 15일 메모에서 베른 주재 일본 대표부는 우리에게 다음을 알려주었다 : 1928년 6월 2일 로마에서 마지막으로 개정된 베른협약 제26조 제1항에 따라 이 협약은 일본에 효력을 발생하는 날(1931년 8월 1일)에 다음 영토에도 적용된다 : 한국(조선), 대만, 남사할린(카라푸토), 관동주 조차지(콴토) ; ……” 부록 5.k. 및 5.k-2. 참조.

61) 영어 ‘dominion’은 주권의 의미를 가지고 있다. 육지나 바다에 미치는 주권(sovereignty)과 같은 의미인 것이다. *Black's Law Dictionary*, 5th ed., West Publishing Co., 1979 참조.

62) 법무부, 「저작권법해석에관한질의의건」, 4283. 4. 24.

63) 조약의 식민지 내의 효력 문제는 근본적으로 식민지 통치의 위법성 문제로 귀착할 수 있다. 이 문제는 여기서 논외로 한다.

적용한다."고 하고 있으므로, 이를 반대해석하면 외국인의 저작권 보호는 조약을 우선 적용한다는 것이다. 국내법이 조약 규정과 충돌하더라도 조약이 적용되는 것이다. 달리 해석하기도 곤란하다.

둘째, 일본이 참여[64]한 조약의 장소적 효력, 특히 식민지에 대한 효력과 관련한 일본의 국가 관행(State practice)과 학설을 살펴봐야 한다. 이에 대한 자료나 연구 결과를 추적 조사해야만 할 것이다.[65]

셋째, 앞에서 본 바와 같이, 일본은 내지와 외지로 나눠 양자 각각에 독자적인 법률 체계를 두었다. 외지마다 독자적인 법률 체계를 마련하기도 했다. 한국과 대만에 대해서도 각기 다른 법률 체계가 작동했던 것이다. 조약의 장소적 효력과 관련해 이런 법률 체계가 어떤 의미가 있는지 살펴보는 것도 필요한 작업이다.

넷째, 1905년 미·일 조약의 경우에 해당하는 문제로서, 미국과 일본이 이 조약을 체결할 당시, 이 조약이 한국에도 효력이 미칠 것을 예정했는지 여부도 확인할 필요가 있다. 이 조약이 체결된 1905년에 한국은 이미 일본의 보호국(dependent territory)이었다. 조약에서 영역(dominion)이라는 표현을 사용한 것도 우연이라 하기는 어렵다.

베른협약이나 미·일 조약이 적용되지 않는 경우에도 일본 구법 단서에 따라 외국인의 저작물이 보호를 받는 경우도 생각해볼 수 있다. 즉, 단서는 "제국에서 최초로 그 저작물을 발행한 자에 한하여 본법의 보호를 향유한다."

---

64) 여기서 참여란 일본이 해당 조약의 구속을 받겠다고 동의한(consent to be bound) 모든 종류의 의사표시를 말한다. 비준이나 가입이 대표적이다.

65) 일본은 합방(1910. 8. 22) 후 1주일 뒤 선언으로, 한국이 체결한 조약은 효력을 상실하고, 일본의 기존 조약은 가능한 한 한국에 적용된다고 선언했다. 또한 일본 정부는 기존의 약정과는 별개로, 한국에 수입되거나 한국으로부터 수출되는 상품에 10년 간 세금을 부과한다는 것, 그리고 이 기간 동안 일본과 조약 관계를 가지고 있는 국가의 선박은 개항지 간의 연안 무역에 종사하는 것을 허용한다는 것도 밝혔다. D. P. O'Connell, *State Succession in Municipal Law and International Law*, II. International Relations, Cambridge University Press, 1967, p.37.

고 하고 있다. 일본 저작권법이 한국에 시행되고 있었던 만큼, 일견 외국인의 저작물이라 하더라도 한국 내에서 최초 발행된 저작물도 보호해줘야 한다고 할 수 있다.

이에 대해 부정론도 있을 수 있다. 앞에서 본 바와 같이, 이른바 외지론에 근거하여, 한국은 별도의 법체계를 가지고 있는 외지에 지나지 않기 때문에 외국인의 저작물 보호에 관한 별도의 칙령이나 제령이 존재하지 않는 한 이런 저작물을 보호하지 않는다고 보는 것이다. 여기서 '제국'이라는 표현이 다소 걸린다. 제국은 본국 이외에 보호국이나 식민지를 염두에 두고 있기 때문이다. 일본은 저작권법 제정 전인 1899년 1월 제국헌법에서 '제국'을 천명한 바 있고 이를 저작권법에 그대로 반영한 것으로 본다. 그렇다면 한일합방 전부터 사용한 '제국'이라는 표현이 외국인 저작물 보호를 위한 해석에 영향을 미칠 수는 없을 것이다.

긍정론은 일본 저작권법의 한국 내 '시행'에서 찾을 수 있다. 기왕에 일본 법을 한국에 시행하기로 한 이상, 조약과 관련이 없는 제28조 단서를 두고 독자적인 해석론(부정론)을 전개할 필요도, 여지도 없다고 보는 것이다. 후자의 견해가 타당하다고 본다. 그렇다면, 베른협약이나 미·일 조약과 연결되지 않는 외국인의 저작물로서, 일본에서 최초 발행된 저작물은 한국에서, 한국에서 최초 발행된 저작물은 일본에서 보호를 받았다고 할 수 있다.

이상을 종합해보면, 외국인의 저작물 보호와 관련하여 다음과 같은 결론을 내릴 수 있다. 먼저, 일본은 한국을 외지로 하여 별도의 법체계를 만들려는 의도를 가지고 있었고, 이를 입법으로 실천했다. 통감부 시대에는 칙령 제200조(한국저작권령)에 의해, 그리고 일제시대에는 메이지44년 법률 제30호와 칙령 제335호(특허법 등을 조선에 시행하는 건)에 의해[66] 각기 일본 저작권법이 한국에 의용되기도 하고 시행되기도 했다. 그러나 외국인의

66) 이 견해는 앞에서 언급하고 있듯이, 필자의 잠정적인 결론에 따른 것이다.

저작물 보호는 조약 관계를 고려해 별도로 살펴본 뒤 그 여부를 판단할 수 있다. 그렇지 않은 경우(조약상의 근거가 없는 경우)에는 일본 저작권법 해당 규정(제28조 단서)이 한국에서 외국인 저작물의 보호 근거로 작용했다.

제4장 구법 제정 과정

1. 광복 후 저작권 법제도

가. 일본 법령의 잠정 시행

1945년 8월 15일 광복은 우리 저작권 제도를 스스로 만들 수 있는 결정적인 기회를 제공했다. 일본의 직접적인 영향에서 벗어나 새로운 제도를 만들 수도 있었지만 사회가 안정되고, 제도 수립에 대한 열망을 담아낼 때까지는 아직 시간이 필요했다.

남한에 진주한 미국은 1945년 9월 7일 태평양미국육군총사령관 명의로 포고문을 발표하면서 "북위 38도 이남의 조선지역을 점령"하면서 "군정을 수립"한다고 선언했다. 이 포고문 제1조에서는 미군이 행정권을 가진다고 천명했다 : "조선 북위 38도 이남 지역과 동 주민에 대한 모든 행정권은 당분간 본관의 권한하에서 시행함."[1] 아울러 제6조에서는 "이후 공포하게 되는 포고, 법령, 규약, 고시, 지시 및 조례는 본관 또는 본관의 권한하에서 발표하여 주민이 이행하여야 될 사항을 명기함."이라고 하여, 실질적으로

---

1) 편의상 마침표를 넣고, 한자로 된 숫자는 아라비아 숫자로 바꾸고, 띄어쓰기를 했다. 원문은 국가기록원 사이트에서 확인할 수 있다. http://theme.archives.go.kr/next/625/archiveDetail.do?flag=2&evntId=0049259563 참조.

입법권도 장악했다.

군정을 위해 미군정청[2)]을 설치했다. 미군정청은 1945년 11월 2일 법령 제21호를 공포했다.[3)] 제1조는 다음과 같은 내용을 담고 있다 :

> 제1조 법률의 존속
>
> 모든 법률 또한 조선 구정부가 발포하고 법률적 효력을 유(有)한 규칙, 명령 고시 기타 문서로서 1945년 8월 9일 실행중인 것은 기간(其間) 이의[4)] 폐지된 것을 제외하고 조선군정부의 특수명령으로 폐지할 때까지 전 효력으로 차(此)를 존속함. 지방의 제반 법규와 관례는 당해 관청에서 폐지할 때까지 기(其)효력을 계속함. 법률의 규정으로서 조선총독부, 도청, 부, 면, 촌의 조직과 국장, 과장, 부윤, 군수, 경찰서장, 세무서장, 면장, 촌장, 기타 하급직원에 관한 것은 군정장관의 명령으로 개정 우(又)는 폐지된 것을 제하고 당해 관청에서 폐지할 때까지 차를 존속함. 상사의 지령에 종하여 종래 조선총독이 행사하는 제반 직권은 군정장관이 행사함을 득함.[5)]

---

2) 미군정청은 재조선미육군사령부군정청(在朝鮮美陸軍司令部軍政廳, United States Military Government in Korea)의 약칭이다.

3) 내무부치안국, 『미군정법령집』, 단기4289, 23쪽 ; 국사편찬위원회의 데이터베이스 자료 대한민국사에 수록된 본문도 같다. 메뉴제목 : "자료대한민국사 제1권> 1945> 법령제21 호> '법률제명령의 존속' 공포." http://db.history.go.kr/item/level.do?sort=levelId&dir=ASC&start=1&limit=20&page=1&setId=-1&prevPage=0&prevLimit=&itemId=dh&types=&synonym=off&chinessChar=on&levelId=dh_001_1945_11_02_0050&position=-1

4) '이믜'의 오기인 듯하다.

5) 편의상 마침표를 넣고, 한자로 된 숫자는 아라비아 숫자로 바꾸고, 띄어쓰기를 했다. 고문으로 된 문건도 존재한다. 이에 의하면, 제1조 원문은 다음과 같다 : "第一條　法律의存續
모든法律ᄯᅩ한朝鮮舊政府가發布하고法律的効力을有한規則、命令告示其他文書로서一九四五年八月九日實行中인것은其間이믜廢止된것을除하고朝鮮軍政府의特殊命令으로廢止할ᄯᅢᄭᅡ지全効力으로此를存續함.地方의諸般法規와慣例는當該官廳에서廢止할ᄯᅢᄭᅡ지其効力을繼續함.法律의規定으로서朝鮮總督府·道廳·府·面·村의組織과局長·課長·府尹·郡守·警察署長·稅務署長·面長·村長其他下級職員에關한것은軍政長官의命令으로改正又는廢止된것을除하고當該官廳에서廢止할ᄯᅢᄭᅡ지此를存續함.上司의指示에從하야從來朝鮮總督이行使하든諸般職權은軍政長官이行使함을得함." 한국

미군정청 법령 제21호는 기왕에 한국에서 법적 효력이 있는 법령은 미군정청이 폐지할 때까지 계속 효력을 가지도록 한 것으로, 이런 법령에는 합방 전의 구한국의 법령,[6] 광복 전의 일제시대의 법령, 미군정법령 등 세 가지가 있다.[7] 일제시대 저작권법과 관련해서는 칙령 제338호('저작권법을 조선에 시행하는 데 관한 건')에 의하여, 또는 메이지44년 법률 제30호와 칙령 제335호에 의하여[8] 한국에 시행된 일본 저작권법이 해당 법령이 된다.[9]

법제연구회(편), 『미군정법령총람 : 국문판』, 한국법제연구회, 1971, 139쪽. 이 자료는 위 내무부 치안국 자료와는 차이가 있다. 전자에서는 "이믜廢止된것을除하고"라고 하고 있는 반면, 후자에서는 "이의 폐지된 것을 제외하고"라고 하고 있다. 전자 표현이 맞는 듯하다. 또한 양자에서 모두 "규칙, 명령고시기타 문서로서 ……"라고 하고 있으나 보다 정확한 표현은 "규칙, 명령, 고시 또는 기타 문서로서"라 할 수 있다. 규칙, 명령, 고시 등이 각기 별개의 법령인 것이다. 영문 법령은 "regulations, orders, notices or other documents"라고 하고 있다. 한국법제연구회(편), 『미군정법령총람 : 영문판』, 한국법제연구회, 1971, 80쪽.

6) 조선총독부 제령(制令) 제1호('조선의 법령의 효력에 관한 건')에 의해 효력을 유지했던 대한제국 당시의 법령을 말한다. 이 제령[(일본어) '朝鮮ニ於ケル法令ノ效力ニ關スル件' ; (한국어) '朝鮮의法令의效力에關ᄒᆞᄂᆞᆫ件'(明治四十三年八月二十九日 制令第一號)]은 본문이 한 문장으로 돼 있다 : (일본어) "朝鮮總督府設置ノ際朝鮮ニ於テ其ノ效力ヲ失フヘキ帝國法令及韓國法令ハ當分ノ內朝鮮總督ノ發シタル命令トシテ尙其ノ效力ヲ有ス" ; (한국어) "朝鮮總督府設置ᄒᆞᄂᆞᆫ時에朝鮮에셔其效力을失ᄒᆞᆯ帝國法令及韓國法令은當時內ᄂᆞᆫ朝鮮總督이發ᄒᆞᄂᆞᆫ命令으로ᄒᆞ니그ᄃᆡ로其效力을有ᄒᆞᆷ이라."
『朝鮮總督府官報』, 第一號, op. cit., pp.13, 28.

7) 이경호, 「현행법령의 효력」, 『법제월보』, 1959. 9. 이 논문은 법제처 사이트에서 찾아볼 수 있다. http://www.moleg.go.kr/knowledge/publication/monthlyPublicationSrch?search=ALL&searchKeyword=%EC%9D%B4%EB%8F%99%ED%98%B8&mpbLegPstSeq=124298 참조.

8) 전자는 통설적 견해이고, 후자는 필자의 잠정적인 결론이다. 이에 관해서는 앞에서 다룬 바 있다.

9) 이에 대해 달리 해석하기도 한다. 허희성, 위의 논문, 218~219쪽에서는 "국내 일부 학자는 일본 저작권법이 미 군정법령 제21호 제1조의 "법률"에 해당하기 때문에 우리 나라에 계속 유효한 것으로 해석하고 있으나, 필자로서는 그렇게 해석하고 싶지 않다. 왜냐하면 우리 나라가 해방되었음에도 불구하고 일본 법률이 그대로 지속된다고 하는 것은 우리 나라의 자존심상 허용할 수 없으므로 결과는 같은 것이나, 1908년 8월 우리 정부의 내각고시 제4호로 번역 공포된 당시 일본 저작권법이 위 미 군정법령 제21호 제1조에서 규정한 조선 구 정부가 발포한 고시에 해당하여 일본 저작권법이 계속 유효한 것으로 해석하여야 할 것으로

1948년 제헌 헌법도 흡사한 규정을 두고 있다. 제100조에서는 "현행 법령은 이 헌법에 저촉되지 아니하는 한 효력을 가진다."고 했다. 이런 헌법적 결단은 법적 안정성에서 비롯되었다 할 수 있다. 여기서 '현행 법령'이란 헌법 시행 당시 미군정청이 유효하다고 선언한 법령과 미군정청이 제정한 법령을 말한다. "현행 법령은 동일한 사항에 관하여 대한민국의 법률이 제정될 때까지 과도적 잠정적으로 국민의 기본권을 제한할 수 있을 뿐이고, 또 헌법에 저촉되지 아니하는 한도 내에서 질서유지와 공공복리를 위하여 필요한 경우에 한하여 이를 제한할 수 있을 뿐이다."[10]

일본 저작권법은 저작자의 권리를 보호하기 위한 것으로, 우리 헌법에 저촉하거나 기본권을 제한할 만한 내용은 없는 듯하다. 높은 수준의 저작권 보호는 자칫 헌법에서 보장하는 기본권과 충돌할 여지가 없는 것은 아니지만, 이 법은 저작자의 권리가 이런저런 목적으로, 다양한 방법으로 제한하고 있기 때문에 그 가능성도 희박하다. 더구나 우리 제헌 헌법 제14조 제2항에서 "저작자, 발명가와 예술가의 권리는 법률로써 보호한다."고 하고 있느니만큼 섣불리 그 효력을 부정하기 어렵다. 광복 후 법무부도 일본 저작권법의 효력을 긍정하는 해석을 한 바 있다. 1949년 8월 25일 공보처장은 '저작권법유효여부에관한건'이라는 제목으로 법부부장관에게 질의서를 발송했다. 공보처장의 질의는 다음과 같다 : [11]

메이지 43년 8월 29일부 칙령 제338호로써 공포된 저작권법의 효력에

본다." 여기서 말하는 관련 고시는 '특허·의장·상표급 저작권의 보호에 관한 일본법령'이라는 제목의 고시로, 단지 해당 일본 법령을 번역해서 싣고 있는 것으로, 이 고시에 문제의 '한국저작권령'이 등장한다. 이 고시는 그 법적 효력에도 문제가 있을 뿐만 아니라, '한국저작권령'은 합방 전까지만 유효한 것이다. 합방과 더불어 칙령 제338호에 의해 폐지됐기 때문이다.

10) 이경호, 위의 논문.

11) 법무부장관, 「저작권법유효여부에관한건(회답)」, 법조(法調)제288호, 단기4282. 11. 7.

관하여는 다음과 같은 두 가지로 해석되는데 이에 대한 각하의 견해를 얻고저 자에 문의합니다.

1. 공포된 법률이 오래동안 시행되지 아니한 경우에는 관습에 의하여 그 법 효력을 발생하지 아니한다는 해석
2. 공포된 법률은 이를 폐지하는 법률이 공포되지 아니하는 한 그 효력을 발생한다는 해석

이에 법무부장관은 1949년 11월 7일 다음과 같은 이유를 들어 해당 칙령이 유효하다는 회신을 보냈다. 법무부장관이 '회답이유'를 다음과 같이 들고 있다 : [12]

"「저작권법을조선에시행하는것에관한건」[13]은 메이지43년 8월 29일부 칙령 제338호로써 공포되어 동일부터 조선에 시행케 된 법령인바 지금까지 동 법령을 폐지한다는 법령이 공포실시되지 않았을 뿐 아니라 사실상 동 법령을 적용한 사례가 없다 하여 동 법령이 자연 실효한다고는 해석할 수 없으므로 동 법령은 현재도 유효하게 존속한다고 해석할 수밖에 없다."

나. 국제조약의 실효

미군정청 법령 제21호에 의해 한국에 효력이 있는 일본 법률 등은 잠정적으로 효력을 가지게 되었다. 법령 제21호는 '법률, 규칙, 명령, 고시 및 그 밖의 문서'를 예정하고 있을 뿐, 조약에 대해서는 아무런 언급을 하지 않고 있다. 그렇다면 일본이 체결한 것으로, 한국에도 효력이 있는 조약도 법령

12) 법무부장관, 앞의 문건.

13) 1957년 구법 부칙에서 언급하고 있는 '저작권법을 조선에 시행하는 데 관한 건'과 같은 것이다.

제21조에 의해 한국에 계속 효력을 미치는가. 이에 대해 부분적으로 해답을 주는 정부 문서가 있다. 법무부는 1950년 4월 22일에는 개인(변호사)이 '저작권법해석에관한질의의건'이라는 제목으로 질의서를 접수했다. 질문은 다음과 같다 : 14)

"미국 국민이 미국 내에서 처음으로 저작 간행한 영화를 한국인이 한국 내에서 무단히 복사하여 영화관에서 상영시키는 경우에 이것을 미국인의 저작권 침해라 인정할 수 있는가?"

이에 대해 법무부는 장관의 지시로 해당 질의를 각하했다. 회답 요지와 이유는 내부 문서로 가지고 있었다. 1950년 4월 24일자 기안문에서는 다음과 같은 회답 요지와 이유를 밝혔다 : 15)

"회답요지

미국인의 저작권 침해라 인정할 수 없다고 사료됨.

회답이유

외국인의 저작권은 저작권법 제28조에 의하여서만 보호되는 것인바 동조에 의하면 외국인의 저작권은 한국과 당해 외국인의 본국인 외국과에 저작권 보호에 관한 조약이 체결된 경우와 또는 외국인이 한국 내에서 처음으로 그 저작물을 발행하였을 때에 한하여 저작권법의 보호를 받는 것인바 본 질의의 안건은 이 후자의 경우에는 아무런 관련이 없으므로 전자 즉 한미 간의 저작권 보호 조약의 유무에 관하여 심안(審按)하건대 한미 간에는 아직 이 점에 관한 조약이 체결된 것이 없고(한미 간의 재정 급 재산에 관한 최초 협정-조약 제1호-제12조가 저작권 보호에

14) 법무부, 「저작권법해석에관한질의의건」, 4283. 4. 24.
15) 법무부, 앞의 문건.

관한 규정이라고는 인정할 수 없다) 또 한국이 일제의 식민지로서 통치를 받어오든 때에 유효하게 존속하던 미일 간의 저작권 보호에 관한 조약(단기4239년 메이지39년)[16]이 현재도 한국 내에서 유효하게 존속한다고는 인정할 수 없으므로 저작권법 제28조의 전제 조건인 저작권 보호에 관한 한미 간의 조약이 없으므로 미국인의 저작권(미국인이 한국에서 처음으로 저작물을 발행한 경우를 제외하고)을 한국 내에서 보호할 법적 근거가 없다고 아니할 수밖에 없다."

이 답변은 일본 저작권법의 유효를 전제로 한 것이다. 회답 이유에서 언급하고 있는 제28조는 1899년 일본 저작권법 해당 조문이다.[17] 이 점에서 위 1949년 '저작권법유효여부에관한건'에서 법무부가 피력한 의견과 맥을 같이한다. 이 답변의 핵심은 두 가지이다. 하나는 미국과 일본 간의 조약은 일제시대에 "한국에 유효하게 존속하던" 것이었다는 점이다. 이에 대해서는 앞에서 다뤘다. 긍정론이 타당하다 할 수 있다. 다른 하나는 1905년 미·일 조약이 효력을 잃었다는 것이다. 이 점은 다음과 같이 설명할 수 있다. 일본과 연합국이 맺은 강화조약인 샌프란시스코 조약 제7조는 연합국 중 어느 하나가 일본에 양자조약의 효력 지속 내지 회복을 통보할

---

16) 관련 조약으로 생각할 수 있는 것으로, 1905년 11월 10일 일본이 미국과 체결한 저작권에 관한 조약이 있고, 1908년 '한국에 있어서의 발명·의장·상표 및 저작권 보호에 관한 미·일 조약'이 있다. 후자 조약은 일본이 일본 국내법을 한국에 시행하도록 약속한 것에 지나지 않는 것으로 여기서 말하는 '미일 간의 저작권 보호에 관한 조약'이라 할 수 없다. 이 문건에서 염두에 둔 조약은 전자 조약이라 할 수 있다. 전자 조약은 1906년 5월 10일 발효한 것이다. 이 문건에서는 발효한 해(단기4239년)를 적은 것이라 할 수 있는데, 조약은 체결 연도를 가지고 특정하는 것이 일반적이다. 이 조약에 관해서는 앞에서 설명한 바 있다.

17) 1899년 일본 저작권법 제28조(외국인의 저작권) :
"외국인의 저작권에 대하여는 조약에 별단의 규정이 있는 것을 제외하고 본법의 규정을 적용한다. 다만, 저작권 보호에 관한 조약에 규정이 없는 경우에는 제국에서 최초로 그 저작물을 발행한 자에 한하여 본법의 보호를 향유한다."

수 있으나 이런 통보가 없으면 폐기된 것으로 간주한다고 규정하고 있다.[18)] 미국은 일본과 맺은 1905년 저작권에 관한 조약에 대해 효력 지속 여부를 통보를 하지 않았고, 이에 따라 이 조약은 운명을 다했다.[19)]

일본이 참여한 조약 가운데 한국 내에서 유효한 것으로 "볼 수도" 있는 것으로 베른협약이 있다. 위 문건은 베른협약에 대해 언급하지 않고 있다. 미국이 동맹국이 아니기 때문이다. 베른협약은 다자조약으로서 샌프란시스코 조약에서 예정한 실효 대상 조약이 아니다. 이에 관해서는 국가 승계(State succession), 특히 조약에 관한 국가 승계 이론을 찾아보고 판단해야 한다. 국가 승계 이론은 경우의 수가 너무 많고, 국가 관행도 일관되지 않아 일정한 원칙들을 찾기가 무척 어렵다. 이와 관련하여, 1978년 조약의 국가 승계에 관한 비엔나협약(Vienna Convention on Succession of States in respect of Treaties)[20)]에 신생 독립국(newly independent states)에 관한 조항들이 참고할 만하다. 이에 의하면, 신생 독립국은 국가 승계일에 어떤 조약이 효력을 가지고 있다는 이유로 그 조약의 구속을 받지 않는다(제16조). 이것은 이른바 백지상태(clean slate) 또는 자유 선택(free choice) 이론을 반영한 것이다.

베른협약 국가 관행도 중요한 검토 요소이다. 기록을 보면, 각국은 일방적인 선언 내지 통보를 통해 자국에 대한 협약의 효력 여부를 확인하는 절차를 밟았다는 점을 알 수 있다.[21)] 종주국이 일부 식민지를 대신해 이들 식민지가 베른협약에 별도로 가입한다고 선언한 사례도 있고,[22)] 신생 독립국가가

18) *United Nations Treaty Series*, Vol.136, No.1832, pp.45~164 참조.

19) Charles I. Bevans (ed.), *Treaties and Other International Agreements of the United States of America, 1776~1949*, Vol.13 (Iraq-Muscat), Department of State, 1972, p.408 참조.

20) *United Nations Treaty Series*, Vol.1946, pp.3~187 참조. 이 조약은 1978년 8월 23일 비엔나에서 체결되어 1996년 11월 6일 발효했다. 2017년 11월 28일 기준 당사국 수는 22개국이다. https://treaties.un.org/pages/ViewDetails.aspx?src=TREATY&mtdsg_no=XXIII-2&chapter=23&clang=_en 참조.

21) 이런 국가 관행이 일관되고 획일적인 것인지(constant and uniform) 여부를 확인한 것은 아니다. 각국 관행 전부를 조사한 것이 아니기 때문이다.

22) 영국은 1896년 파리 추가의정서를 비준할 때 호주, 캐나다, 인도, 뉴질랜드, 남아프

독자적으로 베른협약에 가입한다고 통보한 사례도 있다.[23] 후자 방식이 일반적인 사례에 속한다. WIPO 전신인 BIRPI는 1950년 간행물(*Le Droit d'Auteur*)에서 일본은 1945년 항복으로 식민지를 상실했고 과거 식민지는 더 이상 일본의 주권이 미치지 않으므로 베른 동맹국의 지위를 가지지 않는다고 보았다.[24]

우리나라는 이제까지 베른협약상의 의무를 부담한다고 의식하고 법률을 제정하거나 정책을 수립한 적도, 법적 해석을 내놓은 적도 없는 듯하다. 베른협약에 가입한 것은 1996년이고, 이때까지 외국이 한국에 대해 베른협약상의 의무를 요구한 적도 없는 듯하다. 일견 1978년 비엔나협약에서 말하는 백지 상태 이론이 적용돼 왔던 것으로 보는 것이 합리적이지 않을까.[25]

리카에도 이 의정서를 확대 적용한다고 선언한 바 있다. *Le Droit d'Auteur*, 15 Octobre 1897, p.110. 그러다가 1928년 베른 주재 영국대표부는 스위스 정부에 서한(note)을 보내 호주와 캐나다, 그리고 인도가 독자적으로 베른협약(1908년 개정 협약)에 가입한다고 선언했다. *Le Droit d'Auteur*, 15 Mai 1928, pp.57~58.

23) 키프러스는 1961년 독립하고 얼마 되지 않아 베른협약에 가입했다. 키프러스는 1964년 2월 24일 스위스 정부에 보낸 서신을 통해, 베른협약 동맹국으로 중단 없이 남기로 했고(I have the honour to request you to notify …… that the Republic of Cyprus continues without interruption to be a Member of the Berne Union …… to which Cyprus is a party consequent to the adhesion made by the United Kingdom ……), 아울러 영국이 베른 체제하에서 누렸던 모든 권리를 계속 유지한다고 선언했다. *Le Droit d'Auteur*, Mai 1964, p.127.

24) *Le Droit d'Auteur*, 15 janvier 1950, p.7. 부록 5.l. 및 5.m. 참조.

25) 광복 직후 작성된 논문에서는 이런 의견이 제시되기도 했다 : "일본이 제외국과 체결한 저작권 보호에 관한 조약의 효력이 상금 조선에 존속한다고 볼 것인가를 구명(究明)하여야 할 것이다. [단락 바뀜] 조선은 일본의 「무력에 의존한 식민지 정책」의 희생이 되어 왔으나 일본이 「포츠담」 선언을 수락하고 무장이 해제되어 이 무장 해제가 식민지 해소의 집행행위라고 할 것이며, 이로써 조선은 일본의 주권으로부터 완전히 이탈하였다고 볼 것이다. 따라서 현행 법령의 근거가 단체의 사에 있는가 군령에 있는가는 고사하고 상대조약국의 의사를 무시할 수 없는 조약은 법령과는 판이하여 종전 조약과 동일 내용의 조약이 새로이 실시된 것이라고 볼 수 없을 것이다. 즉 일본이 체결한 조약의 효력은 조선에 미치지 않는다고 볼 것이다." 노영득, 「저작권법개설」, 『법정』, 제2권 제8호(1947), 27쪽. 이 논문은 저자가 당시 사법부 법률조사국 민사법조사과장으로 재직 중에 작성한 것이다.

2. 구법 제정 경위[26)]

광복 후 저작권법 제정을 위한 움직임은 곳곳에서 벌어지고 있었다. 1949년 6월 경향신문은 '헌법정신의 소재'라는 제목의 지상좌담회를 개최했다. 6월 17일부터 21일까지 4회에 걸쳐, 제헌 당시의 상황을 짚어보고 필요한 법률이 무엇이 있는지 점검하는 자리였다. 이 좌담회에는 헌법 제정에 깊숙이 간여한 유진오를 비롯하여 당시 국회의원, 고위 정부관계자 등 10명이 참석했다. 이 좌담회에서 사회자가 '시급을 요하는' 법률안으로 무엇이 있는지 묻자, 당시 법제처장 신태익(申泰益)[27)]은 이미 정부에서 80여 건의 법안을 국회에 제출한 바 있고 이 중 '화급을 요하는 안건'으로 병역법 등 8건을 예로 드는 한편, 정부가 제출하지 않았지만 '긴급히 기초하여야 할 법안'으로 '신문지법', '저작권법', '노동기준법', '청원법', '선거법' 등 5종을 언급했다.[28)] 저작권법은 당시 정부에서도 관심을 가졌던 주요 법률 중 하나였던 것이다.[29)][30)]

---

26) 1957년 저작권법은 헌법 하위 규범으로 헌법의 위임을 받아 제정된 것이다. 제헌 헌법 제14조에 의하면, "모든 국민은 학문과 예술의 자유를 가진다. 저작자, 발명가와 예술가의 권리는 법률로써 보호한다."고 하고 있다. "저작권 발명가 예술가의 권리를 국가가 특히 보호한다는 규정을 헌법에 설정한 것은 각국의 그 예가 많지 아니하나 우리나라 헌법은 그 중요성을 특히 인식하고 본조를 설치한 것이다." 유진오, 『신고헌법해의』, 77쪽. 정광현, 「저작권법안의 재비판 : 본 법안은 저작권 보호에 관한 헌법정신에 입각하였는가」, 『동아일보』, 1956. 3. 28에서 재인용. 저작권의 헌법상의 의의에 대해서는 별도로 논의가 필요하다.

27) 제2대 법제처장(재임 : 1949. 6. 5~1956. 9. 9.)으로 재직했다. 자료 : 국가기록원.

28) 「헌법정신의 소재 : 앙양(昂揚)을 지향하는 지상좌담회」(2), 『경향신문』, 1949. 6. 18.

29) 참고로, 법제처 정보에 의하면 2017년 9월 4일 기준으로 우리나라 법률 개수는 1,413개에 달한다. https://www.moleg.go.kr/lawinfo/status/statusReport 참조. 저작권법이 이미 오래 전부터 주요 법률 중 하나였음을 시사한다 하겠다.

30) 실제 정부는 저작권법에 대한 관심이 높았다. 공보처가 저작권 침해를 단속하고, 침해에 대해 경고하는 보도가 나온 바 있다. 「저작권 침해 공보처서 단속」, 『민중일보』, 1948. 4. 8 ; 「저작권침해에 경고」, 『조선중앙일보』, 음기축. 4. 24(1949. 5. 19) ; 「저

같은 좌담회에서, 제헌 의원 서우석(徐禹錫)은 헌법 규정에 따라 곧 제정되어야 할 법률에 대해 답변을 하는 가운데 다음과 같은 발언을 했다 : "헌법상의 모든 규정은 관계 법률이 제정됨으로써 비로소 국가의 헌법기관도 그 운영을 볼 수 있는 것이며 국민의 헌법상 권리도 비로소 보장되며 국민의 의무도 강제할 수 있는 것입니다. 이러한 법률을 헌법 부속 법률이라 할 수 있는 것이니 그 중요한 것을 열거하여 보겠읍니다. …… 제13조 언론자유권에 관하여서는 신문지법 출판법이 제정되어야 될 것이며 제14조 학문과 예술의 자유권 보장에 관하여는 저작권법 특허법 상표법 등이 제정되어야 하며 ……"[31] 1948년 제정 헌법 제14조는 학문과 예술의 자유에 대해 규정하고 있는바, 현행 제22조와 거의 같다. 제1항은 좁은 의미의 학문과 예술의 자유에 관해, 제2항은 저작자 등의 권리 보호에 관해 천명하고 있다. 서우석의 발언은 제2항에서 언급하고 있는 저작자 권리 보호를 위한 법률이 필요하다는 의미로 이해할 수 있다.[32] 두 사람은 모두 저작권법 제정의 '시급성'을 지적했다는 점에서는 의견 일치를 보았던 것이다.

한편, 민간 부문에서 저작권법에 대한 욕구 내지 요구는 거셌던 것으로 보인다. 소설가 염상섭은 1949년 7월 28일 경향신문에 기고한 글에서 "그 외에 돈 문제를 떠나서 정부가 문화와 문화인을 위하여 할 수 있는 일은 우선 열악한 출판물의 자연도태를 조성하는 제약을 가하는 한편에 저작권을 옹호하는 법률의 제정이라 하겠다."[33]

작권침해 말라 김공보처장경고」, 『영남일보』, 단기4282. 5. 19.

31) 「헌법정신의 소재 : 앙양(昂揚)을 지향하는 지상좌담회」(3), 『경향신문』, 1949. 6. 19.

32) 제헌 헌법 제14조는 2개항(각 항을 숫자로 구분하지는 않았다)로 돼 있다. 제1항은 "모든 국민은 학문과 예술의 자유를 가진다."고 하고, 제2항은 "저작자, 발명가와 예술가의 권리는 법률로써 보호한다."고 하고 있다. 현행 제22조 제1항은 제헌 헌법과 같고, 제2항은 "저작자·발명가·과학기술자와 예술가의 권리는 법률로써 보호한다."고 하고 있다. 골격에 큰 차이는 없다.

33) 염상섭, 「정부에 대한 문화인의 건의 : 예술원·저작권 등」, 『경향신문』, 1949. 7. 28.

작가 이헌구는 '통일과 실천성 : 문화인 권익을 옹호하라'라는 1950년 1월 1일 동아일보 칼럼에서 저작권법 제정의 필요성을 강조하고 있다 : "다음으로 필요한 것은 국가적으로 문화인의 권익을 옹호하는 기관 설치와 더불어 그에 필요한 법률의 제정이 필요한 것이다. 즉 저작권법 공연법을 위시하여 이러한 법률이 제정되어서 그들 문화인을 옹호하는 구체적 방도가 개척되어져야 한다. 이를 위하여서는 문화인은 정당한 여론환기가 필요한 것이다. 과거 일제시대의 법률에 의하여서는 우리는 아무런 옹호를 받을 수 없었던 것이나 오늘에 있어서 문화인의 자존성이나 긍지만을 생각하여 당연히 국가적으로 받아야 할 권익에 무관심하다는 것은 스스로의 생존권에 대한 자모(自侮)자포지책이라는 것을 깊이 인식하여야 되는 것이다."[34]

가. 1952년 법안과 1955년 법안

우리 국회는 이런 헌법적 요구와 문화예술계의 희망을 담아 신속하게 저작권법 제정을 위해 움직였다. 국회 문교위원회는 6.25 전쟁 중임에도 입법에 착수했다. 1952년 7월 22일 문교위원회 위원장은 "법제사법위원회의 자구정리를 필한 후 본 위원회안으로" 저작권법안을 국회의장에게 제출했다.[35] 법안이 나오기까지 적지 않은 기간 동안 법안을 기초했을 것이다.[36][37]

---

34) 이헌구, 「통일과 실천성 : 문화인 권익을 옹호하라」, 『동아일보』, 1950. 1. 1.

35) 법제사법위원회, 「저작권법안회송의건」, 1952. 7. 21 ; 문교위원회, 「저작권법안제출에관한건」, 1952. 7. 22. 후자 문건에는 법률안이 포함돼 있지 않다. 전자 문건에 있는 법률안과 같은 것으로 추정한다.

36) 1948년에 이미 저작권법이 '초안중'이라는 간단한 소식이 전해진 적이 있다. 「저작권법도 초안중」, 『공업신문』, 1948. 1. 13. 그런가 하면, 1951년에는 '저작권법안 요강'을 마련했다는 보도가 나온 바도 있다. 「저작권법 요강」, 『민주신보』, 1951. 10. 20. 이 기사는 '요강'만을 싣고 있는데, 그 때만 해도 법안 자체가 나온 것 같지는 않다. 기사 내용은 국사편찬위원회 한국사데이터베이스에서 찾을 수 있다. 메뉴 제목 : "자료대한민국사 제23권> 1951년> 저작권법 요강." 부록 4.1.d. 참조.

37) 황적인은 구법 기초 작업은 1952년 내지 1953년에 시작된 것으로 추정하고, 이항녕

한참 뒤에(1995년 이후 작성된 것으로 추정) 국회사무처에서 작성한 '법률안처리일람표'(건명 : 저작권법)에 이 법안의 제안 이유와 주요 골자가 담겨 있다. 내용이며 형식이 신뢰할 만하여 여기 그대로 싣는다 : [38]

제안이유

학문적, 예술적 저작물의 저작자가 소유하는 저작권, 출판권, 공연권 등에 관하여 그 권리행사방법과 권리침해를 보호할 수 있도록 규정함으로써 창작자의 창작의욕을 증진시키고, 이를 보호육성하여 민족문화발전의 향상을 도모하고자 이 법을 제정하려는 것임.

주요골자

1. 저작물이라 함은 표현의 방법 또는 형식의 여하를 막론하고 문서, 연술, 회화, 조각, 건축, 도형, 모형, 사진, 악보, 연주, 영화 및 기타 학문 또는 예술의 범위에 속하는 일체의 것을 말함(제2조).
2. 다음 각호에 기재한 것은 이 법에 의한 저작물로 간주하지 아니함(제3조).
   가. 법률, 명령 및 관공서문서의 본문

본인의 증언을 토대로 그 기초자로 문교위원회 전문위원이었던 이항녕으로 지목하고 있다. 황적인, 「정광현 교수와 저작권법」, 한국법학교수회 편, 『법학교육과 법학연구—고 정광현 박사 추모 논문집』, 길안사, 1995, 190쪽. 이런 주장은 앞에서 언급한 보도들과는 차이가 있다. 후자 보도들은 법안 기초 작업에 다른 사람이(다른 사람도) 참여했다는 점을 시사한다. 이항녕은 1955년 국회 문교위원회 위촉으로 저작권법안을 기초했다고 증언하고 있다. 본인은 1950년 11월부터 국회 문교위원회 전문위원으로 재직(재직 기간 확인 불가)했다고 기록하고 있기도 하다. 이항녕, 『작은 언덕 큰 바람(小皐長風) : 소고(小皐) 이항녕 선생 유고집』, 나남, 2011, 150, 498쪽. 어떤 버전의 법안이든 기초 과정에 깊숙이 개입한 것은 분명하다. 장인숙은 서일교가 초안 작성에 깊숙이 간여한 것으로 증언하고 있다. 서일교는 1952~61년 국회 법제사법위원회 전문위원으로 재직했다고 한다. 한국학중앙연구원, 한국민족문화대백과사전(http://encykorea.aks.ac.kr/Contents/Index?contents_id=E0028133) 참조. 장인숙의 증언과 서일교의 경력을 종합해보면 서일교는 법제사법위원회에서 법안 심사를 주도한 것으로 보인다.

38) 국회사무처, 「법률안처리일람표(건명 : 저작권법)」, 작성일자 불명(1995년 12월 6일 공포 법률까지 업데이트하고 있다). 부록 4.1.d. 참조.

나. 신문지 또는 잡지에 게재된 잡보 및 시사를 보호하는 기사

다. 공개한 법정, 국회, 지방의회에서의 연술

3. 적법하게 타인의 저작물을 번역, 개작 또는 편집한 자는 원저작자의 권리를 해치지 않는 범위 내에서 이를 이 법에 의한 저작자로 간주하도록 함(제5조)

4. 다음 각호의 1에 해당하는 자는 이를 이 법에 의한 저작자로 추정토록 함(제6조)

가. 이미 발행한 저작물에 있어서 그 저작자로 성명을 게기한 자

나. 아직 발행하지 않은 각본, 악보 및 영화화한 저작물의 공연에 있어서 저작자로 성명을 게기한 자

다. 저작자의 성명을 게기하지 아니한 때에는 그 공연자

5. 이 법에서 저작권이라 함은 저작자가 그 저작물 위에 가지고 있는 일체의 인격적 및 재산적 권리를 말함(제7조).

6. 수인의 합저작에 의한 저작물의 저작권은 각 저작자의 공유에 속하도록 함(제12조).

7. 미공표의 저작물의 저작자는 이를 공표하거나 또는 공표하지 않을 것을 자유로 결정할 권리가 있도록 함(제15조).

8. 발행 또는 공연한 저작물의 저작권은 저작자의 생존 기간 및 사후 50년간 존속하도록 함(제30조).

9. 수인의 합저작에 관한 저작물의 저작권은 최종에 사망한 자의 사후 50년간 존속하도록 함(제30조).

10. 저작권자가 원저작물 발행일로부터 10년 내에 그 번역물을 발행하지 않을 때에는 그 번역권은 소멸되도록 함(제34조).

11. 저작권은 그 전부 또는 일부를 양도할 수 있도록 함(제42조).

12. 저작권의 상속, 양도, 신탁, 입질은 그 등록을 받지 아니하면 이를 제3자에게 대항할 수 없도록 함(제43조).

13. 저작권자는 그 저작물의 출판을 인수하는 자에 대하여 출판건을 설정할 수 있도록 함(제47조).
14. 출판권은 설정행위에 별도로 정함이 없는 한 설정일로부터 3년간 존속하도록 함(제49조).
15. 출판권자는 저작권자의 동의를 얻어 이를 양도, 입질할 수 있도록 함(제50조).
16. 선의이며 또한 과실 없이 저작권을 침해하여 이익을 받음으로써 타인에게 손해를 가한 자는 그 이익이 현존하는 한도에 있어서 이를 반환하도록 함(제65조).
17. 저작권을 침해한 자 및 정을 알고 저작권을 침해한 저작물을 발매 또는 배포한 자는 100만환 이하의 벌금에 처하도록 함(제70조).

이 법안은 1954년 4월 30일 회기 불계속으로 폐기되었다.[39] 이후 문화계의 의견을 담아 '전국문화단체총연합회'(문총)[40]가 주도적으로 나섰다. 문총은 1955년 9월 정부에 저작권 사용료를 청구하기도 하고,[41] 1956년 1월 '저작권법에관한결의서'를 국무원[42] 사무총장에게 제출하기도 했다. 문총은 이

39) 국회사무처, 「의안처리상황표(건명 : 저작권법)」, 1954. 12. 28 ; 국회사무처, 「법률안처리일람표(건명 : 저작권법)」, 작성일자 불명.

40) 1947년 민족문화의 유산을 지키며 문화의 독자성을 옹호하고 세계문화의 이념 아래 민족문화를 창조할 목적으로 결성된 문화단체의 총연합회로서 1961년까지 존속하였다. 5·16 이후 해산되었으나, 그 후신으로 예총의 결성을 보게 되었다. 약칭으로는 '문총(文總)'이라고도 한다. 한국학중앙연구원, 한국민족문화대백과사전(http://encykorea.aks.ac.kr/Contents/Index?contents_id=E0049271) 참조.

41) 보도에 의하면, 전국문화단체총연합회는 "정부 수립 이후 각급 학교에서 교수해왔으며 또 현재 사용 중인 국정교과서에는 거의 대부분이 원작자의 양해 없이 수록된 문, 호, 곡이 있어 원작자들의 물의가 되고 있으며 저작권에 대한 입법도 없으므로 문교당국의 선처만을 기다리고 있었으나 반응이 없으매 이번 중앙위원회의 결의에 의하여 작품료를 청구"하였다. 「영화정책수립과 작품료의 청구 등 문총서 문교장관에 건의」, 『경향신문』, 1955. 9. 28.

42) 1948년 7월 법률 제1호로 제정, 공포된 '정부조직법'에 따르면, 국무원은 대통령과

결의서에서 저작권법 제정의 필요성을 역설했다 : "한국은 저작권에 대한 법률이 없어서 문화형성에 중요한 부분인 저작권에 대한 법적 보호가 인정되지 못하고 있음으로 문화발전향상에 크게 우려되는바 동 법안이 조속히 민의원에서 통과되기를 바란다."[43]

이 결의서는 국회의 입법 활동에 대한 지지 표명이라 할 수 있었는데, 국회는 나름대로 입법 작업을 계속했다. 1955년 12월 19일에 "국회 예산결산위원회[44]에서 약 70명의 학자 및 출판업자를 한자리에 소집해 놓고 공청회를" 개최하기도 했다.[45] 국회 문교위원회는 그간의 상황을 반영한 것으로 보이는 새로운 법안(필자는 이를 '1955년 법안'으로 이름 붙인다)을 만들었고,[46] 12월 30일 이를 법제사법위원회의 법안 심사에 회부했다.[47] 국회 법제사법위원회는 1956년 10월 17일 이 법안에 대한 심사를 완료했고 그 후 10월 17일(또는 10월 29일) 문교위원회에 법안을 회송했다.[48]

이상을 정리하면 다음과 같다. 문교위원회에서 준비한 법안은 1952년 법안과 1955년 법안 두 가지이다. 후자 법안은 전자 법안이 폐기된 뒤 다시 상정한 것이라 할 수 있는데, 전자 법안을 대부분 그대로 옮겨 실었다. 1952년 법안이 3년여 지난 뒤, 완벽한 정도는 아니지만, 부활했다 할 수

국무총리, 기타의 국무위원으로 조직되는 합의체로서, 대통령의 권한에 속한 중요 국책을 의결하는 행정기관이었다. 1955년 2월 '정부조직법' 개정으로 국무원 사무국을 설치했다. 한국학중앙연구원, 한국민족문화대백과사전(http://encykorea.aks.ac.kr/Contents/Index?contents_id=E0049271) 참조.

43) 전국문화단체총연합회, 「저작권법에관한결의서」, 단기4289. 1.

44) 예산결산위원회 회의실인 듯하다.

45) 문교위원장 대리 이존화 발언, 『제23회 국회임시회의속기록』, 제5호, 단기4290년 1월 17일, 11쪽. 속기록은 부록 1.2. 참조.

46) 1955년 12월 13일 저작권법안 심사에 착수했다고 한다. 「저작권법안 국회문교위서 심의」, 『동아일보』, 단기4288. 12. 15. 법안은 그 전에 나왔을 터이고, 12월 19일 공청회는 이 법안을 가지고 했을 것으로 추정된다.

47) 민의원문교위원회, 「저작권법안심사회부에관한건」, 단기4288. 12. 30.

48) 법제사법위원회, 「저작권법안심사회송의건」, 단기4289. 10. 29. 1955년 법안과 법제사법위원회 수정안 비교는 부록 4.1.c-2. 참조.

있다. 1955년 법안은 약 10개월간 법제사법위원회에서 자구 수정의 정도를 넘는 심사를 거친다.[49]

이런 과정과 절차를 걸친 법안은 1956년 12월 20일(1956년 법안), 그리고 다음 해 1월 11일(1957년 법안) 본회의 상정을 위해 문교위원장 명의로 국회의장(민의원의장)에게 제출되었다.[50]

참고로 당시의 절차를 간단히 소개하기로 한다. 먼저 해당 위원회인 문교위원회가 최초 법안을 법제사법위원회에 접수하고, 법제사법위원회가 심사를 마치고 수정 법안을 문교위원회에 회송한다. 문교위원회는 그 수정 법안을 문교위원회안으로 하여 민의원 의장에게 제출하면서 본회의에 상정 시켜줄 것을 요청한다. 본회의에서는 3독회를 한다.[51][52]

---

49) 이에 관해서는 부록 4.1.c-2. '1955년 법안과 법제사법위원회 수정안 비교' 참조.

50) 민의원 문교위원회, 「저작권법안제출에관한건」, 단기4289. 12. 20 ; 민의원 문교위원회, 「저작권법안제출에관한건」, 단기4290. 1. 11. 이 둘은 회기를 달리한, 같은 법률안이다.

51) 법제사법위원회, 「저작권법안심사회송의건」, 단기4289. 10. 29 참조.

52) 당시 국회법(법률 제352호, 1954. 12. 31) 관련 규정은 다음과 같다 :
"제33조 ① 의원은 10인 이상의 찬성으로 법률안, 건의안 또는 결의안을 발의할 수 있다.
② 법률안, 건의안 또는 결의안을 발의하려고 할 때에는 그 안에 이유를 구하고 정규의 찬성자와 연서하여 의장에게 제출하고 의장은 이것을 인쇄하여 각 의원에게 배부한다. 단, 위원회에서 입안제출한 의안은 위원장이 제안자가 된다. <개정 1949.7.29.>
③ 의안이 발의 또는 제출되었을 때에는 의장은 이것을 국회에 보고한 후 적당한 위원회에 부탁하고 그 심사가 끝난 뒤에 본회의에 부의한다. 단, 법률안 이외의 의안은 국회의 결의에 의하여 위원회의 심사를 생략할 수 있다. <개정 1951.3.15.>
......"
"제38조 법률안의 의결은 3독회를 거쳐야 한다. 단, 국회의 결의로 독회의 절차를 생략할 수 있다.
독회와 독회와의 기간은 적어도 3일을 두어야 한다. 단, 국회의 결의로 그 기간을 단축 또는 생략할 수 있다."

나. 1957년 법안

국회 문교위원장이 1957년 1월 11일 제출한 '저작권법안'은 같은 해 1월 18일 제23회 국회 제6차 본회의에서 원안대로 의결되어[53] 본회의에서 통과되었다. 이 법안은 다음 날인 1월 19일 정부로 이송되었다. 정부는 같은 해 1월 28일 법률 제432호로 '저작권법'을 공포했다.[54]

이 법안은 지난 1952년 법안과 마찬가지로 국회가 적극적으로 나서서 마련한 것이다. 당시 행정부도 다수의 법안을 제출했으나 저작권법 제정에는 간여하지 못했다. 국회 부의장은 제1독회 시작과 함께 정부의 의견을 물었다. 이에 대해 문교부장관을 대신해서 차관이 정부 측 의견을 다음과 같이 전달했다 : [55]

> "해방 후 10여 년이 경과되었습니다만 문화계 저작계에 지극히 필요하다고 생각하는 저작권법을 일찍부터 작성을 해야만 되겠다고 하는 필요성은 문화계의 일반은 물론이고 정부에서도 늘 생각하고 오던 터이었으나 여러 가지 자료를 수집을 하고 또 문화인 출판업자 저술가 예술계와 상의하고 하는 사이에 상당한 시일을 보내고 있을 때에 아직도 자료수집이 완전히 되지 못하고 대단히 일반에 대해서 미안하다고 생각하고 있는 차에 문교분과위원회에서 다행이 기초를 해 주시겠다고 해서 감사히 생각하고 있었던 터입니다.
>
> 일제시대의 출판법은 폐지되었고 저작권법도 폐지되고 출판법이 폐지되

---

53) 1957년 1월 17일에 제1독회를 했으며, 1월 18일에는 제1독회를 계속하고 이어서 제2독회를 한 뒤 제3독회는 생략했다. 『제23회 국회임시회의속기록』, 제5호, 단기4290년 1월 17일, 9~26쪽 ; 『제23회 국회임시회의속기록』, 제6호, 단기4290년 1월 18일, 13~19쪽 참조. 속기록은 부록 1.2.a. 및 1.2.b. 참조.

54) 민의원의장, 「저작권법안이송의건」, 1957. 1. 18 ; 국회사무처, 「의안처리상황표(건명 : 저작권법)」, 1957. 12. 28.

55) 『제23회 국회임시회의속기록』, 제5호, 단기4290년 1월 17일, 11쪽.

고 또 거기 따르는 절차법이 성립이 되지 못하고, 그래서 현재 사실상 공백 상태에 놓여 있는 것은 일반 문화계를 위해서 지극히 유감이라고 아니할 수 없는 것입니다.

아까 이 의원께서 말씀하신 것과 같이 외국의 이를테면 베룬조약과 이런 완성된 저작권법에 관해서 완성된 조약문 같은 것을 참고하고 또 참고를 위해서 일제시대의 저작권법을 참고하고 해서 거기다가 예술계 문화계 교육계 저술계와 각 방면의 의견을 종합하고, 또 한 걸음 더 나아가서 법제실과 여러 번 타협해 주신 결과 이러한 성안이 된 것이라고 믿고 정부에서도 가끔 여기에 관심이 있기 때문에 문교위원 여러분에게 말씀도 들으러 가고 한 적도 있습니다.

현재 나와 있는 법안으로서 문교부가 생각하고 있는 가장 이상적인 법안이 아닌가 이렇게 생각하고 있습니다. 다행이 통과시켜 주시면 행정부로서는 일하는 데 대단히 편리한 법안이라고 생각하고 저술계 문화계를 보호하는 지상의 보배라고 이렇게 생각하고 있는 것입니다.

간단하나마 설명을 끝마치겠습니다."

정부 측 의견 내지 설명은 법안의 배경과 경과, 법안의 체계와 의미 등을 간략히 밝히고 있는데, 법안의 체계와 내용에 대해 더욱 구체적으로 설명한 '저작권법안 요강'이 있다. 이를 좀 더 살펴보기로 한다. 이 요강은 문교위원회에서 심사보고하면서 참고자료로 제출한 것이다. 그 전문은 다음과 같다 : [56)]

---

56) 『제23회 국회임시회의속기록』, 제5호, 단기4290년 1월 17일, 10~11쪽. 단락(제1, 제2 등) 간에는 편의상 행을 나누었다. 속기록 본문 내용을 그대로 옮겼다. 띄어쓰기도 하지 않았다. 부록 4.1.d. 참조.

제1 본 법 제정의 목적

한국인의 저작권 보호에 관한 법률이 불비하여 저작권을 침해당하는 일이 많음으로 그들을 보호하기 위하여 본 법을 제정한다.

제2 본 법의 체재

본 법은 일제시대의 '저작권법'의 체제를 답습하지 않고 주로 베룬조약의 체재에 의하였다.

저작권에 관한 국제조약으로는 1886년의 베룬조약, 1928년의 하바나조약, 1952년에 협정하고 1955년에 발효한 제네바조약의 셋이 있는데 베룬조약은 주로 구주 제국이 가입하고 하바나조약은 주로 미주 제국이 가입하였으며 제네바조약은 상기 두 조약을 통일한 것인데 베룬조약이 가장 보편적으로 되어 있다.

제3 저작권의 본질

저작권의 본질에 관하여는 재산권설과 인격권설이 대립하여 있으나 불국 저작권법의 예에 따라 이원설을 취하여 저작인격권과 저작재산권을 공인하였다. (제7조)

제4 저작권의 객체(저작물)

1. 저작물의 예시(제2조)

(1) 기술 저작물－문서 연술

(2) 조형적 저작물

a. 미술 저작물－회화, 조각, 공예

b. 건축

c. 지형, 도형, 모형

d. 사진

(3) 음악적 저작물－악곡, 악보, 연주, 가창

(4) 무용 저작물－무보

(5) 연극 저작물－각본, 연출

(6) 음반(레코드), 녹음필림(토키)

(7) 영화 저작물

2. 비저작물(제3조)

제5 저작권의 주체(저작자)

1. 제1차적 저작자(제4조)

2. 제2차적 저작자(제5조)

(1) 번역

(2) 개작

a. 원저작물의 수정 증감

b. 번안-영화화, 미술적 전화, 음악적 전화, 녹음, 소설의 각본화, 각본의 소설화, 소설각본의 시가화, 시가의 소설각본화

(3) 편집

3. 추정 저작자(제6조)

제6 저작권의 내용(효력)

1. 저작인격권의 내용

(1) 귀속권(제14조)

(2) 공표권(제15조)

(3) 원상유지권(제16조)

(4) 변경권(제17조)

2. 저작재산권의 내용

(1) 저작물의 원상이용권

a. 발행권(제18조)

b. 출판권(제19조)

c. 공연권(제20조)

d. 연술권(제21조)

e. 방송권(제22조)

f. 실시권(제23조)

g. 전람권(제24조)

(2) 저작물의 개작 이용권

a. 번역권(제25조)

b. 개작권(제26조)

c. 편집권(제27조)

3. 저작물 불차압권(제28조)

제7 저작권의 보호기간

1. 입법제

(1) 무한주의

(2) 유한주의

(3) 사망 기산 주의

a. 50년 주의(영, 불)

b. 30년 주의(독, 일)

c. 15년 주의(쏘련)

(4) 발행 기산 주의

a. 28년 주의(미)

2. 본 법

(1) 저작인격권－무한주의(제29조)

(2) 저작재산권－30년주의(제30조)

예외

번역권 5년 (제34조)

사진저작권 10년 (제35조)

제8 설정출판권 3년간

제9 설정공연권 1년간

제10 저작권 침해에 대한 구제

1. 민법에 의한 구제(제62조)
   (1) 물권적 청구권
   (2) 손해배상청구권
   (3) 기타
2. 저작권법에 의한 구제
   (1) 부수 추정(제63조)
   (2) 이득 반환(제66조)

제11 벌칙

1. 저작인격권침해죄(제69조) 6월 이하의 징역 또는 10만 환 이하의 벌금
2. 부정발행죄(제70조) 50만 환 이하의 벌금
3. 부정출판공연죄(제71조) 1년 이하의 징역
4. 출처불명시죄(제72조) 10만 환 이하의 벌금
5. 허위등록죄(제73조) 6월 이하의 징역 또는 10만 환 이하의 벌금

법안을 상정하면 그 제출자가 대개 제안 이유와 주요 내용을 밝히는 것이 보통이다. 1952년 법안의 '제안이유와 주요골자'가 이에 상당하는 것이다. 그런데 1957년 법안의 '저작권법안 요강'은 전자와 같은 맥락에서 이해할 수는 있으나 내용이 특이하다. 이제까지 법안을 제안하는 과정에서 논의한 내용을 모두 담은 것이다. 저작권법을 '베룬조약'의 체재를 따른다는 것, 저작권을 저작인격권과 저작재산권으로 나눈다는 것 등과 같이 체계에 대해 언급하는 한편, 저작권법의 내용(저작물, 저작자, 저작권의 내용, 보호기간, 설정출판권과 설정공연권, 침해에 대한 구제 및 벌칙)을 각조 제목 중심으로 열거하고 있는 것이다. 다음 장에서 구체적으로 살펴보기로 한다.

제5장 구법 해제

여기서는 모든 법규정을 주제별로 또는 축조 방식으로 해설하거나 해석하기보다는, 구법의 체계나 구성, 그리고 주요 조문을 둘러싸고 어떤 논의가 있었는지, 각 규정이 어떤 특징과 의미가 있는지 살펴보는 데 주안을 두고자 한다. 저작권법이 제정되기까지 존재했던 3개 법안 간의 차이점도 지적하기로 한다.[1)]

1. 입법 배경 및 목적

가. 입법 배경

민의원 문교위원회가 1956년 12월 20일 의장에게 보낸 법안에 '저작권법안 제안이유'가 실렸다.[2)] 이를 옮기면 다음과 같다 :

"해방 이후 10년이 넘도록 저작권법이 불비하여 문화인들의 권익이 침해되는 일이 비일비재하였으나 이것을 구제할 법적 수단이 불확실하여 문화

1) 3개 법안 비교는 부록 4.1.c. 참조.

2) 민의원 문교위원회, 「저작권법안제출에관한건」, 단기4289. 12. 20.

발전에 지장이 적지 않어 저작권법의 제정은 우리나라 문화계의 커다란 염원으로 되어 있었다. 본법은 시급히 제정하여 달라는 문화인들의 진정도 여러 번 있었고 또 행정부의 제안을 기다릴 여유가 없으므로 본 위원회로서는 본 법안 제정의 시급성을 느기는[3] 나머지 여기에 감히 본 법안을 제안하는 바이다."

1957년 '저작권법안 요강'에도 같은 취지로 법 제정 목적을 밝히고 있다 : "한국인의 저작권 보호에 관한 법률이 불비하여 저작권을 침해당하는 일이 많음으로 그들을 보호하기 위하여 본 법을 제정한다." 이에 앞서 작성된 1952년 초안이나 1955년 초안에도 '저작권법안 요강'이 있었던 듯하다.[4] 1956년 2월 정광현은 '저작권법안의 비판'이라는 기고에서 '저작권법안 요강'을 언급하고 있다. 정광현에 의하면, 이 요강에는 "한국인의 저작권 보호에 관한 법률이 없어서", "저작권을 침해당하는 일이 많으므로 그들을 위하여 본법을 제정한다."는 구절이 나온다고 했다.[5]

정광현은 "한국인의 손으로 제정한 법률은 아닐지라도 한국에는 약 50년 전부터 저작권법이 엄연히 현행되고 있다."면서 '한국저작권령'에 의해 일본 저작권법을 의용하다가 일본 칙령 제338호에 의해 직접 시행으로 전환되어 일정 당시 시행되고 있었고, 군정시대에도 군정법령 제21호에 의해 현행되었으며 대한민국 수립 이후에도 이 법률이 헌법에 저촉될 리가 만무하므로 헌법 제100조에 의해 아직도 유효하다고 주장했다. 이 주장은 앞에서 살펴봤듯이 타당한 것이다.[6] 아울러, 보호에 관한 법률이 없다고 하면 자칫 저작권 침해 행위를 조장하게 된다는 점도 지적했다. 이에 대해 법안 기초에 참여한

3) '느끼는'의 오기인 듯하다.

4) 필자가 국회도서관으로부터 받은 자료에서는 해당 요강을 찾을 수 없었다.

5) 정광현, 「저작권법안의 비판-보호법이냐 보허법(保虛法)이냐-」, 『조선일보』, 단기4289. 2. 10.

6) 다만, 필자는 칙령 제338조 관련해서는 다른 해석을 한다.

이항녕은 위와 같은 지적이 타당하다는 점을 인정하면서도 다음과 같이 대응했다 : 7)

> "이는 다만 법률상 그러한 것뿐이요 사실상에 있어서는 저작권법이 시행되지 않고 있어서 한국에는 저작권법이 없는 것과 다름이 없다. 이는 저작권법에 당연히 두도록 되어 있는 저작권심사회가 조선에서 설치되지 않았으며 저작권의 등록을 관장하는 관청도 없었다.
>
> 일정 시대의 조선총독부 경무국에 도서과가 있었는데 이는 저작자를 보호하고저 하는 관서가 아니요 저작권법과는 전연 다른 출판법에 의하여 저작자를 단속하기 위하여 존재하였던 것이다."

이런 논쟁으로 인한 것인지, 1956년 '저작권법 제안 이유'나 1957년 '저작권법안 요강'은 "저작권법이 불비하여" 또는 "저작권 보호에 관한 법률이 불비하여"라는 구절로 바뀌었다. "없다"는 것이 아니라 "제대로 갖춰지지 않았다"는 것이다.

나. 입법 목적

구법 제1조는 저작권법의 목적을 분명히 하고 있다. 즉, "본법은 학문적 또는 예술적 저작물의 저작자를 보호하여 민족문화의 향상발전을 도모함을 목적으로 한다." 1952년 법안 제안 이유에서도 저작권법의 목적을 기술하고 있다 :

> "학문적, 예술적 저작물의 저작자가 소유하는 저작권, 출판권, 공연권

7) 이항녕, 「저작권법안에 대하여」①, 『동아일보』, 1956. 2. 25.

등에 관하여 그 권리행사방법과 권리침해를 보호할 수 있도록 규정함으로써 창작자의 창작의욕을 증진시키고, 이를 보호육성하여 민족문화발전의 향상을 도모하고자 이 법을 제정하려는 것임."

1957년 '저작권법안 요강'은 "한국인의 저작권 보호에 관한 법률이 불비하여 저작권을 침해당하는 일이 많음으로 그들을 보호하기 위하여 본 법을 제정한다."고 밝히고 있다. 각기 내용은 다소 다르지만 취지는 동일하다. 즉, 저작권법은 창작자 내지 저작자 보호를 위한 목적을 가지고 있다는 것이다. 1952년 법안은 창작자의 창작 의욕을 높이고 민족문화의 발전을 도모한다는 점을 부가하고 있다. 구법 제1조는 1952년 법안 제안 이유 중 일부('민족문화의 향상발전')를 받아들였다.

구법 목적 규정은 현행 저작권법상의 해당 규정과 차이가 있다. 현행 규정은 저작자의 권리 등을 보호하고 '저작물의 공정한 이용'을 도모하는 두 가지 목적을 가지고 있다는 점을 천명한 데 비해, 구법은 창작자 보호만을 내세우고 있는 것이다. 구법이 비록 창작자 보호를 기치로 내걸었지만,[8] 높은 수준의 저작권 보호를 예정했다고 평가받기는 곤란하다.

---

8) 이 점만으로도 구법의 '정신' 또는 '이상'은 평가 받아 마땅하다. 국제적으로도 저작권 제도는 저작권 보호를 1차적인 목적으로 하고 있다. 국제조약에서 균형 측면에 관해 언급한 것은 1994년 TRIPS협정이 처음이다. 이 협정은 전문에서 다음과 같이 공공정책 측면을 받아들이고 있다 : "개발 및 기술 목표를 포함한 지적재산권 보호를 위한 국가적 제도의 기본 공공정책 목표를 인정하며, ……" 직접적으로 균형을 언급한 것으로 1996년 WIPO 저작권조약("저작자의 권리와 교육·연구 및 정보접근 등 공공이익 사이에 균형 유지 필요성을 인식하여")이 있다.

2. 체계 및 구성

가. 체계

저작권법의 체계에 대해서는 1957년 '저작권법안 요강'에서 다음과 같이 언급하고 있다 : "본 법은 일제시대의 '저작권법'의 체제를 답습하지 않고 주로 베룬조약의 체재에 의하였다."[9] 아울러, "저작권의 본질에 관하여는 재산권설과 인격권설이 대립하여 있으나 불국 저작권법의 예에 따라 이원설을 취하여 저작인격권과 저작재산권을 공인하였다." '저작권법의 체제'와 '저작권의 본질'은 모두 저작권법의 체계와 관련된 것이다. 베른협약 체계를 따른다는 것, 프랑스의 저작권법에 의한 이원론을 채택한다는 것이다.

당시 조약으로는 베른협약과 세계저작권협약, 그리고 위 요강에서 말하는 '하바나조약'이 있었다. 베른협약 동맹국은 1950년 3월 24일 현재(1928년 협약 기준) 40개국에 달했고, 세계저작권협약(Universal Copyright Convention)은 1952년 새로 채택된 조약으로 1956년 말까지 21개국을 당사국으로 두었다.[10] '하바나조약'은 당시 범미주연맹(Pan American Union) 21개 회원국이 참여하여 체결한 부에노스아이레스협약(Convention of Buenos Aires on the Protection of Literary and Artistic Copyright)을 말하는 것으로 보인다.[11] 미주

---

9) 체제(體制)와 체재(體裁)를 혼용하고 있다. 국립국어원 표준국어대사전에 따르면, 체제와 체재는 같은 뜻으로 쓰인다. 이때 그 뜻은 "사회를 하나의 유기체로 볼 때에, 그 조직이나 양식, 또는 그 상태를 이르는 말"이라고 한다. 체계는 "일정한 원리에 따라서 낱낱의 부분이 짜임새 있게 조직되어 통일된 전체"를 의미한다. 법체계는 "낱낱의 법 규범이나 법규를 일정한 원리에 따라 통일하는 조직"이라고 한다. 필자는 저작권법이 일정한 원리에 따라 각 구성부분 내지 조문이 짜임새 있게 갖추어졌다는 의미를 가지고 있는 '체계'라는 용어를 사용하면서, 저작권법의 근거 원리를 찾아보기로 한다.

10) 이에 대해서는 각기 http://www.wipo.int/treaties/en/ActResults.jsp?act_id=25 ; http://www.unesco.org/eri/la/convention.asp?KO=15381&language=E 참조.

11) 이 협약은 1910년 8월 11일 체결되어 1928년 2월 18일 아바나에서 개정된 바

국가들은 1889년부터 별도의 조약을 맺어[12] 국제적 보호를 시도했지만 이들 조약은 지역적 보편성이 떨어지는 것이어서 국제적 추세를 좇고자 한 당시 입법자들의 눈에 들어오지 않았다 할 수 있다.

세계저작권협약은 당시 신생 조약으로 짧은 시간에 발효되고 당사국이 늘고 있는 추세에 있긴 했지만 이 협약을 기준으로 국내법 체계를 잡을 수 있는 내용을 담지 못했다.[13][14] 당시 입법자들이 베른협약에 관심을

있다. *League of Nations Treaty Series (LNTS)*, Vol.132(1932~1933), Treaty No.3044, pp.275~299 참조. 이 협약은 1946년 6월 22일 워싱턴에서 체결된 새로운 협약(Inter-American Convention on the rights of the author in literary, scientific and artistic works) 발효와 더불어 1947년 4월 14일 실효했다. *United Nations Treaty Series (UNTS)*, Vol.1438, Treaty No.3044(1986), p.448 참조. 미국은 1928년 개정 조약과 1946년 조약을 비준하지 않았다. Charles I. Bevans (ed.), *Treaties and Other International Agreements of the United States of America, 1776~1949*, Vol.1(Multilateral), Department of State, 1968, pp.758~762.

12) 협약 영문 명칭은 다음과 같다 : Convention of Montevideo on Literary and Artistic Property(1889년 1월 11일 몬테비데오에서 서명) ; Convention for the Protection of Literary and Artistic Copyright(1902년 1월 27일 멕시코시티에서 서명) ; Convention Concerning Literary and Artistic Copyright(1910년 8월 11일 부에노스아이레스에서 서명) ; Revision of the Convention of Buenos Aires Regarding Literary and Artistic Copyright(1928년 2월 18일 아바나에서 서명). Harry G. Henn, "Quest for International Copyright Protection," 39 *Cornell Law Review* (1953), p.48. 위 영문 명칭은 이 논문에서 쓰인 대로 옮긴 것으로, 정식 명칭과는 다를 수 있다.

13) 예를 들어, 이 협약 제1조에서 "각 체약국은 …… 저작자 및 여타의 모든 저작재산권자의 권리에 대하여 충분하고 효과적인 보호를 부여한다."고 하고, 제2조 제1항에서 "체약국 국민이 발행한 저작물과 체약국내에서 최초로 발행된 저작물은, 다른 모든 체약국에서도 각 체약국이 자국의 영토 내에서 최초로 발행된 자국민의 저작물에 부여하는 보호와 동일한 보호를 향유한다."고 하고 있다. 보호의 방법(내국민대우의 원칙)만을 규정하고 있을 뿐, 어떠한 성격과 내용의 권리를 부여할 것인지 언급하지 않고 있다.

14) 이항녕은 다음과 같이 세계저작권협약의 한계를 설명한다 : "『제네바』조약은 모두 21개조로 되어 있는데 제1조에는 각 가맹국의 의무를 규정하고 제2조와 제3조에는 저작권이 국내와 국외에 있어서 동일한 보호를 받을 것을 규정하였으며 제4조에는 저작권의 보호기간은 적어도 저작자의 생존기간과 사후 25년 이상은 되어야 한다고 하였으며 제5조에는 번역권은 7년으로 규정하였으며 제6조에는 출판의 정의를 규정하였다. 그리고 제7조로부터 제21조는 본 조약이 발효하기 위한 각국의 여러 가지 절차를 규정하였다. 그러므로 동 조약은 태반이 절차규정이고 실체규정은

가지게 된 것은 당연한 귀결로 보인다.

베른협약은 프랑스와 스위스, 특히 프랑스가 주도해 체결되었다. 프랑스는 프랑스 혁명 기간 중, 1791년과 1793년 두 차례 법을 만들었다. 이들 법은 새로운 법 제정을 통해 보완을 거듭하다가 1957년 새로운 법[15]으로 대체될 때까지, 150년 이상 유지되었다.[16] 프랑스 저작권법은 두 가지 점에서 의미가 있다. 첫째, 이 법은 저작자를 권리 주체로 하여 이 저작자에게 배타적인 권리를 부여하고 있는바,[17] 이러한 저작자 중심의 권리 귀속 체계는 베른협약에도 그대로 반영돼 있다.[18]

둘째, 성문 저작권법에는 없으나, 프랑스 법원은 19세기 이후 저작인격권을 저작자의 권리의 하나로 받아들였으며 이 중 성명표시권과 동일성유지권은 1928년 베른협약에도 반영되었다. 저작인격권의 성격, 그리고 저작인격권과 저작재산권과의 관계를 둘러싸고 이른바 일원론(저작인격권과 저작재산권이 분리되지 않는 하나의 저작권이라는 이론)과 이원론(저작인격권과 저작재산권의 별개의 권리라는 이론)의 대립 논쟁은 19세기 말 독일과 프랑스, 특히 독일에서 치열하게 전개되었다. 이 논쟁은 프랑스가 1957년 저작권법에서, 독일이 1965년 저작권법에서 각기 형식적으로는 이원론과 일원론을 채택하면서 마무리되었다.[19] '저작권법안 요강'에서 "저작권의

불과 수개 조밖에 없으므로 국내법의 체재를 이에 모방하기는 곤란하였다." 이항녕, 「저작권법안에 대하여」②, 『동아일보』, 1956. 2. 26.

15) 이 법의 명칭은 '문학·예술 재산권에 관한 1957년 3월 11일 법률 제57-298호(Loi n° 57-298 du 11 mars 1957 sur la propriété littéraire et artistique)'이다. http://www.wipo.int/wipolex/en/text.jsp?file_id=327922. 참조.

16) 1791년부터 1887년까지 저작권 관련 법령 본문은 *Le Droit d'Auteur*, 15 Novembre 1893, pp.131~135 참조.

17) 예를 들어 1893년 법 제1조는 "…… 저작자는 생존 기간 동안 자신의 저작물을 판매, 배포할 수 있는 배타적인 권리를 가진다."고 하고 있다.

18) 예를 들어, 베른협약 제9조 제1항에 의하면, "이 협약이 보호하는 문학·예술적 저작물의 저작자는 어떠한 방법이나 방식으로, 이 저작물의 복제를 허락할 배타적 권리를 가진다."(밑줄 강조)고 하고 있다.

19) 저작인격권의 역사, 저작인격권을 둘러싼 논쟁에 관해서는, 최경수, 위의 책,

본질에 관하여는 재산권설과 인격권설이 대립하여 있으나 불국 저작권법의 예에 따라 이원설을 취하여 저작인격권과 저작재산권을 공인하였다."고 한 것은 구법 입법자들이 그간의 독일과 프랑스에서 논쟁이 정리되는 과정에 대해 나름대로 이해하고 있었던 것으로 추정해볼 수 있겠다.

저작권법안 기초 작업을 주도한 것으로 알려진 이항녕 당시 국회 전문위원의 논문은 이런 추정에 힘을 실어준다. 이에 의하면, 1) 저작권의 본질에 관해 재산권으로 보는 것과 인격권으로 보는 것으로 나눌 수 있다. 2) 재산권으로 볼 경우에도 정신적소유권설, 무채재산권설, 정신재화경합권설 등 3가지가 있다.[20] 3) 초안 제7조에서 저작권이란 저작물 위에 있는 일체의 인격적, 재산적 권리를 말하는 것이므로 이원설을 취하고 있다.[21]

우리 구법은 이런 베른협약 체계를 따라, 저작자를 권리의 귀속 주체로

206~209쪽 참조.

20) 1950년에 나온 논문에서는 무체재산권설, 인격권설, 정신적소유권설 등 세 가지로 설명하기도 하고, 구법 시행 후 나온 저술에서는 정신적소유권설, 인격권설, 무체재산권설, 정신재화경합권설 등 네 가지로 서술하기도 한다. 이에 대해서는 각기 김두홍, 「저작권과 문화질서」, 『학풍』, 제2권 제5호(1949), 97쪽 ; 장인숙, 45~48쪽. 이런 설명은 城戶芳彦, 『著作權法硏究』, 新興音樂出版社, 1942, pp.149~152의 내용에서 벗어나지 않고 있다. 우리 구법이 이원론을 채택했음에도 이런 이론 구성이 타당한 것인지 의문이 든다. 이항녕이 지적하고 있듯이, 우리 구법의 태도는 "종래의 일본의 제학자가 저작권이란 전혀 재산권인 저작권을 지칭하는 것이라 하고 인격권은 저작권이 아니라고 한 것과는 판이한 것이다." 이항녕, 「저작권의 본질-저작권법안과 관련하여」, 『국회보』, 통권 제6호(1956), 107쪽.

21) 그러면서도 저자는 이원설을 비판하고 있다. 즉, "이 학설을 주로 불란서에서 행해지는 것으로 저작권의 내용을 설명하는 방법으로는 결과적으로 교묘한 바도 있으나 그러나 이 학설은 저작권의 본질에 관한 정밀한 이론적 구성으로서는 불충분하다 할 것이다. 저작권의 내용으로서 재산권과 인격권이 다 같이 인정되는 것은 사실이나 대체 무엇 때문에 이와 같은 권리가 인정되는 것이며 또 저작인격권과 저작재산권 사이에 어떠한 관계가 있는가 하는 문제는 해명하여 주지 않는다." 이원설이 저작권의 본질을 설명하기에 불완전하다는 것이다. 그러면서 일원적 특수권설을 지지하고 있다. 이것은 독일의 알펠트(Allfeld)의 주장으로, "저작권은 재산권도 인격권도 아니고 또한 양자의 상위에 있는 특수한 일원적 권리라는 것이다." 이항녕, 앞의 논문, 106쪽. 1965년 독일 저작권법에서 채택한 일원론적 접근에 경도된 듯하다.

하고, 저작자의 권리를 인격적 권리와 재산적 권리로 나누고(제7조), 재산적 권리의 존속기간을 두고 있다. 또한 인격적 권리는 제14조 내지 제17조에서, 재산적 권리는 제18조 내지 제27조에서 별도로 규정함으로써 이원론을 실현했다 할 수 있다.

나. 법조문의 구성

우리 구법은 5개의 장과 75개의 조, 그리고 부칙으로 돼 있다. 5개장은 각기 총칙, 저작권, 출판권과 공연권, 저작권 침해, 벌칙 등으로 나뉘어 있다. 우리 법은 일본 구법(부칙 제외 64개조)보다 조문 수도 많고 그만큼 새로운 내용도 많다. 무엇보다도 일본 구법보다 훨씬 체계적이다. 제1장(총칙)에서 보호대상으로서 저작물을 예시하고, 비저작물을 특정하는 한편, 저작자를 정의하면서 저작자 외에 저작자로 간주하는 자들을 명시하고 있다. 저작자가 가지는 저작권에는 인격적 권리와 재산적 권리가 있으며 이를 구체적으로 제2장(저작권)에서 구체화하고 있다. 보호기간도 이곳에서 다루고 있다. 제3장에서는 두 가지 종류의 설정 제도를 두고 있다. 출판권과 공연권이 그것이다. 공연권 설정 제도는 매우 획기적인 것이었음은 물론이다. 제4장과 제5장은 저작권 침해에 대한 구제와 처벌에 관한 일반적인 내용을 담고 있다.

보호대상을 정한 다음, 보호대상의 권리 귀속 주체를 특정한 뒤 이들 권리 주체가 가지는 권리를 열거하는 구성 방식은 현행 우리 저작권법이 채택하고 있는 방식 그대로이다. 당시 입법자는 그만큼 시대를 앞서가는 체계를 세웠다고 할 수 있다.

다. 체계를 둘러싼 논란

정광현은 체계와 관련하여 다음과 같이 법안을 비판한다 : [22]

"본 법안은 1948년 3월 18일 「부릇셀」 회의에서 3차 개정된 수정 「베른」조약 …… 의 규정을 주로 채택한 것은 사실이다. 그러나 본 법안의 벌칙은 유명무실한 일본의 저작권법의 규정을 채택한 것으로 보며 일제 시대의 저작권법을 전혀 답습하지 않았다고 볼 수는 없다."

이에 대해 이항녕은 다음과 같이 답변한다 : [23]

"법률이 하나의 문화현상이요 문화현상은 하나의 보편적 양상을 띠우게 되므로 법률은 각국이 차차로 유사하여 가는 경향이 있는 것은 금일의 법학계에 있어서 공인하는 바이다. 더욱 저작권법과 같은 것은 지식의 보편화를 위하여 세계 각국이 유사한 법제를 갖게 되는 것이 현저한 사실로 되어 있으므로 아무리 신저작권법을 기초한다 할지라도 일본의 그것과 전연 다른 것을 기초할 수는 없을 것이다. 그러므로 동법 요강이 일본의 저작권법을 답습하지 않았다고 하였다 할지라도 일본의 그것과 근사한 점이 많게 된 것은 자연의 세다.

저작권에 관하여는 각국의 입법례가 많고 또 각종의 국제조약이 허다한 것은 주지의 사실이다. 한국의 저작자도 국제적 보호를 받아야 할 것은 물론이므로 장차 한국도 이러한 국제적 기구에 참여하기에 편리하게 하기 위하여 동법안의 체재를 가능한 한 보편적인 국제조약에 의하기로 하였다."

---

22) 정광현, 「저작권법안의 비판－보호법이냐 보허법(保虛法)이냐」, 『조선일보』, 단기 4289. 2. 10.

23) 이항녕, 「저작권법안에 대하여」③, 『동아일보』, 1956. 2. 28.

정광현은 벌칙 규정과 관련해 자신의 의견을 밝히면서 일본 저작권법을 답습했다고 하지만, 그 뒤에도 우리 구법의 체계 또는 그 내용이 일본 저작권법을 모방했다는 주장은 계속 제기되었다. 정부조차 이런 주장에 동조하기도 했다.[24] 필자는 이들의 주장에 일정 부분 동의하지만, 이항녕의 답변도 상당한 논리적 근거가 있다고 본다. 필자는 다음과 같은 견해를 가지고 있다. 첫째, 당시 우리가 저작권법안을 독자적으로 성안한 시점은 광복 후 7년쯤 지난 뒤로, 아직 식민지배에서 제대로 벗어나지 못한 시점이다. 일본 이외의 경로로 외국 제도를 이해하기에는 한계가 분명했다고 본다.[25]

둘째, 일본은 1899년 저작권법을 제정할 때 베른협약 가입을 염두에 두었고 그 내용도 상당 부분 베른협약을 좇았기 때문에 일본 법 규정 상당수는 베른협약 규정과 유사했다. 우리 구법에 일본 법과 유사한 규정들이 있다 하더라도 그 중 일부는 베른협약 해당 규정을 따랐다고 봐야지, 이 경우마저 일본 법을 모방했다고 하기에는 무리가 있는 것이다. 당시 입법자들은 1948년 개정 베른협약을 분명히 인식하고 있었다.[26] 예를 들어, 1948년

24) 1976년 문화공보부가 저작권법 개정을 추진하면서 개정 이유의 하나로 그 체계를 문제삼고 있다 : "현행 저작권법은 1957년 일본의 구저작권법 체계에 따라 제정한 이래 한번도 개정하지 않았으며 ……" 문화공보부 문화예술진흥관실, 「저작권법 검토보고」, 1976. 8 참조. 뒤에 나온 문건에서는 아예 노골적으로 일본 구법을 모체로 했다고 한다 : "현행 저작권법은 베른조약 ……의 체제에 따라 제정된 구일본 저작권법을 모체로 하여 1957년 제정된 이래, ……" 문화공보부, 「저작권법개정(안)에 대한 협의」, 법무 182-10320, 1977. 6. 30. 이런 인식은 허희성도 같이 하고 있다. : "현행저작권법은 …… '베른'조약의 체재에 따라 제정된 당시 일본저작권법을 모체로 하였지만 ……" 허희성, 『저작권법개설』, 태양출판사, 1977(이하 '허희성'이라 한다), 34쪽. 한승헌은 구법에 대해 매우 비판적이다 : "[구법의 내용]은 19세기 말에 제정된 일본 저작권법을 거의 옮겨 놓다시피 한 것이어서 입법 당시로서도 낙후된 것이었다. 한승헌, 「저작권법 개정의 과제와 방향」, 『정우』, 1986년 4월호, 57쪽.

25) 구법이 일본 법을 답습 내지 모방했다 한다면, 1986년 전문 개정 저작권법도 그런 비판에서 자유로울 수 없을 것이다. 심지어 이런 주장도 있다 : "현행저작권법은 지나치게 일본 저작권법에 흡사한 감이 있다. 즉, 규정하는 체계나 기초원리에 있어서 일본저작권법에 너무 가깝다." 황적인·정순희·최현호, 『저작권법』, 법문사, 1988, 28쪽.

협약은 본격적으로 저작자의 배타적인 권리를 직접적으로 언급하고 있는 바,[27] 우리 구법은 일본 법과는 달리, "저작자는 어떠어떠한 권리를 가진다." 고 하여 베른협약 규정 방식을 따르고 있는 것이다.[28]

셋째, 우리 구법은 "당시 일본법에 비하여 새로운 사조를 많이 받아들여 진보적인 내용을 갖춘 문화법으로서 규정상의 특징"을 가지고 있었다.[29] 이러한 예는 많다. 1) 일본 구법과는 달리 목적 규정이 있다. 목적 규정의 등장 배경과 의의에 대해서는 좀 더 검토할 필요가 있지만, 구법이 '저작자 보호'를 1차적인 목적으로 내세운 것 그 자체만으로도 긍정적 평가를 받아 마땅하다. 2) 프랑스와 같이 귀속권(현행 법상 성명표시권), 공표권 그리고 원상유지권(현행 법상 동일성유지권)을 받아들이고 있다.[30] 3) 조문 수도 75개조로 일본 구법 64개조에 비해 많다. 그만큼 일본 법과 다른 내용이 더 있다는 뜻이기도 하다.[31]

일제시대 법률을 정리하고 새로운 질서를 만드는 과정은 매우 어려운 일이다. 이렇게 설명하는 학자도 있다 : "흔히 식민지 유제에 대해 전면적으로 청산해야 할 대상이라는 의미에서 '식민잔재'라는 표현을 사용한다. 그러나 단호한 의지만으로 간단히 제거할 수 있는 잔여범주를 가리키는 이러한 표현형식과는 달리, 식민지의 경험과 제도는 일거에 도려내기 어려운 방식으로 사회의 운영체계와 시스템, 문화와 의식 안에 내재해 있다."[32]

---

26) 이항녕, 「저작권법안에 대하여」②, 『동아일보』, 1956. 2. 26.

27) 번역권은 1886년 당시부터 배타적인 권리였으며, 그 뒤 개정을 거치면서 공연권, 공중전달권, 각색권 등도 배타적인 권리로 명시되었다.

28) 이에 관해서는 뒤에 좀 더 서술한다.

29) 허희성, 34쪽.

30) 일본 구법에는 성명표시권과 동일성유지권만 존재했다.

31) 법의 구성에 관해서는 앞에서 언급한 바 있고, 그 내용에 관해서는 뒤에 좀 더 기술한다.

32) 허영란, 「해방 이후 식민지 법률의 정리와 탈식민화−'구법령' 정리 사업과 시장 관계 법령의 개편을 중심으로−」, 한일역사공동연구위원회, 『제2기 한일역사공동연구보고서』, 제5권, 2010, 14~15쪽.

적절한 지적이다. 1986년 이후 저작권법을 개정하면서도, 여전히 일본 법률에 의존하는 사례를 적지 않게 목격할 수 있는 것도 우연은 아니다.

3. 체계와 구성상의 특징

'저작권법안 요강'에서 언급한 대로, 구법 체계는 베른협약을 따라가고 있다. 체계상의 특징은 크게 세 가지 점에서 살펴볼 수 있다. 첫째는 저작권의 본질 내지 성격에 대해 이해하고, 이를 법률에 반영했다는 점이다. 저작권법 제정 전후의 교과서에서도 저작권의 성격 중 하나로 '물권적' 성격이 있다고 보았다. "저작권의 양도는 준물권적 효과를 발생하며 저작권자의 향유하는 권리는 양수인에게 이전하며 ……"[33]라고 표현하기도 하고, "저작권은 청구권이 아니라 지배권이며, 상대권이 아니라 절대권인 성질을 가지고 있다. 따라서 저작권에도 소유권에 인정되는 반환청구권·방해제거청구권·방해예방청구권 등의 물권적 청구권이 당연히 인정되어야 할 것이다."[34]라고 설명하기도 했다. 구법은 이런 이해를 바탕으로, 재산적 권리는 양도할 수 있고(제42조), 출판권과 공연권을 설정할 수 있으며(제3장), 물권적 청구권을 긍정하고(제62조)[35] 있다.

또한 저작권이 창작과 동시에 발생한다는 전제하에,[36] 저작권 등록 제도를

33) 김두홍, 『저작권법개요』, 보문출판사, 1950(이하 '김두홍'이라 한다), 61~61쪽.

34) 장인숙, 『저작권법개론』, 교학도서, 1960(이하 '장인숙'이라 한다), 42쪽. 필자가 한자로 된 숫자를 아라비아 숫자로 바꾸고 현대문에 맞춰 띄어쓰기를 했다. 이하 이 책 관련하여 같은 방법으로 수정했다.

35) 구법 제62조는 "민법 기타 법령을 적용"한다고 했으나 1952년 법안과 1955년 법안은 구체적으로 원상회복, 침해제거, 침해예방, 손해배상 책임에 대해 명시하고 있다. 후자 법안은 제62조 제목을 '물권적청구권과 손해배상청구권'으로 했다.

36) 김두홍, 40쪽 : "저작권은 저작행위에 의하여 저작물이 성립함과 동시에 하등의 방식, 즉 등록, 면허, 신고, 허락 등이 없드라도 당연히 발생하는 것이다."

받아들였다. 등록의 종류로 실명 등록과 저작년월일 등록을 할 수 있고(제43조 제2항 및 제3항), 등록 관청을 지정하고 있으나(제44조) 이런 등록에 대한 법적 효과에 대해서는 아무런 언급이 없다. 다만, 양도 등 권리 변동의 경우 등록을 대항요건으로 하고 있다(제43조 제1항).

둘째, 법조문 구성 방식도 베른협약에 내재되어 있는 방식을 따르고 있다. 필자가 앞에서 지적했듯이, 구법은 보호대상을 예시하면서 저작물을 부분적으로 정의하고, 이런 저작물을 창작한 자를 저작자로 정의하면서 이런 저작자를 권리의 귀속 주체로 하여, 인격적·재산적 권리를 부여하고 있다. 매우 체계적인 저작권법의 골격을 짜고 있는 것이다.

1948년 베른협약은 국제적 보호를 위한 장치(동맹 구성, 연결점, 내국민 대우 등)를 제외하면, 보호대상(제2조), 인격권(제6조의2), 보호기간(제7조, 제7조의2), 번역권(제8조), 복제권[37] 및 제한(제9조), 권리 제한(제10조, 제10조의2), 공연권, 방송권 등(제11조 내지 제11조의3), 각색권 등(제12조) 등의 순서로 규정하고 있다, 협약 체결 당시에는 권리의 성격(배타적인 권리인지 아니면 금지할 수 있는 권리인지 등)에 대해 규정상 명확히 하지 않았고, 개정회의 때마다 기존 규정을 수정하거나 새로운 규정을 삽입하는 과정에서 조문 구성이 다소 복잡해지긴 했지만, 베른협약에는 '저작물→저작자→ 저작자의 권리' 규정 방식이 내재되어 있다고 할 수 있다.[38] 우리 구법 기초자들은 베른협약에 내재된 규정 방식을 충분히 이해하고 이를 구법에 반영하지 않았을까 추정해본다.

우리 구법과 일본 구법 해당 규정을 비교해보면 확연히 그 차이를 알

---

37) 복제 금지 규정을 통해 간접적으로 권리를 부여하고 있다. 1967년 개정에서 배타적인 복제권 규정을 신설한다.

38) 베른협약은 제2조에서 저작물을 정의하고, 제3조와 제5조에서 권리 귀속 주체로 저작자를 염두에 두고 규정하고 있으며(제5조의 예를 보면 "저작자는 이 협약에 따라 보호되는 저작물에 관하여, 본국 이외의 동맹국에서 각 법률이 현재 또는 장래에 자국민에게 부여하는 권리 및 이 협약이 특별히 부여하는 권리를 향유한다."), 이어지는 조문에서 저작자가 가지는 권리를 열거하고 있다.

우리 구법	일본 구법
제2조(저작물) 본법에서 저작물이라 함은 표현의 방법 또는 형식의 여하를 막론하고 문서, 연술, 회화, 조각, 공예, 건축, 지도, 도형, 모형, 사진, 악곡, 악보, 연주, 가창, 무보, 각본, 연출, 음반, 녹음필림, 영화와 기타 학문 또는 예술의 범위에 속하는 일체의 물건을 말한다. 제4조(저작자) 본법에서 저작자라 함은 저작물을 창작한 자를 말한다. 제18조(발행권) 저작자는 그 저작물을 발행할 권리가 있다. 제19조(출판권) 저작자는 그 저작물을 출판할 권리가 있다. 제20조(공연권) ① 저작자는 그 저작물을 공연할 권리가 있다. …… 제23조(실시권) 저작자는 그 저작물을 건조 기타의 방법으로 실시할 권리가 있다. 제24조(전람권) 저작자는 그 저작물을 전람할 권리가 있다. 제25조(번역권) 저작자는 그 저작물을 번역할 권리가 있다. 제26조(개작권) 저작자는 그 저작물을 개작할 권리가 있다. 제27조(편집권) 저작자는 그 저작물을 편집할 권리가 있다.	제1조(저작권의 내용) ① 문서, 연술, 도화, 건축, 조각, 모형, 사진, 연주, 가창, 기타 문예, 학술 혹은 미술(음악을 포함한다. 이하 같다)의 범위에 속하는 저작물의 저작자는 그 저작물을 복제하는 권리를 전유한다. ② 문예, 학술저작물의 저작권은 번역권을 포함하며 각종의 각본 및 악보의 저작권은 흥행권을 포함한다.

수 있다. 일본 구법은 저작물을 예시하고, 그 저작물의 저작자가 가지는 권리(복제권, 번역권, 흥행권)를 일거에 한 조문(제1조)에서 다루고 있다. 일본 구법은 또한 권리 부여 방식도 제각각이다. 저작자에게 부여하는 권리를 직접 언급하는가 하면(제1조 제1항 : "…… 저작자는 그 저작물을 복제하는 권리를 전유한다."), 다른 방식으로 권리를 부여하기도 한다(제1조 제2항 : "문예, 학술저작물의 저작권은 번역권을 포함하며 각종의 각본 및 악보의 저작권은 흥행권을 포함한다." ; 제22조 : "원저작물과 다른 기술에

의하여 적법하게 미술상의 저작물을 복제한 자는 저작자로 간주하고 본법의 보호를 향유한다."). 반면, 우리 법은 보호대상(저작물), 저작자, 인격적 권리 및 재산적 권리를 각기 별도 조문에서 규정하는가 하면, 인격적·재산적 권리와 관련해서는 획일적으로 "저작자는 ……할 권리를 가진다."라고 아주 깔끔하게 규정하고 있다.[39)]

셋째, 저작권을 인격적 권리와 재산적 권리로 나눠, 이원론을 실천했다. 총칙 제7조에서 "본법에서 저작권이라 함은 저작자가 그 저작물 위에 가지고 있는 일체의 인격적·재산적 권리를 말한다."고 하고 있는 것이다. 제2장(저작권)에서는 인격적 권리로 귀속권, 공표권, 원상유지권, 변경권 등 4가지를 규정하는 한편, 재산적 권리로 발행권, 출판권, 공연권, 방송권, 실시권, 전람권, 번역권, 개작권, 편집권 등 9가지를 열거하고 있다. 또한 구법은 인격적 권리는 "영구히 존속한다."(제29조)고 하여 프랑스의 저작인격권 사상(이원론)을 받아들였다.[40)]

이런 발상이 얼마나 대단한 것인지, 1969년 발행된 일본의 교과서의 내용을 인용함으로써 간접적으로 확인할 수 있다. 저자는 일본의 저작인격권 관련 연구와 법규정 등에 관해 검토하면서 다음과 같이 적고 있다 : "저작인격권은 저작재산권에 비해 그 연구의 기회도 적고, 현행 법조의 규정 근거도 충분하다고 할 수 없다. 종래 이 권리는 저작권, 즉 저작재산권에 종속적인 것으로 이해되고, 구성되어 왔으나 최근의 경향은 이를 중시하고 존중하는 사상이 현저해지고 그 규정을 저작재산권에 앞서 세우는 입법도 나타나고 있다(예를 들어 1957년 프랑스 저작권법)."[41)]

---

39) 우리 구법과 일본 구법 비교는 부록 4.3. 참조.

40) 이원론의 핵심 논리 중 하나는 저작인격권은 항구적인 것이기 때문에 소멸하지 않는 반면, 저작재산권은 소멸한다는 것이다. 프랑스에서 인격권은 저작자의 개성 내지 인격의 발현으로, 신체의 소멸로 사라지는 것이 아니라고 본다. 따라서 인격권의 항구성은 당연한 귀결이다. 1957년 저작권법은 이를 확인하고 있다(제121-1조 제3항).

41) 山本桂一, 『著作權法』, 有斐閣, 1969, p.52.

4. 내용상의 특징

우리 구법은 체계와 구성상의 몇 가지 주요 특징을 바탕으로, 75개조에 걸쳐 내용을 채워넣음으로써 체계를 완성하고 있다. 하나씩 특징을 중심으로, 검토하기로 한다.

가. 보호대상

구법 제2조에서 보호대상으로 저작물의 종류를 예시하고 있다 :

제2조(저작물) 본법에서 저작물이라 함은 표현의 방법 또는 형식의 여하를 막론하고 문서, 연술, 회화, 조각, 공예, 건축, 지도, 도형, 모형, 사진, 악곡, 악보, 연주, 가창, 무보, 각본, 연출, 음반, 녹음필림, 영화와 기타 학문 또는 예술의 범위에 속하는 일체의 물건을 말한다.

이 규정은 다음과 같은 특징을 가지고 있다. 첫째, 보호대상에 베른협약에서 예시하고 있는 것보다 넓은 범주의 저작물을 넣고 있다. 베른협약 예시 저작물을 전형적인 저작물이라 할 수 있겠는데, 이에는 문서, 연술과 같은 어문저작물, 회화, 조각 및 공예와 같은 미술저작물, 건축저작물, 지도, 도형 및 모형과 같은 도형저작물, 사진저작물, 악곡 및 악보와 같은 음악저작물, 무보와 같은 무용저작물, 각본 및 연출과 같은 연극저작물, 그리고 영화저작물 등이 있다.[42] 구법상의 예시는 일본 구법 제1조 예시와 매우

42) '저작권법안 요강'에서는 1) 기술 저작물—문서 연술, 2) 조형적 저작물(a. 미술 저작물—회화, 조각, 공예, b. 건축, c. 지형, 도형, 모형, d. 사진), 3) 음악적 저작물—악곡, 악보, 연주, 가창, 4) 무용 저작물—무보, 5) 연극 저작물—각본, 연출, 6) 음반(레코드), 녹음필림(토키), 7) 영화 저작물 등으로 분류하고 있다. 여기서 주목할 것은 연주나 가창을 '음악적 저작물'로 분류하고 있다는 것, 연출을 연극 저작물로 보고

흡사하지만[43] 그렇지만 그 기원은 일본 법규정도 그렇듯이, 베른협약에서 왔다고 보는 것이 타당할 것이다.[44] 우리 법 제1조에 일본 법규정에는 없는 구절, 즉 "표현의 방법 또는 형식의 여하를 막론하고"라는 구절은 베른협약에서는 볼 수 있다.[45]

이 규정은 그밖에, 연주나 가창, 음반이나 녹음필름도 저작물의 범주에 넣고 있다. 이런 보호대상은 현행 저작권법상으로는 저작인접물이다. 당시 국제적으로 저작인접권 제도가 존재하지 않았던 것을 감안하면[46] 나름 고민한 결과라 할 수 있다. 연주나 가창, 그리고 음반이나 녹음필름 등 저작물이 1986년 저작권법 전문 개정으로 저작인접물로 성격이 바뀌고, 그에 맞게 보호의 내용(특히 기간)에도 변화가 생기면서 복잡한 문제가 생기기도 했다.

이와 같이 베른협약상 예시 저작물과 그 밖의 저작물을 한꺼번에 '보호대상'으로 수용함으로써 이들 보호대상의 본질을 파악하는 데 어려움이 있다.

있다는 것이다. 필자는 후자의 경우 현행 저작권법 규정("'실연자'는 …… 실연을 지휘, 연출 또는 감독하는 자를 포함한다.")보다 우수한 입법 사례로 생각한다.

43) 일본 구법 제1조 제1항 : "문서, 연술, 도화, 건축, 조각, 모형, 사진, 연주, 가창, 기타 문예, 학술 혹은 미술(음악을 포함한다. 이하 같다)의 범위에 속하는 저작물의 저작자는 그 저작물을 복제하는 권리를 전유한다." 규정 내용은 매우 다르다. 이 조항은 권리 귀속에 관한 규정이고, 저작물은 이를 위해 부수적으로 예시하고 있다.

44) 베른협약 제2조 제1항은 다음과 같다 : "'문학·예술적 저작물'이란 표현은 그 표현의 형태나 방식이 어떠하든 간에 서적, 소책자 및 기타 문서, 강의·강연·설교 및 기타 같은 성격의 저작물, 연극 또는 악극저작물, 무용저작물과 무언극, 가사가 있거나 또는 없는 작곡, 영화와 유사한 과정에 의하여 표현된 저작물을 포함하는 영화저작물, 소묘·회화·건축·조각·판화 및 석판화, 사진과 유사한 과정에 의해 표현된 저작물을 포함하는 사진저작물, 응용미술저작물, 도해·지도·설계도·스케치 및 지리학·지형학·건축학 또는 과학에 관한 3차원저작물과 같은 문학·학술 및 예술의 범위에 속하는 모든 제작물을 포함한다."

45) 베른협약 공식 번역문에서는 "그 표현의 형태나 방식이 어떠하든 간에"라고 하고 있다. "whatever may be the mode or form of its expression"을 번역한 것이다.

46) 저작인접권에 관한 국제적 보호 제도는 1961년 로마협약(실연자, 음반제작자 및 방송사업자 보호에 관한 국제협약)에서 비롯된다.

법에서는 아무런 기준을 제시하지 않고 있어서 학설에 의존할 수밖에 없다.[47] 우리 학설에 따르면, 저작권법상 보호대상, 즉 보호받는 저작물이 되기 위해서는 우선적으로 독창성이 요구된다. 즉, "저작물이 저작권법상의 권리 객체가 되기 위하여는 그 자체로서의 독창성을 지니지 않으면 안 된다. 물론 여기에 독창성이라 하는 것은 상대적 비교적인 의미에 있어서의 것이지, 절대적으로 무에서 창조된 유를 요구하는 것은 아니다."[48] 교과서마다 이런 요건이 위에서 예시한 모든 '저작물'에 요구되는 것처럼 서술하고 있으나, 이런 설명으로는 일부 '저작물'의 법적 보호를 설명할 수가 없다. 이들 저작물에서는 '독창성'을 발견할 수 없기 때문이다. 이런 난처함을 타개하기 위한 수단으로, 우리 구법도 그렇고 학설도 그렇듯이 '창작'과 '2차적 저작'과 같은 방식으로 나누기도 했으나[49] 이 또한 적절한 해답은 아니다. 결국 구법상의 분류와 학설로는 분명한 답을 주지 못하고 있는 것이다.[50]

둘째, 저작물을 "학문 또는 예술의 범위에 속하는 일체의 물건"이라고 정의하고 있다. 이 또한 고민의 흔적이 역력하다. 이것은 베른협약 제1조 표현, 즉 "문학·학술 및 예술의 범위에 속하는 모든 제작물"이라는 구절을

---

47) 우리 구법에서 '독창성'이라는 단어가 한 번 나온다. 제38조에서 영화제작권(저작권의 오류로 보인다)의 보호기간을 독창성이 있는 경우 일반 보호기간(사후 30년 등)을 적용하고, 그렇지 못한 경우에는 10년으로 하고 있다. 이 독창성이라는 요건은 단지 보호기간을 달리 하기 위한 것으로, 구법 전체에 걸쳐 보호 요건으로서 독창성의 의미를 찾는 데에는 도움이 되지 않는다. 영화저작물의 독창성의 의미는 보호기간과 관련해 검토하기로 한다.

48) 장인숙, 21쪽. 일본 구법 해설서도 같은 설명을 하고 있다. 저작물은 정신적 창작물로서, 독창성을 가져야 하고, 일정한 형식으로 객관화해야 한다고 한다. 城戸, op. cit., pp.29~31.

49) 榛村專一, 『著作權法概論』, 巖松堂書店, 1933, p.105(창작과 제2차적저작) ; 城戸, op. cit., pp.106~137[원시적 저작(순창작)과 승계적 저작]. 城戸는 실연도 승계적 저작의 범주에 넣고 있다. 城戸, op. cit., p.137 ; 장인숙, 85~99쪽(순창작과 제2차적 저작) ; 허희성, 80~91쪽(창작과 제2차적 저작).

50) 1970년 일본 저작권법이나 1986년 우리 저작권법과 같이, 실연이나 음반 등을 다른 보호대상으로 두면서 비로소 정리됐다 할 수 있다.

우리 법에 담은 것으로 보인다. '문학'(literary)을 빼놓은 것은 다소 이해하기 어렵다.[51] 1952년 법안과 1955년 법안에서는 '일체의 저작물'이라 했으나 1957년 법에서는 '일체의 물건'으로 바뀌었다. 저작물을 정의하면서 같은 표현('저작물')을 써서 정의할 수 없었기 때문에 변경된 것으로 보인다. '물건'은 통상 유체물을 의미하는 것으로, 당시 적절한 표현을 찾지 못한 듯하다. 이 점은 베른협약상의 표현도 마찬가지이다. 협약에서는 저작물을 정의하면서 '제작물'(productions)이라고 하고 있는데, 이 또한 일견 유체물을 연상하게 한다. 언어 표현상의 한계라 할 수 있다.

보호대상과 관련한 조항으로 구법 제3조도 있다 :

제3조(비저작물) 다음에 기재한 것은 이를 본법에 의한 저작물로 보지 않는다.

1. 법률명령과 관공서문서의 본문, 단 내비(內祕) 중인 것은 예외로 한다.
2. 시사보도
3. 신문 또는 잡지에 게재된 잡보
4. 공개한 법정, 국회, 지방의회에서의 연술

일본 구법 제11조도 이와 상당히 유사하다.[52] 일본 법은 이런 대상을 '저작권의 목적물'에서 배제하는 태도를 취하는 반면, 우리는 이런 대상을 "저작물로 보지 않는다." 우리 법이나 일본 법이나 저작물의 성립 요건을 갖췄는지 여부를 묻지 않고 보호하지 않겠다는 점에서는 동일하다. 이 점에서, 우리 구법 제3조 제목은 '비저작물'이라는 표현은 적절하지 않다고 본다.

---

51) 일본 구법에서는 '문예'라고 번역해 사용하고 있다.

52) 일본 구법 제11조 : "아래에 기재한 것은 저작권의 목적물이 될 수 없다.
1. 법률, 명령 및 관공문서
2. 신문 또는 잡지에 게재한 잡보 및 시사보도 기사
3. 공개된 법원, 의회와 政談집회에서 행한 연술."

이들 규정은 모두 베른협약에 연원을 두고 있다. 1948년 베른협약 제2조의 2 제1항에서는 동맹국 국내법으로 정치적 연설, 사법 절차에서 이뤄지는 진술에 대해 보호를 배제할 수 있도록 하고 있으며, 제9조 제3항에서는 시사 보도(nouvelles du jour, news of the day)나 단순한 시사적 성격의 잡보(faits divers qui ont le caratère de simples informations de presse, miscellaneous information having the character of mere items of news)에 대해서는 협약상의 보호가 미치지 않는다고 하고 있고,[53] 제2조 제4항에서는 입법, 행정, 사법상의 공식 문서에 대한 보호 여부는 각 동맹국 국내법으로 정할 수 있도록 하고 있다.

1952년 법안은 3개호로 나눠, 1) '법률명령 및 관공서문서의 본문', 2) '신문지 또는 잡지에 게재된 잡보 및 시사를 보도하는 기사', 3) '공개한 법정, 국회, 지방의회에서의 연술'을 열거했으나, 1955년 법안은 두 번째의 경우 '신문지 또는 잡지에 게재된 시사를 보도하는 기사'로 변경했다. 후자 법안은 법제사법위원회 심사에서 수정되었다. 위원회는 제1호 단서를 신설하고, 두 번째 경우를 다시 제2호('시사보도')와 제3호('신문지 또는 잡지에 게재된 잡보')로 각기 나눴다. 법제사법위원회는 제1호 단서 신설의 이유를 밝히지 않아 그 근거는 알 수 없다. 보안 차원에서 신설된 것으로 보이지만, 그것이 저작권법상의 문제인지 의문이 든다.[54] 법제사법위원회는 제2호와 제3호를 나눈 이유를 설명하는 흔적을 남기고 있다.[55]

---

53) 이 규정은 1967년 개정 베른협약에서 제2조 제8항으로 변경되었다. 내용이 약간 바뀌었다.

54) 장인숙, 160~161쪽 : "이 단서의 옳은 취지란 다만 내비중인 법령이나 관공서문서는 내비중이니만큼 일반의 자유이용을 허용하지 않는다는 뜻을 밝혔을 따름인 것이지 이들 내비중인 것만은 저작물로서 보호한다는 의미를 내포한다고 생각해서는 오해일 것이다." 이에 반해, 허희성, 63쪽 : "「내비중」인 것은 예외로 한다 ……라고 규정하였으므로 내비중인 것은 저작권의 목적이 될 수 있다고 생각된다." 전자 견해는 제3조가 공유저작물에 관한 규정이라고 해석하면서 나온 결론이라 할 수 있다. 장인숙, 159쪽 참조. 후자 견해는 해당 규정을 단순히 반대 해석한 것이라 할 수 있는데, 제3조가 '저작권의 목적으로 될 수 없는 저작물'에 관한 규정이라고 해석하는 데에서 나온 결론인 듯하다. 허희성, 62쪽 참조.

나. 저작자

(1) 저작자의 정의

구법은 보호대상으로서 저작물을 정의하고, 저작물에 대한 권리를 부여하기 위해, 그에 앞서 귀속 주체를 정의하고 있다. 법률이 간명하지만 명쾌하게 구성된 것이다. 제4조에 의하면, "본법에서 저작자라 함은 저작물을 창작한 자를 말한다."[56] 이 정의 규정은 '저작물→ 저작자→ 저작자의 권리' 체계를 완성하는 고리 역할을 하고 있다.

구법은 제4조와는 별개로, 제5조에서도 '저작자'에 관해 규정하고 있다. 제5조 제1항에서 "타인의 저작물을 그 창작자의 동의를 얻어 번역, 개작 또는 편집한 자는 원저작자의 권리를 해하지 않는 범위 내에 있어서 이를 본법에 의한 저작자로 본다."고 하고 있다. 제4조에서 말하는 '원저작자'와 대비되는 파생저작물(derivative works) 저작자[57]를 정의하고 있는 것이다.

"저작자로 본다"는 구절은 일본 구법에서도 볼 수 있다. 이런 방식은 베른협약에 근거한다고 할 수 있다. 베른협약은 번역, 개작 등에 대해 "원저작물과 같이 보호한다"(protégés comme des oeuvres originales, protected as original works)고 하고 있는바, 각 동맹국은 이런 번역이나 개작을 하는 자에게도 원저작자와 '같이' 보호해야 할 것이므로, 일본도 '저작자 간주' 방식으로 해결한 것이라 할 수 있다.

---

55) 흔적이라고 한 이유는 '수정가안'을 만들면서 비고로, "시사보도에는 호외, 비라, 첩지로 할 수 있으므로 이를 자유사용케 하기 위한 구별"이라는 구절을 남긴 뒤 다시 이를 지웠기 때문이다. 법제사법위원회, 「저작권법안심사회송의건」, 단기 4289. 10. 29 참조.

56) 선후 관계에서 보면 1970년 일본 저작권법 정의 규정("'저작자'는 저작물을 창작한 자를 말한다.")이 우리 구법을 베낀 셈이 된다.

57) 저작자라기보다는 법에서 "저작자로 보는", '의제 저작자'라 하겠다.

(2) **파생저작물**[58)]

제5조에서 언급하고 있는 파생저작물에는 크게 세 가지가 있다.[59)] 번역, 개작 및 편집이 그것이다(제1항). 개작에는 다시 여섯 가지가 있다. 제5조 제2항이 개작의 종류를 열거하고 있다 :

본 법에서 개작이라 함은 신저작물로 될 수 있는 정도로 원저작물에 수정증감을 가하거나 또는 다음의 방법에 의하여 변형복제하는 것을 말한다.

1. 원저작물을 영화화(각색하여 영화화하는 경우를 포함한다)하거나 또는 영화를 각본화, 소설화하는 것
2. 미술적저작물을 원저작물과 다른 기술로써 전화시키는 것
3. 음악적저작물을 원저작물과 다른 기술로써 전화시키어 그 선율을 변화시키는 것
4. 원저작물을 음반 또는 필림에 사조 또는 녹음하는 것
5. 소설을 각본화하거나 또는 각본을 소설화하는 것
6. 소설각본을 시가화하거나 또는 시가를 소설, 각본화하는 것

파생저작물은 원저작물에서 '파생'된 것이므로 원저작물과의 관계를 법적으로 정리할 필요가 있다. 제5조 제1항은 "타인의 저작물을 그 창작자의 동의를 얻어 번역, 개작 또는 편집한 자는 원저작자의 권리를 해하지 않는 범위 내에 있어서" 저작자로 간주하고 있다. 이 규정을 좁게 문리해석하면 해당 파생저작물은 원저작자의 동의를 조건으로 보호될 뿐이다. 학설은

---

58) 이런 주제나 제목으로는 앞('가. 보호대상')에서 다루는 것이 적절하다 할 수 있다. 필자가 여기에서 다루고 있는 것은 저작권의 발생 원인이라는 측면에서 순창작과 제2차적 저작으로 나누는 방식(일본 교과서나 이를 따른 우리 교과서의 서술 방식)을 따랐기 때문이다.

59) 우리 학자들은 '파생저작물'이라 하지 않고, 제2차적 저작(권)이라는 측면에서 살펴보고 있다. 장인숙, 87쪽 ; 허희성, 81쪽.

이런 해석을 하지 않는다. 1948년 베른협약 규정(제2조 제2항)[60] 취지와 같이, "원저작물의 저작권을 해치지 않고" 보호된다는 의미, 즉 원저작물에 대한 침해가 발생하면 그에 따른 법적 책임은 진다는 것이다.[61][62]

(3) 개작의 종류

제5조 제2항은 파생저작물로서 번역과 편집 외에 개작을 언급하고 있는데, 이 개작을 수정증감하는 것과 변형 복제하는 것 두 가지로 다시 나누고 있다. 수정증감이란 "원저작물의 부분을 고쳐 다른 방법으로 표현한다든가, 주해 비평 또는 도화 등을 새로 첨가한다든가 하는 것"을 말하는 것으로 "그 도가 높아 신저작물의 성립을 인정할 수 있을 정도에 이르면 이 수정증감은 하나의 개작이" 된다.[63][64]

변형 복제는 여섯 가지 경우로 나눠, 제5조 제2항 제1호부터 제6호까지

60) 1948년 개정 협약 제2조 제2항 1문은 현행 제2조 제3항과 같다. 후자에 의하면, "문학 또는 예술적 저작물의 번역물·각색물·편곡물 기타 개작물은 원저작물의 저작권을 해치지 않고, 원저작물로서 보호된다."

61) "원작자의 동의는 다만 제2차적 저작의 적법요건에 불과하여 이를 얻지 않으면 …… 원저작자의 저작권의 침해가 된다는 것을 주의적으로 밝힌 것 ……이다"라고 보고 있다. 장인숙, 96쪽 ; "원저작자의 동의 없이 제2차적 저작물을 만들었다면 원저작권의 침해로 되어 제2차적 저작자는 형사상의 처벌이나 민사상의 손해배상 등의 책임이 있을 것이지만, 이러한 책임과 제2차적 저작물의 성립과는 아무런 관계가 없이 저작권은 발생해 있는 것이다." 허희성, 82~83쪽.

62) 일본 구법은 "적법하게 편집한 자는 저작자로 간주하고 ……"(제14조)라고 규정하기도 하고, "번역자는 저작자로 간주하고 본법의 보호를 향유한다. 다만, 원저작자의 권리는 이로 인하여 방해되지 아니한다."(제21조)라고 하기도 한다. 전자 방식은 1886년 베른협약 제6조 방식을 딴 것이다. 이 조 1문에 의하면, "적법한 번역(Les traductions licites, Lawful translations)은 원저작물로서 보호된다."고 하고 있다.

63) 장인숙, 90쪽.

64) 일본 구법 제19조에서는 개작의 범주에서 수정증감을 언급하고 있다 : "원저작물에 훈점(訓点), 방훈(토), 구두(句讀), 비평, 주해, 부록, 도화를 추가하거나 또는 기타의 수정증감을 하거나 혹은 번안하더라도 새로운 저작권이 발생하지 아니한다. 다만, 새로운 저작물로 간주되어야 하는 것은 그러하지 아니하다." 우리 법과는 달리 '비보호' 측면에서 규정하고 있다.

열거하고 있다.[65] 제1호(영화화 등)와 제5호(각본화 등)는 해석상 어려움이 없다. 다른 호의 경우를 살펴보자.

제2호("미술적저작물을 원저작물과 다른 기술로써 전화[66]시키는 것")는 회화를 조각으로 하거나 조각을 회화로 하는 경우, 회화나 조각을 사진으로 하거나 사진을 회화나 조각으로 하는 경우를 상정한 것이다.[67]

제3호("음악적저작물을 원저작물과 다른 기술로써 전화시키어 그 선율을 변화시키는 것")는 선율의 변경 그 자체에 한정하기보다는 넓은 의미로 편곡으로 해석한다.[68]

제4호("원저작물을 음반 또는 필림에 사조[69] 또는 녹음하는 것")는 해석상 어려움이 있다. 음반은 제2조 저작물의 예시에도 들어 있기 때문이다. 첫째, 개작이 되기 위해서는 기존 저작물에 한정해 이를 음반에 담는 것을 염두에 둔 것인가? 아니면, 기존 저작물이 없는 채로 음반을 제작하는 것도 개작인가? 둘째, 기존 저작물에 의거하지 않고 만든 음반이 개작이 아니라면 저작권법상 보호를 받을 수 없는가? 셋째, 개작의 범주에 녹음을 넣는다면, 유사한 논리로 실연도 개작에 포함되지 않는가?

---

65) 변형 복제라는 표현은 베른협약 규정에서 따온 듯하다. 1908년 베를린에서 개정된 베른협약 제2조 제2항에 의하면, "문학 또는 예술적 저작물의 번역물·각색물·편곡물 기타 변형 복제물(autres reproductions transformées, other reproductions in an altered form) 및 다른 저작물의 수집물은 원저작물의 저작권을 해치지 않고, 원저작물로서 보호된다." 일본에서는 법규정에는 없으나, 강학상 미술저작물(경우에 따라서는 사진저작물)과 관련해 '이종복제'라는 표현을 사용한다. 榛村, op. cit., p.106.

66) '전화(轉化)'는 국립국어원 표준국어대사전에도 나온다. 그 뜻 중 하나는 "질적(質的)으로 바뀌어서 달리 됨"이다. 일본 학계에서는 'adaption'을 번안(城戶, op. cit., p.113)이나 전화(山本, op. cit., p.70)로 번역해 사용한다.

67) 장인숙, 91쪽.

68) 장인숙, 91~92쪽.

69) 사조(寫調)란 국립국어원 표준국어대사전에도 나오지 않는 말이다. "사조와 녹음 간에 의미상 차이가 있는 것은 아니"라고 한다. 장인숙, 92쪽 ; 허희성, 89쪽 : "음을 고정화하여 재생할 수 있도록 한다는 점에서 같은 것이다." 사조라는 용어는 뒤에서 보듯이, 일본 구법 제22조의7에 등장한다. 제정 당시에는 '레코드에 취입'하는 것을 염두에 두었다 한다. 山本, op. cit., p.71.

이 규정은 일본 구법 제22조의7에서 나온 듯하다. 이에 의하면, "음을 기계적으로 복제하는 이용에 제공하는 기기에 타인의 저작물을 적법하게 사조한 자는 저작자로 간주하고 그 기기에 대하여만 저작권을 가진다." 우리 교과서에서는 이런 점들에 대해 분명한 해답을 주지 못하고 있다. 일본 법 해석을 통해 우리 법규정을 간접적으로 이해할 수 있겠는데, 일본에서는 '녹음저작물'(일본 구법에는 녹음과 필름이 저작물 예시 규정에 없다)이라고 하면서, 녹음저작물에는 세 가지 종류가 있다고 한다. 첫째는 자신의 저작물을 사조하는 경우 사조하는 자는 원저작물의 저작권과 녹음저작물의 저작권을 가진다는 것이고, 둘째는 다른 사람의 저작물을 사조하는 경우에는 사조하는 자는 저작자로 간주되어 그 녹음저작물에 대한 저작권을 가진다는 것이고, 셋째는 기존 저작물에 의거하지 않고 새나 곤충의 소리 등을 녹음하는 경우 이를 녹음하는 자는 원시적으로 저작권을 가진다는 것이다.[70] 위 두 가지 해석상의 문제는 일본 구법 해석에 따른다면 해답을 구할 수 있다. 즉, 우리 구법상 개작은 기존 저작물에 '의거'[71]한 것이고 그것을 창작한 자는 저작자로 간주한다는 것이고, 독자적으로 제작한 음반은 원저작물로 보호를 받는다는 것이다.[72][73]

---

70) 城戸, op. cit., pp.125~126.

71) 일본에서는 이미 오래전부터 '의거'라는 용어를 사용했다. 의거란 원저작물에 의존하는 또는 파생하는(derived from) 것이라는 뜻을 가지고 있는바, 우리 교과서들은 아직도 이 단어에 꽤나 '의존'한다.

72) 일본 구법은 영화와 사진에 대해서도 같은 원리를 적용해 규정하고 있다. 城戸, op. cit., pp.123~125. 해당 규정은 보호기간과 섞여 있어 매우 복잡하다. 제22조의3(영화의 저작권) : "활동사진술 또는 이와 유사한 방법에 의하여 제작한 저작물의 저작자는 문예, 학술 또는 미술의 범위에 속하는 저작물의 저작자로서 본법의 보호를 향유한다. 그 보호의 기간에 대하여는 독창성을 가지는 것에 있어서는 제3조 내지 제6조 및 제9조의 규정을 적용하며 이를 결하는 것에 있어서는 제23조의 규정을 적용한다." 제22조의4(영화의 저작권) : "타인의 저작물을 활동사진술 또는 이와 유사한 방법에 의하여 복제(각색하여 영화화하는 경우를 포함한다)한 자는 저작자로 간주하고 본법의 보호를 향유한다. 다만, 원저작자의 권리는 이로 인하여 방해되지 아니한다." 제23조(보호기간 - 사진저작물) 제3항 : "사진술에 의하여 적법하게 미술

셋째의 경우(실연)에 대해서는 우리 구법에서 언급하지 않고 있어서 해석론에 의존할 수밖에 없다. 우리 학자들은 실연을 제2차적인 저작행위로 보고 있다.[74]

마지막으로 제6호("소설각본을 시가화하거나 또는 시가를 소설, 각본화하는 것")는 일본 구법에도 없고, 필자의 과문인지, 일본 교과서에서도 설명을 찾아볼 수 없다. 이 규정은 우리 학설을 반영한 것으로 추정해볼 수 있다. 김두홍은 1950년 발행된 『저작권법개요』에서 "기존 저작물에 고도의 수정증감을 가하거나 또는 번안하여 사회통념상 신저작물로서 간주되는 경우에 기존 저작물을 원저작물이라고 한다."고 하고 있다.[75] 개작을 수정증감과 번안을 포함하는 개념으로 보는가 하면, 번안을 다시 영화화, 미술저작물의 이종적 복제, 녹음, 음악적 전화, 소설의 희곡화 또는 희곡의 소설화, 소설 또는 희곡의 시가화 등 여섯 가지로 나누고 있다. 이 여섯 가지는 순서상 일부 다르긴 하지만, 구법 제5조 제2항과 거의 정확하게 일치한다. 그는 마지막 여섯 번째의 경우에 대해서 다음과 같이 설명한다 : "소설 또는 희곡을 시가화하거나 시가의 소설 또는 희곡화 역(亦) 번안의 하나에 속하되 시가에 기인하여 회화, 조각 또는 작곡 등을 하였을 때에는 번안이 아니고 창작물의 하나에 속한다."[76][77]

상의 저작물을 복제한 자는 원저작물의 저작권과 동일한 기간 동안 본법의 보호를 향유한다. 다만, 당사자간에 계약이 있는 경우는 그 계약의 제한에 따른다."

73) 우리 구법은 사진과 원저작물과의 관계에 관한 규정이 없으나, 해석상 미술저작물의 변형 복제의 일부로 해석하기도 한다. 장인숙, 91쪽. 일본에서는 사진을 이종(異種) 복제의 하나로 보기도 하고, 이종 복제의 특수한 형태로 보기도 한다. 각기 城戶, op. cit., pp.121~123 ; 山本. op. cit., p.72.

74) 장인숙, 94쪽 ; 허희성, 91쪽. 일본 저작권법에는 1920년 개정으로 연주와 가창이 저작물로 추가 예시되었다. 榛村, op. cit., p.71.

75) 김두홍, 20쪽. 입법례나 학설에 따라 각기 파생저작물을 정의하고 분류하기 때문에 일률적인 기준을 마련하기는 무척 어렵다. 별도의 논의가 필요하다.

76) 김두홍, 44~46쪽.

77) 개작을 넓은 의미로 사용하고 있다든가(김두홍 : 수정증감과 번안 ; 구법 : 수정증감과 변형 복제), 개작의 정의 표현이 상당 부분 일치하는 것('개작'에 대해 김두홍 :

제5조 제2항에 대해 정리하면 다음과 같다. 우리 구법은 일본 구법 여기저기 흩어져 있는 규정을 하나로 모아 정리하면서, 해석상 난점도 간명하게 해결하고자 한 듯하다. 그럼에도 현행 우리 저작권법의 관점에서 보면, 원저작물과 파생저작물을 구별하고 이런 저작물을 만든 사람들을 구분하여 '저작자'나 '의제 저작자'로 나누고 있는데, 그 구별의 실익이 있는지 의문이 든다. 단지, 음반이나 실연에 대해 '창작'이라는 측면에서 설명이 곤란하다는 데에서 출발한 것은 아닐는지.

(4) 저작자 추정

저작자란 저작물을 창작한 자를 말하지만 모든 경우 저작자를 확정할 수 있는 것은 아니다. 구법은 이 점에 대비해 '저작자 추정' 규정을 두고 있다. 제6조가 그것이다 :

제6조(동전) 다음 각호의 1에 해당하는 자는 이를 본법에 의한 저작자로 추정한다.

1. 이미 발행한 저작물에 있어서 그 저작자로써 성명을 게기한 자
2. 아즉 발행하지 않은 각본, 악보와 영화화한 저작물의 공연에 있어서 저작자로서 성명을 게기한 자
3. 저작자의 성명을 게기하지 아니한 때에는 그 출판자 또는 그 공연자

이 규정은 일본 구법 해당 규정(제35조)을 상당히 수용한 것이다. 그런데 이 규정의 기원은 베른협약 제15조이다. 1886년 베른협약 제11조(현행 제15

"신저작물로 될 수 있는 정도로" ; 구법 : "신저작물로 될 수 있는 정도로")은 우연은 아니라고 본다. 김두홍의 이론은 일본 구법과 저술에 영향을 받은 것으로 보인다. 개작의 범주에 수정증감과 번안을 넣은 일본 저술이 있고(榛村, op. cit., p.117), 후자 표현("신저작물로 될 수 있는 정도로")은 일본 구법 제19조 표현("새로운 저작물로 간주되어야 하는 것")과 흡사하다.

조) 제1항은 통상의 방법으로 저작물에 성명이 있으면(이명의 경우에도 신원을 확인할 수 있다면) 그 성명을 가진 자를 저작자로 보고 있다. 베른협약 규정이 일본 구법 제35조 제1항[78]과 우리 구법 제6조 제1호, 그리고 일본 구법 제35조 제3항[79]과 우리 구법 제2호에 구현된 것이다.

또한 1886년 협약 제11조 제2항은 무명이나 이명 저작물의 경우 저작물에 발행자 표시가 있으면 그 발행자가 저작자의 권리를 보호하기 위하여 저작자의 법적 대표자로 간주하고 있다. 일본 구법은 발행과 흥행의 경우의 경우로 나눠서, 전자의 경우 무명이나 변명 저작물의 발행자로 표시된 자를 발행자로 추정하고, 후자의 경우 성명이 나타나지 않은 때에는 그 흥행자를 저작자로 추정하는, 복잡한 규정을 두고 있다(각 제35조 제2항 및 제4항). 그 어느 것이든 저작자를 확인할 수 없는 경우를 상정한 것이다. 우리 구법 제6조 제3호는 간명하게 "저작자의 성명을 게기하지 아니한 때에는 그 출판자 또는 그 공연자"를 저작자로 추정하고 있다.

(5) 외국인 저작자의 보호

구법은 한국인뿐만 아니라 외국인도 법적 보호를 받을 수 있는 길을 열어놓고 있다. 해당 규정은 제46조이다 :

> 외국인의 저작권에 대하여서는 조약에 별단의 규정이 있는 것을 제외하고는 본법의 규정을 적용한다. 단 저작권 보호에 관하여 조약에 규정이 없는 경우에는 국내에 있어서 처음으로 그 저작물을 발행한 자에 한하여

---

78) 일본 구법 제35조 제1항 : "위작에 대해 민사소송을 제기하는 경우에 있어서는 이미 발행한 저작물에 있어서 그 저작자로서 성명을 표시한 자를 그 저작자로 추정한다."

79) 일본 구법 제35조 제3항 : "아직 발행하지 아니한 각본, 악보 및 활동사진술 또는 이와 유사한 방법에 의하여 제작한 저작물의 흥행에 관하여는 그 흥행에 저작자로서 성명을 나타낸 자를 그 저작자로 추정한다."

본법의 보호를 받는다.

이 규정은 일본 구법 해당 규정(제28조)과 다르지 않다. 다시 말해서, 외국인의 저작물에 관해서는 조약에 별단의 규정이 있는 경우에는 그 규정을 우선 적용하고, 조약에 규정이 없는 경우에는 우리나라에서 최초 발행한 저작물에 한해 구법을 적용해 보호한다는 것이다.

우리나라는 1987년 10월 1일 세계저작권협약에 가입하면서 저작권 조약 체제에 참여하기 시작했다. 외국인은 구법상 조약에 의해 보호받은 적은 없었다. 이 협약이 우리나라에 발효하기 전에 구법은 신법 시행(1987년 7월 1일)으로 효력을 상실했기 때문이다.

다. 저작권의 종류와 내용

저작자가 가지는 저작권에는 인격적 권리와 재산적 권리가 있으며 이를 구체적으로 제2장(저작권)에서 구체화하고 있다. 보호기간도 이곳에서 다루고 있다. 이 장에서는 먼저 권리의 귀속에 관해 언급하고 있다. 저작물은 대개 개인이 홀로 창작한다. 이때 저작자는 그 개인이고 그에게 저작권이 귀속한다. 어떤 경우에는 여러 사람이 함께 저작물을 만들기도 하고 다른 사람에게 창작을 위촉하기도 한다. 구법은 이런 점을 각기 염두에 둔 규정을 마련하고 있다. 전자는 이른바 '합저작물'에 관한 것이고, 후자는 '촉탁저작물'에 관한 것이다.

(1) 권리의 귀속

(가) 합저작물

합저작물은 복수의 저작자가 있는 저작물이다. 해당 조문은 제12조이다 :

제12조(합저작물) ① 수인의 합저작에 관한 저작물의 저작권은 각 저작자의 공유에 속한다.

② 각 저작자의 분담한 부분이 명확하지 않은 경우에 있어서 저작자 중에 그 발행 또는 공연을 거절하는 자가 있을 때에는 그 외의 저작자는 그 자에게 배상함으로써 그 지분을 취득할 수 있다. 단 반대의 계약이 있을 때에는 예외로 한다.

③ 각 저작자의 분담한 부분이 명확한 부분에 있어서 저작자 중에 그 발행 또는 공연을 거절하는 자가 있을 때에는 그 이외의 저작자는 자기의 부분을 분리하여 단독의 저작물로서 발행 또는 공연할 수 있다. 단 반대의 계약이 있을 때에는 예외로 한다.

④ 본조제2항의 경우에 있어서 발행 또는 공연을 거절한 저작자의 성명은 그 의사에 반하여 그 성명을 그 저작물에 게기할 수 없다.

합저작물은 강학상 '공동저작물'이라고도 한다.[80] 합저작물은 다시 두 가지로 나뉜다. 우리 구법은 "분담한 부분이 명확하지 않은 경우"와 명확한 경우로 나눠 전자는 좁은 의미의 합저작물로, 후자는 결합저작물(이 또한 강학상 표현이다)로 구별한다. 이 규정은 일본 구법 규정을 거의 옮겨놓은 것이다. 일본 교과서 해석을 받아들이더라도 무리가 없을 정도이다. 학설이 일치하지는 않는다. 일부에서는 좁은 의미의 합저작물은 수인이 공동의 의사를 가지고 창작하는 것으로 이해하기도 하고,[81] 분담 부분의 명확성 여부를 분리 가능성 여부로 해석하기도 한다.[82]

이 규정은 공동으로 창작한 저작물에 대한 권리의 성격을 정하고, 그 이용을 위해 특별히 마련된 것으로, 다음과 같은 점에서 의의를 찾을 수

80) 榛村, op. cit., p.88 ; 장인숙, 67쪽.

81) 城戸, op. cit. p.92.

82) 장인숙, 68쪽.

있다. 첫째, 합저작물에 대한 저작권은 각 저작자의 공유라고 하고 있다. 이것은 민법상 공유에 관한 규정을 준용할 수 있도록 열어놓은 것이라 할 수 있는데,[83] '공유'라 함은 우리 민법상 '공동소유'(제2편 제3장 제3절) 관련 규정일 것이다.[84]

둘째, 좁은 의미의 합저작물에 대해서는 제2항에 따라, 발행이나 공연을 거절하는 자가 있는 때에는 그 지분을 다른 저작자가 취득할 수 있다. 결합저작물에 대해서는 제3항에 따라 다른 저작자가 자신 부분을 분리하여 단독으로 발행하거나 공연할 수 있다. 이용을 위한 특별 규정인 것이다.

셋째, 구법 다른 곳에서도 특칙을 두고 있다. 하나는 보호기간에 관한 것이고, 다른 하나는 저작권 침해와 관련한 것이다. 제30조 제2항에 의하면, 합저작물에 대한 저작권은 최종 사망자 사후 30년간 존속한다. 결합저작물이라 하더라도 이 규정에 따라 보호기간이 정해진다. 제67조에 의하면, 어떤 저작자든 합저작물에 대한 저작권 침해에 대하여 다른 저작자의 동의 없이 고소를 하고 자기의 지분에 대한 손해의 배상을 청구하고 또는 자기의 지분에 따라 이익의 반환을 청구할 수 있다.

(나) 촉탁저작물

"타인의 촉탁에 의하여 저작된 사진초상의 저작권은 그 촉탁자에 속한다."(제13조). 이 규정 또한 일본 구법 규정과 같다. 촉탁 사진의 특수성을 반영한 것이다. 창작자 원칙에 대한 이해가 충분하지 못했던지, 아니면 그렇게 해야 할 충분한 배경이나 이유가 존재했을 터이다.[85]

---

83) 榛村, op. cit., pp.98~99 ; 장인숙, 68쪽.

84) 우리 구법 제정 당시 우리 민법은 제정되지도 않았다. 나중에 제정된 민법(법률 제471호, 1958. 2. 22., 제정)에서는 '공동소유'에 관한 절을 두고, 그 안에 공유, 합유 및 총유로 나누고 있다.

85) 이렇게 설명하기도 한다 : "사진은 비교적 독창성이 낮다는 특성을 지녔고, 또 초상은 그 본인의 사실적인 묘사인 만큼 본인의 인격과 밀접한 관련성이 있다는 점을 고려하여 이와 같은 예외적인 규정을 둔 것이다." 장인숙, 65쪽.

(다) 단체저작물

구법상 '단체저작물'[86]에 관한 규정이 존재한다. 제33조에서는 "관공서, 학교, 회사 또는 기타 사회단체가 저작자로서 발행 또는 공연한 저작물의 저작권은 발행 또는 공연한 날로부터 30년간 존속한다."고 하고 있다. 엉뚱하게 보호기간에 관해 규정하면서 단체가 저작자의 지위를 가지는 경우("…… 단체가 저작자로서")를 상정하고 있는 것이다. 일본 구법 규정 방식을 완전히 탈색하지 못한 사례라 할 수 있다.

우리 구법이 단체저작물을 부정하는 근거를 분명히 찾을 수는 없지만, 구법 체계에 비춰보면 제33조가 적극적으로 단체를 저작자로 긍정하는 규정이라고 단정하기도 어렵다. 왜냐하면 우리 구법은 일본 구법과는 달리, 1) 저작물→ 저작자→ 저작권 체계를 마련하고 있고, 2) 저작자를 별도 규정으로 "저작물을 창작한 자"로 정의하고 있고, 3) 저작자의 범주에 저작자와 '의제 저작자'로 구별하면서 권리 귀속 관계를 완결하고 있는 점 등을 고려할 때, 입법자가 단체에게 저작자의 지위를 부여하고 싶었다면 제4조(저작자) 또는 제13조(촉탁저작물) 뒤에 바로 '단체저작물'에 대해 별도 규정을 두지 않았을까 하는 의문을 가지고 있기 때문이다.[87]

게다가, 우리 구법 규정이 단체저작물을 긍정하고 있다 하더라도 단체저작물에 대한 정의가 없어서 어떤 경우에 단체가 저작자로서, 아니면 저작권자로서 지위를 가지는지 알 수도 없다.[88] 그런데, 학설은 단체저작물 개념을 긍정한다. 법률상 의제에 의하여 단체가 저작권을 원시적으로 취득한다거

86) 우리 구법에는 '단체저작물'이란 표현이 없다. 일본에서 강학상 사용하는 용어를 가져온 것이다.

87) 이러한 해석에도 무리가 있다. 왜냐하면 이것은 단체저작물의 보호기간에 관한 제33조를 부인하는 결과를 가져오기 때문이다.

88) 일본 구법에도 유사한 규정이 있는데, 이 규정에는 단체저작물의 요건이 미흡하나마 존재한다. 제6조에 의하면, "관공서, 학교, 사찰, 협회, 회사, 기타 단체가 저작명의로 발행 또는 흥행한 저작물의 저작권은 발행 또는 흥행한 때부터 30년간 계속한다." '저작명의'가 요건의 하나인 것이다.

나,[89] 단체는 저작활동자의 동의나 특약에 의하여 단체에게 저작권이 귀속한다고 정할 수 있다고 보는 것이다.[90]

(2) 인격적 권리

인격적 권리는 제14조부터 제17조까지, 각기 귀속권, 공표권, 원상유지권 및 변경권으로 나눠 규정하고 있다. 모두 인용한다 :

제14조(귀속권) 저작자는 저작물에 관한 재산적 권리에 관계없이 또한 권리의 이전 후에 있어서도 그 저작물의 창작자임을 주장할 권리가 있다.

제15조(공표권) 미공표의 저작물의 저작자는 이를 공표하거나 또는 공표하지 않을 것을 자유로 결정할 권리가 있다.

제16조(원상유지권) 저작자는 저작물에 관한 재산적 권리에 관계없이 또한 그 권리의 이전 후에 있어서도 그 저작물의 내용 또는 제호를 개찬, 절제 또는 기타 변경을 가하여 그 명예와 성망을 해한 자에 대하여 이의를 주장할 권리가 있다.

제17조(변경권) 저작자는 그 저작물의 내용형식과 제호를 변경할 권리가 있다.

(가) 귀속권

귀속권은 "창작자임을 주장할"권리를 말한다. '창작자'보다는 '저작자'가 적절한 듯하다. 저작자의 지위를 가져야 비로소 인격적 권리를 행사할 수 있기 때문이다. 이 권리는 1948년 베른협약에서 인정하고 있는 두 가지 인격권 중 하나이다. 저작자임을 주장할 권리(droit de revendiquer la paternité de l'oeuvre, right to claim authorship of the work)로서, 성명표시권(droit de

---

89) 장인숙, 70쪽.

90) 허희성, 99~100쪽.

paternité, right of paternity) 또는 귀속권(right of attribution)이라고도 한다. 표현도 현행 저작권법 규정[91)]보다는 베른협약 제6조의2와 흡사하다.[92)] 우리 구법이 베른협약 체계를 따랐다는 사례의 하나라 할 수 있다.

(나) 공표권

공표권은 현행 저작권법상의 공표권과 같은 것이다. 표현도 매우 흡사하다.[93)] 일본 구법에도 없는 것으로, 프랑스 저작권법 체계를 따라간 사례의 하나로 볼 수 있다.[94)]

(다) 원상유지권 및 변경권

제16조와 제17조는 각기 원상유지권과 변경권에 관해 규정하고 있다. 원상유지권(droit au respect de l'intégrité de l'oeuvre, right of integrity)은 1948년 베른협약에서 인정하는 두 가지 인격권 중 하나로 그 내용은 왜곡(déformation, distortion), 절단(mutilation), 기타 변경(modification, alteration) 등을 금지하는 권리를 말한다. 제16조는 베른협약을 거의 그대로 수용하고 있다.[95)] 베른협약을 따르다 보니, "명예와 성망을 해한" 경우에 한해서

---

91) 현행 저작권법 제12조 제1항 : "저작자는 저작물의 원본이나 그 복제물에 또는 저작물의 공표 매체에 그의 실명 또는 이명을 표시할 권리를 가진다."

92) 협약 제6조의2 제1항 : "저작자의 재산권과 독립하여, 그리고 이 권리의 양도 후에도, 저작자는 저작물의 저작자라고 주장할 권리 및 이 저작물에 관련하여 그의 명예나 명성을 해치는 왜곡·절단·기타 변경 또는 기타 훼손행위에 대하여 이의를 제기할 권리를 가진다."(밑줄 강조).

93) 현행 저작권법 제11조 : "저작자는 그의 저작물을 공표하거나 공표하지 아니할 것을 결정할 권리를 가진다."

94) 입법자들이 어떤 경로로 프랑스 법 체계를 터득했는지 확인할 길이 없다. 당시 입법자들이 열람했던 것으로 보이는 일본 교과서에서도 프랑스 제도에 대해서는 별다른 언급을 하지 않고 있다. 城戸, op. cit., pp.159~160에서는 기존 일본 학설상 공표권이 인정되고 있다는 점을 지적하면서, 독일 저작권법상 공표권을 소개하고 있다.

95) 협약 제6조의2 제1항 : "저작자의 재산권과 독립하여, 그리고 이 권리의 양도 후에

원상유지권 침해가 된다. 이 점은 현행 저작권법 규정과 다르다.[96)]

제17조는 저작자에게 원상유지권과 별개로 변경권을 부여하고 있다 : "저작자는 그 저작물의 내용형식과 제호를 변경할 권리가 있다." 표현도 현행 저작권법 제13조 제1항("저작자는 그의 저작물의 내용·형식 및 제호의 동일성을 유지할 권리를 가진다.")과 매우 흡사하다.[97)][98)] 구법에 원상유지권과 변경권 두 가지가 모두 반영된 이유는 찾아볼 수 없다. 양자를 모두 인정하게 되면 해석상 곤란한 문제가 생긴다. 첫째, 원상유지권은 '명예와 성망을 해한' 경우에 한해 침해가 되지만 변경권은 그런 조건도 필요하지 않다. 둘째, 원상유지권은 "저작물의 내용 또는 제호를 개찬, 절제 또는 기타 변경"에 대해 이의할 수 있는 소극적인 권리인 반면, 변경권은 "저작물의 내용형식과 제호"를 변경할 적극적인 권리이다. 권리의 성격은 접어두고, 전자의 권리는 후자의 권리의 부분 집합으로 보인다. 전자가 부여하는 권리의 범위는 모두 후자 권리에서 언급하고 있는 '저작물의 내용형식과

도, 저작자는 저작물의 저작자라고 주장할 권리 및 이 저작물에 관련하여 그의 명예나 명성을 해치는 왜곡·절단·기타 변경 또는 기타 훼손행위에 대하여 이의를 제기할 권리를 가진다."(밑줄 강조). 구법상 용어는 '왜곡' 대신 '개찬', '절단' 대신 '절제'이다.

96) 현행 법은 동일성을 유지할 권리를 가진다고 할 뿐, 명예 훼손이 인격권 침해의 요건이 아니다. 형사 처벌의 조건일 뿐이다. 제136조 제2항 제1호 참조.

97) 구법에서는 '내용형식과 제호'라고 하고 있으나 '내용과 형식 및 제호'라고 봐야 할 것이다. 구법은 띄어쓰기를 거의 하지 않아 정확한 의미 전달에 장애가 있다. 내용과 형식이 각기 병렬적, 독립적으로 의미를 가지는 것으로 보이기 때문이다.

98) 구법상 변경권은 현행 저작권법상 동일성유지권과 마찬가지로, 저작물의 내용과 제목의 변경뿐만 아니라 형식 변경에 대해서도 주장할 수 있는 권리이다. 현행 법규정은 구법 규정을 가져온 것으로 보인다. 그런데, '형식'의 동일성에 관해서는 일본 구법에도 없는 것이지만, 일본에서 학설로는 받아들여진 바 있다. 동일성유지권[저작물의 전일성(Integrität)을 유지하는 권리]이란 "저작물의 내용을 증감, 부가, 단축을 하는 것, 다시 말해서 저작물의 내면적 형식을 변경하는 것은 물론 그 외면적 형식(예를 들어 어구의 표현방법, 장절의 구분방법 등과 같은)을 변경하는 것도" 포함한다는 것이다. 榛村, op. cit., p.54. 내용과 형식의 동일성에 관한 일본의 논의, 일본 학계에 영향을 준 프랑스 판례와 독일 이론에 대해서는, 박성호, 「동일성유지권에 관한 규정의 재검토」, 『IT와 법연구』, 제8집(2014), 7~9쪽 참조.

제호를 변경'하는 것에 포함되기 때문이다.[99] 이런 점에서 양자는 중복 적용 여지가 많다. 셋째, 원상유지권의 경우 "저작물에 관한 재산적 권리에 관계없이 또한 그 권리의 이전 후에 있어서도"라는 구절이 있지만, 변경권에는 그런 구절이 없다. 해당 구절의 존재 여부로 이들 권리의 내용에 실질적인 차이가 있는 것으로 보이지는 않는다.

이상에서 볼 때, 변경권이 원상유지권에 비해 넓은 범위에 걸친 권리라는 점을 확인할 수 있다. 그런데, 관련 벌칙 규정으로 제69조를 보면 "제14조, 제16조의 규정에 위반하여 저작자의 명예를 훼손시킨 자는 6월 이하의 징역 또는 10만환 이하의 벌금에 처한다."고 하고 있다. 귀속권과 원상유지권 침해만이 처벌 대상이고, 그것도 "명예를 훼손시킨" 경우에 국한한다. 또한 제16조는 이미 그 조문에서 명예와 성망을 해치는 경우에만 처벌될 수 있도록 규정하고 있기 때문에 제69조에서 '명예 훼손'을 추가로 명시하는 것은 불필요한 것으로 보인다.[100]

(3) 재산적 권리

우리 구법은 인격적 권리에 관해서 뿐만 아니라 재산적 권리에 관해서도, 일관되게 권리의 귀속 주체가 누구이고, 개별 권리의 내용이 무엇인지 분명히 하고 있다. 예를 들어, 구법 제18조를 보면, "저작자는 그 저작물을 발행할 권리가 있다." 그만큼 해석도 용이하다. 이 점은 일본 구법과 크게 대비된다. 일본 구법은 아주 다양한 방식으로 권리의 귀속 주체를 정하고, 권리의 내용을 설정하고 있다. 권리의 내용과 관련해 보더라도, "복제할 권리를 전유한다."고 규정하기도 하고,[101] "저작권을 가진다."고 하기도

---

99) 일본 구법도 동일성유지권에 관한 규정이 있으나 그 내용은 제한적이다. 즉, 저작물 이용자는 "그 저작물에 개찬 기타의 변경을 가하거나 혹은 그 제호를 변경할 수 없다."(제18조 제1항). 개찬 기타 변경과 제호 변경을 구별하고 있는 것이다.

100) "명예와 성망을 해한" 경우와 "명예를 훼손"한 경우라는, 미묘한 차이가 있다.

101) 제1조 : "…… 저작물의 저작자는 그 저작물을 복제할 권리를 전유한다." 복제권만

하고,[102] “본법의 보호를 향유한다.”고 하기도 하는[103] 등 아주 복잡하게 규정하고 있다.

우리 법상 재산적 권리는 모두 10가지이다. 1) 발행권, 2) 출판권, 3) 공연권, 4) 연술권, 5) 방송권, 6) 실시권, 7) 전람권, 8) 번역권, 9) 개작권, 10) 편집권 등이 그것이다. 하나씩 특징을 중심으로 살펴본다.[104]

(가) 발행권과 출판권

제18조는 발행권을, 제19조는 출판권을 각기 별도의 재산적 권리로 구분하여 규정하고 있다 :

> 제18조(발행권) 저작자는 그 저작물을 발행할 권리가 있다.
>
> 제19조(출판권) 저작자는 그 저작물을 출판할 권리가 있다.

이 두 가지 권리가 어떻게 다른지 정의 규정을 통해 확인할 수 있다. 발행과 출판은 각기 제8조 제1항과 제9조에서 정의하고 있다. 이 또한 여기에 인용해본다 :

이 배타적 권리임을 명시하고 있다.

102) 제14조 : “…… 편집한 자는 저작자로 간주하고 그 편집물 전부에 대하여만 저작권을 가진다. ……”

103) 제21조 : “번역자는 저작자로 간주하고 본법의 보호를 향유한다. ……”

104) 재산적 권리는 ‘이전성’을 특성으로 한다. 구법 제42조 제1항은 이 점을 분명히 하고 있다 : “저작권은 그 전부 또는 일부를 양도할 수 있다.” 1955년까지 법안에서는 제1항만이 있었으나, 법제사법위원회가 수정안을 제시하면서 제2항을 신설했다 : “저작권의 양도는 번역권의 양도를 포함하지 않는 것으로 추정한다.” 위원회는 수정 이유를 내놓지 않고 있다. 필자가 이에 대해 더 이상 추적을 하지는 못했지만, 의미 있는 조항임은 물론이다. 현행 저작권법 제45조 제2항 본문(“저작재산권의 전부를 양도하는 경우에 특약이 없는 때에는 제22조에 따른 2차적저작물을 작성하여 이용할 권리는 포함되지 아니한 것으로 추정한다.”)의 전신이라 할 수 있기 때문이다.

제8조(발행) ① 본법에서 발행이라 함은 저작물을 복제하여 발매 또는 배포하는 행위를 말한다.

② 무명 또는 변명저작물에 있어서는 그 저작물에 발행자로서 성명을 게기한 자를 발행인으로 추정한다.

제9조(출판) 본법에서 출판이라 함은 문서, 회화 등의 저작물을 인쇄술 기타의 기계적화학적 방법에 의하여 복제하여 발매 또는 배포함을 말한다.

발행과 출판 양자는 모두 저작물을 "복제하여 발매 또는 배포"하는, 정확하게 일치하는 이용형태이다. 양자 간에 차이가 있다면, 제8조에서는 발행을 '저작물'을 이용하는 것이라 하고 있는 반면, 제9조에서는 출판을 '문서, 회화 등의 저작물'을 이용하는 것이라고 하고 있다. 그러나 출판은 전형적인 모습은 문서나 회화를 복제하는 방법으로 이용하는 것이고, 발행은 이런 출판을 포괄하고 있기 때문에 굳이 출판권을 발행권과 별도로 두어야 할 실익은 없다고 본다.[105]

발행권이든 출판권이든 "복제하여 발매 또는 배포"하는 권리이므로, '복제와 발매'에 대한 권리 또는 '복제와 배포'에 대한 권리를 의미한다. 법에서는 발행권과 출판권을 열거할 뿐이고, 별도의 이용형태로서 복제를 상정한, 복제권을 명시하지 않고 있다. 그런데 제64조(비침해행위)에 의하면, "발행할 의사 없이 …… 복제하는 것" 또는 "오로지 관청용으로 제공하기 위해 복제하는 것"은 저작권 침해로 보지 않는다. 비침해행위는 해당 이용형태가 원칙적으로 침해임을 전제로, 일정한 경우 재산적 권리가 미치지 않도록 한 것이다. 존재하지 않는 권리에 대해 그 권리가 작용하지 않도록 할 수는 없는 것이므로, 복제권은 묵시적으로 존재한다고 볼 수도 있다.[106][107]

---

105) 발행과 출판의 실제적인 차이는 음반(실연을 포함할 수도 있고 그렇지 않을 수도 있다)을 이용하는 여부에 있다 할 수 있다.

106) "저작자의 복제권에 관하여 저작권법에는 직접적인 명문은 없으나 제18조 제19조에 의하여 저작자에게 발행권과 출판권이 있고 이 발행 출판권에는 복제의 권능이

복제권을 묵시적으로, 또는 발행권과 출판권이 복제의 권능을 포함한다는 이유로[108] 인정하는 것은 문제가 있다. 논리의 비약도 있고, 해당 권리(복제권)의 집행이 곤란할 수도 있다. 예를 들어 발행이나 출판 이외의 방법으로 저작물을 복제하는 경우 이에 대해 손해배상을 청구하거나 심지어 처벌할 수 있을까. 입법 불비로 생각한다.

복제권이 인정된다고 전제할 때 이런 복제에는 직접 복제와 변형 복제가 있다.[109] 우리 구법은 변형 복제를 개작의 범주에서 파악한다. 앞에서 검토한 바와 같다.

(나) 공연권과 연술권

우리 구법은 발행권과 출판권처럼, 또 다른 모습의 유사한 권리 두 가지를 저작자에게 부여하고 있는데, 공연권과 연술권이 그것이다. 이들 규정은 다음과 같다 :

제20조(공연권) ① 저작자는 그 저작물을 공연할 권리가 있다.

포함되므로 …… 결국 저작자는 복제권을 가진다는 결론이 나온다." 장인숙, 57쪽. 이런 논리에 따라 장인숙은 발행권과 출판권을 '반포권'의 범주에 넣고 있다. 그러나 필자가 문제 제기하듯이, 예를 들어 발행을 '복제와 배포'라는 하나의 이용형태로 해석한다면 이런 결론은 나올 수 없다.

107) 발행권과 관련한 입법 과정을 보면 입법자들이 고민한 흔적이 보인다. 1955년 법안에서는 '원상이용권'으로 하고 있고, 구법에서는 '발행권'으로 하고 있다. 한편, 1952년 법안과 1955년 법안에서는 "저작자는 그 저작물을 복제 발매 또는 배포할 권리가 있다."(밑줄 강조)고 하고 있다. 이 규정을 '복제, 발매 또는 배포할 권리'라고 이해한다면 복제권을 별도의 권리로 해석해도 무방하다. 제목도 '원상이용권'이라고 하고 있는 것도 우연은 아니라고 본다. 복제나 발매 또는 배포가 각기 원상이용의 한 형태이기 때문이다.

108) 묵시적으로 인정된다는 것은 필자의 논리이고, 발행권이나 출판권이 복제의 권능을 포함하고 있기 때문에 인정된다는 것은 장인숙, 57쪽의 논리이다.

109) 직접 복제와 변형 복제의 구별은 구법의 해석상 그렇다는 것이지, 후자를 복제의 개념에서 파악하는 것이 타당한지 여부는 별론으로 한다.

② 저작자의 불명한 저작물로서 아직 발행 또는 공연하지 않은 것은 대통령령의 정하는 바에 의하여 이를 발행 또는 공연할 수 있다.

③ 저작권자의 거소가 불명하거나 또는 저작권자와 협의할 수 없을 때에는 대통령령의 정하는 바에 의하여 상당한 보상금을 공탁하고 그 저작물을 발행 또는 공연할 수 있다.

④ 전항의 보상금의 액에 관하여 이의가 있는 자는 법원에 출소할 수 있다.

第21조(연술권) 저작자는 그 저작물을 연술할 권리가 있다.

이 두 가지 권리는 넓은 의미의 공연권(right of performance)에 해당한다. 공연이란 "각본, 악보, 음반, 영화 등의 저작물을 상연, 연주, 상영, 기타의 방법으로 공개연출함을 말하"(제10조)는 것이다. 다소 좁게 정의돼 있다. 연술과의 관계 때문에 그런 듯하다. 연술권은 베른협약상 '공개낭송권'(right of public recitation)에서 온 듯한데, 이 협약 제11조의3 제1항에 의하면, "문학적 저작물의 저작자는 다음을 허락할 배타적 권리를 향유한다. (i) 어떠한 방법과 절차에 의한 공개낭송을 포함하는, 그의 저작물의 공개낭송 (ii) 그의 저작물의 낭송을 공중에 전달하는 것." 우리 구법이 베른협약 규정과 차이를 보이는 것은 후자에 비해 대상이 넓다는 것이다. 베른협약은 '문학적 저작물(literary works)에 국한하고 있다.

이런 구법 규정은 넓은 의미의 공연권을 체계적으로 정리했다는 점에서 의의가 있다. 일본 구법과는 크게 다르다.[110] 다만, 그 보호수준은 높지

---

110) 일본 구법은 해당 권리에 대해 여기저기에서 산만하게 규정하고 있다. 제1조 제2항 : "문예, 학술저작물의 저작권은 번역권을 포함하며 <u>각종의 각본 및 악보의 저작권은 흥행권을 포함한다.</u>"(밑줄 강조) ; 제22조의2 : "문예, 학술 또는 미술의 범위에 속하는 저작물의 저작권은 그 저작물의 활동사진술 또는 이와 유사한 방법에 의하여 복제(각색하여 영화화하는 경우를 포함한다) 및 <u>흥행하는 권리를 포함한다.</u>"(밑줄 강조). 제22조의6에서 "문예, 학술 또는 미술의 범위에 속하는 저작물의 저작권은 그 저작물을 음을 기계적으로 복제하는 이용에 제공하는 기기에

않다. 뒤에서 보는 바와 같이, 이른바 '비침해행위'(제64조)에 해당하는 공연이 광범위할 뿐만 아니라, 제2항과 제3항에서 규정하는 바에 따라 공연할 수도 있기 때문이다.

제20조 제2항에 의하면, 저작자를 알 수 없는 저작물('저작자의 불명한 저작물')은 그것이 아직 발행되거나 공연되지 않은 경우 발행하거나 공연할 수 있다.[111] 이것은 강제허락[112]에 관한 규정[113] 중 하나로, 민간전승물(folklore)을 염두에 둔 것으로 추정되지만 그렇지 않은 예도 얼마든지 생각할 수 있다. 저작자가 공개하지 않은 그 모든 것이 대상 저작물이기 때문이다. 그렇다면 이 규정은 심각한 권리 제한을 초래한다 할 수 있다. '저작자의 불명'이란 저작자를 알 수 없다는 것인데, 1) 저작물에 저작자의 실명을 쓰지 않은 경우, 다시 말해서 무명은 물론이고 변명(현행 법상 이명)을 사용하여 본인을 알 수 없는 경우, 2) 실명을 썼다 하더라도 누구인지 확인할 수 없는 경우,[114] 3) 저작자뿐만 아니라 저작권자가 불명한 경우 이런 저작물의 발행과 공연은 자유 이용에 속한다 하겠다.[115] 조문에서는 '저작자'라고 특정하고 있으나 '저작권자'도 포함하는 것으로 해석한다. 1952년 법안에서

사조(寫調) 및 그 기기에 의하여 흥행하는 권리를 포함한다."(밑줄 강조).

111) 공연권에 관한 조항에서 발행권의 제한에 대해서도 규정하고 있는, 특이한 입법이다.

112) 장인숙과 허희성은 '법정승낙'이라 하고 있다. 장인숙, 152쪽 ; 허희성, 138쪽.

113) 구법상 강제허락은 세 가지 경우가 있다. 첫째는 '저작자 불명'의 경우, 둘째는 '저작권자와 협의할 수 없는' 경우, 셋째는 공익상 필요에 의한 방송의 경우 등이 그것이다. 각기 제20조 제2항, 제20조 제3항, 그리고 제22조 제3항에서 다루고 있다.

114) 이 경우에는 이용자가 확인할 수 없는 경우도 포함한다고 생각할 수 있겠으나, 저작권심의회 심의와 문교부장관의 허가 과정에서 걸러질 것이다.

115) 이렇게 설명하기도 한다. "미공표 저작물은 무기한으로 그 저작권이 존속하는 것인 만큼 …… 만약에 저작자가 누구인지 불명하여 그 이용의 승낙을 얻을 방도가 없다면 그 저작물은 무기한으로 매장되어 한 문화재로서의 구실을 상실하고 사회적 문화적 손실을 초래하는 결과가 될 것이므로 이 점을 우려하여 이러한 규정으로써 저작물의 문화적 가치를 발휘할 기회를 부여하려 한 것이 법의 취지인 것이다." 장인숙, 153쪽. 미공표 저작물의 이용 편의를 위한 규정이라는 취지로 읽힌다.

는 '저작권자'라고 했다.[116][117]

第20조 제3항은 저작권자의 거소를 알 수 없는('저작권자의 거소가 불명하거나') 경우 또는 저작권자와 협의할 수 없는 경우에는 보상금을 공탁하고 발행하거나 공연할 수 있도록 하고 있다(제20조 제3항). 이 또한 강제허락에 관한 것이다. 두 가지 종류가 있다. 하나는 '저작권자의 거소가 불명'한 경우이고, 다른 하나는 저작권자와 협의할 수 없는 경우가 있다. 일본 구법 규정과 흡사하다.[118] 다른 것이 있다면 후자의 경우이다. 우리 구법 규정은 단지 "저작권자와 협의할 수 없을 때에는"이라고 하고 있으나 일본 구법 규정은 "명령이 정하는 사유로 인하여 저작권자와 협의할 수 없는 경우"라고 하고 있다. 1952년 법안과 1955년 법안에 있었던 "대통령령이 정하는 사유로 인하여 저작권자와 협의할 수 없을 때에는"이라는 구절과 같은 취지의 규정인 것이다.

第20조 제2항과 제20조 제3항 일부는 현행 저작권법에도 '저작재산권자 불명인 저작물의 이용'이라는 제목의 규정으로 유지되고 있다. 이 규정은 "저작재산권자나 그의 거소를 알 수 없"는 경우에 강제허락을 할 수 있다는 것이다. 저작권자를 모르든가, 그의 거소를 모르든가 모두 저작권자 불명으로 보고 있는 것인데, 허락 주체를 찾을 수 없다는 공통점을 가지고 있다. 현행 규정이 합리적이라 할 수 있다. 그런데, 구법상 전자는 보상금을 공탁할

116) 구법상 저작권자라는 용어는 제20조 제3항 등 여러 곳에서 사용하고 있다. 구법에서 저작권은 저작자가 저작물 위에 가지고 있는 인격적 권리와 재산적 권리를 지칭하는 것이지만(제7조) '저작권자'라고 할 때에는 언제든지 재산적 권리를 가지고 있는 자를 염두에 두고 사용하고 있다.

117) 장인숙, 153쪽. 일본 구법 해당 규정(제27조 제1항)에서도 저작권자라고 하고 있고, 구법 시행령에서 법 제20조 제2항의 규정에 의한 신청서에는 "저작권자가 불명한 사유"(영 제29조 제4호)를 기재하도록 하고 있다.

118) 일본 구법 제27조 제2항에 의하면, "저작권자의 거소가 불명한 경우, 기타 명령이 정하는 사유로 인하여 저작권자와 협의할 수 없는 경우는 명령이 정하는 바에 의하여 주무대신이 정하는 상당한 상금을 공탁하고 그 저작물을 발행 또는 흥행할 수 있다."고 하고 있다.

필요가 없는 반면, 후자는 보상금 공탁을 조건으로 하고 있다.

(다) 방송권

저작자는 방송권도 가진다. 방송권의 내용은 제22조에서 정하고 있다 :

> 제22조(방송권) ① 저작자는 그 저작물의 라디오 또는 테레비죤에 의한 방송을 허락할 권리가 있다.
> ② 이미 발행 또는 공연된 저작물을 방송하고저 할 때에는 방송자는 저작권자의 승낙을 얻어야 한다.
> ③ 전항의 승낙을 얻지 못하고 그 저작물의 방송이 공익상 필요할 때에는 방송자는 대통령령의 정하는 바에 의하여 상당한 보상금을 지급하고 저작물을 방송할 수 있다.

1952년 법안과 1955년 법안에서는 라디오 방송만을 언급했으나, 구법은 텔레비전 방송도 방송의 범주에 넣었다. 1956년 5월 텔레비전 방송(HLKZ)이 개국한 현실을 반영한 것이다.

제22조에 의하면, 저작자는 원칙적으로 방송권을 가진다. 그럼에도 이 권리는 역시 심각한 제한을 받는다. 제2항에서 저작권자의 승낙을 받도록 하면서도, 제3항에 따라 방송사업자가 '공익상 필요할 때에는' 보상금을 지급하고 방송할 수 있도록 하고 있는 것이다.[119]

(라) 실시권

저작자는 제23조에 의한 실시권도 가진다 : "저작자는 그 저작물을 건조 기타의 방법으로 실시할 권리가 있다." '건조[120] 기타의 방법'은 건축, 도형

119) 후술하는 바와 같이, 제64조에 의한 방송권 제한도 존재한다.
120) 건조란 "건물이나 배 따위를 설계하여 만듦"을 뜻한다. 국립국어원 표준국어대사전

등을 염두에 두었다 할 수 있다.[121] 실시권은 복제권(구법상 존재하는 것으로 가정한다)에 적용되는 각종 제한 규정(특히 제64조)이 적용될 여지가 없다. 과도한 권리 부여 가능성이 높다.

복제의 개념이 정립되지 않다보니 실시권이 도입됐다 할 수 있다. 일본 구법은 앞에서 검토한 바와 같이, 저작자에게 제1조에서 '복제권'만을 배타적인 권리로 명시하고 다른 권리는 간접적으로 인정할 뿐이다. 복제가 중심적인 개념이다 보니 그 복제의 범위를 둘러싸고 다양한 논의가 전개되었다. 구법상 복제 개념을 직접 복제와 간접 복제, 유형 복제와 무형 복제, 통상 복제와 이종 복제 등으로 나누기까지 했다.[122] 이런 기준을 모두 법적으로 인정하게 되면 저작권은 곧 복제권으로 귀결되는, 희한한 논리에 빠지게 된다. 개별 이용형태에 합당한 권리를 부여하고 제한 규정을 설계하기도 어렵게 만든다. 이런 분류와 기준은 국제적 기준과도 거리가 있다. 우리 학계도 일본 학설로 인해 혼란을 겪기도 했다.

(마) 전람권

저작자는 그 저작물을 전람할 권리가 있다(제24조). 이 권리는 회화나 조각, 공예와 같은 미술저작물, 건축저작물, 지도나 도형, 모형과 같은 도형저작물, 그리고 사진저작물에 인정되는 권리라 할 수 있다. 이 권리 또한 제64조 비침해행위에 의한 제한을 받지 않는다. 역시 과도한 권리가 부여되었다 할 수 있다.

참조.

121) 장인숙, 61쪽 : "법문에 의하면 설계도 모형 등의 실시에만 실시권이 있는 것 같은 인상을 주나, 그뿐 아니라, 밑그림(下圖·下繪)에 의하여 회화나 조각 등을 작성하는 것도 실시에 속하고 이들의 저작자는 실시권을 가진다고 해석하여야 할 것이다." 이런 해석은 과도하다고 본다. 특히 후자의 경우는 제5조 제2항 제2호("미술적저작물을 원저작물과 다른 기술로써 전화시키는 것")에 해당한다고 본다.

122) 山本, op. cit., pp.89~94.

(바) 번역권, 개작권 및 편집권

우리 구법 제25조부터 제27조까지 '번역할' 권리(번역권), '개작할' 권리(개작권) 및 '편집할' 권리(편집권)를 규정하고 있다. 저작자에게 파생저작물 제작에 대한 권리를 부여하고 있는 것이다.

(사) 소결

재산적 권리로서 10가지(발행권, 출판권, 공연권, 연술권, 방송권, 실시권, 전람권, 번역권, 개작권 및 편집권)는 일본에서 학설로 논의되던 내용을 정리하여 반영한 듯하다. 번역권과 개작권 및 편집권을 제외하면, 7가지가 남는다. 일본 학자들은 이들 7가지 권리를 관점에 따라 여러 가지로 분류한 바 있다. 복제권, 반포권(발행권 및 출판권), 연술권, 전람권, 상영권(흥행권·연출권), 연주권, 상연권, 방송권 및 실시권 등 9가지 권리로 나누는가 하면,[123] 복제권과 공표권으로 크게 나누면서 공표권에는 발행권(광의의 발행권·출판권), 흥행권(상연권·연주권·상영권) 및 기타 공표권(연술권·방송권·실시권·전람권)으로 나누기도 한다.[124]

권리를 분류하는 것은 학자의 몫이지만 그 자체로 해당 권리의 내용이 법적으로 확정되는 것은 아니다. 개별 권리는 법적 근거를 가져야 해당 권리의 내용과 한계가 확정된다. 법에서 개별 권리가 부여되는 이용형태를 정의하지 않고서는 저작자가 향유하는 권리가 불확정 상태에 놓이게 되는 것이다. 이 점에서 우리 구법이 일부(발행, 출판 및 공연)에 대해 정의하고 있는 것은 획기적이고 바람직한 것이다. 그럼에도 여전히 다른 이용형태에 대해서는 규정하지 않아 일본 학설에 의존하지 않을 수 없는 한계를 드러냈다 할 수 있다.

---

123) 榛村, op. cit., pp.177~192.

124) 城戶, op. cit., pp.173~189.

라. 보호기간

우리 구법은 보호기간에 관해 아주 구체적으로 섬세하게 규정을 마련하고 있다. 제29조에서 제41조까지 13개조에 걸쳐 있다.

(1) 인격적 권리

인격적 권리는 "영구히 존속한다."(제29조). 우리 구법은 인격적 권리와 재산적 권리를 구별하면서 인격적 권리의 항구성을 천명하고 있는 것이다. 이른바 이원론에 충실한 것이라 할 수 있다.

(2) 재산적 권리

반면 재산적 권리는 사후 30년을 원칙으로 하고 있다. 해당 조항을 그대로 옮긴다 :

> 제30조(동전) ① 발행 또는 공연한 저작물의 저작권은 저작자의 생존간 및 사후 30년간 존속한다.
> ② 수인의 합저작에 관한 저작물의 저작권은 최종 사망자의 사후 30년간 존속한다.

(가) 사후 30년

이 규정은 개인 저작자의 저작물에 관한 보호기간을 정한 것으로, 사후 30년 원칙을 밝히고 있다. 국회는 처음에는 사후 50년을 염두에 두었다. 1952년 법안은 사후 50년을 명시했던 것이다. 그 후 국회는 30년과 50년을 두고 숙고를 거듭하다가[125] 30년으로 결론을 내렸다.

---

125) 1955년 문교위원회가 법제사법위원회에 회부한 법안(필자가 지칭하고 있는 '1955년 법안')을 보면 50년을 30년으로 수정한 흔적을 남기고 있다. 민의원문교위원회,

보호기간은 당시에도 첨예한 이슈였다. 이항녕과 정광현의 공방을 인용해 보기로 한다 :

> "저작권의 공공성에 관하여서는 여기에 재론할 필요조차 없는 자명한 것으로 세계 각국이 그 보호기간을 단축하는 경향으로 나가고 있는 이지음에 유독 우리나라만이 그 사유재산과 성격을 강조하는 것은 입법의 추세에 뒤떠러지는 것이라 할 수 있다."[126)]
>
> "필자는 이러한 헌법 정신에 입각하여 …… 저작권의 보호기간을 한정하지 않고 유체재산과 동일한 원칙으로 무한상속을 인정하여야 할 것임에도 불구하고 본 법안의 사후 50년 보호주의를 사후 30년으로 단축하자는 출판인 측의 주장을 논란한 바 있었다."[127)]
>
> "이와 같이 저작권 보호기간에 관하여는 국제조약에서도 극력 그 신장을 도모하고 있으며 세계 각국이 그 신장의 역사를 가지고 있는 사실을 본 법안 기안자 이위원께서는 충분히 아셨을 줄로 믿으며 ……"[128)]

사후 30년 원칙은 "발행 또는 공연한 저작물의 저작권"에 관한 것이다. 여기서 두 가지 해석 문제에 봉착한다. 첫째, 발행이나 공연된 적이 없는

「저작권법안심사회부에관한건」, 단기4288. 12. 30 참조. 법제사법위원회에서도 수정안을 작성하면서 역시 50년을 염두에 둔 것 같은데, 최종 수정안에서는 1955년 문교위원회 법안을 수용하고 있다. 법제사법위원회, 「저작권법안심사회송의건」, 단기4289. 10. 29. 1955년 법안이 공개되었을 당시 신문은 보호기간을 50년으로 보도하고 있다. 「저작권법안 국회문교위서 심의」, 『동아일보』, 단기4288. 12. 15. 전후 사정을 파악하기 곤란하다. 일반에 공개된 법안은 문교위원회가 법제사법위원회에 회부(1955년 12월 30일)하기 전에 가지고 있던 초안이 아닌가 추측할 뿐이다.

126) 이항녕, 「저작권법안에 대하여」③, 『동아일보』, 1956. 2. 28.

127) 정광현, 「저작권법안의 재비판 : 본 법안은 저작권 보호에 관한 헌법정신에 입각하였는가」, 『동아일보』, 1956. 3. 28.

128) 정광현, 「저작권법안의 재비판 : 보호기간 단축이 입법추세인가」, 『동아일보』, 1956. 3. 29.

저작물은 보호기간의 이익을 누릴 수 있는가? 그렇다면, 보호기간은 어떠한가? 발행이나 공연된 적이 없다는 이유로 보호를 받지 못한다고 할 수는 없는 것이므로 발행이나 공연될 때까지 무한정 보호된다고 해석할 수 있다.[129] 일반 해석론이라 할 수 있다. 그러나 다른 해석도 가능하다고 본다. 즉, 미발행 저작물과 미공연 저작물도 당연히 보호기간의 이익을 누리지만 사후 30년 경과로 보호기간이 종료된다고 볼 수도 있는 것이다. 그 기간(사후 30년) 동안 세상에 공개된 적이 없으므로 보호를 받을 여지가 없는 것이다. 왜냐하면 1) 보호기간은 사후 30년을 원칙으로 하고 있으므로 그 기간 이상 보호하는 것은 원칙에 맞지 않는 것이고, 2) 예외를 인정하려면 특별한 이유와 근거가 있어야 하는데 사후 저작물 등의 경우[130]를 제외하고는 그러한 예외를 특별히 규정하지 않고 있으며, 3) 미발행 저작물과 미공연 저작물을 무기한 보호해야 할 실익도 없으며, 4) 사후 30년이 지나면 모든 저작물이 공유에 속한다(public domain works)는 기대를 가지고 있는 이용자에게 불측의 불이익을 가져다줄 수 있기 때문이다. 보호기간을 무한정 인정할 수 없는 것이다. 결론적으로, "발행 또는 공연한"이라는 표현은 주의 규정이라고 보는 것이다.[131][132]

---

129) 장인숙, 136쪽 : "아직도 공표하지 아니한 저작물의 저작자도 저작권을 향유하는 것임은 누술한 바와 같으나, 그 권리의 존속기간에 관하여는 법률상 하등의 규정이 없으므로 이 경우에 있어서는 재산적 저작권도 영구적으로 존속하는 것이라 해석할 수밖에 없다."

130) 미발행 저작물과 미공연 저작물 중 상당수는 사후 저작물이 될 터인데, 후자의 경우 제31조에 의해 발행일 또는 공연일로부터 30년간 보호된다. 제31조가 미발행 저작물과 미공연 저작물 보호기간 문제를 상당한 정도 해결하고 있는 것이다.

131) 제31조 제1항은 일본 구법 제3조("발행 또는 흥행한 저작물의 저작권은 저작자의 생존간 및 그의 사후 30년간 계속한다.")에서 왔다고 할 수 있는데, 일본 구법 제정 당시 베른협약, 즉 1886년 베른협약은 제2조 제2항에서 협약상의 보호기간은 저작물의 본국보다 길게 부여하지 않는다는 규정을 두고 있어서, 각국이 자유로이 보호기간을 정할 수 있었다. 일본 구법 제정 당시(1899년)에는 공표 형태로 발행과 흥행(우리 법상 공연에 상당)만을 생각할 수 있었지만, 일본 구법이 그 후 기술 발전(방송 등과 같은 통신수단의 등장)을 반영하지 않아 복잡한 해석 문제가 야기된

일반 해석론을 따르면, 미공표 저작물은 그 상태로 남아 있는 한 무한정 보호되는 것이고, 사후 저작물 등 특별 규정(아래에서 보는 바와 같이, 제31조 내지 제33조)에 해당한다면 공표된 때로부터 30년간 보호되는 것이다. 구법 시행 중에(1986년 저작권법 시행일 전까지) 창작된 미공표 저작물은 저작자 사후 30년이 지나도 여전히 보호기간 내에 있으며, 공표되면 그때부터 30년 또는 사후 70년(1986년 저작권법은 그 후 보호기간에 관해 여러 차례 개정되었고, 2011년 법개정으로 사후 70년으로 연장되었다) 중 긴 기간 동안 −적어도 이론적으로는− 보호되는 것이다.

둘째, 제30조 제1항은 발행이나 공연 이외의 방법, 예를 들어 우리 구법상 연술이나 방송 또는 실시나 전람의 방법으로 공개되는 저작물에도 적용되는가? '발행 저작물'과 '공연 저작물'에 국한하고 있으므로 다른 방법으로 공개되는 저작물에 대해서는 이 조항이 적용되지 않는다고 할 수 있다. 그러나 여기서 말하는 발행이나 공연은 다른 공개 방법을 포함하는 넓은 의미를 가지는 것으로 해석하는 게 합당하다고 본다. 그렇지 않으면 방송권과 같은 권리는 부여하되 보호기간을 두지 않는 모순에 빠지게 된다.[133]

제2항은 합저작물의 보호기간을 정하고 있다. 이에 따르면, 최종 사망자의 사후 30년을 보호기간으로 하고 있다. 좁은 의미의 합저작물이든, 아니면

것으로 볼 수 있다. 우리 구법 입안 당시에는 1948년 개정 베른협약이 존재했고, 여기서 사후 50년을 원칙으로 정했다. 구법 입안자들이 보호기간 자체는 달리 정하더라도(30년으로), 베른협약 규정 방식을 그대로 따랐으면 하는 아쉬움이 있다. 베른협약 제7조 제1항에 의하면, "이 협약이 부여하는 보호기간은 저작자의 생존기간과 그의 사망 후 50년이다."

132) 1986년 저작권법은 사후 50년으로 보호기간을 연장했다. 제36조 제1항은 "저작재산권은 이 절에 특별한 규정이 있는 경우를 제외하고는 저작자의 생존하는 동안과 사망 후 50년간 존속한다."고 하고 있다. 공표되지 않더라도 보호기간은 사후 50년인 것이다. 구법상 미공표 저작물의 보호기간을 무한정으로 한다면 신법과도 형평이 맞지 않는다.

133) 장인숙, 133쪽 : "존속기간의 산정기준으로서의 「발행 또는 공연」은 협의의 발행·공연을 의미하는 것이 아니라, 광의에 있어서의 발행·공연, 즉 공표 그것을 의미하는 것이다."

결합저작물이든 모두 사후 30년이라는 보호기간을 가지게 된다. 결합저작물 저작자로서 먼저 사망했다 하더라도 나중에 사망한 저작자의 사망을 기준으로 하므로 그에게는 보호기간이 연장되는 효과가 있다. 다른 개인 저작자에 비해 상대적으로 장기간 늘어난다 할 수 있다.

(나) 발행 또는 공연 후 30년

발행이나 공연은 사후 저작물(posthumous works), 무명 저작물(anonymous works) 및 변명 저작물(pseudonymous works), 그리고 단체저작물에 적용되는 기준이다. 해당 규정은 제31조부터 제33조까지이다 :

> 제31조(동전) 저작자의 사후 발행 또는 공연한 저작물의 저작권은 발행 또는 공연한 날로부터 30년간 존속한다.
>
> 제32조(동전) 무명 또는 변명저작물의 저작권은 발행 또는 공연한 날로부터 30년간 존속한다. 단 기간 내에 저작자가 그 실명의 등록을 받을 때에는 제30조의 규정에 의한다.
>
> 제33조(동전) 관공서, 학교, 회사 또는 기타 사회단체가 저작자로서 발행 또는 공연한 저작물의 저작권은 발행 또는 공연한 날로부터 30년간 존속한다.

여기서 발행 또는 공연이란 앞에서 검토한 바와 같이, 공개라는, 넓은 의미를 가진다. 무명이나 변명 저작물에 관한 규정은 저작자를 알 수 없는 경우를 예정한 것이므로, 저작자가 자신의 신분을 드러낸 경우 실명 저작자로서 원칙적 보호기간(사후 30년)의 적용을 받아야 한다고 생각할 수 있다. 그러나 제32조 단서는 실명 등록을 해야만 원칙적 보호기간을 적용하도록 하고 있다. 이 규정은 특별 규정이므로 물론 우선 적용된다.[134]

(다) 번역권

제34조는 번역권의 보호기간을 각별히 규정하고 있다 :

> 제34조(동전) ① 저작권자가 원저작물 발행일로부터 5년 내에 그 번역물을 발행하지 않을 때에는 그 번역권은 소멸한다.
>
> ② 전항의 기간 내에 저작자가 그 보호를 받고져 하는 국어의 번역물을 발행할 때에는 그 국어의 번역권은 제30조의 규정에 의한다.

이 권리는 제25조에서 말하는 '번역권'이다. 즉, 원저작자는 제25조에 의해 자신의 저작물을 다른 언어로 번역하는 데 대해 배타적인 권리를 가진다. 위 제34조는 이 번역권에 대한 별도의 존속기간을 규정하고 있는 것이다.

표현이 특이하다. 번역권은 "5년간 존속한다"고 하지 않고, "원저작물 발행일로부터 5년 내에 그 번역물을 발행하지 않을 때" 소멸한다고 하고 있다. 다시 말해서 원저작물 발행일로부터 5년 내에 번역물을 발행하면 원칙적인 보호기간을 적용하지만(제2항), 그렇지 않으면 소멸한다는 것이다. 두 가지 경우를 생각할 수 있다. 한국어 저작물을 발행일로부터 5년 내에 '영어로만' 번역했다면 영어 번역권은 계속 존속하지만 일본어 번역권은 소멸하는 것이다.[135] 그 역의 상황, 즉 영어 저작물 발행일로부터 5년이 지나도록 한국어로 번역되지 않으면 그 한국어 번역권은 소멸하는 것이다. 우리 구법의 입법 취지는 후자 사례를 주로 염두에 둔 것이라고 본다.

이 조항은 일본 구법 제7조와 거의 같다. 이 또한 베른협약에 연원을 두고 있다. 1886년 베른협약 제5조 제1항에 의하면 저작자는 번역을 허락할

---

134) 1948년 개정 베른협약 제7조 제4항은 저작자가 이명을 사용했다 하더라도 그 신원에 의심이 가지 않는 경우 원칙적 보호기간(사후 50년)을 적용하도록 하고 있다.

135) 장인숙, 140~141쪽.

배타적인 권리를 가지지만 그 권리는 원저작물의 발행으로부터 10년이 경과하면 종료한다고 하고 있다.

(라) 사진저작물

우리 구법은 사진저작물에 대해서도 차별적인 보호기간을 두고 있다. 해당 규정은 크게 세 가지이다 :

제35조(동전) ① 사진저작권은 10년간 존속한다.

② 사진술에 의하야 적법으로 예술상의 저작물을 복제한 자는 원저작물에 관한 저작권과 동일한 기간 내 본법의 보호를 받는다. 단 당사자간에 계약이 있을 때에는 그 계약의 제한에 따른다.

제36조(동전) 학문적 또는 예술적 저작물 중에 삽입된 사진으로서 특히 그 저작물을 위하여 저작하였거나 또는 저작시켰을 때에는 그 사진저작권은 학문적 또는 예술적 저작물의 저작자에 속하고 그 저작권은 그 학문적 또는 예술적 저작권과 동일한 기간 내에 존속한다.

제37조(동전) 사진에 관한 규정은 사진술과 유사한 방법에 의하여 제작한 저작물에 준용한다.

위 3개 조항은 일본 구법 해당 규정을 거의 그대로 가져온 것이다. 이들 규정의 연혁을 추적해보면 역시 베른협약과 만난다. 1886년 베른협약은 사진저작물 보호 가능성만 열어놓았을 뿐, 사진의 성격이나 보호기간 등에 대해서 분명히 정하지 않았다.[136] 다만, "보호되는 예술저작물의 허락받은 사진(photographie autorisée d'une oeuvre d'art protégée)은 이 협약에서 예정한

136) 1948년 개정 베른협약에서도 그 보호는 보호지법을 적용하고 보호기간은 저작물의 본국에서 정한 기간을 초과하지 않도록 규정했을 뿐이다. 창작 후 25년이란 보호기간은 1967년 개정 협약에 등장했다.

바와 같이 그 저작물의 주요 권리인 복제권과 같은 기간 동안, 법적 권리를 가지는 권리자들 간의 사적 약정의 범위 내에서, 모든 동맹국에서 법적 보호를 향유한다."(최종의정서 제1항). 한편, 1896년 베른협약 파리 추가의정서 제2조에서는 사진저작물과 이와 유사한 방법에 의해 제작된 저작물은 각 동맹국이 허용하는 범위 내에서 보호를 받도록 했다. 위 제35조 제2항[137]과 제37조는 이렇게 탄생한 것이다.

사진저작권의 보호기간은 원칙적으로 10년이다. 이 원칙적 보호기간에는 예외가 있다. 제35조 제2항과 제36조에서 이에 대해 규정하고 있다. 제35조 제2항의 취지는 미술저작물을 촬영한 사진저작물에 대해 원칙적 보호기간(10년)을 적용하게 되면 그 기간이 경과한 후 사진저작물을 자유로이 이용함으로써 미술저작물을 간접적으로 복제하는 결과를 가져오고 그에 따라 미술저작물을 침해할 수 있으므로 원저작물로서 미술저작물을 보호하기 위하여 사진저작물 보호기간을 원저작물과 일치시키고자 한 것이다.[138] 제36조는 베른협약에 근거는 없지만 제35조 제2항과 같은 취지를 가지고 있는 것으로 이해된다.

(마) 영화저작권

영화에 대해서도 별도의 보호기간을 두고 있다. 제38조에 의하면, "영화제작권은 독창성을 갖인 것에 있어서는 제30조 내지 제33조의 규정을 적용하고 이를 결한 것에 있어서는 제35조의 규정을 준용한다."고 하고 있다.

'영화제작권'은 입법 오류로 보인다. 제35조 등에서 '사진저작권'이라 했듯이, 여기서도 '영화저작권'이라 하는 것이 옳다 하겠다. 영화는 독창성이

137) 제35조는 원저작자를 보호하기 위한 규정이므로 원저작자 자신이 사진저작물에 대한 보호기간에 대해 달리 생각하고 이를 사진저작자와의 약정에 반영한다면 그 기간으로 한다는 것이다. 사인 간의 계약이 법정 보호기간을 간접적으로 정하는 셈이다. 매우 특이한 것이다.

138) 장인숙, 143쪽.

있는 것과 그렇지 않은 것으로 나누어 보호기간을 차별하고 있다. 영화저작물의 보호기간과 관련해 독창성을 운위하는 것은 참 독특한 발상이다.[139]

언뜻 보면, 독창성이 없는 영화는 저작권의 기본 원리상 보호를 받을 수 없을 터인데, 독창성을 기준으로 보호기간을 달리 규정하고 있는바, 이를 이해하기 어렵다. 법규정을 보면 "[독창성을] 결한 것"이라고 하고 있다. 결한 것은 없는 것과는 다르다.[140] 이런 점에서 제38조 표현에 모순이 있는 것은 아니다. 어쨌든 독창성이 있는 영화는 일반 보호기간(제30조 내지 제33조)을 따르고, 독창성을 '결한' 것은 사진저작권의 보호기간(10년)을 따른다.[141]

영화저작물에 대해 이렇게 친절하게 보호기간을 달리 하는 것이 실익이 있는지 의문이다. 독창성을 결한 예로 뉴스영화, 풍경영화 등을 들기도 하는데,[142] 설득되지는 않는다.

(바) 기산점

기산점은 베른협약상의 원칙을 그대로 채택하고 있다. 즉, 보호기간은 기준(사망, 발행, 공연 등) 시점부터 시작하되, 기간 계산은 다음 해 1월 1일부터 한다.[143] 해당 규정은 제39조부터 제41조에 걸쳐 있다. 제39조에서

139) 영상저작물의 보호기간은 1948년 개정회의 결과 베른협약에 반영되었다.

140) 국립국어원 표준국어대사전에 의하면, '결하다'는 동사로서 "갖추어야 할 것을 갖추지 못하다.", "해야 할 것을 하지 않다."는 뜻도 있고, 형용사로서 "있어야 할 것이 빠져 있거나 부족하다."는 뜻도 있다.

141) 이런 설명은 영화저작권과 관련해 의미가 있다 : "영화제작은 사진술의 일종인 방법에 의한 것으로 영화제작 그 자체는 일종의 사진적 저작이고 따라서 영화제작권도 사진적 저작권의 존속기간인 10년간 존속하는 것이 원칙이겠으나 영화 중에는 그를 통하여 다른 보다 중요한 저작물(예 각본·음악·연출)이 표현되는 것이 보통이니만큼 이들 다른 저작물의 보호를 온전케 하기 위하여는 영화제작권의 존속기간도 이에 맞추어 장기로 해 둘 필요가 있기 때문에 영화제작권은 장·단 양종의 존속기간을 부여받는 것이라 해석함이 타당할 것이다." 장인숙, 146쪽.

142) 山本, op. cit., p.110 ; 城戸, op. cit., p.299와 장인숙, 147쪽에서는 관광영화, 뉴스영화, 기록영화 등을 들고 있다.

는 원칙적인 보호기간 기산점을 규정하고 있다. 즉, 보호기간은 "저작자 사망의 해 또는 저작물을 발행 또는 공연한 때의 익년부터 기산한다." 사진저작물은 제40조에 따라, 발행을 기준으로 보호기간을 계산하되, 미발행 사진에 대해서는 "원판을 제작한 해의 익년부터 기산한다."

제41조는 순차적 저작물을 두 가지, 즉 매책이나 매호 방식으로 발행되는 저작물과 순차로 발행하여 전부를 완성해가는 저작물로 나눠 전자에 대해서는 매책이나 매호 발행일로부터 기산하고, 후자에 대해서는 최종 완성 부분 발행일로부터 기산한다. 후자의 경우 3년이 경과해도 완성되지 않는 경우에는 이미 발행된 것을 최종으로 본다. 이 규정 또한 일본의 입법례에 따른 것인데, 그 연원은 1886년 베른협약 제5조 제2항과 제3항이다.[144]

마. 재산적 권리의 제한

재산적 권리는 배타적인 성격을 가진다. 이런 권리는 여러 배경과 이유, 정책적 목적으로, 헌법상의 근거에 따라 제한을 받고, 받을 수 있다. 우리 구법은 권리 제한에 대해 아주 간명하게 규정하고 있다. 제64조 한 조로 돼 있다 :

---

143) 1948년 베른협약 제7조 제5항 : "저작자 사망 후의 보호기간과 제3항, 제4항 및 제5항에서 규정한 기간은 사망일이나 발행일로부터 기산한다. 다만, 그러한 기간은 언제나 그 사건의 익년 1월 1일에 시작하는 것으로 본다." 1886년 베른협약 제5조 제4항에도 보호기간 계산을 위한 규정을 둔 바 있다. 이에 의하면, "이 조항에서 규정하는 경우, 그리고 보호기간의 계산을 위하여 저작물이 발행된 해의 12월 31일을 발행일로 본다."

144) 제5조 제2항 : "불완전한 부분으로 발행된 저작물에 대하여는 10년의 기간은 원저작물의 최종 부분의 발행일로부터 시작한다." 제5조 제3항 : "10년의 기간과 관련하여, 기간을 두고 발행하는 여러 권으로 구성된 저작물 및 문학단체나 학술단체 또는 사인이 발행하는 회보와 수집물에 대하여는 각 권, 회보 및 수집물을 별개의 저작물로 본다."

제64조(비침해행위) 이미 발행된 저작물을 다음 방법에 의하여 복제하는 것은 이를 저작권 침해로 보지 않는다.

1. 발행할 의사 없이 기계적 또는 화학적 방법에 의하지 아니하고 복제하는 것
2. 자기의 저작물 중에 정당한 범위 내에 있어서 절록인용(節錄引用)하는 것
3. 교과용도서의 목적을 위하여 정당한 범위 내에서 발췌수집(拔萃蒐輯)하는 것
4. 학문적 또는 예술적 저작물의 문구를 자기가 저작한 각본에 삽입하거나 악보에 충용(充用)하는 것
5. 학문적 또는 예술적 저작물을 설명하는 자료로써 학문적 또는 예술적 저작물을 삽입한 것
6. 회화를 조각물 모형으로 제작하고 또는 조각물 모형을 회화로 제작하는 것
7. 각본 또는 악보를 교육을 목적으로 하여 공연하거나 또는 공연을 방송하는 것
8. 음반, 녹음필림 등을 공연 또는 방송의 용(用에) 공(供)하는 것

본조의 경우에 있어서는 그 출소를 명시하여야 한다. 단 전항제3호의 경우에는 예외로 한다.

(1) 1952년 법안

우리 구법 제64조는 1952년 법안과는 몇 가지 점에서 차이가 있다. 첫째, 1952년 법안 제63조(구법 제64조) 제1항 제1호가 입법 과정에서 삭제되었다. 전문은 다음과 같다 :

1. 신문지 또는 잡지에 게재된 정치상의 시사문제를 논의한 기사(학문상의

저작물은 제외한다)로서 특히 전재를 금하는 뜻의 명기가 없을 때 이를 타 신문지 또는 잡지에 전재하는 것

이 규정은 일본 구법 제20조를 가져온 것인데, 후자는 또한 베른협약 해당 규정을 수용한 것이다.[145)] 우리 구법상 이런 제한 규정이 존재하지 않으므로 이런 형태의 이용은 허락 대상이라 할 수 있다.

둘째, 1952년 법안 제63조(구법 제64조) 제1항 제2호 또한 입법 과정에서 삭제되었다. 전문은 다음과 같다 :

2. 시사문제에 관한 공개연술을 신문지 또는 잡지에 게재하는 것, 허락을 얻어 수집하는 것

이 또한 일본 구법 제20의2에서 따온 것으로, 이 역시 베른협약 해당 규정에 뿌리를 두고 있다. 일본 구법 제20조의2는 1931년 신설된 것이다.[146)] 이 규정이 어떤 식으로든 구법에 반영되지 못한 점은 아쉬움으로 남는다.

---

145) 일본 구법 제20조는 1910년과 1931년 두 차례 개정되었다. 『著作權法百年史』(資料編), pp.916, 918. 이 개정 내용은 베른협약 개정(각기 1908년 베를린 개정, 1928년 로마 개정)에 맞춘 것이다. 1928년 베른협약 제9조 제2항(현행 제10조의2 제1항의 전신)에 의하면, "경제·정치 또는 종교적인 시사문제에 관한 기사는 그 복제가 명시적으로 유보되지 아니하는 한 언론에 의하여 복제될 수 있다. 다만, 출처는 항상 분명하게 표시되어야 한다. 이 의무의 위반에 따른 법적 효과는 보호가 주장되는 국가의 법률에 따라 결정된다."

146) 일본 구법 제20조의2는 1952년 법안 해당 규정과 내용은 거의 같지만 표현은 다소 다르다 : "제20조의2(시사문제의 공개연술) 시사문제에 대한 공개연술은 저작자의 성명, 연술의 때와 장소를 명시하여 이를 신문 또는 잡지에 게재할 수 있다. 다만, 동일 저작자의 연술을 수집하는 경우는 그 저작자의 허락을 받아야 한다." 1928년 베른협약 해당 규정은 제2조의2이다 : "(1) 정치적인 연설 및 사법 절차에서 행하는 진술을 전조의 보호에서 규정한 보호에서 배제하는 것은 각 동맹국의 국내법에 유보된다. (2) 강의, 연설, 설교 및 이와 같은 성격의 그 밖의 저작물을 복제할 수 있는 조건의 결정권은 각 동맹국의 국내법에 유보된다. 다만, 저작자는 그 저작물의 수집물을 만들 유일한 권리를 가진다."

해당 규정의 부재는 이런 이용형태가 원칙적으로 허용되지 않는다는 것을 의미한다.

셋째, 1952년 법안 제63조 제1항 제9호는 구법 제64조 제1항 제7호로 위치가 변경되고 내용도 달라졌다.[147)]

(2) 권리 제한의 유형과 내용

구법상 권리 제한을 특징을 중심으로 살펴보기로 한다. 권리 제한 유형에는 8가지가 있는데 모두 일본 구법 제30조 제1항 제1호 내지 제8호를 재수록했다고 할 만하다(앞에서 보았듯이, 이 중 제7호는 우리 구법으로 넘어오면서 내용도 바뀌었다). 권리 제한 유형으로는 다음 8가지가 있다. 1) 이른바 사적 복제가 있다. 제64조 제1항 제1호에서는 "발행할 의사 없이 기계적 또는 화학적 방법에 의하지 아니하고 복제하는 것"이라고 하고 있다. 첫 번째 요건으로 '발행할 의사'가 없어야 한다. 발행이란 정의 규정(제8조)에서 보듯이, '복제하여 발매' 또는 '복제하여 배포'하는 것이므로, 결국 발매나 배포할 의사 없어야 한다. 두 번째 요건으로서 기계적 방법이나 화학적 방법에 의하지 않아야 한다. 인쇄라든가 복사와 같은 방법으로는 허용되지 않는 것이다.[148)]

2) 인용과 발췌가 있다. 이에 대해 구법 제64조 제1항 제2호부터 제5호까지 규정하고 있다. 해당 규정을 인용하기로 한다 :

2. 자기의 저작물 중에 정당한 범위 내에 있어서 절록인용(節錄引用)하는 것
3. 교과용도서의 목적을 위하여 정당한 범위 내에서 발췌수집(拔萃蒐輯)하는 것

147) 이에 관해서는 후술한다.

148) 이들 두 요건을 중복적인 것이 아닌 선택적인 것으로 보기도 한다. 어느 하나의 요건만 충족하면 비침해행위로 보는 것이다. 장인숙, 165쪽. 이렇게 본다면 허용되는 사적 복제의 범위는 무척 넓어질 것이다.

4. 학문적 또는 예술적 저작물의 문구를 자기가 저작한 각본에 삽입하거나 악보에 충용(充用)하는 것
5. 학문적 또는 예술적 저작물을 설명하는 자료로써 학문적 또는 예술적 저작물을 삽입한 것

제2호가 인용에 관한 것이고, 제3호부터 제5호까지 세 가지는 발췌에 관한 것이다. 이들 규정은 모두 1886년 베른협약에서 연유한다. 첫째, "자기의 저작물 중에 정당한 범위 내에 있어서 절록인용하는 것"은 비침해행위로 본다. 인용은 가장 전형적인 저작물 사용 방법이다. 이용형태는 주로 복제이지만 인용이 가능한 모든 형태에도 적용된다. 구법에서 말하는 연술이나 방송의 형태를 띨 수도 있다.

둘째, 발췌할 수 있는 경우를 세 가지로 다시 나누고 있는데, 교과용도서의 목적으로 발췌수집하는 것, 각본이나 악보에 삽입 또는 충용하는 것, 그리고 자신의 저작물에 다른 사람의 저작물을 설명 자료로 삽입하는 것 등이 그것이다. 발췌수집은 다른 두 가지 경우보다 양적으로 광범위한 사용을 염두에 뒀다 할 수 있다. 후자 두 가지의 입법 의도는 짐작할 수 있지만,[149] 굳이 구별할 필요성이며 실익이 있는지 의문이 든다.

1886년 베른협약 제8조[150]는 "교육적 또는 학술적 목적의 발행물에, 또는 명문선집에 사용하기 위해 문학적 또는 예술적 저작물을 발췌하는 자유와 관련하여, 동맹국의 국내법 및 이 국가들 간에 존재하거나 체결될 특별 약정의 효과는 이 협약에 의하여 영향을 받지 아니한다."고 하고 있다.

---

149) 전자는 "타인의 언어적 저작물의 문구를 자기가 저작한 각본이나 악보 속에 이용하는 경우에만 적용되는 것"이고, 후자는 "예컨대 현대화에 관한 논문 속에 현대화가의 회화를 복제 삽입한다든가 현대음악론 속에 현대 작곡가의 악보를 삽입하는 것"을 상정한 것이다. 장인숙, 167~168쪽.

150) 이 규정은 조문 위치에 변동은 있으나, 그 내용은 1948년 개정 전까지 거의 그대로 유지했다.

즉, 교육 또는 학술 목적의 저작물 발췌 또는 명문선집에 수록하기 위한 목적의 저작물 발췌는 국내법 등으로 자유로이 허용할 수 있다는 것이다. 발췌는 프랑스어 'emprunt'의 편의상 번역으로,151) 차용에 가까운 것이다. 차용은 인용을 포함하는 매우 광범위한 사용을 의미한다.

인용은 1948년 브뤼셀 개정회의에서 별도 규정이 마련되었다. 1948년 협약 제10조 제1항은 "신문 기사나 정기간행물로부터 짧게 인용하거나 언론 요약에 수록하는 것은 모든 동맹국에서 허용된다."고 하여, 짧은 인용(courtes citations)과 언론 요약(revues de press, press summary)을 권리 제한 영역으로 둔 적이 있다. 절록 인용은 이 '짧은 인용'과 무척 흡사하다. 우연이라 하기 어렵다.

3) 변형 복제 유형도 있다. "회화를 조각물 모형으로 제작하고 또는 조각물 모형을 회화로 제작하는 것"이다. 일본 구법에서는 다소 다르게 표현하고 있다. 이 법 제30조 제1항 제6호는 "도화를 조각물 모형으로 만들거나 또는 조각물 모형을 도화로 만드는 것"이라고 하고 있다. 일본 교과서는 이에 대해 여러 해석을 내놓고 있다.152) 우리 학설은 광범위한 제한을 허용하는 것으로 해석한다. 회화뿐만 아니라 도면도 포함하고, '조각물 모형'에는 조각물과 모형 모두를 포함하여, 회화나 도면을 조각물이나 모형으로, 조각

151) 베른협약은 1971년 파리 개정 전까지는 정본이 프랑스어로 돼 있다.

152) 城戸는 "도화를 조각물·모형으로 만들거나 조각물·모형을 도화로 만드는 것"(밑줄 강조)이라고 하면서 화조도를 조각으로 만드는 것, 인체도를 모형으로 만드는 것 등을 예로 들고 있다. 심지어 사진 복제도 허용되는 것으로 보고 있다. 城戸, op. cit., pp.241~242. 일본 구법 규정상 "도화를 조각물 모형"으로 또는 "도형을 조각물 모형"으로 만드는 정도를 훨씬 넘는다 하더라도 이 규정 적용을 받는다는 것이다. 그런가 하면, 좁게 해석하는 학자도 있다. 법에서 예정한 경우("회화를 조각물 모형으로 제작하고 또는 조각물 모형을 회화로 제작하는 것")는 복제임이 분명하지만, 규정상 '도화'라고 한 것은 회화와 구별하기 위한 것이라면서, 그 규정은 복제의 범위를 제한하기 위한 목적을 가지고 있다고 한다. 山本, op. cit., p.117. 일본 구법 규정(회화 대신 '도화'를, 조각 대신 '조각물 모형'이라고 한 것)은 후자 주장을 뒷받침하는 듯하다.

물이나 모형은 회화나 조각으로 변형하는 것 모두를 허용하는 것으로 보고 있는 것이다. 심지어 사진 복제도 허용하는 것으로 본다.[153] 이런 해석에 따른다면, 구법 제5조 제2항 제2호("미술적저작물을 원저작물과 다른 기술로 전화시키는 것")와 충돌할 여지가 있다. 구법 제5조는 개작자를 저작자로 보고 법적 보호를 해주고 있는 반면, 제64조는 이를 정면으로 부정하고 있기 때문이다.

4) 일정한 경우의 공연과 방송도 있다. 구법 제64조 제1항 제7호와 제8호에서 두 가지 유형을 명시하고 있다 :

7. 각본 또는 악보를 교육을 목적으로 하여 공연하거나 또는 공연을 방송하는 것
8. 음반, 녹음필림 등을 공연 또는 방송의 용(用에) 공(供)하는 것

이 두 개의 호는 일본 구법 해당 규정을 다소 변경한 것인데, 일본 해당 규정은 1934년 개정에서 신설된 것으로, 일련의 개정 중 일부이다. 이 개정법은 저작권의 범주에 기계적 복제(mechanical reproduction)에 대한 권리와 기계적 복제기기에 의한 흥행에 대한 권리를 포함시킴으로써(제22조의6) 저작자의 권리를 확대하고, 이런 녹음물 제작자를 저작자로 간주하여(제22조의7) 보호하도록 하는 한편, 이런 권리를 제한하고자 제30조 제1항 제7호와 제8호를 도입하였다.[154] 제8호는 일본 구법 신설 규정과 같은 내용으로 돼 있지만, 제7호는 일본 것과 내용상 차이가 있다.

먼저, 우리 구법 제64조 제1항 제7호를 보기로 한다. 이것은 1952년 법안 제63조 제1항 제9호에서 출발한다. 후자는 일본 구법 제30조 제1항 제7호를 거의 옮겨놓은 것이라 하겠는데, "각본 또는 악보를 수익을 목적으로 하지

---

153) 장인숙, 168~169쪽 ; 허희성, 147쪽.
154) 『著作權法百年史』(資料編), pp.921~923.

아니하고 또한 출연자가 보수를 받지 않는 공연의 용에 공하고 또는 공연을 방송하는 것"을 저작권 침해로 보지 않은 것이다. 이에 비해 우리 구법 제64조 제1항 제7호는 수익 목적이나 보수 지급 요건이 빠진 채 단순히 '교육 목적'이라는 이유로 공연하거나 방송할 수 있도록 허용하고 있다. 권리 보호 측면에서는 1952년 법안 규정보다 후퇴한 것이다.

해당 저작물은 각본이고 악보이다. 제7호는 이들 저작물을 공연 대상으로 지목하고 있는 것인데, 다른 저작물도 재생기기를 통해서 얼마든지 공연할 수 있다는 점에서, 저작물 간에도 차별이 존재하는 것이다. 다음과 같이 정리할 수 있다. ① '교육 목적'이라는 이유로 저작물을 공연하거나 방송할 수 있다. 교육을 광의로 해석하면 이런 목적상의 제약은 요건상 크게 작용하기는 어렵다. 게다가 그렇게 공연한 것을 방송하는 것도 허용된다. 교육 목적을 무색하게 할 여지조차 있는 것이다. ② 이런 제한 규정은 각본과 악보에 대한 상대적인 차별이다. ③ 법 제정 이후 방송 형태가 다양해지고, 청취자나 시청자도 급격히 늘게 되면서 방송이 저작권법상 매우 중요한 권리로 자리잡게 됐으나 정작 해당 권리 제한에 따른 부작용은 계속 쌓여갔다 할 수 있다.

제8호는 음반을 "공연 또는 방송의 용에 공하는 것"을 허용하고 있다.[155) 구법 전체에 걸쳐 가장 논란이 됐던 조항이다. 재산적 권리에 대한 심각한 제한이라는 비판도 이 조항에 집중되었다.[156)157)

---

155) 일본 구법 해당 규정은 제30조 제1항 제8호이다 : "음을 기계적으로 복제하는 이용에 제공하는 기기에 저작물이 적법하게 사조된 것을 흥행 또는 방송용으로 제공하는 것."

156) 허희성, 148쪽 : "현행 저작권법에서 가장 문제점으로 제기된 것이 이 규정이며 또한 개정의 근본요인으로 대두된 점도 이 규정이라고 할 수 있다. 따라서 우리 저작권법이 제정되어 20여년간 시행되어 오는 동안 저작권법에 관한 법무부의 유권해석은 전부 9회이지만 이 중 3회(다른 조항과 관련된 것까지 합하면 5회)가 이 규정에 관한 유권해석이다."

157) 장인숙, 170쪽 : "본호의 규정은 녹음 저작물을 직접적으로 공연하거나 방송하는 경우에만 적용되는 것이므로 이들 저작물을 별도로 다시 녹음필름에 사조한다든가

베른협약은 1886년 공연권, 1908년에는 음악저작물의 공연권, 1928년에는 일반 저작물의 방송권, 1948년에는 방송권을 포함하는 공중전달권 등을 도입하면서 기존 규정을 부분적으로 개정하기도 하고, 기존 규정을 대체하는 새로운 규정을 마련하기도 하고, 기존 규정과 별개로 새로운 규정을 신설하기도 했다. 그 결과 각 규정과 해당 권리의 의미, 각 규정과 다른 규정 및 해당 권리와 다른 권리 간의 관계 등에 관해 해석을 어렵게 하고 있다.[158] 이들 상당수의 권리에 대해서는 국내법으로 권리 제한의 가능성도 열어놓기도 했다. 일본은 베른협약상의 제한 규정을 자신의 '국익'에 따라 '신축적으로' 해석하는 방향으로 입법 정책을 마련한 듯하다.

(3) 출처 명시

제64조 제1항 각호에 의한 이용행위는 저작권 침해로 보지 않지만, 출소를 명시해야 한다(제64조 제2항). 다만, 제3호 교과용도서의 목적으로 발췌수집하는 경우에는 예외로 하고 있다. 교과서 제작의 편의를 위한 것으로 추정되는데, 합당하다 하기 어렵다.

(4) 제64조의 문제점

제64조는 문맥과 내용상 적지 않은 문제를 안고 있다. 간단히 살펴보기로 한다. 첫째, 제64조 본문은 '이미 발행된 저작물'을 이용하는 경우에 적용된

또는 발성영화에 복제이용하는 것 등 간접적인 공연 또는 방송에는 본조가 적용되지 않는 것이다." 허희성, 148~149쪽 : "이 규정에 의하여, 음악회 기타 여러 가지 회합이나 연예, 그리고 다방·영화관·"캬바레"·"댄스홀" 등에서 음반이나 녹음 필림을 이용하거나 또는 방송에 사용하는 것은 자유이며, 나아가서 사용방법에 있어서 음반·녹음 필림 등을 직접 그대로 공연이나 방송에 사용하든지, 이를 다시 녹음하거나 필림에 복제하는 등 간접적으로 그 형태를 변경하여 사용하든간에 음반이나 녹음 필림에 수록된 내용을 그대로 공연·방송하는 것도 가능하고 또한 재방송하는 것도 가능한 것이다."(각주 생략).

158) 이에 관해서는 최경수, 『국제지적재산권법』, 2017, 328쪽 참조.

다. 미발행 저작물은 해당되지 않고, 따라서 배타적 권리가 그대로 미친다고 할 수 있다. 예를 들어, 완성된 원고는 출판 전에는 연술할 수도 없고, 방송할 수도 없는 것이다. 그렇다면 발행 이외의 방법으로 공표되는 저작물에 대해서도 권리를 제한할 수 없는가? 문리해석하면 "제한할 수 없다"고 답할 수밖에 없다.[159] 예를 들어, ① 방송 각본이 발행되지 않은 채 방송프로그램에 원저작물로 이용된다면 이에 대해서도 권리 제한 규정을 적용할 수 없게 된다. 그렇다면 이런 각본은 제7호에서 예정한 공연이나 방송을 할 수 없다는 뜻이 된다. 굳이 어떤 목적으로 이용되는지(공연용인지 방송용인지)에 따라 차별할 근거가 있는지 의문이 든다. ② 녹음물을 제작하여 방송사에 전달하면서 방송해달라고 부탁하는 경우, 방송사는 제64조(특히 제8호)에 의한 방송을 할 수 있을까. 이런 녹음물은 '발행'되지 않는 한 방송할 수 없다고 봐야 할 것이다. 더 많은 사례를 상정할 수 있고, 각 사례마다 '부당한 차별'이 존재한다면 '발행된 저작물'이라는 요건의 부당성은 더욱 커질 것이다.

둘째, "저작권 침해로 보지 않는다"는 것은 침해 성립요건을 충족했음에도 그렇게 '보지 않는다'는 것, 즉 제64조 제목에서 말하듯 '비침해행위'라기보다는 '비침해 간주행위'라 할 것이다. 법에서 저작자의 배타적 권리를 제한함으로써 해당 권리가 미치지 않는 이용행위라 할 수 있는 것이다.

셋째, 제64조 본문에서 "복제하는 것"을 침해로 보지 않고 있으나 각 호를 보면 복제 이외의 이용형태가 존재한다. 공연이나 방송도 있다. 권리 제한의 예외성에 비춰보면 다소 엉성하다.

넷째, 이런 제한 규정들 상당수는 1948년 개정 베른협약 기준에는 맞지 않는 것으로, 협약 위반 가능성이 매우 높다. 물론 우리나라는 이 협약에 가입하지 않았지만 일본의 경우 상당 기간(1970년 개정법 시행일까지) 협약

159) 장인숙, 165쪽.

위반 상태를 방치했다고 본다.

다섯째, 그밖에 사소한 구성상,[160] 표현상의 문제도 보인다.[161]

바. 등록 제도

일본 구법이 근대적 저작권 제도를 받아들인 것으로 평가받는 결정적인 이유는 등록과 저작권 발생 간의 연계를 끊은 데 있다. 이른바 무방식주의는 베른협약의 기본 원칙으로, 우리 구법도 이런 원칙하에 등록 제도를 꾸몄다. 즉, 등록이 저작권 발생에 아무런 영향을 미치지는 못하지만, 등록이 저작권 정보를 제공하고 그리고 부분적으로 거래의 안전을 도모한다는 점에서 유용한 만큼 이와 관련한 장치를 마련하고 있다.

무명 또는 변명 저작물 저작자는 실명을 등록할 수 있고(제43조 제2항), 저작년월일을 등록할 수 있다(제43조 제3항). 실명 등록을 '무명 또는 변명 저작물의 저작자'에 국한하는 듯하지만, 굳이 그렇게 좁게 볼 필요는 없다고 본다. 이 경우 추정력이 있다고 해석하기도 한다.[162] 법률상 사실 추정이라기보다는 단순한 사실 추정에 지나지 않는다고 본다.

권리 변동의 경우는 대항력이 있다. 제43조 제1항에 의하면, "저작권의 상속, 양도, 신탁, 입질은 그 등록을 하지 아니하면 이로써 제3자에게 대항할 수 없다." 상속과 같은 일반 승계의 경우에도 대항력을 인정하고 있다.[163]

---

160) 제64조는 다른 조문과는 달리, 숫자로 항을 나누지 않고 있다. 실제로는 두 개의 항으로 돼 있다. 제1항은 침해로 보지 않는 행위에 관해서, 제2항은 출처 표시 의무에 관한 규정이다.

161) 제7호에서는 "공연하거나 …… 방송하는 것"이라고 하고, 제8호에서는 "공연 또는 방송의 용에 공하는 것"이라고 한다. 전자와 후자 해석이 다를 수 없을 것이다. 일본 구법 표현을 무비판적으로 받아들였다 할 수 있다.

162) 장인숙, 126쪽.

163) 출판권의 설정과 변동도 재산적 권리 변동의 하나이므로 이런 출판권의 설정, 상실, 변경과 입질도 그 등록에 대항력을 부여하고 있다(제57조).

등록은 문교부장관이 이를 관장하며, 등록에 관하여 필요한 사항은 대통령령으로 정한다(제44조).

사. 설정 제도

제3장에서는 두 가지 종류의 설정 제도를 두고 있다. 출판권과 공연권이 그것이다. 공연권 설정 제도는 매우 획기적인 것이었음은 물론이다. 현행 규정과 비교해서 그다지 차별적인 내용은 눈에 띄지 않는다. 저작권자가 그 저작물의 출판을 인수하는 자에 대하여 출판권을 설정할 수 있고(제47조), 이렇게 출판권이 설정되면 출판권자는 설정행위의 정하는 바에 의하여 출판권의 목적인 저작물을 원작 그대로 출판할 권리를 가진다(제48조 제1항).

각국은 권리 변동 제도를 필요에 따라 만들 수 있다. 우리 구법상 출판권과 공연권 설정 제도가 바로 그런 제도인 것이다. 출판권과 공연권은 우리 민법상 '물권법정주의'를 저작권법에서 실현한 것이다. 변동 제도의 내용도 우리에게 맞게 마련할 수 있다. 우리 구법 해당 규정이 바로 그런 내용을 담고 있다. 출판권자는 출판 의무(제51조),[164] 재판 통지 의무(제52조),[165] 검인 첩부 의무(제48조 제2항)[166] 등을 부담하면서, 출판할 권리(제48조 제1항)를 가지게 된다.

저작권자는 출판권자가 부담하는 의무와 향유하는 권리에 대응하는 권리를 가지고 의무를 부담하는 한편, 법에서 정한 별도의 권리를 가지는가

164) 제51조(출판의무) ① 출판권자는 특약이 없는 한 출판권 설정일로부터 6월 이내에 저작물을 출판하여야 한다.
② 출판권자는 특약이 없는 한 저작물을 계속하여 출판하여야 한다.

165) 제52조(통지의무) 출판권자가 출판물을 재판중판하는 경우에는 저작자로 하여금 수정증감의 기회를 주기 위하여 사전에 저작자에게 그 취지를 통지하여야 한다.

166) 제48조 …… ② 출판권자는 출판권을 표시하기 위하여 각 출판물에 저작권자의 검인을 첩부하여야 한다. 단 출판권자가 저작권의 양도를 받은 경우에는 그 취지를 출판물에 표시하여야 한다.

하면 의무도 부담한다. 구법에서는 권리로 수정증감권(제53조),[167] 별도출판권(제54조),[168] 소멸통고권(제55조)[169]과 소멸청구권(제56조)[170] 등을 두고 있다.

우리 구법은 그 밖에 출판권을 당사자들이 별도로 정하지 않는 한 출판권은 3년간 존속하는 것으로 하고(제49조), 양도나 입질은 저작권자의 동의를 받아야만 효력이 생긴다(제50조).

우리 구법의 특징 중 하나로 설정 공연권 제도를 들 수 있다. 일본 구법에서도 찾아볼 수 없는 독특한 제도인 것이다. 즉, 저작권자는 그 저작물의 공연을 인수하는 자에 대하여 공연권을 설정할 수 있고(제59조), 이렇게 공연권이 설정되면 공연권자는 설정행위의 정하는 바에 의하여 공연권의 목적인 저작물을 원작 그대로 공연할 권리를 가진다(제60조). 출판권 관련 규정을 그대로 준용하되 공연권은 달리 정하지 않는 한 1년으로 하고 있다(제61조).

---

167) 제53조(수정가감권) 저작권자는 각판의 복제완료까지 그 저작물에 정당한 범위 내의 수정증감을 가할 수 있다.

168) 제54조(별도출판권) 저작권자인 저작자가 사망한 때 또는 설정행위에 별도로 정함이 없는 경우에 있어서 출판권 설정 후 3년을 경과한 때에는 저작권자는 저작물을 전집 기타의 편집물로 집록하거나 또는 전집 기타의 편집물의 일부를 분리하여 별도로 이를 출판할 수 있다.

169) 제55조(소멸통고권) ① 출판권자가 출판권 설정 후 6월 이내에 출판을 하지 아니하거나 또는 계속해서 출판을 하지 않을 때에는 저작권자는 6월 이상의 기간을 정하여 그 이행을 최고하고 그 기간 내에 이행하지 않을 때에는 출판권의 소멸을 통고할 수 있다.
② 출판이 불가능한 경우 또는 출판의사가 없음이 명백한 경우에는 즉시로 출판권의 소멸을 통고할 수 있다.
③ 출판권의 소멸을 통고한 경우에는 통고한 때에 출판권이 소멸한다.

170) 제56조(소멸청구권) 저작권자는 전조의 경우에 언제든지 원상회복을 청구하거나 또는 출판을 중지함으로 인한 손해의 배상을 청구할 수 있다.

아. 민사 구제

저작권 침해가 발생하면 권리자는 그 침해에 대해 민사 구제를 받을 수 있고, 국가는 형사 처벌을 할 수 있다. 모두 저작권 침해의 효과라 하겠는데, 우리 구법은 민사 구제와 형사 처벌에 관해 각기 제62조부터 제68조까지 7개조, 제69조부터 제75조까지 7개조를 두고 있다. 우리 구법상 저작권에는 인격적 권리와 재산적 권리가 포함되므로 '저작권 침해'란 인격적 권리 침해와 재산적 권리 침해 모두를 일컫는다.

제62조에 따르면, "저작권을 침해한 행위에 대하여서는 본법에 특별한 규정이 있는 경우 외에는 민법 기타의 법령을 적용한다." 1952년 법안에서는 "저작권을 침해한 자는 본법의 규정하는 바 이외에 민법 물권의 규정과 불법행위의 규정에 의하여 원상회복, 침해제거, 침해예방의 책임을 지며 또 침해로 인하여 발생한 손해를 배상할 책임이 있다."[171]고 하고 있다. 이 규정은 저작권(특히 재산적 권리)의 물권적 성격에 주목하는 한편, 저작권 침해를 불법행위의 한 유형으로 파악한 데에서 나온 것이라 할 수 있다.

제62조의 성격을 둘러싸고 논쟁이 전개되기도 했다. 여기 부분적으로 인용하기로 한다 :

> "따라서 저작권의 본질에 관한 견해가 구구할 것을 예상하여 저작권의 본질에 관한 견해가 어떠하드라도 물권적청구권과 불법행위에 의한 손해배상청구권은 인정한다는 것이 동 규정의 취지이다. 동 법안이 물권적청구권을 인정한 것은 일본 저작권법이 그것을 인정하지 않었기 때문에 과연

171) 1955년 법안은 1952년 법안보다 구체적이다. 제목도 물권적청구권과 손해배상청구권으로 특정하고 있다 : "제62조(물권적청구권과 손해배상청구권) 저작권을 침해한 자는 본법의 규정하는 바 이외에 민법 제2편 물권편의 규정과 민법 제3편 채권편 제5장 불법행위의 규정에 준하여 원상회복, 침해제거, 침해예방의 책임을 지며 또 침해로 인하여 발생한 손해를 배상할 책임이 있다."

그러한 권리가 인정되느냐에 관하여 의견이 구구하므로 동 법안은 이에 대하여 유권해석을 내린 것이다."[172]

"그러나 이러한 권리는 저작권법에 규정이 없다 할지라도 민법에 의하여 이를 행사할 수 있는 것이 아닌가. 그러므로 본 법안에 규정된 내용의 민사책임 규정은 유해무익한 규정이라고 논할 수밖에 없지 않은가. …… 본법에서 민사책임에 관한 규정을 설정하려면 민법에 의하는 것보다 저작자에게 유리한 특별 규정을 설정할 필요가 있다."[173]

"그러나 저작자에게 물권적청구권을 인정하는 규정이 현행 저작권법에 없다 할지라도 현재 이에 관한 일본의 학설 판례가 일치하여 물권적청구권에 관한 물권법 규정의 준용을 인정하고 있으며 이에 관하여는 이설이 없다."[174]

이 논쟁은 저작권의 본질과 연결된 논의로, 해당 규정의 법적 성격(특별 규정인지 아니면 주의 규정인지 여부)에 대한, 의미 있는 논쟁이었다. 구법 제62조는 저작권 침해와 관련해 민법 규정을 준용하도록 함으로써, 주의 규정으로 귀착되었다.[175]

제63조는 이른바 '부수 추정' 규정이다. 그대로 옮겨본다 :

제63조(부정출판물의 부수 추정) 저작자의 승낙 없이 저작물을 출판하거나

172) 이항녕, 「저작권법안에 대하여」④, 『동아일보』, 1956. 2. 29.

173) 정광현, 「저작권법안의 비판 : 민사책임 규정의 불비」, 『조선일보』, 단기4289. 2. 13.

174) 정광현, 「저작권법안의 재비판 : 물권적청구권·손해배상청구권에 관한 본 법안 규정은 필요한가」, 『동아일보』, 1956. 3. 29.

175) 법제사법위원회는 법안 제62조를 수정하면서 "제62조의 규정은 예시 규정일 것이나 이를 제한 규정으로 볼 염려가 있다."고 지적하기도 했다. 법제사법위원회, 「저작권법안심사회송의견」, 단기4289. 10. 29 참조.

제48조제2항의 규정에 위반하여 저작자의 검인 없이 저작물을 출판한 때에 부정출판물의 부수를 산정하기 어려운 때에는 이를 3천부로 추정한다.

이 규정은 1952년 법안이나 1955년 법안에 없던 것으로, 법제사법위원회 수정안에 반영되어 1957년 최종 법안에 포함된 것이다. 이 규정은 정광현의 주장을 법제사법위원회가 받아들인 것이라 할 수 있다. 정광현의 주장은 저작권법에 민사책임에 관한 규정을 두려면 민법에서 규정하는 것보다 저작자에게 유리한 특별 규정을 두어야 한다면서 다음과 같이 주장한 바 있다 : 176)

저작권자가 민법에 의하여 인격권 침해에 대한 위자료, 재산상의 피해에 대한 손해배상을 청구하려면 저작권 침해자에게 고의 내지 과실이 있다는 것과 그 손해액을 증명할 책임이 있다(민법 제709조). 그러나 저작권자가 이러한 입증을 하기는 매우 곤란하다. 예컨대 저작자 갑이 출판업자 을에게 초판 발행 천 부를 승낙하고 매 책에 검인을 찍기로 되어 있는 경우에 을이 3천 부를 발행하였다고 가정하자. 갑이 발견할 수 있는 무검인 책은 수 부 내지 수십 부에 불과할 것이며 무단 발행한 2천 부 전부의 손해를 증명하기는 매우 곤란하다. 이러한 경우에, 입증할 수 있는 무검인 부수에 해당하는 금액을 배상케 하여서는 부당하지 않을가. 그러므로 무검인 책이 발견된 때에는 저작권자가 입증하지 않고 일정한 부수(초판 발행 부수)의 부정 출판을 추정하여 손해배상을 인정하는 동시에 을이 무단 증쇄한 수가 오백 부밖에 되지 않는 경우에는 이를 충분히 입증하게 하는 규정, 즉 민법상 갑이 입증할 것을 을로 하여금 입증케 하는 소위 『거증책임을 전환』케 하는 규정을 저작권법에 설정치 않고서는 저작자의 손해를 충분히

176) 정광현, 「저작권법안의 비판 : 민사책임 규정의 불비」, 『조선일보』, 단기4289. 2. 13.

보상할 수 없을 것이다. 그러므로 가해자 측에게 거증책임을 전환시키는 규정을 설정할 필요가 있으며 또 저작권자와 출판인 간에 손해배상 예정계약이 없더라도 거액의 손해예정계약이 있는 것과 다름없이 충분한 보상을 할 수 있는 규정의 설정이 필요하다."

이 규정은 저작권 침해에 의한 손해배상액 산정의 어려움에서 나온 것으로, 정광현의 탁견과 국회의 자주적인 의식이 결합한 결과로 나온 것이라 하겠는데, 2003년 이른바 재량 손해배상 규정으로 대체되면서 아쉽게도 역사 속으로 사라졌다.[177]

우리 구법은 '이득반환의무'라 하여, "선의이며 또한 과실 없이 저작권을 침해하여 이익을 받음으로써 타인에게 손실을 가한 자는 그 이익이 현존하는 한도에 있어서 이를 반환하여야 한다."(제66조)고 하고 있다. 민법상 부당이득과 흡사한데, 당시 우리 민법이 제정되지 않았고 그에 따른 법리도 불충분한 가운데, 이와 같이 새로운 원리를 현실에 적용하는 것은 쉽지 않았을 듯하다.[178] 이에 관한 구법 판례도 확인할 수 없다.

제68조는 '임시처분'이라 하여 "저작권 침해에 관하여 민사의 출소(出訴) 또는 형사의 기소 있을 때에는 법원은 원고 또는 고소인의 신청에 의하여

---

177) 현행 규정 제126조가 그것이다 : "법원은 손해가 발생한 사실은 인정되나 제125조의 규정에 따른 손해액을 산정하기 어려운 때에는 변론의 취지 및 증거조사의 결과를 참작하여 상당한 손해액을 인정할 수 있다."

178) 이 규정은 일본 구법 규정을 받아들인 것인데, 일본 학자는 이렇게 설명한다. "이 경우에는 위작자(필자 주 | 저작권 침해자)는 고의도 과실도 없기 때문에 민법의 불법행위 원칙을 적용할 수가 없다. 이 경우에는 일종의 부당이득이라고 할 수 있으나 민법의 부당이득은 반드시 권리침해를 요건으로 하지 않기 때문에 엄밀하게는 일치하지 않는 점이 존재한다." 山本, op. cit., p.150. 이런 점에서 특별 규정이라 할 수 있다. 우리 현행 저작권법은 손해배상의 경우 "권리를 침해한 자가 그 침해행위에 의하여 이익을 받은 때에는 그 이익의 액을 저작재산권자 등이 받은 손해의 액으로 추정"하는 규정이 있다. 고의·과실, 침해 여부 등 성립 요건상 차이가 있고, 청구권의 내용에 근본적인 차이가 있기는 하지만 구법 제66조의 취지와 유사하다는 공통점은 있다고 할 수 있다.

보증을 세우거나 또는 세우지 않게 하고 임시로 저작권 침해의 의심 있는 저작물의 발매배포를 금지하고 또는 이를 압류 혹은 그 공연을 금지시킬 수 있다."(제1항)고 규정하는 한편,[179] "전항의 경우에 있어서 저작권의 침해가 없다는 뜻의 판결이 확정한 때에는 신청자는 금지 또는 압류로 인하여 발생한 손해를 배상하여야 한다."(제2항)고 하고 있다. 저작권을 침해하거나 침해할 우려가 있는 경우 제62조에서 말하는 '민법 기타의 법령' 중 하나인 민사소송법에 따라 본안으로 침해금지나 침해예방을 청구할 수도 있지만 제68조에 따라 임치처분을 할 수도 있는 것이다.

자. 형사 처벌

저작권 침해는 곧 범죄가 되는 것은 아니다. 형법상 범죄 성립 요건을 갖춰야 하며, 저작권법에서 특별히 정한 조건을 충족해야 한다. 저작권법에서는 크게 세 가지 유형으로 범죄를 나누고 있다. 인격적 권리 침해, 재산적 권리 침해, 그 밖의 범죄가 있다. 먼저, 인격적 권리 침해에 대해서는 제69조가 있다 :

> 제69조(저작인격권의 침해) 제14조, 제16조의 규정에 위반하여 저작자의 명예를 훼손시킨 자는 6월 이하의 징역 또는 10만환 이하의 벌금에 처한다.

이 규정은 다음과 같은 특이점 또는 문제점이 있다.[180] 첫째, "명예를

---

179) 문장 구성에 오류가 있다. 다음과 같이 적으면—이 역시 다소 어색하다—그 취지는 분명해진다 : "저작권 침해에 관하여 민사의 출소(出訴) 또는 형사의 기소 있을 때에는 법원은 …… 임시로 저작권 침해의 의심 있는 복제물의 발매배포를 금지하거나 그 복제물을 압류하거나 또는 그 저작물의 공연을 금지시킬 수 있다."(밑줄 강조).

훼손시킨 자"를 처벌하도록 하여, '명예 훼손'을 처벌의 조건으로 하고 있다. 저작인격권의 하나인 원상유지권은 "명예나 성망을 해한 자에 대하여" 저작자가 가지는 권리이다(제16조). 원상유지권 침해와 관련해서는 - "명예와 성망을 해한" 경우(제16조)와 "명예를 훼손"한 경우(제69조)라는 미묘한 차이는 있으나 - 요건의 중복 가능성이 크다고 할 수 있다. 그렇다면 이 조건은 다른 인격적 권리(귀속권, 공표권 및 변경권) 침해를 처벌하기 위한 조건으로 의미가 있을 수도 있겠다. 그런데 이 또한 다음에 보는 바와 같이, 대상 권리를 한정하고 있다.

둘째, 해당 침해는 제14조(귀속권)와 제16조(원상유지권)에 국한하고 있다. 그 이유를 입법 준비자료를 통해서도 찾아볼 수 없다. 그렇다면 죄형법정주의에 따라 제15조(공표권)와 제17조(변경권) 위반에 대해서는 처벌할 수 없다. 이 경우 손해배상 등 민사 구제 방법 외에는 없는 것이다. 위 첫째의 경우와 같이 생각해보면, 명예훼손을 조건으로, 귀속권과 원상유지권 침해는 6월 이하의 징역이나 10만환 이하의 벌금을 받을 수 있는 범죄라 하겠다.

다음으로, 재산적 권리 침해에 대한 범죄는 제71조 제1항에서 규정하고 있다. 즉, '부정출판공연'이라 하여, "저작권을 침해하여 저작물을 출판 또는 공연한 자"는 1년 이하의 징역에 처하도록 하고 있다. 저작권법에서는 저작자에게 각종 재산적 권리를 부여하고 있음에도 불구하고, 출판권과 공연권 침해에 대해서만 형벌을 과하고 있는 것이다. 다른 권리 예를 들어, 연술권, 방송권, 실시권, 전람권, 번역권 침해에 대해서는 형사 책임을 지지 않는다. 형사 처벌과 관련해서는 입법 완성도가 낮다 할 수 있다.[181]

---

180) 이 조 제목은 '저작인격권의 침해'이다. '저작인격권'이라는 표현은 이곳에서 처음 사용하고 있다.

181) 그럼에도, 구법 처벌 규정은 형사 처벌 대상 저작권 침해를 한정적으로 열거하고 있다는 점에서 의미가 있다. 현행 저작권법은 저작권 침해는 곧 벌칙으로 이어지도록 하고 있는바, 이런 입법 정책이 정의 실현의 방법으로 적절한 것인지 얼마든지 의문을 품을 수 있기 때문이다.

마지막으로, 그 밖의 범죄에 관해서 제71조 제2항과 제3항, 제70조 내지 제73조에서 규정하고 있다. 1) 검인 첩부 의무를 이행하지 않은 경우에도 1년 이하의 징역에 처하고 50만환 이하의 벌금을 병과할 수 있고(제71조 제2항), 2) 침해 저작물 또는 검인 첩부가 없는 출판물이라는 사실을 알고 이를 발매하거나 배포한 자는 6월 이하의 징역 또는 20만환 이하의 벌금에 처한다(제71조 제3항). 3) '부정발행'이라 하여 저작자가 아닌 자의 성명칭호를 붙여 저작물을 발행한 자는 50만환 이하의 벌금(제70조), '출처불명시'라 하여 출소를 명시하지 아니하고 복제한 자는 10만환 이하의 벌금(제72조), '허위등록'에 대해서는 6월 이하의 징역 또는 20만환 이하의 벌금에 처하도록 하고 있다(제73조). 침해물이 침해자나 인쇄자, 발매자와 배부자의 소유인 경우는 몰수한다(제74조).

저작권 침해는 원칙적으로 친고죄로 하고 있다. 다만, 저작자 사망 후 인격적 권리 침해와 부정발행, 허위등록은 비친고죄에 속한다(제75조). 저작자가 사망하면 피해자가 존재하지 않기 때문에, 부정발행이나 허위등록은 개인적 법익 침해라기보다는 사회적 법익 침해에 해당하기 때문에 비친고죄로 한 것이다.

벌칙 규정과 관련해 출판계에서 불만의 목소리가 나오기도 했다. "문화법을 규정하고 있는 법안에 있어서 벌칙을 출판, 공연자에게만 일방적으로 적용시킬 것이 아니라 상대방에게도 규정지을 조항이 아니겠는가. 선진국가의 예를 보아도 「베룬」조약, 「제네바」조약의 각항에도 체형의 규정은 없다. 일본의 저작권법에도 벌금형은 있으나 역시 체형은 규정한 바 없다. 바야흐로 신생 제2공화국의 장래를 축복하는 출판인으로서 국민으로서 이 법은 반드시 시정되기를 바란다."[182]

학계에서도 그 '부당함'을 역설했다. 1952년 법안과 1955년 법안에서는

---

182) 변우경, 「저작권법의 시비」, 『경향신문』, 단기4293. 9. 5.

신체의 자유를 박탈하는 형벌은 존재하지 않았다. 이에 대해 정광현은 형법상의 명예훼손죄의 벌칙(당시 5년 이하의 징역), 절도죄의 벌칙(당시 6년 이하의 징역), 상표허위등록죄의 벌칙(당시 5년 이하의 징역) 등과 비교해 형평에도 맞지 않는다고 주장한 바 있다. 특히 다음 주장은 경청할 만하다 : 183)

"서점에서 단 한 건의 책을 절취한 자에 대하여는 절도죄로 문의(問擬)하여 6년 이하의 징역형으로 처벌하며 그 절취의 목적을 달성하지 못한 경우에도 절도미수범으로 처벌할 수 있게 되어 있음에 반하여 타인의 저작물을 무단히 수천 부씩이나 출판하여 막대한 이득을 취한 저작권 침해자에 대하여는 단순한 벌금형을 과할 정도로 그치는 것은 저작권을 일반 재산권의 보호에 비할 수 없이 경시하는 것이라고 볼 수밖에 없으며 저작권을 보호하는 입법이라고 볼 수 없다. …… 타 일개인의 저작물에 다소 내용을 변경하거나 또는 그대로 번역하여 자기 저작물화하는 비양심적인 자는 민족문화 향상에 좀이 되는 자이므로 저술계나 학계에서 축출해야 할 자이며 이는 온당 절도죄에 준해서 엄중히 처벌하여야 할 것인데 불구하고 벌금형으로 처단한다는 것은 범죄 방지의 기능을 약화하는 것밖에 안 된다."

법제사법위원회는 1955년 법안 수정안을 작성하면서 정광현의 주장을 전면 받아들였다. 구법 규정들은 이 수정안대로 채택된 것이다.184)

---

183) 정광현, 「저작권법안의 비판 : 벌금형만으로는 부당」, 『조선일보』, 단기4289. 2. 12.

184) 법제사법위원회, 「저작권법안심사회송의건」, 단기4289. 10. 29 참조.

1952년 법안 및 1955년 법안[185]	법제사법위원회 심사안
第68조(저작인격권의 침해) 제14조, 제16조의 규정에 위반하여 저작자의 명예를 훼손시킨 자는 20만환 이하의 벌금에 처한다.	第68조(저작인격권의 침해) 제14조, 제16조의 규정에 위반하여 저작자의 명예를 훼손시킨 자는 6월 이하의 징역 또는 10만환 이하의 벌금에 처한다.
第70조(부정발매배포) ① 저작권을 침해한 자 및 정을 알고 저작권을 침해한 저작물을 발매 또는 배포한 자는 100만환 이하의 벌금에 처한다.	第70조[187] ① 저작권을 침해하여 저작물을 출판한 자는 1년 이하의 징역에 처한다. ② 제48조제2항의 규정에 위반한 자는 전항과 같다. ③ 전2항의 경우에는 50만환 이하의 벌금을 병과할 수 있다. ④ 제1항제2항의 저작물을 그 정을 알고 이를 발매 또는 배포한 자는 6월 이하의 징역 또는 20만환 이하의 벌금에 처한다.
第72조(허위등록) 허위의 등록을 하[186] 자는 10만환 이하의 벌금에 처한다.	第72조(허위등록) 허위의 등록을 한 자는 6월 이하의 징역 또는 20만환 이하의 벌금에 처한다.

차. 경과규정

부칙은 4개항으로 돼 있다. 첫째, 시행일에 관한 것이다. 구법은 공포한 날로부터 시행한다고 하고 있으므로 시행일은 1957년 1월 28일이다.

둘째, "단기 4278년 8월 15일 이전에 국어 또는 한문으로 된 저작물에 관한 저작권양도계약은 이를 무효로 한다."는 것이다. 이 규정은 기존 저작권 양도 계약을 무효로 하는 것으로 무척 파괴력이 있는 규정이다. 물론 출판계는 반대했다.[188] 그럼에도 저작자 중심으로 이에 동조하는 견해가 지배적이

185) 괄호 안의 제목은 1955년 법안에 있는 것이다. 1952년 법안에는 조 제목이 없다.

186) '한'의 오기인 듯하다.

187) 수정안에는 조 제목이 없다.

188) 변우경, 위의 기고 : "이 조항은 실로 법률이 헌법에 위반되는 부칙으로서 예를 들어 해방 전 모 출판사가 이광수 씨의 소설을 그 저작권 양도계약을 체결함으로써 그 저작물을 상당액의 금원을 지불하고 매수했을 경우 혹은 문세영 씨의 사전판권을 매수하였을 시에 동 부칙이 헌법이 보장한 국민의 재산권을 침해한 조문이므로

었던 것 같다. 1956년 1월 전국문화단체총연합회(문총)는 "입법정신상 애국적 견지에서" 나온 것이라면서 다음과 같이 천명하고 있다 : 189)

1. 왜정하의 탄압 속에서 대부분의 저작물들은 재산적 권리의 지위에 있지 못하였다는 것
2. 우리가 보호하려는 왜정하의 저작물들은 민족의식을 위하여 공헌하였다는 점
3. 해방 후 또는 민국의 수립으로 일체의 제도가 혁신되었고 또 제반 사정이 완전히 변경되였다는 것
4. 왜정하의 박해와 전란의 파괴에도 해방 이전의 저작물들은 살어서 이미 출판업자에게 충분히 보상하고도 남음이 있다는 것
5. 특히 왜정하의 불행을 아직도 규탄하고 있는 저작자와 그 가족 혹은 유족을 구제하자는 것 등 제점을 고려할 때 동 부칙은 그 입법정신이 뚜렷함을 출판계와 아울러 저작계가 공인동감할 것을 확신하는 바이다.

이항녕의 증언은 저간의 사정을 적절히 설명하고 있다 : 190)

"이에 대하여 한국일보 사설은 이는 법률 이론에 있어서 재산과 자격 등 기득권을 침해함으로써 전에 없는 악례를 만들어 모든 기득 재산권에 대하여 혼란을 일으킬 우려가 많다고 걱정하였고 김광섭 씨의 논설과 문총 성명서는 이것을 전적으로 지지하고 있다. 그런데 이 부칙은 초안 당시에는 없었던 것인데 공청회 석상에서 문총 측의 요청에 의하여 삽입된

무효라고 주장할 수 있는 것이다. 이 부칙은 출판인의 입장은 저작권자와 비하여 너무도 일방적인 것이라 아니할 수 없다."

189) 전국문화단체총연합회, 「저작권법에관한결의서」, 단기4289. 1.

190) 이항녕, 「저작권법안에 대하여」⑤, 『동아일보』, 1956. 3. 1.

것으로 법리상으로 볼 때에는 반드시 이의가 없다고는 할 수 없으나 왜정하에서 건투한 저작자와 그 가족 또는 유족을 구제하여 민족정기를 앙양하는 의미에서 규정된 것이다."

셋째, '저작권법을 조선에 시행하는 데 관한 건'을 폐지하고 있다. 이것은 일본이 1910년 합방과 동시에 공포한 칙령 제338호를 일컫는다. 부칙 규정은 이 칙령이 구법 시행일까지 효력을 유지했다는 점을 확인해주는 동시에 시행일 이후에는 효력을 상실한다는 점을 밝히고 있다. 그런데, 이 칙령은 단지 "한국저작권령은 이를 폐지한다."는 것을 골자로 하고 있을 뿐, 저작권 보호 등에 관한 실체 규정을 담고 있지 않았다. 이에 관해서는 앞에서 언급한 바 있다.

본법 공포일 전에 이미 각 출판물의 판매소에 배부된 출판물로서 제48조 제2항(검인첩부 의무)의 규정에 위반한 출판물은 본법 공포일로부터 3월 이내에 제48조 제2항의 요건을 구비하여야 한다.

제6장 구법 시행

1. 시행령 제정

저작권법이 제정된 뒤 2년가량 지나 시행령이 제정되었다. 1959년 2월 19일 국무회의에 부의하고, 같은 해 4월 3일 국무회의에서 '저작권법 시행령'을 원안대로 통과시켰다.[1)]

시행령은 4개의 장과 37개의 조로 돼 있다.[2)] 제1장은 '저작권심의회', 제2장은 '저작에 관한 등록', 제3장은 '저작권자와 협의할 수 없는 저작물의 발행 또는 공연', 그리고 제4장은 '저작권자의 승낙을 얻지 못한 저작물의 방송'에 관해 규정하고 있다. 시행령은 일본 '저작권심사관제'와 '저작권법 시행규칙'의 내용을 거의 그대로 받아들인 것이다. 우리 구법에서 시행령에 위임한 사항으로, '저작권심의회의 조직과 기타 필요한 사항', '등록에 관하여 필요한 사항', 그리고 강제허락 관련 규정에서 대통령령에 위임한 사항("대통령령의 정하는 바에 의하여") 등이 있는데, 이 중 저작권심의회는 일본 저작권심사회와 같은 취지로 설치된 것이고, 등록 제도와 강제허락 제도 관련 규정은 일본 구법 해당 규정과 매우 흡사하여 일본 하위 법규를

---

1) 국무원사무국, 「국무회의록 송부의 건」, 국사총제793호, 단기4292. 4. 10. 부록 4.1.e. 참조.

2) 대통령령 제1482호, 『관보』, 제2294호, 단기4292. 4. 22, 793~796쪽.

시행령에 반영하는 데 어려움이 없었다.[3)]

1960년 5월 24일에는 문교부고시 제125호가 공포되었다.[4)] 이 고시는 저작권 등록에 관한 각종 서식(저작권상속등록신청서 등 총 22개 신청서식, 등초본교부신청서, 열람신청서, 저작물의명세서) 총 25개, 강제허락 관련 서식(저작물발행공연허가신청서 2개, 저작물방송허가신청서 및 저작물발행공연허가변경승인신청서서식) 총 4개 등 29개 서식을 제공함으로써 해당 제도의 안착을 도모했다.

2. 저작권심의회

구법은 저작권심의회에 꽤나 비중이 있는 역할을 맡겼다. 관련 규정에서 역할, 구성 등에 대해 언급하고 있다 :

> 제11조(저작권심의회) ① 본법에 규정된 제등록 제20조제3항 또는 제22조제3항의 규정에 의한 보상금의 액 또는 저작권에 관한 전반적 사항 등에 관하여 주무장관의 자문에 응하고 또는 이에 관한 사항을 조사심의하기 위하여 저작권심의회를 둔다.
>
> ② 저작권심의회는 덕망있는 저작자로써 구성한다.
>
> ③ 저작권심의회의 조직과 기타 필요한 사항은 대통령령으로써 정한다.

---

3) 일본 著作權審査會官制는 1935년 제정된 것(昭和10年 7月 9日 勅令 第191號)이고, 著作權法施行規則은 1931년 제정된 것이다[昭和6年 7月 28日 內務省令 第18號, 昭和10年(1935) 7月 9日 內務省令 第46號]. 일본은 구법 시대에 다수의 하위 법령을 제정하였는데, 이 두 가지도 그런 종류의 법령이다. 이 두 법령은 城戶, op. cit., pp.476~487, 504~505 참조. 저작권심사회는 1952년 '문부성설치법의 일부를 개정하는 법률'에 의해 저작권심의회로 명칭이 변경되었다. 『著作權法百年史』(資料編), p.925.

4) 문교부고시 제125호, 『관보』 호외, 단기4293. 5. 24, 외482~외497쪽.

법에서 정한 심의회의 기능 내지 역할은 문맥상 문명하지는 않으나 다음 세 가지의 경우라 할 수 있다. 첫째, '제등록'에 관한 사항이다. 저작권 등록은 제43조 및 제44조에서 상속, 양도 등의 등록(제1항), 무명 또는 변명 저작물의 실명 등록(제2항), 저작년월일 등록(제3항) 등이 있다.

둘째, "제20조제3항 또는 제22조제3항의 규정에 의한 보상금의 액"에 관한 사항이다. 보상금 지급 대상으로는 거소 불명 또는 협의 불능 저작물의 발행 및 공연(제20조제3항) 또는 공익상 필요한 때의 방송(제22조제3항)이 있는바, 저작권심의회는 이에 대해 심의한다.

셋째, 그밖에 저작권에 관한 전반적인 사항 등에 대해 문교부장관의 자문에 응하고 이를 위해 조사심의하는 것이다.

시행령을 보면, 저작권심의회는 20인 이내로 구성하고, 위원은 당연직 위원(문교부차관, 문교부 편수국장)을 제외하고는 "학식 덕망이 있는 저작자 중에서 문교부장관이 위촉한다." 회장은 문교부 차관이 맡는다. 시행령은 그 외 심의회의 소집, 의사정족수 및 의결정족수, 심의 절차 등에 관해 규정하고 있다.

1960년 7월 12일 저작권심의회가 구성되어 같은 해 7월 20일과 12월 21일 두 차례 회의가 개최되었다. 제1차 회의 '심의 안건'은 '1) 부회장 선거(유진오 씨 당선)'와 '2) 저작권 등록에 관한 사항'이었고, 제2차 회의 '심의 안건'은 '1) 저작권 등록에 관한 사항', '2) 저작권 등록 선정에 관한 사항', '3) 만국 저작권 가입에 관한 사항', '4) 연예가, 음반 제작자 및 방송가 보호에 관한 국제 협약 가입의 건'이었다.[5] '만국 저작권'은 1952년 세계저작권협약을 말하는 것이고, '연예가, 음반 제작자 및 방송가 보호에 관한 국제 협약'은 1961년 로마협약을 지칭한다. 아직 체결되지 않은, 협상 중에 있는 조약에 대해서도 논의할 정도로 당시 조류에 상당히 민감하게 반응하고

5) '저작권 심의 위원회'라는 제목의 기안문으로, 문서번호나 작성일자를 알 수 없는 문건. 국가기록원에서 철제목 '저작권관계철'(1961년 생산) 123~124쪽 참조.

있음을 알 수 있다.[6]

문교부는 1961년 6월 9일 '저작권 관계 협의회'를 개최했다. 저작권심의회 위원과 관계자 18명을 초청하여 10명이 참석한 가운데 '세계 저작권 조약에 우리 나라 가입 여부' 및 '정당한 외서 번역자의 가호 방책'[7]에 대해 협의하였는바, 결과 보고서는 흥미로운 내용을 담고 있다. 주로 전자에 관해 논의한 결과, "국제 저작권 조약에 가입을 찬성하는 의견이 다대수"였고, 일부 시기상조라는 의견도 있었다고 한다. 전자의 주장을 그대로 옮겨 적는다 : "ㄱ. 원작료는 지불하게 되나 염가이고, ㄴ. 번역에 경쟁을 피하게 되므로 정당한 역자나 출판사가 원작료를 지불하는 이상의 이익이 있고, ㄷ. 경쟁적으로 조급히 번역하지 않어도 되므로 충실한 서적이 출판되고, ㄹ. 국제간의 신의를 유지할 수 있고, ㅁ. 국제간의 문화 교류를 촉진시킬 수 있고, ㅂ. 저작자와 출판업자의 도의를 제고하고 출판 질서를 확립할 수 있다는 것임."[8][9]

---

6) 심의회 위원 명단은 문서마다 다르다. 1960년 당시 상황을 다루고 있는 문서에서는 이민재(회장, 차관), 홍웅선(부회장, 편수국장), 유진오(부회장), 김은우, 조봉숨(조봉순의 오기인 듯), 정광현, 이희승, 김증한, 김용진, 이종우, 박영준, 오영진, 곽종원, 조지훈, 이순석 등 15명으로 돼 있었다. 위 '저작권 심의 위원회' 문서 참조. 1961년 문서에서는 서명원(회장, 문교부 차관). 손영경(부회장, 편수국장), 김은우(전 문교부 문화국장, 직무상 위원으로 간주), 조봉순(전 국무원 사무처 공보국장, 직무상 위원으로 간주), 유진오(고대 총장, 법학), 오천석(전 이대 대학원장, 교육학), 이희승(서울대 문리대학장, 국어학), 정광현(서울대 도서관장, 법학), 김증한(서울대 법대 교수, 법학), 김용진(서울고등법원 부장판사, 법학), 이종우(홍익대 미술대학장, 미술), 박영준(한양대 문리대 교수, 소설가), 오영진(극작가), 곽종원(숙대 교무처장, 평론가), 조지훈(고대 교수, 시인), 이순석(전 서울대 교수, 조각) 등 16명을 명단에 올렸다. 문교부, 「세계저작권조약 가입 및 외서 번역자 가호방안 토의에 관한 일」, 기호 제1533호, 단기4294. 6. 1.

7) 협의회 개최 기안문에 그 취지를 밝히고 있다 : "정당한 절차를 거처 외국 서적을 번역한 자의 권리 보호에 대하여서도 엄격한 보호를 받지 못하고 있음으로 외서 번역에 상당한 혼란을 야기하고 있는 실정임에 비추어 이를 시정하기 위하여 ……" 문교부, 앞의 문서 참조.

8) 문교부, 「저작권 관계 협의회 결과 보고의 건」, 4294. 6. 21.

9) 국제조약 가입과 관련해서는 '보론'에서 후술한다.

3. 등록 및 강제허락 제도

구법 시행령은 크게 세 가지로 나눠 규정하고 있다. 첫째는 저작권심의회에 관한 것이고, 둘째는 저작권 등록에 관한 것이고, 셋째는 강제허락 제도에 관한 것이다. 심의회도 초기에 움직임이 보이다가 거의 활동을 중단한 듯하다.[10] 강제허락 제도도 활용된 적이 없는 것으로 보인다. 이에 비하면 등록 제도는 나름대로 제도로서 기능을 했던 것으로 보인다.

강제허락 제도와 관련해서는 1960년 5월 24일 문교부고시 제125호가 공포되었는바, 이 고시에서 강제허락 신청을 위한 서식 4종을 내놨다. '저작물발행공연허가신청서(1)', '저작물발행공연허가신청서(2)', '저작물방송허가신청서', 그리고 '저작물발행공연허가변경승인신청서' 등이 그것이다. 발행공연허가신청서는 2종으로, 구법 제20조 제2항(저작자 불명 저작물)과 제3항(저작권자 거소 불명 저작물) 해당 서식이고, 방송허가신청서는 제22조 제3항에 의한 서식이다. 이들 서식은 시행령 관련 내용을 충실히 담은 것이다.[11]

등록은 일제시대에도 시행된 제도로, 1946년 당시 특허원이 일본 동경 맥아더 사령부에 의뢰하여 등록 업무를 이관받았다고 하는 기록이 있다.[12] 실제 등록부 등 자료가 실존하는 여부는 확인할 수 없다. 1950년에는 국무회의에서 저작권 시행령을 통과시켰다고 한다. 시행령 중에는 등록에 관한 사항을 규정하고 있었다. 보도에 의하면, "저작권 및 출판권에 관한 일체 수속은 공보처 출판문화과에 등록하도록 되어 있고, 출판권설정신청등록서

10) 1976년 문화공보부 자료에 의하면, 저작권심의회가 구성되지 않고 있다고 한다. 문화예술진흥관실, 「저작권법 검토보고」, 1976. 8 참조. 문교부에서 문화공보부로 업무가 이관되면서 심의회를 개최하지 않은 것을 반증하는 듯하다. 이에 앞서 학계에서는 저작권심의회 구성을 촉구하는 의견이 제시되기도 했다. 최준, 「출판과 윤리 : 저작권심의회 구성을 촉구」, 『한국언론학보』 4권(1971), 5~15쪽.

11) 이에 관해서는 부록 4.1.g. 참조.

12) 「저작권 등 등록 특허원이 종용」, 『현대일보』, 1946. 5. 11.

에는 등록의 목적, 출판권 설정의 범위, 출판권의 존속기간 등을 기재하게 되어 있으며 동령에 의한 「상속에 관한 저작권의 이전」, 「상속 이외의 원인에 의한 저작권의 이전, 말소된 등록의 회복, 가등록 상속에 인한 출판권의 이전, 상속 이외의 원인에 인한 출판권의 이동」 등의 등록 신청을 할 시에는 동령에 지정된 요금의 수입인지를 당해 신청서에 첨부하여 납입하게 되어 있다."[13] 이런 등록이 실제 행해졌는지, 해당 등록부 등이 나중에 문교부로 이관됐는지 확인되지 않는다.

구법 시행 초기 등록과 관련한 부령과 고시가 공포되기도 했다. 등록 제도 운영에 대한 정부의 의지를 표출한 것이라 할 수 있다. 1960년 1월 28일 '저작에 관한 등록부의 양식과 그 기재방법에 관한 건'이라는 제목의 부령(문교부령 제85호)이 공포되었다. 저작권등록부, 출판권등록부 및 공연권등록부의 양식과 기재방법에 관한 것이다.[14] 1960년 5월 24일 문교부고시 제125호는 강제허락 관련 서식뿐만 아니라 각종 저작권 등록 서식을 제공하고 있다.[15]

구법이 무방식주의를 채택하여, 저작권 등록에 부분적으로 법적 효과를 부여하고는 있지만 등록을 유인할 만큼 강력한 것은 아니었고, 이런저런 이유로 저작자들에게는 생소한 제도였음에도 불구하고, 적지 않은 수의

---

13) 「공보처에 등록 저작권법 시행령 골자」, 『연합신문』, 단기4283. 2. 10. 필자가 임의로 문장부호를 추가(쉼표)했다.

14) 부록 4.1.f. 참조.

15) 서식의 종류만 해도 25종이 된다 : 1. 저작권상속등록신청서, 2. 출판권상속등록신청서, 3. 공연권상속등록신청서, 4. 저작권양도등록신청서, 5. 출판권양도등록신청서, 6. 공연권양도등록신청서, 7. 일부이전및제한부이전등록신청서, 8. 변동등록신청서, 9. 소멸등록신청서, 10. 저작자의실명등록신청서, 11. 저작연월일의등록신청서, 12. 저작물의최초발행또는공연연월일등록신청서, 13. 출판권설정등록신청서, 14. 공연권설정등록신청서, 15. 신탁등록신청서, 16. 질권설정등록신청서, 17. 전질권설정등록신청서, 18. 가등록신청서, 19. 변경등록신청서, 20. 갱정등록신청서, 21. 회복등록신청서, 22. 말소등록신청서, 23. 등초본교부신청서, 24. 열람신청서, 25. 저작물의명세서. 문교부고시 제125호, 『관보』, 호외, 단기4293. 5. 24, 외482~외497쪽. 부록 4.1.g. 참조.

저작권 등록을 확인할 수 있다. 구법 시행 후 1987년 8월 경까지 저작년월일 등록 373건, 출판권 설정 등록 44건, 공연권 설정 등록 641건이 보고된 바 있다.16)

4. 주무 부처

대한민국 임시정부는 1919년 11월 5일 국무원 명의로 임시의정원이 결의한 대한민국 임시관제를 공포했다. 임시대통령과 국무원을 두고 국무원은 국무총리를 수반으로 하는 한편, 내무부, 외무부, 군무부, 법무부, 학무부, 재무부, 교통부 등 7개부와 노동국 1개국을 두었다. 내무부에는 비서국, 지방국, 경무국, 농상공국 등 4개국을 설치하면서 경무국은 1) 행정경찰에 관한 사항, 2) 고등경찰에 관한 사항, 그리고 3) 도서출판 및 저작권에 관한 사항 등 3개 업무를 관장하도록 했다.17)

1940년 '대한민국임시정부잠행관제(大韓民國臨時政府暫行官制)'에 따르면, 국무위원회 주석과 국무위원으로 구성된 국무위원회를 두고, 내무부,

16) 문화예술진흥관실, 위의 문건. 이에 의하면, 문화공보부로 저작권 업무를 관장한 뒤로는 등록이 거의 없었다 한다. 구법 시대 초기에 등록, 특히 설정 등록이 많았던 것에 대해 장인숙은 다음과 같이 증언한다(발췌 요약): "등록해야만 권리를 취득할 수 있는 것처럼 이해하는 사람이 많았다. 나중에 [그렇지 않다는 것이] 알려져서 [줄어든 것인지] 모른다. 공연권은 일본 법에도 없는 것이다. 사실상 공연권 설정 등록을 해서 실제 배타적 공연권을 가지고 있는 사람이 있는지 모르겠다. [출판권에 비해 공연권 설정 등록 숫자가 많은 이유에 대해] 출판권 쪽에는 관례가 성립돼 있[어서 등록 사례가 적을 것이다]."

17) 국사편찬위원회 한국사데이터베이스. 메뉴제목: "한국독립운동사 자료 2권 임정편Ⅱ> 一. 大韓民國臨時政府憲章 法律 및 命令> 2. 臨時政府法律 및 命令> 1. 臨時官制." http://db.history.go.kr/item/level.do?setId=2&itemId=kd&synonym=off&chinessChar=on&position=1&levelId=kd_002_0010_0020_0010 참조. 출처는 獨立新聞, 大韓民國 元年 十一月二十七日, 4面. 독립신문은 영인본이 나왔다. 『대한민국 임시정부 독립신문』, 대한민국역사박물관, 2016.

외무부, 군무부, 법무부, 학무부, 재무부, 교통부, 선전부, 생계부 등 9개부를 설치했다. 내무부에는 총무과와 경무과 및 사회과 등 3개과를 두었다. 경무과는 1) 헌정준비, 국회의원 선거 및 지방자치에 관한 사항, 2) 국적 및 인구조사에 관한 사항, 3) 징병과 징발에 관한 사항, 4) 사법경찰에 관한 사항, 5) 고등경찰에 관한 사항, 6) 도서출판, 저작권 및 집회결사에 관한 사항을 담당했다.[18][19]

비록 임시정부 직제이지만 저작권 업무가 매우 비중이 높다는 것을 알 수 있다. 해방 후 새로운 정부 직제를 만들면서 해당 업무는 문교부로 이관되었다. 1948년 제정된 정부조직법[20]에 의하면 11개 부를 두었다.[21] 그 중 하나인 문교부의 업무는 "교육·과학·기술·예술·체육 기타 문화 각반에 관한 사무"였다.[22] 1955년 2월 7일 정부조직법이 전면 개정되면서[23] 부도

18) 국사편찬위원회 한국사데이터베이스. 메뉴 제목 : "한국독립운동사 자료 1권 임정편Ⅰ > 一二. 大韓民國臨時議政院 提案 審査報告 및 決議案(其一) (大韓民國二十二年~二十七年·一九四〇年~一九四五年)> 3.大韓民國臨時政府暫行官制." http://db.history.go.kr/item/level.do?setId=2&itemId=kd&synonym=off&chinessChar=on&position=0&levelId=kd_001_0120_0030 참조.

19) 참고로, 우리 사례는 일본의 경우와 흡사한 면이 있다. 일본은 1875년부터 내무성에서 출판면허를 관장했다. 도서국이나 경보국(警保局) 등 이곳저곳에서 맡다가 1893년 이후 경보국에서 줄곧 담당했다. 내무성 경보국은 저작권법 제정에 따라 1900년부터 '도서출판 및 저작권에 관한 사항'을 1947년까지 관장했다. 이후 문부성에서 해당 업무를 이관받았다. 해당 국은 계속 바뀌었다. 처음에는 저작권실로 운영되다가 1949년 저작권과로 승격됐고, 1968년 문화청이 발족하면서 해당 업무는 문화부 저작권과에서 담당했다. 1985년에는 저작권과 안에 기획조사실을, 1992년에는 국제저작권실을, 1997년에는 멀티미디어저작권실을 두었다. 1998년에는 저작권과가 문화청 문화부(文化部)에서 장관관방(長官官房)으로 이관되었다. 이때 국제저작권실은 국제저작권과로 승격되었다. 장관관방 아래 심의관을 두고 이에 저작권과와 국제저작권과를 배속시켰다. 『著作權法百年史』(資料編), pp.1114~1115.

20) 법률 제1호(1948. 7. 17. 제정, 1948. 7. 17. 시행).

21) 당시 정부조직법상의 순서에 따라 열거하면 다음과 같다 : 1. 내무부, 2. 외무부, 3. 국방부, 4. 재무부, 5. 법무부, 6. 문교부, 7. 농림부, 8. 상공부, 9. 사회부, 10. 교통부, 11. 체신부.

22) 정부조직법 제20조.

23) 법률 제354호(1955. 2. 7. 전부개정, 1955. 2. 7. 시행).

12개로 확대되고,[24] 업무도 부분적으로 조정되었다. 문교부장관은 "교육·과학·기술·예술·체육·출판·저작권·영화검열 기타 문화행정과 방송관리에 관한 사무를 장리한다."고 하면서 이를 위해 '보통교육국·고등교육국·기술교육국·문화국과 편수국'을 두도록 하였다.[25][26] 정부는 아직 저작권법도 제정, 시행되지 않고 있음에도 저작권 업무를 꽤 비중있게 보고 있었다고 할 수 있다.

1955년 3월 24일에는 국회 본회의에서 긴급결의안('정부조직법개정법률 공포실시에 따르는 공보실소관업무의 문교부 이관에 관한 긴급결의안')을 가결했다. 당시 보도에 의하면, "국회가 심의통과시킨 후 정부에서 2월 7일부 법률제354호로 공포실시한 바 있는 정부조직법 개정법률 제19조에 의하여 종래 국무총리 소속기관인 공보실에서 장악하고 있던 출판 저작권 영화 방송관리 등 사무가 문교부 소관으로 이관되었음에도 불구하고 상금(尙今)도 이를 이관치 않고 있는 것은 법을 거부하고 있는 것이므로 즉시 문교부로 이관할 것을 국회로서 결의하는 것이다."[27][28]

---

24) 정부조직법상 서열도 바뀌었다. 열거하면 다음과 같다 : "1. 외무부, 2. 내무부, 3. 재무부, 4. 법무부, 5. 국방부, 6. 문교부, 7. 부흥부, 8. 농림부, 9. 상공부, 10. 보건사회부, 11. 교통부, 12. 체신부."

25) 정부조직법 해당 조문을 그대로 옮긴다 :
"제19조 문교부장관은 교육·과학·기술·예술·체육·출판·저작권·영화검열 기타 문화행정과 방송관리에 관한 사무를 장리한다.
전항의 사무를 분장하기 위하여 문교부에 보통교육국·고등교육국·기술교육국·문화국과 편수국을 둔다."
당시 법률은 별도로 각항을 숫자로 표시하지 않았다.

26) 당시 부처 간 송부 문건을 보면 편수국 출판과에서 저작권법 관련 업무를 담당한 것으로 확인된다. 문교부, 「저작권법에 관한 자료 송부 의뢰의 건」, 문편제1482호, 단기4294. 6. 1 참조.

27) 「공보실소관사무 이관」. 『경향신문』, 1955. 3. 25.

28) 1948년과 1949년 보도를 보면 공보처가 저작권 업무를 담당한 것으로 보인다. 「저작권 침해 공보처서 단속」, 『민중일보』, 1948. 4. 8 ; 「저작권침해에 경고」, 『조선중앙일보』, 음기축. 4. 24(1949. 5. 19) ; 「저작권침해 말라 김공보처장경고」, 『영남일보』, 단기4282. 5. 19 ; 「공보처에 등록 저작권법 시행령 골자」, 『연합신문』, 단기

1968년 개정 정부조직법[29]은 문화공보부를 신설했다.[30][31] 정부는 당시 개정법률안을 제출하면서 제안이유로 "현재 문교부와 공보부에서 분산관리되고 있는 문화·예술업무를 일원화하고 문교부의 교육행정기능을 강화하기 위하여 문교부와 공보부를 개편하려는 것임."이라 하고, 주요골자로 "문교부의 문화·예술행정기능을 공보부에 이관하여 공보부를 문화공보부로 하고, 내국으로 문화국·예술국·공보국과 방송관리국(현재는 공보국·조사국·문화선전국 및 방송관리국)을 두고 외국으로 문화재관리국을 둔다."고 했다.[32] 당시 문교부가 관장하던 법률도 문화공보부로 넘어갔는데, 저작권법은 문화재보호법, 문화재관리특별회계법, 불교재산관리법, 향교재산법, 출판사및인쇄소의등록에관한법률 등과 함께 이관되었다.[33]

1968년 제정된 문화공보부 직제[34]에 따르면, 문화국 내에 문화과와 출판과, 그리고 종무과를 두고, 출판과가 출판사 및 인쇄소 등록, 정기간행물 등록 등과 함께 '저작권에 관한 사항'을 맡았다. 1971년 개정 직제에 의하면, 문화국 내 출판과를 두 개로 나눠 출판1과는 언론정책, 일간·주간 간행물을 담당하고, 출판2과는 그 밖의 간행물에 관한 사항과 '저작권에 관한 사항', 출판사 및 인쇄소에 관한 사항을 담당했다.[35] 1973년 개정으로 출판과가 다시 하나로 합쳐졌다. 이때 저작권 행정이 첫 번째 업무로 등장했다.[36][37]

4283. 2. 10 참조.

29) 법률 제2041호(1968. 7. 24. 일부개정, 1968. 7. 24. 시행).

30) 1961년 법개정(법률 제631호, 1961. 6. 22. 일부개정, 1961. 6. 22. 시행)으로 공보부가 신설되면서 13개 부가 됐고, 문화공보부는 공보처를 통합해 새로 설치된 것이므로 부의 숫자는 늘지 않았다.

31) 13개 부 외에 장관급 이상의 부처도 존재했다. 당시 경제기획원, 총무처와 과학기술처가 존재했고, 1968년에는 국토통일원이 새로 등장했다.

32) '정부조직법중개정법률(안)'[의안번호 : 266, 제안연월일 : 1968, 제안자 : 정부] 참조.

33) 1968년 정부조직법 부칙 제2조 참조.

34) 대통령령 제3519호, 1968. 7. 24.

35) 대통령령 제5725호, 1971. 7. 26.

1979년 개정으로,[38] 종전 문화국과 예술국이 합쳐져 문화예술국이 되었고, 문화예술국 내에 문화과와 예술과, 그리고 공연과 등 3개과를 두고 저작권 행정을 문화과의 업무로 했다. 문화과는 종전 문화국 내 문화과와 출판과 업무를 모두 맡으면서 저작권 업무는 상대적으로 축소되었다.

1981년 문화공보부 직제가 개정되어,[39] 다시 문화국과 예술국이 나뉘어졌다. 문화국 내에는 진흥과와 문화과, 그리고 출판과가 배속되었다. 출판과가 부활했지만 저작권 업무는 여전히 문화과에 남았다. 1982년 다시 문화국과 예술국이 문화예술국으로 통합되고 매체국이 신설되었다.[40] 종전 문화국에 있던 진흥과·문화과 업무는 그대로 남았고, 출판과 업무는 매체국으로 옮겨졌다.

1987년 직제 개정으로,[41] 문화국 업무가 재편되었다. 문화국 내에 문화과, 출판1과, 출판2과 및 저작권과를 두었다. 매체국에 있던 출판과가 두 개의 과로 나뉘어 문화국에 배속되었다. 우리의 눈길을 끄는 것은 저작권과의 신설이다. 1986년 저작권법이 전문 개정되고 다음해 7월 1일부터 시행되면서 이 업무를 전담할 조직이 필요해지면서 '저작권과'가 문화국의 독립적인 보조기관으로 신설된 것이다.

---

36) 대통령령 제6533호, 1973. 3. 9. 제8조 제5항 : "출판과는 다음의 사항을 분장한다. 1. 저작권에 관한 사항 2. 출판사 및 인쇄소에 관한 사항 3. 외국 간행물에 관한 사항".

37) 문화공보부 내부 문서에서는 다소 달리 설명한다. "문화국 출판과에서 일괄 처리하던 저작권 업무를 74. 3 내부결재로 문화국 출판과, 예술국 예술과, 영화과, 공연과 등 각 과에 이관하여 처리하고 있는데, 76. 9. 1부터 문공부 직제(대통령령 제6533호)에 저작권 업무를 처리하도록 규정되어 있는 출판과로 이관 처리하도록 한다." 문화공보부, '저작권법 개정 추진', 문진1740-, 1976. 8. 17. 문화공보부에서 직제 규정과 달리 운영했던 것으로 보인다.

38) 대통령령 제9418호, 1979. 4. 13.

39) 대통령령 제10585호, 1981. 11. 2.

40) 대통령령 제10998호, 1982. 12. 31.

41) 대통령령 제12316호, 1987. 12. 15.

5. 저작권 정책

가. 한국음악저작권협회 설립

문교부는 시행령을 제정한 이후 저작권심의회를 운영하고, 저작권 등록 업무를 본격 수행하기 시작했다. 문교부는 법률 시행 이전에도 저작권 정책을 두고 고민한 흔적을 남겼다. 법률 제정 전에도 외국으로부터, 그리고 유네스코로부터 한국의 저작권 제도에 대한 관심과 질의를 받기도 했고, 이에 대해 정책적 대응을 한 바도 있었다.

문교부는 법률 시행 이후 여러 정책을 수립하고 시행했다. 무엇보다도 단체 설립에 적극 나선 점이 돋보인다. 장인숙은 당시의 상황과 설립 경과를 다음과 같이 설명하고 있다. "설립해준거나 마찬가지다. 간여 정도가 아니다. 가요계를 지배했던 손목인, 박시춘, 반야월 정도가 되겠지. 일본에서 활동하던 손목인 씨가 일본에서는 작사·작곡가들이 협회에서 돈을 얻어 나온다. 우린 왜 안 되느냐, 자기네끼리 의문을 퍼뜨리다, 수소문하다가 나를 찾아왔다. 집중관리제도 그건가 보다. 일본에 음악저작권협회가 존재한다는 것을 기록을 통해 알고 있었다. 그런 것에 대해 알려주고, 만들려면 제한이 많다. 많긴 하지만 그런대로 해줘야겠다는 생각에 설립허가 신청서 만들어주었다. 민주당 정권 때 우후죽순처럼 사회단체가 생기면서 군사정부가 겨우 정리를 끝낼 무렵 새로 설립하겠다니 친목단체와는 다른 것이고 이에 대해 알아듣게 중앙정보부에도 설명해야 하고 내가 직접 장관 결재 받았다."[42)]

한국음악저작권협회는 1964년 3월 15일 설립되어 같은 해 4월 11일 설립허가 신청을 하고 같은 해 6월 19일 설립허가를 받았다.[43)] 같은 해 6월 24일에는 법인 등기를 완료했다.[44)] 당시 상황에 비춰 이례적으로 신속한 설립 절차를

42) 이것은 당시 상황을 회고한 것이다. 부분적으로 녹취 내용을 수정했다.
43) 문교부, 「사단법인 설립허가」, 문편발 1732-793, 1964. 6. 19.

거쳐 허가가 이뤄졌다. 등기부상 법인설립 목적은 다음과 같다 : [45]

> 본 협회는 음악적 저작물의 저작자의 권리를 옹호하고 아울러 음악적 저작물의 이용을 원활히 함으로써 음악 문화의 보급발전을 도모함을 목적으로 하고 기 목적을 달성하기 위하여 다음 사업을 수행한다.
>
> 1. 음악적 저작물의 저작권에 관한 중개 업무
> 2. 음악적 저작물의 저작권에 관한 조사 및 연구와 이에 관한 도서의 수집 출판
> 3. 음악적 저작물에 관한 외국 저작권단체와의 연락 및 저작권의 상호 보호
> 4. 특별한 위탁이 있을 때에는 음악적 저작물 이외의 저작권에 관한 중개 업무
> 5. 기타 본 협회의 목적의 범위 내에서 적당하다고 인정하는 사항

나. 표절 기준

정부가 저작권법에 근거해 표절 문제에 대처한 적은 없었다. 다만, 각종 법령상의 규제를 통해 간접적으로 저작권을 보호하는 정책을 수행한 바는 있다. '표절 기준'도 그렇게 만들어졌다.

1961년 5.16 이후 사회정화를 목적으로 한 각종 윤리위원회가 설립되는데, 그 중 하나가 한국방송윤리위원회(방윤)였다.[46] 방윤은 1962년 6월 14일 설치되었으나 임의 기구로서 법적 근거가 취약했다. 1963년 12월 12일

---

44) 서울특별시교육위원회, 「사단법인 한국음악저작권협회 설립 허가」, 서울교문 1732,51-5860 (8-1444), 1964. 7. 2.

45) 서울특별시교육위원회, 앞의 문서.

46) 문옥배, 『한국 공연예술 통제사』, 예솔, 2013, 157쪽.

공포된 방송법에 설치 근거를 두면서 공식적인 기구가 되었다.

방윤은 1963년 1월 '방송윤리규정'을 제정한 이후 여러 차례 개정을 거쳤다. 1973년 방송윤리규정에 표절에 관한 조항을 둔 바 있다. 규정 제68조에 의하면, "모티브가 같거나 모방이 짙은 것도 표절로 간주하여 방송하지 아니한다."[47)48)]

한국예술문화윤리위원회(예륜)도 1964년 초부터 예술문화단체의 자율심의기구 설치를 논의하는 과정에서 활동을 시작했다. 예륜은 1966년부터 음반에 관한 사전 자율 심의를 해왔다. 심의규정(1966. 5. 14 제정)도 마련했다. 예륜은 심의규정 중 가요 심의 항목 내용을 보완하기 위해 1969년 3월 10일 '가요심의기준세칙'을 제정했다. 이 중 가사 부문은 표절, 저속·퇴폐, 윤리일반, 언어 및 의미성립 문제를 중심으로, 악보 부문은 표절, 저속·퇴폐, 왜색 등에 주안점을 두었다.[49)] 당시 표절 기준을 보면 다음과 같다 :

구 분		내 용
가사 부문	제목	제목이 동일한 경우는 다음 사항은 규제됨 - 구체적인 것 : 특수지명, 특수인명, 기타 특수한 고유명사 - 보편화된 것이라 하더라도 특별히 유명한 곡 또는 의미의 지나친 일치로 두 제목이 혼동을 일으키는 것
	가사	- 직접표절 : 타인의 가사 또는 시를 변형시키거나 뒤바꾸어 놓지 않고 그대로를 표절하는 경우. 두 개의 단어 이상이 일치되면서 작품의 발상, 톤, 표현법 등이 동일하다고 판별되는 경우 - 간접표절 : 타인의 가사 또는 시를 변형시키거나 언어의 배열을 뒤바꾸어 놓거나 하여, 있는 그대로를 표절하지 않고, 무드와 발성법, 톤, 기교

47) 앞의 책, 166쪽.

48) 방송심의위원회가 1965년 3월부터 1985년 6월 사이 방송금지 현황을 조사한 바에 따르면, 금지 사유 9가지 중 저속, 왜색, 표절, 월북 등 4가지가 각기 33%, 30%, 17%, 11%를 차지했다. 전체 금지곡 837곡 중 악곡 133곡, 가사 10곡 등 총 143곡이 표절로 인해 금지 대상에 들어갔다. 방송심의위원회, 「방송금지가요 금지사유별 분류」, 『방송금지가요곡목일람』, 1985, 297쪽. 앞의 책, 173쪽에서 재인용.

49) 앞의 책, 245~246쪽.

		등이 일치된다고 판단될 때 규제되며, 간접표절의 한계는 단어나 행수에 제한 없이 작품전체에 작용될 경우 - 이중표절 : 타인의 작품을 표절한 것을 다시 변형시키거나 표절하는 경우 - 혼성표절 : 타인의 여러 가지 작품에서 일부를 떼어서 혼합 표절하여 하나의 가사를 이루는 경우
악보 부문		- 4소절 이상이 타인의 작품과 꼭 같을 경우에는 표절가요로 인정 - 단, 한 소절 정도만이 동일한 경우에도 선율 및 리듬이 당해곡의 중요한 음악적 소재를 연상케하는 경우에는 이를 표절가요로 간주

'표절 기준', 하면 떠오르는 것은 공연윤리위원회[50]의 '표절 기준'이다. 그대로 인용하기로 한다 : [51]

「표절기준」(1979. 3. 3)

○ 주요동기가 동일 내지 흡사할 경우 표절로 인정함

- 주요동기라 함은 4/4, 4/2, 8/6, 4/5박자는 첫 2소절, 4/2, 2/2, 8/3, 4/3박자는 첫 4소절
- 흡사하다 함은, 박자분할이 동일하고 한 두 음의 음정만 다를 경우를 말함

○ 주요동기 이외는 1항의 소절수의 배수를 표절로 인정함

- 4/4, 4/2, 8/6, 4/5박자는 첫 4소절
- 4/2, 2/2, 8/3, 4/3박자는 첫 8소절

○ 음형은 동일 내지 흡사하고 박자의 분할배분만 변경된 것은 표절로 간주함[52]

50) 공연윤리위원회(공윤)는 1975년 '공연법'에 근거를 두고 1976년 설립되어 1998년까지 존속했다. 공윤은 기존 예륜의 기능을 흡수했다.

51) 문옥배, 위의 책, 327쪽.

52) 두 군데에서 각기 '4/4, 4/2, 8/6, 4/5박자'와 '4/2, 2/2, 8/3, 4/3박자'라고 하고 있으나 오류로 보인다. 각기 '4/4, 4/2, 6/8, 5/4박자'와 '2/4, 2/2, 3/8, 3/4박자'가 맞는 듯하다. 필자가 원전이나 믿을 만한 다른 자료를 찾지 못했다.

공윤의 표절 기준을 다음과 같이 설명한다 : 53)

> "곡의 핵심이 되는 첫 동기(모티브) 2박자 단위의 4소절, 4박자 단위의 2소절이 같을 경우가 표절곡으로 간주되는 가장 중요한 요소이다. [단락 바뀜] 불과 20~30소절 내외의 가요곡에서 첫 동기가 남의 곡과 같다 보면 첫 동기는 그 곡 중에서 보통 2회 내지 4회 정도 반복되어 다시 나오게 마련이니 자기의 선율은 부수적으로 연결되는 꼬리밖에 안 남게 된다. 그럼으로 곡 전체를 표절한 결과가 되고마는 까닭이다. [단락 바뀜] 그래서 첫 동기는 이상과 같이 규정해 놓았고 그 첫 동기 이외에서는 그의 배수 즉 2박자 단위에선 8소절, 4박자 단위에서 4소절을 표절로 인정하기로 했다. 다음 동일하다는 규정을 면밀히 분석할 필요가 있다. 즉 리듬이나 선율의 굴곡이 단조로울수록 그 선율의 개성은 없어지기 마련이다. 그럼으로 어떤 사람이 선율에 있어서 「도래미화」「쏠라시도」라는 단순한 상승음계를 먼저 작곡한 작곡이 있는데 후에 다른 사람이 그 선율을 작곡했을 때 표절이라고 간주해야겠느냐라는 문제가 있고 또 리듬에 있어서 「도4박자」「미4박자」「솔4박자」「도4박자」라는 극히 비개성적인 리듬을 써놓고 자기 작곡인양 큰소리를 칠 수 있느냐 하는 문제이다. 결론적으로 개성이 뚜렷한 선율과 리듬으로 형성된 선율이라야 남에게 떳떳이 주장할 수 있지 않겠느냐 하는 문제이다. [단락 바뀜] 한마디로 표절 문제를 규정으로 묶어 제도화하는 데는 결론적으로 무리가 따를 수밖에 없다. 사례가 발생할 때마다 조심스럽고 신중하게 다뤄야 할 문제라고 생각한다."

이 기준은 상당히 오랫동안 '기준'으로서 적용되었다. 공연윤리위원회는 1987년 8월 18일 국내 금지곡 총 382곡 중 186곡을 해제하면서 표절을

---

53) 김희조, 「표절가요의 진단」, 『월간공연윤리』, 1979. 10, 2~3쪽. 필자가 바뀐 단락을 표시하고, 임의로 띄어쓰기를 했다.

이유로 금지되었던 59곡 중 9곡을 해제한 바 있다. 해제 기준은 모티브 2소절, 내용 4소절을 적용한 결과 표절곡으로 판단하기에 무리가 있는 것이었다. 방송위원회도 1987년 8월과 9월 '방송금지가요 재심의 계획안'을 마련하고 일련의 재심의회의를 거쳐 금지대상 832곡 중 500곡을 해제했다. 표절을 이유로 금지된 151곡 중 17곡이 해제되었다.[54] 이 기준은 1979년 제정된 이래 1987년까지 10년가량 활발하게 활용되었다 할 수 있다.

다. 행정지도

저작권법을 시행하다 보면 부득이 권리자와 이용자 간의 분쟁이나 충돌도 빚어진다. 저작권 제도에 대한 인식이 부족한 때에는 이런 일이 다반사로 벌어졌을 것이다. 일부 도에서는 이런 점들을 고려하는 한편 저작권 질서 계도 차원에서 '저작권 사용료 납부의무자에 대한 지침'을 각 산하 시군에 내린 적이 있다. 여기 옮겨본다 :[55]

> "최근 사단법인 한국음악저작권협회와 일부 유흥업소 경영주 또는 악단 대표 간의 저작권 사용료 납부 의무자에 관한 이견으로 공연 활동에 지장을 초래하는 사례가 있어 이에 대한 지침을 시달하니 공연 업무 수행에 착오 없도록 할 것.
>
> 1. 음악 저작물을 연극, 가창하는 것은 저작권법상 공연에 해당하여 저작권 사용료는 타인의 저작물을 사용하는 대가로 지불하는 것으로서
> 2. 공연법 제14조와 제14조의2에 의거, 공연자가 공연을 하기 위하여는 공연물의 각본 등에 대한 심사를 거쳐 관할청에 공연 신고를 하도록

54) 문옥배, 위의 책, 364, 372~378쪽.

55) 충청남도, 「저작권 사용료 납부의무자에 대한 지침」, 공보1740-553, 1978. 11. 7. 필자가 임의로 띄어쓰기를 하고, 문장 뒤에 마침표를 모두 찍고, 문장부호를 변경('1,' 등을 '1.' 등으로)했다.

되어 있고 동법 시행령 제23조에 의하면 각본 등의 심사를 신청할 때에는 저작권자로부터 공연권 취득 여부를 증명하여야 하는바

3. 공연권 취득에 따른 저작권 사용료는 공연자가 지불하여야 할 것임.
4. 다만, 유흥업소의 경영주가 연주, 가창자 등을 고용하여 민법상 고용계약에 의한 사용자의 입장에 있다면 업소의 경영주가 공연자가 될 것임.

문화예술 분야 각종 규제법을 통해 부수적으로 저작권이 보호되는 사례도 존재했다.[56][57] 위 문서에서 보듯이, 1975년 '공연법'에 의하면, 공연자는 시장이나 군수에게 신고를 해야 하고, 미리 그 각본이나 대본에 대해 문화공보부장관의 심사를 받아야 했다(법 제14조 및 제14조의2).[58] 공연자가 심사를 받기 위해서는 '각본등심사신청서'를 제출해야 하며(시행령 제23조)[59] 이 신청서에 '저작자로부터의 공연권 취득 증명서'를 첨부해야 한다(시행령 별지 제13호 서식).

또한 1996년 '음반 및 비디오물에 관한 법률'에서는 외국에서 제작된 음반이나 비디오물을 수입하거나 제조하고자 할 때에는 공연윤리위원회의 추천을 받도록 했다(법 제15조).[60] 추천을 받고자 하는 자는 "문화체육부령이

---

56) 위에서 언급한 '표절 기준'도 그런 사례 중 하나이다.

57) 이런 방식은 정책 당국이 손쉽게 채택할 수 있었던 듯하다. 광복 직후에도 이미 이런 정책을 구상했던 것이다. 당시 신문 보도를 인용한다 : "지난 4월 26일부터 한 주일 동안 시내 국도극장에서 공연된 김동인 씨 원작 이광래 각색의『젊은그들』은 그 연극단체인『제3무대』며 각색자 이광래 씨 등이 일체로 원작자인 김동인 씨의 허락도 없이 공연된 것을 알게 되어 당국의 소환 취조와 상연 금지의 처분까지 받게 된 것은 기보한 바여니와 이러한 저작권의 침해행동이 금후 다시 없도록 하기 위하여서 공보부에서는 각 관계처(관계처의 오기인 듯)에 일제히 지령하여 공연작품의 검열(인증)이며 흥행의 허가에 있어서 절대로 원작자의 확실한 승락서 없이는 허가치 않도록 하였다 한다."「저작권 침해 공보처서 단속」,『민중일보』, 1948. 4. 8.

58) 법률 제2884호, 1975. 12. 31.

59) 대통령령 제8428호, 1977. 1. 31.

60) 법률 제5016호, 1995. 12. 6.

정하는 서류를 첨부하여" 수입 또는 제조추천신청서를 제출해야 하는데(시행령 제13조),[61] 이 서류라 함은 "문화체육부장관이 지정하는 기관 또는 단체가 당해 음반 또는 비디오물의 수입 또는 제조에 대한 정당한 권리를 가지고 있는지 여부에 관하여 발급하는 확인서를 말한다."(부령 제12조).[62]

라. 국유 저작권 현황 조사

정부 정책 중 눈에 띄는 것은 국유 저작권 현황 조사이다. 한 예로, 내무부는 1982년 9월 27일 '국유 저작권 현황 조사'라는 제목으로, 전국 시도에 국유 저작권의 현황을 파악해 보고하도록 문서를 발송한 바 있고,[63] 이에 따라 전국적인 조사가 실시된 듯하다. 전체 통계는 파악할 수 없지만, 당시 조사 대상과 내용은 해당 발송 문서를 통해 확인할 수 있다 : "국유재산법 제15조 제1항에 의거 귀 소관 국유저작권(동법 제3조 제1항 제6호)의 현황을 파악코자 하니 아래 서식에 따라 1982. 10. 16까지 보고하기 바람."[64] 서식과 작성 방법을 그대로 싣는다 :

순번	제목	① 저작자	② 저작년월일	구 분		⑤ 평가액(원)	⑥ 비고
				③ 발생년월일	④ 종별		

여기서 국유저작권이라 함은 저작권법 제7조에 규정된 저작권으로서

61) 대통령령 제15015호, 1996. 6. 4.

62) 문화체육부령 제25호, 1996. 6. 7.

63) 전라남도, 「국유 저작권 현황 조사」, 회계1280-1917, 1982. 10. 5 ; 해양경찰대, 「국유 저작권 현황 조사」, 경무1281-20, 1982. 10. 7 ; 경상남도, 「국유저작권 현황 조사」, 문공1741-701, 1982. 10. 8 참조.

64) 전라남도, 「국유 저작권 현황 조사」, 회계1280-1917, 1982. 10. 5.

국가의 부담 기부의 채납 또는 법령이나 조약의 규정에 의하여 국유로 된 일체의 권리를 말하며 동법 제3조에 규정된 비저작물 위의 권리는 제외한다.

① 당해 저작물의 저작자로 게기된 자 또는 단체를 기재한다.

② 저작연월일을 기재하되 촉탁, 기부채납등의 경우에는 국유로 된 일자를 기재한다.

③ 국유저작권의 발생원인별로 기재하되 직무수행과 관련 당해기관에서 직접 창출한 저작권의 경우 “기관” 촉탁(용역)에 의해 창출된 경우 “촉탁” 기부에 의해 채납된 경우 “기부채납” 그 외의 경우 “기타”등으로 표시한다.

④ 저작권법 제2조에 규정된 문서, 지도, 사진, 악곡, 음반, 영화, … 등 저작물의 종류를 기재한다.

⑤ 저작권 관련 소요된 국가부담액을 기재하며 촉탁의 경우 용역비 기부채납등의 경우에는 대장가격 또는 추정가액을 기재한다.

⑥ 기타 참고사항을 기재한다.[65]

---

65) 내무부, 「국유재산권 현황조사」, 총무1281-45, 1982. 9. 27 참조.

보론 : 1986년 전문 개정까지의 긴 여정

1. 구법이 남긴 유산

구법이 저작권 보호에, 저작권 생태계에 어떤 영향을 미쳤는지 알기 위해서는, 구법 시행 기간 중 창작자들은 어떻게 법의 보호를 받았고, 법 테두리 내에서 저작권 계약은 어떻게 체결했으며, 저작권 산업은 얼마나 커졌는지 살펴보는 작업이 필요하다. 그에 앞서 구법 자체에 대한 연구도 요구된다. 그럼에도 이에 대한 연구조차 매우 부족한 형편이다. 구법에 대한 평가는 대체로 인색하다.

정부도 그렇고 연구자들도 감각적으로, 표면적인 현상만을 보고 구법의 문제점을 지적했던 것은 아닌가, 의심이 들기도 한다. 정부가 구법에 대한 비판에 앞장서기도 했다 :

> "현행 저작권법은 1957년 일본의 구 저작권법 체계에 따라 제정한 이래 한 번도 개정하지 않았으며 ……"[1)]
>
> "현행 저작권법은 베른조약…의 체제에 따라 제정된 구일본 저작권법을 모체로 하여 1957년 제정된 이래, 한 번도 개정된 사실이 없으며 복제기술의 발달, 저작물의 경제적 가치증가 등 현재의 사회현실에 맞지 않는 사문화된

1) 문화공보부 문화예술진흥관실, 「저작권법 검토보고」, 1976. 8 참조.

법이며 ……"[2)]

특히 정부의 주장은 체계 자체를 일본 구법에 의했다는 해석을 하고 있는데, 이는 구법 제정 목적과 정신("본 법은 일제시대의 '저작권법'의 체제를 답습하지 않고 주로 베룬조약의 체재에 의하였다.")을 전면 부인하는 것으로 보이는바, 무리한 평가라 하지 않을 수 없다. 오히려 그간의 변화, 창작자들의 의식과 저작권 보호 열망, 저작권 산업의 발달, 기술 발전에 따르지 못한 정부나 국회의 책임을 구법 자체의 문제로 돌리는 듯한 인상을 준다.[3)] 이런 견해 때문인지 학계의 구법에 대한 평가도 그다지 좋지 않았다. 한 예를 보자 :

> "전문 5장 75조 및 부칙으로 구성되어 있는 그 법의 내용은 19세기 말에 제정된 일본 저작권법을 거의 옮겨 놓다시피 한 것이어서 입법 당시로서도 낙후된 것이었다. 하물며 그 때부터 30년이 지난 지금에 와서 보면 고색이 창연할 정도이다.[4)]

필자는 앞에서 주장했듯이, 구법은 일본의 영향을 가능한 한 배제하고자 한 의지의 결과물이라 할 수 있고, 체계도 독자적이고 창의적인 특징을 보여주고 있다는 점에서 위 주장들에 동의하기 어렵다. 이런 평가도 있다 : "저작권법은 5개장 75개조 부칙으로, Berne조약의 체제를 골격으로 삼아 구성된 것이며 구일본 저작권법과 비교적 흡사하다."[5)] 사리에 맞는 평가라

---

2) 문화공보부, 「저작권법개정(안)에 대한 협의」, 법무 182-10320, 1977. 6. 30.

3) 한승헌, 『정보화시대의 저작권』, 3정판, 나남출판, 1996, 38쪽 : "그나마 30년이 다 되도록 한 번의 손질도 없었다는 사실은 입법부나 행정부의 무관심을 증명하는 현상이기도 했다."

4) 한승헌, 「저작권법 개정의 과제와 방향」, 『정우』, 1986년 4월호, 57쪽.

5) 장인숙, 「현행저작권법에 관한 문제점 해설」, 『문예진흥』, 제3권 제3호(1976), 33쪽.

본다.

구법은 어째보면 국익 차원에서 올바른 선택이었을지도 모른다. 국가 경제수준에 걸맞은 저작권법과 제도를 가지는 것은 저작권의 역사에서 흔히 목도할 수 있다. 소위 선진국이라 하여 국익을 도외시한 저작권 정책을 펼치지는 않았다. 그 예외로서 유럽의 사례를 들 수 있겠는데, 유럽은 전통과 문화, 법제도, 사회적 결속력 이런 분야에서 다른 대륙, 다른 국가들과 무척 다르다.

유럽의 사례를 들어, 유럽에서 나온 저작권 사상을 배우면서, 우리의 제도가 낙후하다든가, 그런 제도를 만든 국회나 정부를 비난하는 것은 다소 치우친 견해라 할 수 있다. 오히려 우리가 1961년 '저작권 관계 협의회'에서 다수의 전문가와 관계자들이 세계저작권협약 가입에 찬동했다는 점도 놀라운 사실이지만, 법제정 후 무려 30년이 지난 1987년 세계저작권협약에 가입했던 것, 그리고 이보다 높은 보호수준의 보호를 예정한 베른협약에는 1996년에 가입했던 것 또한 대단한 것이라고 생각한다. 놀랍다는 것은 당시 참석자들의 식견에 대한 감탄의 뜻이다. 1961년에도 창작자, 특히 번역자 보호를 위해 저작권 제도가 중요한 역할을 할 것이라고 인식하는 한편, 세계저작권협약 가입은 출판 질서를 확립하고, 국제적인 신의를 유지할 수 있다고 믿었다는 것이다. 대단하다는 것은 국제 관계에서 현안을 20년 이상 끌어안고 견디는 것은 쉬운 일이 아니기 때문이다. 국익 측면 이외에 이런 정부의 끈기를 달리 설명할 방법이 없다.

2. 저작권법 전문 개정 작업

1957년 법시행 후 20년가량 지나, 다소 늦은 감이 있으나 1976년부터 지속적으로 법개정을 위해 노력했다. 제정법과 달리, 이번에는 정부(당시 문화공보부)가 주도적으로 움직였다. 기록상으로는 1976년에 처음으로 법안이 등장한다.6)7) 초기 구상('개정 방침')에서 당시 개정 의도를 솔직히 밝히고 있다 : 8)

가. 세계 저작권 협정(U.C.C.)에는 가입하지 않고, 가장 문제시되고 있는 복사판을 규제하는 등의 국제저작물의 제한적 보호조치를 취함.
나. 현행 저작권법을 현실에 맞게 적용할 수 있도록 체제를 정비하고 용어를 구체적으로 정의하여 해석과 적용이 용이하도록 함.
다. 저작권자의 권익보호를 위한 제 규정을 보완함.
라. "저작권 심의회"가 법상 규정된 기능을 수행할 수 있도록 구성하고 저작권 분쟁처리를 위한 간이절차를 규정함.

국제조약 가입에 관한 정부의 초기 입장을 알 수 있는 문건도 있다. 1983년 로마협약 정부간 위원회 참석 관련 공문에서 다음과 같은 '기본입장'을 확인할 수 있다 : 9)

---

6) 문화예술진흥관실, 「저작권법 검토보고」, 1976. 8 참조.

7) 다른 자료에 의하면, 1976년 5월부터 검토를 시작했고, 1976년 9월 제1차 공청회를 개최했으며, 1977년 4월 '최초 시안'이 작성되었고, 1977년 6월에 제2차 공청회를 개최했다. 문화공보부, 「저작권법개정안」, 1977. 7. 4. 1976년 공청회 결과는 『출판문화』와 『문예진흥』에 실렸다. 김진만, 「저자의 입장에서 본 현행법의 개정방향」, 『출판문화』, 1976년 10월호, 5~6쪽 ; 김진만, 「저작자의 입장에서 본 현행법의 개정방향」, 『문예진흥』, 제3권 제3호(1976), 36~37쪽 ; 민영빈, 「국제저작권조약가입여부에 관한 해설」, 『출판문화』, 1976년 10월호, 2~4쪽 ; 민영빈, 「국제저작권조약 가입여부에 관한 해설」, 『문예진흥』, 제3권 제3호(1976), 37~38쪽 ; 장인숙, 「현행저작권법에 관한 문제점해설」, 『출판문화』, 1976년 10월호, 2~4쪽 ; 장인숙, 위의 논문, 33~36쪽. 이 두 잡지에는 각계의 의견도 실려 있다.

8) 문화예술진흥관실, 위의 문서 참조.

9) 문화공보부, 「저작권 및 인접권 관계 정부간 위원회의 참가」, 진흥1730-16479, 1983. 11. 4.

단계별로 국제협약에의 가입을 추진하되 우선 국내법의 보완, 개정을 통하여 외국인의 저작물을 보호하고 국내수급상 불가피한 경우에는 예외를 인정함.

- 1단계('83~'85) : 외국저작물의 무단복제 및 번역규제(국내법 개정)
- 2단계('86~'88) : 외국인 저작권의 보호(베른협약 가입)
- 3단계('88 이후) : 우리나라 저작권의 국제적 보호조치

1977년에는 부처간 협의를 위한 법안도 제시되었다.[10] 법안들 간에는 내용상으로도 약간 차이가 있다. 1980년대 들어 상황에 변화가 생기기 시작했다. 대한출판협회(출협)를 중심으로 민간 분야에서 법개정 요구가 거세졌고, 저작권을 포함한 지적재산권이 미국과의 주요 통상 의제 중 하나로 등장했다. 개정은 시간을 다투는 사안이 된 것이다. 출협은 1982년 "문화국가다운 저작권풍토의 확립을 기하기 위하여" '저작권법개정시안'을 발의했다.[11] 정부는 정부대로 1984년과 1986년 각기 그간의 논의를 모아 '저작권법개정안'을 발의하여 입법예고도 했다.[12]

법개정의 계기는 국내적인 요인만 존재했던 것은 아니다. 우리나라가 1986년 미국과 '지적소유권에 관한 양해록(Record of Understanding on Intellectual Property Rights)'[13]을 체결하면서 저작권법 개정을 약속했던 것이다. 이 양해록은 일방적으로 한국에게 의무를 부과하고 있는바,[14] 한국은

10) 문화공보부, 「저작권법 개정(안)에 대한 협의」, 법무182-10320, 1977. 6. 30.

11) 대한출판문화협회, 「저작권법개정시안」, 1982. 7.

12) 문화공보부공고제560호, 1984년 4월 18일, 『관보』, 1984. 4. 21, 3~5쪽 ; 문화공보부공고제596호, 1986년 3월 6일, 『관보』, 1986. 3. 6, 3~5쪽 참조.

13) 외교부, 『한·미 통상관계합의문서집』(I), 1989. 11 참조.

14) 미국은 지적재산권에 관해 우리나라와 최초로 양자 조약을 맺은 이후, 유사한 내용의 조약을 다른 20여개 국가들과도 체결했다. Office of the United States Trade Representative, *2017 Trade Policy Agenda and 2016 Annual Report of the President of the United States on the Trade Agreements Program*, ANNEX III: U.S. TRADE-RELATED AGREEMENTS AND DECLARATIONS 참조.

1) 새로운 저작권법을 마련하여 1987년 7월 1일까지 발효하도록 노력하고, 2) 개정 저작권법 발효 후 90일 이내에 세계저작권협약과 음반협약에 가입하고, 3) 소프트웨어의 보호에 관해서는 컴퓨터프로그램보호법에서 규정하고, 4) 저작권은 사후 50년간, 음반은 저작인접권으로 20년간 보호하고, 5) 저작권 침해에 대한 처벌을 강화하는 것을 약속하고 있다.

우리 저작권법 전면 개정 과정과 한·미 통상 협상 과정을 하나씩 찾아보고 점검해보면 개정의 취지와 개정의 방향을 규명할 수 있을 것이다. 다만, 개정 저작권법은 시대적 소명을 받아 탄생했다는 점은 분명해 보인다. 표면적으로는 국외적 요인이 크게 작용했지만 실제 내용은 주로 그간의 국내적 논의를 수렴한 것이라고 할 수 있다.[15] 필자는 다음과 같이 생각한다. 즉, 구법은 이제 국내 저작권 환경에 대처하기에는 너무 낡았고, 저작권법의 목적으로 천명하고 있는 '저작자 보호'에도 충실하지 못했다. 이에 국내 창작자와 산업계의 반발은 시간이 지날수록 커져 갔다. 출판계를 중심으로 개정시안을 만들고 이를 정부에 건의하면서 법개정 분위기는 점차 고조돼 갔다. 외국의 압력, 특히 미국의 통상 압력은 정부와 국회가 감당할 수 없을 정도로 커지면서 법개정은 시각을 다투는 사안이 됐다. 새로운 개정법은 구법에서 환골탈태한 것으로, 그간 10년간의 입법 노력이 결실을 맺은 것이라 할 수 있다.

---

15) 한승헌, 위의 책, 45쪽 : "[현행 저작권법]은 전에 국회의원 임기만료로 자동폐기된 84년 개정안을 골격으로 삼고 거기에 약간의 수정을 가한 후 미국의 요구를 반영한 내용이었다." 다소 다른 주장도 있다. 황적인 외, 위의 책, 31쪽 : "현행저작권법은 어느 정도 타율적으로, 즉 미국과의 협상에서 미국의 압력의 영향을 받아 개정된 인상을 준다."

참고문헌*

1. 단행본

국회도서관 입법조사국, 『구한말 조약휘편(1876~1945)』(상·중·하), 입법참고자료 제18호, 제26, 제27호, 1964~65.

김두홍, 『저작권법개요』, 보문출판사, 1950.

김현주, 『한·일 저작권법의 발전사와 현행법제에 관한 상호비교연구』, 건국대학교 대학원 박사학위 논문, 2015.

내무부치안국, 『미군정법령집』, 단기4289.

문옥배, 『한국 공연예술 통제사』, 예솔, 2013.

문화관광부·저작권위원회, 『한국저작권 50년사』, 2007.

박병호, 『한국법제사』, 민속원, 2012.

송병기(편저), 『통감부법령자료집』(상·중·하), 대한민국국회도서관, 1972~1973.

송병기·박용옥·서병한·박한설(편저), 『한말근대법령자료집』 Ⅶ, 대한민국국회도서관, 1971.

송병기·박용옥·서병한·박한설(편저), 『한말근대법령자료집』 Ⅷ, 대한민국국회도서관, 1972.

심희기, 『한국법제사강의』, 三英社, 1997.

연정열, 『한국법제사』, 학문사, 1994.

---

* 1957년 저작권법 이전의 법제사와 관련된 문헌을 중심으로 수록했다. 잡지나 정기간행물 출처 표시는 원칙적으로 권과 호를 중심으로, 해당 간행물에서 사용한 방법을 그대로 따랐다. 원본 열람이 안 되는 경우에는 국회도서관과 국립중앙도서관에서 제공한 서지사항을 반영했다. 이에 따라, 이하에서 권이나 호를 표시하는 방법, 연월 표시 방법이 각기 다르기도 하다. 독자의 양해를 바란다.

兪吉濬, 『西遊見聞』, 交詢社, 開國504年(1895).
이항녕, 『작은 언덕 큰 바람(小皐長風) : 소고(小皐) 이항녕 선생 유고집』, 나남, 2011.
장인숙, 『저작권법개론』, 교학도서, 1960.
저작권심의조정위원회, 『저작권법 제·개정 관련 국회회의록』[1]·[2], 저작권관계자료집 32·33, 2000.
정긍식, 『한말법령체계분석』, 한국법제연구원, 1991.
정긍식, 『통감부법령체계분석』, 한국법제연구원, 1995.
정긍식, 『조선총독부법령체계분석』(I), 2001.
정긍식, 『한국근대법사고』, 박영사, 2002.
정긍식, 『조선총독부법령체계분석』, 2003.
한국법제연구회(편), 『미군정법령총람 : 국문판』, 한국법제연구회, 1971.
한국법제연구회(편), 『미군정법령총람 : 영문판』, 한국법제연구회, 1971.
허희성, 『저작권법개설』, 태양출판사, 1977.
허희성, 『(신고)저작권법개설』, 범우사, 1982

山本桂一, 『著作權法』, 有斐閣, 1969.
城戸芳彦, 『著作權法研究』, 新興音樂出版社, 1942.
著作權法百年史編集委員會, 『著作權法百年史』, 社團法人 著作權情報センター, 平成12年(2000).
著作權法百年史編集委員會, 『著作權法百年史』(資料編), 社團法人 著作權情報センター, 平成12年(2000).
朝鮮總督府 編纂, 『朝鮮法令輯覽』, 巖松堂書店, 大正4年(1915).
朝鮮總督府 編纂, 『朝鮮法令輯覽』, 帝國地方行政學會, 大正11年(1922).
朝鮮總督府 編纂, 『朝鮮法令輯覽 全』, 帝國地方行政學會, 昭和3年(1928)
朝鮮總督府 編纂, 『朝鮮法令輯覽』, 帝國地方行政學會, 朝鮮行政學會, 昭和15年(1940).
榛村專一, 『著作權法概論』, 巖松堂書店, 1933.
海野福壽(編集·解說), 『外交史 韓國併合』(上·下), 不二出版, 2004.

Charles I. Bevans (ed.), *Treaties and Other International Agreements of the United States of America*, 1776~1949, Vol.13(Iraq-Muscat), Department of State, 1972.

2. 논문

강문용, 「저작권의 객체부터 이해하라」, 『법전월보』, 통권 제15호(1965년 10월호), 3~5쪽.

계용묵, 「저작권과 인세」, 『신천지』, 4권 10호(1949), 234~236쪽.

곽중섭, 「우리나라 저작권법의 발전과정 연구」, 『계간 저작권』, 통권 제17호(1992년 봄호), 45~51쪽.

권정희, 「식민지 조선의 번역/번안의 위치－1910년대 저작권법을 중심으로－」, 『반교어문연구』, 제28집(2010), 297~320쪽.

김기태, 「일본 근대 저작권 사상이 한국 저작권 법제에 미친 영향 : 출판권을 중심으로」, 『한국출판학연구』, 제37권 제1호(2011), 5~31쪽.

김동인, 「조선의 소위 판권문제」, 『신천지』, 제3권 제1호(1948), 64~68쪽.

김두홍, 「저작권과 문화질서」, 『학풍』, 제2권 제5호(1949), 96~99쪽 ; 제3권 제2호(1950), 88~92쪽.

김봉진, 「서구 '권리' 관념의 수용과 변용 : 유길준과 후쿠자와 유키치의 비교 고찰」, 『동방학지』, 제145집(2009), 65~104쪽.

김진만, 「저자의 입장에서 본 현행법의 개정방향」, 『출판문화』, 1976년 10월호, 5~6쪽.

김진만, 「저작자의 입장에서 본 현행법의 개정방향」, 『문예진흥』, 제3권 제3호(1976), 36~37쪽.

김창록, 「식민지 피지배기 법제의 기초」, 『법제연구』, 제8호(1995), 49~78쪽.

김희조, 「표절가요의 진단」, 『월간공연윤리』, 1979. 10, 2~3쪽.

남석순, 「1910년대 신소설의 저작권 연구－저작권의 혼란과 매매 관행의 원인을 중심으로－」, 『동양학』, 제43집(2008), 1~27쪽.

노영득, 「저작권법개설」, 『법정』, 제2권 제8호(1947), 24~27쪽.

민영빈, 「국제저작권조약가입여부에 관한 해설」, 『출판문화』, 1976년 10월호, 2~4쪽.

민영빈, 「국제저작권조약 가입여부에 관한 해설」, 『문예진흥』, 제3권 제3호(1976), 37~38쪽.

민장식, 「저작권법안 시비 : 출판인 입장에서의 제언」, 『경향신문』, 1956. 1. 4.

박성호, 「현행 저작권법의 해석상 '판권'의 개념」, 『변호사』, 제22집(1992), 297~316쪽.

박성호, 「한국에 있어서 저작권법제의 도입과 전개」, 『계간 저작권』, 제48호 (1999년 겨울호), 2~14쪽.
박성호, 「동일성유지권에 관한 규정의 재검토」, 『IT와 법연구』, 제8집(2014), 1~29쪽.
방효순, 「일제시대 저작권 제도의 정착과정에 관한 연구－저작권관련사항을 중심으로－」, 『서지학연구』, 제21집(2001), 215~250쪽.
변우경, 「저작권법의 시비」, 『경향신문』, 단기4293. 9. 5.
오소백, 「저작권법의 골자 : 해설과 실례를 중심으로」, 『신경향』, 제2권 제5호 (1950), 54~56쪽.
이항녕, 「저작권의 본질－저작권법안과 관련하여」, 『국회보』, 통권 제6호 (1956), 104~108쪽.
이항녕, 「저작권법안에 대하여」, 『동아일보』, 1956. 2. 25~3. 1.
이희봉, 「한말법령소고」, 『학술원논문집 : 인문사회과학편』, 제19집(1980), 164. 153~183쪽.
장인숙, 「국제저작권협회 가입문제와 우리의 현실」, 『출판문화』, 1966년 2·3월호, 6~7쪽.
장인숙, 「현행저작권법에 관한 문제점해설」, 『출판문화』, 1976년 10월호, 2~4쪽.
장인숙, 「현행저작권법에 관한 문제점 해설」, 『문예진흥』, 제3권 제3호(1976), 33~36쪽.
전영표, 「저작권의 국제적 협약과 한국의 가입문제」, 『한국출판학연구』, 1985, 132~146쪽.
정광현, 「저작권문제」, 『인문평론』, 2권 5호(1940), 24~35쪽.
정광현, 「저작권법의 입법과 행사문제」, 『대학신문』, 단기4286. 6. 22.
정광현, 「저작권법안의 비판」, 『조선일보』, 단기4289. 2. 10~2. 14.
정광현, 「저작권법안의 재비판」, 『동아일보』, 1956. 3. 27~30.
정광현, 「신저작권법의 개관－작자의 권리를 중심으로－」, 『대학신문』, 1957. 2. 25.
정광현, 「저작권법상의 문제점－『安本某』 저술의 방역의 경우－」, 『대학신문』, 1959. 2. 9.
조풍연, 「저작권의 제과제」, 『신천지』, 제4권 제5호(1949), 121~129쪽.
최준, 「한국의 출판연구 : 1910년으로부터 1923년까지」, 『신문연구소학보』,

1권(1964), 9~20쪽.

최준, 「출판과 윤리 : 저작권심의회 구성을 촉구」, 『한국언론학보』, 4권(1971), 5~15쪽.

한승헌, 「현행 저작권법의 문제점」, 『월간 세대』, 1977년 3월호, 134~139쪽.

한승헌, 「저작권법 개정의 과제와 방향」, 『정우』, 1986년 4월호, 56~64쪽.

허영란, 「해방 이후 식민지 법률의 정리와 탈식민화-'구법령' 정리 사업과 시장 관계 법령의 개편을 중심으로-」, 한일역사공동연구위원회, 『제2기 한일역사공동연구보고서』, 제5권, 2010, 13~40쪽.

허희성, 「한국 저작권법의 제·개정 역사」, 『저작권법 제·개정 관련 국회회의록』[2], 저작권심의조정위원회, 2000, 217~283쪽.

황적인, 「정광현 교수와 저작권법」, 한국법학교수회 편, 『법학교육과 법학연구-고 정광현 박사 추모 논문집-』, 길안사, 1995, 190~198쪽.

增田知子, 「近代日本政治における緊急勅令の概要」, 『法政論集』, 273号(2017), pp.12~23.

Jongsoo KIM, "The Development of Copyright and the Status of Writers in Korea from the 1880s to the 1930s," *Korea Journal*, Vol.56, No.4(2016), pp.120~141.

부 록

1.1. 국회도서관 기록보존물

a. 국회도서관 기록보존물

b. 국회도서관 기록물명 및 이 책에서의 출처표시

1.2. 제23회 국회임시회의속기록

a. 제23회 국회임시회의속기록 제5호

b. 제23회 국회임시회의속기록 제6호

2. 국가기록원 자료

3.1. 미·일 조약 등

a. 한국에 있어서의 발명·의장·상표 및 저작권 보호에 관한 미·일 조약

b. 내각고시 제3호

3.2. 한국저작권령 등

a. 한국저작권령

a-2. 한국저작권령

b. 한국저작권령시행규칙

b-2. 한국저작권령시행규칙

b-3. 한국저작권령시행규칙 개정

c. 저작권등록에 관한 규정

d. 저작권자 불명의 저작물 발행 또는 흥행 방법

e. 내각고시 제4호

f. 관동주 및 제국이 치외법권을 행사할 수 있는 외국에서 특허권, 의장권, 상표권 및 저작권의 보호에 관한 건

f-2. 관동주 및 제국이 치외법권을 행사할 수 있는 외국에서 특허권, 의장권, 상표권 및 저작권의 보호에 관한 건

3.3. 일본 칙령

a. 칙령 제324호

b. 칙령 제335호

c. 칙령 제338호

4.1. 구법
- a. 구법(법제처본)
- b. 구법(수정본)
- c. 구법 법안과 구법 비교
- c-2. 1955년 법안과 법제사법위원회 수정안 비교
  - 비교표
  - 법제사법위원회 수정안
- d. 저작권법안 요강
  - 1951년 저작권법안 요강
  - 1952년 저작권법안 제안이유 및 주요골자
  - 1957년 저작권법안 요강
- e. 구법 시행령
- f. 문교부령 제85호
- g. 문교부고시 제125호

4.2. 1899년 일본 저작권법

4.3. 양국 구법 비교

5. *Le Droit d'Auteur* 우리나라 관련 기사 및 자료
- a. 1899년 영국 칙령
- b. 뉴스 : 극동
- c. 뉴스 : 프랑스
- d. 미국과 체결한 저작권 보호에 관한 조약
- e. 한국에서 양국의 시민과 신민의 발명, 의장, 상표 및 저작권의 상호보호에 관한 조약
- f. 뉴스 : 한국
- g. 1908년 일본 칙령 제200호 및 제201호
- h. 1907년 영국 칙령
- i. 뉴스 : 일본
- j. 910년 일본 칙령 제335호 및 제338호
- k. 일본 로마 개정 베른협약 비준(1)
- k-2. 일본 로마 개정 베른협약 비준(2)
- l. 로마 개정 베른협약 동맹국
- m. 연구 : 1950년 베른동맹

부록 1.1. 국회도서관 기록보존물

a. 국회도서관 기록보존물

법제사법위원회, 「저작권법안회송의건」, 단기4285. 7. 21.
문교위원회, 「저작권법안제출에관한건」, 단기4285. 7. 22.
국회사무처, 「법률안처리일람표」, 작성일자 불명.
국회사무처, 「의안처리상황표(건명 : 저작권법)」, 단기4287. 12. 28.
민의원문교위원회, 「저작권법안심사회부에관한건」, 단기4288. 12. 30.
법제사법위원회, 「저작권법안심사회송의건」, 단기4289. 10. 29.
민의원 문교위원회, 「저작권법안제출에관한건」, 단기4289. 12. 20.
민의원 문교위원회, 「저작권법안제출에관한건」, 단기4290. 1. 11.
민의원의장, 「저작권법안이송의건」, 단기4290. 1. 18.
제안자 조영규 외, 「저작권법수정안」, 단기4290. 1. 18.
민의원 문교위원회, 「저작권법오자정정요청에관한건」, 단기4290. 2. 22.
국회사무처, 「의안처리상황표(건명 : 저작권법)」, 단기4290. 12. 28.

b. 국회도서관 기록물명 및 이 책에서의 출처표시

국회 기록물명(생산일자)	이 책에서의 출처표시
저작권법안 처리상황표 (1957.12.28.)	국회사무처, 「의안처리상황표(건명 : 저작권법)」, 단기4290. 12. 28
저작권법오자정정요청에관한건 (1957.02.22.)	민의원 문교위원회, 「저작권법오자정정요청에관한건」, 단기4290. 2. 22
저작권법수정안(1957.01.18.)	제안자 조영규 외, 「저작권법수정안」, 단기4290. 1. 18
저작권법안이송의건(1957.01.18.)	민의원의장, 「저작권법안이송의건」, 단기4290. 1. 18
저작권법안제출에관한건 (1957.01.11.)	민의원 문교위원회, 「저작권법안제출에관한건」, 단기4290. 1. 11
저작권법안(1956.12.28.)	민의원 문교위원회, 「저작권법안심사회부에관한건」, 단기4288. 12. 30 법제사법위원회, 「저작권법안심사회송의건」, 단기4289. 10. 29
저작권법안제출에관한건 (1956.12.20.)	민의원 문교위원회, 「저작권법안제출에관한건」, 단기4289. 12. 20
저작권법안처리상황표 (1954.12.28.)	국회사무처, 「의안처리상황표(건명 : 저작권법)」, 단기4287. 12. 28
저작권법(1954.04.30.)	국회사무처, 「법률안처리일람표」, 작성일자 불명
저작권법안제출에관한건 (1952.07.22.)	문교위원회, 「저작권법안제출에관한건」, 단기4285. 7. 22
저작권법안회부의건(1952.07.21.)	법제사법위원회, 「저작권법안회송의건」, 단기4285. 7. 21

부록 1.2. 제23회 국회임시회의속기록

○『제23회 국회임시회의속기록』, 제5호, 단기4290년 1월 17일, 9~26쪽 ;『제23회 국회임시회의속기록』, 제6호, 단기4290년 1월 18일, 13~19쪽. 이 보고서는 위 국회 속기록과 다른 판형과 판면으로 돼 있어서 위 속기록의 체재는 유지할 수 없었지만, 내용은 그대로 옮겼다. 굵은 글씨체로 된 숫자는 해당 속기록의 쪽수 시작을 가리킨다.

a. 제23회 국회임시회의속기록 제5호

국회사무처

단기4290년 1월 17일(목) 상오10시

의사일정(제5차회의)

1. 제4차 회의록 통과
2. 보고사항
3. 저작권법안 제1독회
4. 검사징계법안 제1독회

토의된 안건

(상오 10시 25분 개의)

<중략>

[9]

<중략>

○**부의장 이재학** 이 유인물 배부에 대해서는 금후 사무처나 각 교섭단체에서 특히 주의하도록 하는 것이 좋을 것 같습니다. 그리고 만일 양 의원 개인에 대해서 김상도 의원께서 모욕적인 언사가 있었다면 이것은 나중에 속기록을 조사를 해 가지고 내일이라도 다시 말씀하시는 것이 좋을 것 같습니다.

오늘은 이 정도로 다 이 이야기는 끝막고 의사일정 제3항 시작해보지요.

(소성)

그러면 의사일정 제3항을 상정시킵니다. 저작권법을 상정시킵니다.

문교위원회에서 나와서 심사보고해 주십시요.

[10]

(참 조)

저작권법안 요강

(문교위원회)

제1 본 법 제정의 목적

한국인의 저작권 보호에 관한 법률이 불비하여 저작권을 침해당하는 일이 많음으로 그들을 보호하기 위하여 본 법을 제정한다.

제2 본 법의 체재

본 법은 일제시대의 '저작권법'의 체제를 답습하지 않고 주로 베룬조약의 체재에 의하였다.

저작권에 관한 국제조약으로는 1886년의 베룬조약, 1928년의 하바나조약, 1952년에 협정하고 1955년에 발효한 제네바조약의 셋이 있는데 베룬조약은 주로 구주 제국이 가입하고 하바나조약은 주로 미주 제국이 가입하였으며 제네바조약은 상기 두 조약을 통일한 것인데 베룬조약이 가장 보편적으로 되어 있다.

제3 저작권의 본질

저작권의 본질에 관하여는 재산권설과 인격권설이 대립하여 있으나 불국 저작권법의 예에 따라 이원설을 취하여 저작인격권과 저작재산권을 공인하였다. (제7조)

제4 저작권의 객체(저작물)

1. 저작물의 예시(제2조)

(1) 기술 저작물－문서 연술

(2) 조형적 저작물

a. 미술 저작물－회화, 조각, 공예

b. 건축

c. 지형, 도형, 모형

d. 사진

(3) 음악적 저작물－악곡, 악보, 연주, 가창

(4) 무용 저작물－무보

(5) 연극 저작물－각본, 연출

(6) 음반(레코드), 녹음필림(토키)

(7) 영화 저작물

2. 비저작물(제3조)

제5 저작권의 주체(저작자)

1. 제1차적 저작자(제4조)

2. 제2차적 저작자(제5조)

(1) 번역

(2) 개작

a. 원저작물의 수정 증감

b. 번안-영화화, 미술적 전화, 음악적 전화, 녹음, 소설의 각본화, 각본의 소설화, 소설각본의 시가화, 시가의 소설각본화

(3) 편집

3. 추정 저작자(제6조)

제6 저작권의 내용(효력)

1. 저작인격권의 내용

(1) 귀속권(제14조)

(2) 공표권(제15조)

(3) 원상유지권(제16조)

(4) 변경권(제17조)

2. 저작재산권의 내용

(1) 저작물의 원상이용권

a. 발행권(제18조)

b. 출판권(제19조)

c. 공연권(제20조)

d. 연술권(제21조)

e. 방송권(제22조)

f. 실시권(제23조)

g. 전람권(제24조)

(2) 저작물의 개작 이용권

a. 번역권(제25조)

b. 개작권(제26조)

c. 편집권(제27조)

3. 저작물 불차압권(제28조)

제7 저작권의 보호기간

1. 입법제

(1) 무한주의

(2) 유한주의

(3) 사망 기산 주의

a. 50년 주의(영, 불)

b. 30년 주의(독, 일)

c. 15년 주의(쏘련)

(4) 발행 기산 주의

a. 28년 주의(미)

2. 본 법

(1) 저작인격권－무한주의(제29조)

(2) 저작재산권－30년주의(제30조)

예외

번역권 5년(제34조)

사진저작권 10년(제35조)

제8 설정출판권 3년간

제9 설정공연권 1년간

제10 저작권 침해에 대한 구제

1. 민법에 의한 구제(제62조)

(1) 물권적 청구권

(2) 손해배상청구권

[11](3) 기타

2. 저작권법에 의한 구제

(1) 부수 추정(제63조)

(2) 이득 반환(제66조)

제11 벌칙

1. 저작인격권침해죄(제69조) 6월 이하의 징역 또는 10만 환 이하의 벌금

2. 부정발행죄(제70조) 50만 환 이하의 벌금
3. 부정출판공연죄(제71조) 1년 이하의 징역
4. 출처불명시죄(제72조) 10만 환 이하의 벌금
5. 허위등록죄(제73조) 6월 이하의 징역 또는 10만 환 이하의 벌금

---

4. 저작권법안 제1독회

○문교위원장대리 이존화 위원장께서 신양이 불편해서 제가 대신해서 설명드리겠읍니다.

오늘 뜻밖에 아침부터 유도회 폭풍이 불어서 다소의 풍파가 일어났읍니다만 도리어 잠자는 호수보다는 때로는 바람이 일었다가 자는 호수가 더 취미가 있다고 생각합니다.

이 저작권법에 대해서는 벌써 초안된 지는 한 3년이 됩니다만 그동안 여러 가지 긴급사정으로 인해 가지고 상정치 못하고 오늘 비로소 상정하게 된 것을 유감히 생각하면서, 그동안에 심사한 경위를 대략 말씀드리면 우리 문교위원회에서 초안해서 그것을 저작자인 본인 학자라든지 또는 여기에 관련성이 있는 출판업자 등을 집합해서 단기 4288년 12월 19일 본 국회 예산결산위원회에서 약 70명의 학자 및 출판업자를 한자리에 소집해 놓고 공청회를 거쳐서 그네들의 의견과 또는 외국의 모든 입법 전례에 의해서 초안된 것입니다.

그래서 여기에 따라서 또 법제사법위원회에서 한자리에 모여서 상의한 결과 법제사법위원회에서 다소의 약간 의견의 차가 있는 것을 우리 문교위원회에서 전적으로 받아서, 그래서 이 현재 여러분이 가지고 있는 이 법안은 문교위원회의 안과 법제사법위원회의 안이 일치된 안으로 되어 있는 것입니다.

그러면 이 저작권법은 해방된 지 10년이 지나도록까지 우리나라의 저작권법이 없어 가지고 저작권자인 학자라든지 그동안 여러 가지 전쟁이 많이 있었던 것입니다. 우선 가까운 실례로 작년의 예만 들더라도 소위 저작자의 유가족과 또는 출판업자와 싸움이 있어서 현재 법정에 소송사건까지 일어나 가지고 있는 것을 우리는 잘 보아서 알고 있는 것입니다.

그래서 이번 제출된 저작권법은 일본법을 모방된 것도 아니고 세계 국제적

으로 되어 있는 베룬조약이라고 하는 국제저작권법을 기초로 해서 우리나라의 현 실정에 알맞도록 이것이 기안되어 있는 것입니다.

그래서 현재 여러분들이 가지고 계신 저작권법안 및 요강이라고 있는데 이것이 전문 75조로 되어 있어서 제일 후면에 가서 요강이 적어 있읍니다. 그래서 대개 읽어 보셨으리라고 믿습니다만 읽어 보시면 이 저작권법에 대한 요지 내지 전체적인 내용을 일목요연하게 알아질 것이라고 믿고 대개 우리 문교위원회와 법제사법위원회의 양 위원회에서 심사된 경위는 이 정도로 간단히 말씀드리고 그다음 자세한 점은 축조심의 시에 다시 말씀드리기로 하겠읍니다.

○부의장 이재학 이 저작권법안은 문교위원회의 제안인데 정부 측의 의견도 한번 들어볼가요?

(『들어 봐요』 하는 이 있음)

네, 정부 측에서 나와서 의견 말씀해 주세요.

○문교부차관 고광만 문교장관이 긴급회의가 있어서 나오지 못하고 제가 대신 나왔읍니다.

해방 후 10여 년이 경과되었읍니다만 문화계 저작계에 지극히 필요하다고 생각하는 저작권법을 일찍부터 작성을 해야만 되겠다고 하는 필요성은 문화계의 일반은 물론이고 정부에서도 늘 생각하고 오던 터이었으나 여러 가지 자료를 수집을 하고 또 문화인 출판업자 저술가 예술계와 상의하고 하는 사이에 상당한 시일을 보내고 있을 때에 아직도 자료수집이 완전히 되지 못하고 대단히 일반에 대해서 미안하다고 생각하고 있는 차에 문교분과위원회에서 다행이 기초를 해 주시겠다고 해서 감사히 생각하고 있었던 터입니다.

일제시대의 출판법은 폐지되었고 저작권법도 폐지되고 출판법이 폐지되고 또 거기 따르는 절차법이 성립이 되지 못하고, 그래서 현재 사실상 공백 상태에 놓여 있는 것은 일반 문화계를 위해서 지극히 유감이라고 아니할 수 없는 것입니다.

아까 이 의원께서 말씀하신 것과 같이 외국의 이를테면 베룬조약과 이런 완성된 저작권법에 관해서 완성된 조약문 같은 것을 참고하고 또 참고를 위해서 일제시대의 저작권법을 참고하고 해서 거기다가 예술계 문화계 교육계 저술계와 각 방면의 의견을 종합하고, 또 한 걸음 더 나아가서 [12]법제실과 여러 번 타협해 주신 결과 이러한 성안이 된 것이라고 믿고 정부에서도 가끔 여기에 관심이 있기 때문에 문교위원 여러분에게 말씀도 들으러 가고 한 적도 있읍니다.

현재 나와 있는 법안으로서 문교부가 생각하고 있는 가장 이상적인 법안이 아닌가 이렇게 생각하고 있습니다. 다행이 통과시켜 주시면 행정부로서는 일하는 데 대단히 편리한 법안이라고 생각하고 저술계 문화계를 보호하는 지상의 보배라고 이렇게 생각하고 있는 것입니다.

간단하나마 설명을 끝마치겠읍니다.

○부의장 이재학 이 법안에 대해서 질의 또는 대체토론에 발언 신청하신 분이 안 계십니다.

○조영규 의원 (의석에서) 의장, 그런데 이 법안을 받은 지가 이제 받어 놔서 이 내용들을 잘 모르겠읍니다. 그러기 때문에 문교위원회에서 축조를 해서 낭독을 하고 거기에 대해서 질의가 있으면 질의하도록 그렇게 해 주시면 감사하겠읍니다.

○부의장 이재학 그러면 즉각으로 제2독회로……

○조영규 의원 (의석에서) 제2독회가 아닙니다. 1독회에서…… 읽은 것은 1독회입니다. 그러니까 제1조로부터 쭉 읽기만 해요. 읽으면 여기에 대한 내용이 우리 두뇌에 들어갈 것입니다. 거기에 대해서 질의가 있으면 질의를 하고 대체토론을 하도록 하는 것이 좋을 것 같습니다.

○부의장 이재학 낭독하게 하겠읍니다.

○이존화 의원 그러면 조영규 의원의 의견에 따라서 축조 낭독하겠읍니다.

저작권법안

제1장 총칙

제1조(목적) 본 법은 학문적 또는 예술적 저작물의 저작자를 보호하여 민족문화의 향상 발전을 도모함을 목적으로 한다.

제2조(저작물) 본 법에서 저작물이라 함은 표현의 방법 또는 형식의 여하를 막론하고 문서, 연술, 회화, 조각공예, 건축, 지도, 도형, 모형, 사진, 악곡, 악보, 연주, 가창, 무보, 각본, 연출, 음반, 녹음필림, 영화 및 기타 학문 또는 예술의 범위에 속하는 일체의 저작물을 말한다.

제3조(비저작물) 좌에 기재한 것은 이를 본 법에 의한 저작물로 보지 않는다.

1. 법률 명령 및 관공서 문서의 본문, 단 내비 중인 것은 예외로 한다.
2. 시사 보도
3. 신문 또는 잡지에 게재된 잡보
4. 공개한 법정, 국회, 지방의회에서의 연술

제4조(저작자) 본 법에서 저작자라 함은 저작물을 창작한 자를 말한다.

제5조(저작자) 타인의 저작물을 그 창작자의 동의를 얻어 번역 개정 또는 편집한 자는 원저작자의 권리를 해치 않는 범위 내에 있어서 이를 본 법에 의한 저작자로 본다.

본 법에서 개정이라 함은 신저작물로 볼 수 있는 정도로 원저작물에 수정 증감을 가하거나 또는 좌의 방법에 의하야 변형 복제하는 것을 말한다.

1. 원저작물을 영화화(각색하여 영화화하는 경우를 포함한다)하거나 또는 영화를 각본화·소설화하는 것.
2. 미술적 저작물을 원저작물과 다른 기술로써 전화(轉化)시키는 것.
3. 음악적 저작물을 원저작물과 다른 기술로써 전화시키어 그 선율을 변화시키는 것.
4. 원저작물을 음반 또는 필림에 사조 또는 녹음하는 것.
5. 소설을 각본화하거나 또는 각본을 소설화하는 것.
6. 소설·각본을 시가화하거나 또는 시가를 소설·각본하는 것.

제6조(저작자) 좌의 각호의 1에 해당하는 자는 이를 본 법에 의한 저작자로 추정한다.

1. 이미 발행한 저작물에 있어서 그 저작자로써 성명을 게기한 자

2. 아즉 발행하지 않은 각본 악보 및 영화화한 저작물의 공연에 있어서 저작자로써 성명을 게기한 자

3. 저작자의 성명을 게기하지 아니한 때는 그 출판자 또는 그 공연자

제7조(저작권) 본 법에서 저작권이라 함은 저작자가 그 저작물 위에 가지고 있는 일체의 인격적 및 재산적 권리를 말한다.

제8조(발행) 본 법에서 발행이라 함은 저작물을 복제하여 발매 또는 배포하는 행위를 말한다.

무명 또는 변명(變名), 저작물에 있어서는 그 저작물에 발행자로서 성명을 게기한 자를 발행인으로 추정한다.

제9조(출판) 본 법에서 출판이라 함은 문서 회화 등의 저작물을 인쇄술 기타의 기계적 화학적 [13]방법에 의하여 복제하여 발매 또는 배포함을 말한다.

제10조(공연) 본 법에서 공연이라 함은 각본, 악보, 음반, 영화 등의 저작물을 상연, 연주, 상영, 기타의 방법으로 공개 연출함을 말한다.

제11조(저작권심의회) 본 법에 규정된 제 등록 제20조제3항 또는 제22조제3항의 규정에 의한 보상금의 액 또는 저작권에 관한 일반적 사항 등에 관하여 주무장관의 자문에 응하고 또는 이에 관한 사항을 조사 심의하기 위하여 저작권심의회를 둔다.

저작권심의회는 덕망 있는 저작자로써 구성한다.

저작권심의회의 조직과 기타 필요한 사항은 대통령령으로써 정한다.

제2장 저작권

제12조(합저작물) 수인의 합저작에 관한 저작물의 저작권은 각 저작자의 공유에 속한다.

각 저작자의 분담한 부분이 명확하지 않은 경우에 있어서 저작자 중에 그 발행 또는 공연을 거절하는 자가 있을 때에는 그 외의 저작자는 그 자에게 배상함으로써 그 지분을 취득할 수 있다. 단 반대의 계약이 있을 때에는 예외로 한다.

각 저작자의 분담한 부분이 명확한 부분에 있어서 저작자 중에 그 발행 또는 공연을 거절하는 자가 있을 때에는 그 이외의 저작자는 자기의 부분을 분리하여 단독의 저작물로서 발행 또는 공연할 수 있다. 단 반대의 계약이 있을 때에는 예외로 한다.

본조 제2항의 경우에 있어서 발행 또는 공연을 거절한 저작자의 성명은 그 의사에 반하여 그 성명을 그 저작물에 게기할 수 없다.

제13조(촉탁 저작물) 타인의 촉탁에 의하여 저작된 사진초상의 저작권은 그 촉탁자에 속한다.

제14조(귀속권) 저작자는 저작물에 관한 재산적 권리에 관계없이 또한 그 권리의 이전 후에 있어서도 그 저작물의 창작자임을 주장할 권리가 있다.

제15조(공표권) 미공표의 저작물의 저작자는 이를 공표하거나 또는 공표하지 않을 것을 자유로 결정할 권리가 있다.

제16조(원상유지권) 저작자는 저작물에 관한 재산적 권리에 관계없이 또한 그 권리의 이전 후에 있어서도 그 저작물의 내용 또는 제호를 개찬절제 또는 기타 변경을 가하여 그 명예와 성망을 해한 자에게 대하여 이의를 주장할 권리가 있다.

제17조(변경권) 저작자는 그 저작물의 내용형식 및 제호를 변경할 권리가 있다.

제18조(발행권) 저작자는 그 저작물을 발행할 권리가 있다.

제19조(출판권) 저작자는 그 저작물을 출판할 권리가 있다.

제20조(공연권) 저작자는 그 저작물을 공연할 권리가 있다.

저작자의 불명한 저작물로서 아직 발행 또는 공연하지 않은 것은 대통령령의 정하는 바에 의하여 이를 발행 또는 공연할 수 있다.

저작권자의 거소가 불명하거나 또는 대통령이 정하는 사유로 인하여 저작권자와 협의할 수 없을 때에는 대통령령의 정하는 바에 의하여 상당한 보상금을 공탁하고 그 저작물을 발행 또는 공연할 수 있다.

전항의 보상금의 액에 관하여 이의가 있는 자는 법원에 출소할 수 있다.

제21조(연술권) 저작자는 그 저작물을 연술할 권리가 있다.

제22조(방송권) 저작자는 그 저작물의 라디오 또는 테레비죤에 의한 방송을 허락할 권리가 있다.

이미 발행 또는 공연된 저작물을 방송하고저 할 때에는 방송자는 저작권자의 승낙을 얻어야 한다.

전항의 승낙을 얻지 못하고 그 저작물의 방송이 공익상 필요할 때에는 방송자는 대통령령의 정하는 바에 의하여 상당한 보상금을 지급하고 저작물을 방송할 수 있다.

제23조(실시권) 저작자는 그 저작물을 건조 기타의 방법으로 실시할 권리가 있다.

제24조(전람권) 저작자는 그 저작물을 전람할 권리가 있다.

제25조(번역권) 저작자는 그 저작물을 번역할 권리가 있다.

제26조(개작권) 저작자는 그 저작물을 개작할 권리가 있다.

제27조(편집권) 저작자는 그 저작물을 편집할 권리가 있다.

제28조(불차압권) 아직 발행 또는 공연하지 않은 저작물의 원본과 그 저작권은 채권자를 위하여 차압되지 아니한다. 단 저작권자의 승낙이 있는 때에는 예외로 한다.

[14]제29조(저작권의 존속기간) 제14조 내지 제17조의 권리는 영구히 존속된다.

제30조(저작권의 존속기간) 발행 또는 공연한 저작물의 저작권은 저작자의 생존간 및 사후 30년간 존속한다. 수인의 합저작에 관한 저작물의 저작권은 최종 사망자의 사후 30년간 존속한다.

제31조(저작권의 존속기간) 저작자의 사후 발행 또는 공연한 저작권은 발행 또는 공연한 날로부터 30년간 존속된다.

제32조(저작권의 존속기간) 무명 또는 변명 저작물의 저작권은 발행 또는 공연한 날로부터 30년간 존속된다. 단 기간 내에 저작자가 그 실명의 등록을 받을 때에는 제31조의 규정에 의한다.

제33조(저작권의 존속기간) 관공서, 학교, 회사 또는 기타 사회단체가 저작자로서 발행 또는 공연한 저작물의 저작권은 발행 또는 공연한 날로부터 30년간 존속된다.

제34조(저작권의 존속기간) 저작권자가 원저작물 발행일로부터 5년 내에 그 번역물을 발행하지 않을 때에는 그 번역권은 소멸한다.

전항의 기간 내에 저작자가 그 보호를 받고져 하는 국어의 번역물을 발행할 때에는 그 국어의 번역권은 제30조의 규정에 의한다.

제35조(저작권의 존속기간) 사진 저작권은 10년간 존속한다.

사진술에 의하야 적법으로 예술상의 저작물을 복제한 자는 원저작물에 관한 저작권과 동일한 기간 내 본 법의 보호를 받는다. 단 당사자 간에 계약이 있을 때에는 그 계약의 제한에 따른다.

제36조(저작권의 존속기간) 학문적 또는 예술적 저작물 중에 삽입된 사진으로

서 특히 그 저작물을 위하여 저작하였거나 또는 저작시켰을 때에는 그 사진 저작권은 학문적 또는 예술적 저작물의 저작자에 속하고 그 저작권은 그 학문적 또는 예술적 저작권과 동일한 기간 내에 존속한다.

제37조(저작권의 존속기간) 사진에 관한 규정은 사진술과 유사한 방법에 의하여 저작한 저작물에 준용한다.

제38조(저작권의 존속기간) 영화제작권은 독창성을 가진 것에 있어서는 제30조 내지 제33조의 규정을 적용하고 이를 결한 것에 있어서는 제35조의 규정을 준용한다.

제39조(존속기간의 시기) 제30조 내지 제34조의 경우에 있어서 저작권의 기간을 계산함에는 저작자 사망의 해 또는 저작물을 발행 또는 공연한 때의 익년부터 기산한다.

제40조(존속기간의 시기) 사진 저작권의 기간은 그 저작물을 처음으로 발행한 해의 익년부터 기산한다.

만일 발행하지 않을 때에는 원판을 제작한 해의 익년부터 기산한다.

제41조(존속기간의 시기) 책호를 따라 순서로 발행하는 저작물에 관하여서는 제30조 내지 제34조의 기간은 매책 또는 매호 발행일부터 기산한다.

일부분씩 순차로 발행하여 전부 완성한 저작물에 관하여서는 제30조 내지 제34조의 기간은 최종 부분을 발행한 날로부터 기산한다. 단 3년을 경과하고 아직 계속의 부분을 발행하지 않을 때에는 이미 발행하는 부분으로서 최종의 것으로 본다.

제42조(양도권) 저작권은 그 전부 또는 일부를 양도할 수 있다.

저작권의 양도는 번역권의 양도를 포함하지 아니한 것으로 추정한다.

제43조(대항 요건) 저작권의 상속, 양도, 신탁, 입질은 그 등록을 하지 아니하면 이로써 제3자에게 대항될 수 없다.

무명 또는 변명 저작물의 저작자는 현재 저작권의 소유여부의 관계없이 그 실명의 등록을 할 수 있다.

저작자는 현재 그 저작권이 소유여부에 관계없이 그 저작물의 저작 연월일의 등록을 할 수 있다.

무명 또는 변명 저작물의 발행자 또는 공연자는 저작권자에 속하는 권리를 보전할 수 있다. 단 저작자가 그 실명의 등록을 하였을 때에는 예외로 한다.

제44조(등록) 등록은 문교부장관이 이를 관장한다. 등록에 관하여 필요한 사항은 대통령령으로 정한다.

제45조(소멸) 상속인 없는 경우에는 저작권은 소멸된다.

제46조(외국인 저작권) 외국인의 저작권에 대하여서는 조약에 별단의 규정이 있는 것을 제외하고는 본 법의 규정을 적용한다. 단 저작권 보호에 관하여 조약에 규정이 없는 경우에는 국내에 있어서 처음으로 그 저작물을 발행한 자에 한하여 본래의 보호를 받는다.

제3장 출판권과 공연권

[15]제47조(설정) 저작권자는 그 저작물의 출판물을 인수하는 자에 대하여 출판권을 설정할 수 있다.

제48조(출판권자) 출판권자는 설정행위의 정하는 바에 의하여 출판권의 목적인 저작물을 원작 그대로 출판할 권리를 가진다.

출판권자는 출판권을 표시하기 위하여 각 출판물에 저작권자의 검인을 첩부하여야 한다. 단 출판권자가 저작권의 양도를 받은 경우에는 그 취지를 출판물에 표시하여야 한다.

제49조(존속기간) 출판권은 설정행위에 별도로 정함이 없는 한 설정일로부터 3년간 존속한다.

제50조(양도 입질) 출판권자는 저작권자의 동의 없이는 양도 또는 입질할 수 었다(필자 주 | '없다'의 오기).

제51조(출판의무) 출판권자는 특약이 없는 한 출판권 설정일로부터 6월 이내에 저작물을 출판하여야 한다.

출판권자는 특약이 없는 한 저작물을 계속하여 출판하여야 한다.

제52조(통지의무) 출판권자가 출판물을 재판 중판하는 경우에는 저작자로 하여금 수정 증감의 기회를 주기 위하여 사전에 저작자에 그 취지를 통지하여야 한다.

제53조(수정가감권) 저작권자는 각 판의 복제 완료까지 그 저작물에 정당한 범위 내의 수정 증감을 가할 수 있다.

제54조(별도출판권) 저작권자인 저작자가 사망한 때 또는 설정행위에 별도로 정함이 없는 경우에 있어서 출판권 설정 후 3년을 경과한 때에는 저작권자

는 저작물을 전집 기타의 편집물로 집록하거나 또는 전집 기타의 편집물의 일부를 분리하여 별도로 이를 출판할 수 있다.

第55조(소멸통고권) 출판권자가 출판설정 후 6월 이내에 출판을 하지 아니하거나 또는 계속해서 출판을 하지 않을 때에는 저작권자는 6월 이상의 기간을 정하여 그 이행을 최고하고 그 기간 내에 이행하지 않을 때에는 출판권의 소멸을 통고할 수 있다.

출판이 불가능한 경우 또는 출판의사 없음이 명백한 경우에는 즉시로 출판권의 소멸을 통고할 수 있다.

출판권의 소멸을 통고한 경우에는 통고한 때에 출판권이 소멸한다.

第56조(소멸청구권) 저작권자는 전조의 경우에 언제든지 원상회복을 청구하거나 또는 출판을 중지함으로 인한 손해의 배상을 청구할 수 있다.

第57조(대항 요건) 출판권의 득상, 변경 및 입질은 그 등록을 하지 아니하면 이로써 제삼자에 대항할 수 없다.

제44조의 규정은 출판권의 등록에 이를 준용한다.

第58조(침해) 출판권의 침해에 대하여서는 본 법 중 제64조의 규정을 제외하고는 저작권 침해에 관한 규정을 준용한다.

第59조(공연권) 저작권자는 그 저작물의 공연을 인수하는 자에 대하여 공연권을 설정할 수 있다.

第60조(공연권) 공연권자는 설정행위의 정하는 바에 의하여 공연권의 목적인 저작물을 원작 그대로 공연할 권리를 가진다.

第61조(공연권) 공연권 설정에 관하여서는 본 장 출판권 설정의 규정을 준용한다. 단 제49조의 준용에 있어서 그 기간은 1년으로 한다.

제4장 저작권 침해

第62조(민법 기타 법령의 준용) 저작권을 침해한 행위에 대하여서는 본 법에 특별한 규정이 있는 경우 외에는 민법 기타의 법령을 준용한다.

第63조(부정출판물의 부수 추정) 저작자의 승낙 없이 저작물을 출판하거나 제48조제2항의 규정에 위반하여 저작자의 검인 없이 저작물을 출판한 때에 부정출판물의 부수를 산정하기 어려운 때에는 이를 3000부로 추정한다.

第64조(비침해행위) 이미 발행된 저작물을 좌의 방법에 의하여 복제하는 것은 이를 저작권 침해로 보지 않는다.

1. 발행할 의사 없이 기계적 또는 화학적 방법에 의하지 아니하고 복제하는 것.
2. 자기의 저작물 중에 정당한 범위 내에 있어서 절록 인용하는 것.
3. 교과용 도서의 목적을 위하여 정당한 범위 내에서 발췌 수집(蒐輯)하는 것.
4. 학문적 또는 예술적 저작물의 문구를 자기가 저작한 각본에 삽입하거나 악보에 충용하는 것.
5. 학문적 또는 예술적 저작물을 설명하는 자료로써 학문적 또는 예술적 저작물을 삽입한 것.
6. 회화를 조각물 모형으로 제작하고 또는 조각물 모형을 회화로 제작하는 것.
7. 각본 또는 악보를 교육을 목적으로 하여 공연하거나 또는 공연을 방송하는 것.
8. 음반, 녹음필림 등을 공연 또는 방송의 용에 [16]공하는 것. 본조의 경우에 있어서는 그 출소를 명시하여야 한다. 단 전항 제3호의 경우에는 예외로 한다.

제65조(침해행위) 좌의 각호의 1에 해당할 때에는 이를 저작권 침해로 본다.

1. 저작권을 침해한 저작물을 수입하여 국내에서 발매 배포하는 것.
2. 연습용을 위하여 저작된 문제의 해답서를 발행하는 것.

제66조(이득 반환 의무) 선의이며 또한 과실 없이 저작권을 침해하여 이익을 받음으로써 타인에게 손실을 가한 자는 그 이익이 현존하는 한도에 있어서 이를 반환하여야 한다.

제67조(합저작자) 수인의 합저작에 관한 저작물의 저작권 침해에 대하여서는 다른 저작권자의 동의 없이 고소를 하고 자기의 지분에 대한 손해의 배상을 청구하고 또는 자기의 지분에 응하여 전조의 이익의 반환을 청구할 수 있다.

제68조(임시처분) 저작권 침해에 관하여 민사의 출소 또는 형사의 기소가 있을 때에는 법원은 원고 또는 고소인의 신청에 의하여 보증을 세우거나 또는 세우지 않게 하고 임시로 저작권 침해의 의심 있는 저작물의 발매 배포를 금지하고 또는 이를 차압 혹은 그 공연을 금지시킬 수 있다.

전항의 경우에 있어서 저작권의 침해가 없다는 뜻의 판결이 확정한 때에는 신청자는 금지 또는 차압으로 인하여 발생한 손해를 배상하여야 한다.

제5장 벌칙

제69조(저작인격권의 침해) 제14조, 제16조의 규정에 위반하여 저작자의 명예를 훼손시킨 자는 6월 이하의 징역 또는 10만 환 이하의 벌금에 처한다.

제70조(부정발행) 저작자가 아닌 자의 성명 칭호를 부하여 저작물을 발행한 자는 50만 환 이하의 벌금에 처한다.

제71조(부정출판·공연) 저작권을 침해하여 저작물을 출판 또는 공연한 자는 1년 이하의 징역에 처한다.

제48조제2항의 규정에 위반한 자는 전항과 같다. 전 2항의 경우에는 50만 환 이하의 벌금을 병과할 수 있다.

제1항 제2항의 저작물을 그 정을 알고 이를 발매 또는 배포한 자는 6월 이하의 징역 또는 20만 환 이하의 벌금에 처한다.

제72조(출처 불명시) 제64조제2항의 규정에 위반하여 출소를 명시하지 않고 복제한 자는 10만 환 이하의 벌금에 처한다.

제73조(허위등록) 허위의 등록을 한 자는 6월 이하의 징역 또는 20만 환 이하의 벌금에 처한다.

제74조(몰수) 저작권을 침해한 저작물은 저작권 침해자, 인쇄자, 발매자 및 배부자의 소유인 경우에 한하여 이를 몰수한다.

제75조(친고) 본장에 규정한 죄는 피해자의 고소를 기다려 그 죄를 논한다. 단 제69조의 경우에 있어서 저작자가 사망한 때와 제70조, 제73조의 경우에 있어서는 예외로 한다.

부 칙

본 법은 공포일로부터 시행한다.

단기 4278년 8월 15일 이전에 국어 또는 한문으로 된 저작물에 관한 저작권 양도 계약은 이를 무효로 한다.

'저작권법을 조선에 시행하는 데 관한 건'은 이를 폐지한다.

본 법 공포일 전에 이에 각 출판물의 판매소에 배부된 출판물로서 제48조제2항의 규정에 위반한 출판물은 본 법 공포일로부터 3월 이내에 제48조제2항의 요건을 구비하여야 한다.

대개 축조 낭독해 드렸고 그 가운데에서 공청회 당시의 저작권자와 출판권자와의 의견의 차이를 말씀드리겠습니다.

그 점은 제33조 저작자의 존속기간에 있어서 논의가 되었던 것입니다. 다른 부문에 있어서는 별로 대립된 점이 없었으나 그 점에 있어서 대립된 것은 그것은 우리나라는 30년으로 했는데 애당초 일부 저작권자는 외국의 예에 의해서 50년 내지 60년을 주장하고 출판업자는 30년 내지 20년을 주장했던 것입니다. 그래서 장구한 시간을 통해서 서로 의견 타협한 결과 현재 외국의 실례를 보면 영국에는 50년, 미국은 56년, 부라질은 60년, 독일은 50년 이렀읍니다.

그래서 저작권자 측에서 양해를 얻었다고 그럴까요, 그렇게 이해를 얻어서 출판업자도 좋다고 그러고 첫째로서는 저작권자 측에서 양보를 했기 때문에 37조의 존속기간은 30년으로 한 것을 그 날 회의경과를 말씀드려 둡니다.

○**부의장 이재학** 조영규 의원 말씀하세요.

○**조영규 의원** 대한민국의 예술문화를 위해서 [17]여태까지 공백 상태에 있던 이 저작권법이 상정된 것은 대한민국의 앞날의 예술문화의 발전에 기여한 바 크다고 해서 경하하여 마지않습니다.

그런데 여기에 약간의…… 제가 전문가가 아니기 때문에 모르는 점이 있어서 질의하겠읍니다.

이 제5조에 있어서 이렇게 되어 있읍니다. '(저작자) 타인의 저작물을 그 창작자의 동의를 얻어 번역 또는 개작 편집한 자는 원저작자의 권리를 해치 않는 범위 내에 있어서 이를 본 법에 의한 저작자로 본다.'

내 이것을 잘 모르겠어요. 이것이 묘하게 해석을 하면, 즉 말하자면 번역을 해서 개작 또는 편집한 자는 원저작자의 권리를 해치지 않는 범위 내에서 괜찮다고 그러면 나는 해치지 않는 범위 내에서 해라 이렇게 된다면 진실된 저작권자의 진실한 보장이 잘 되지 않지 않을까 해서 여기에 대해서 한 가지 묻습니다.

그다음에 '제7조(저작권) 본 법에서 저작권이라 함은 저작자가 그 저작물

위에 가지고 있는 일체의……', 첫째에 위에라는 것을 모르겠에요. 저작물 외인가 위인가를 잘 모르겠에요. '……가지고 있는 일체의 인격적 및 재산적 권리를 말한다', 그리고 그 뒤에 저작권법안 요강이라 해서 여기에 저작의 설명이 있는데 거기에 본다면 제3으로 해서 '저작권의 본질' 해 가지고서 '저작권의 본질에 관하여는 재산권설과 인격권설이 대립하여 있으나 불국 저작권법의 예에 따라 이원설을 취하여 저작인격권과 저작재산권을 공인하였다', 이 불란서 것을 제7조에 이용했다 이것입니다.

그런데 여기에 대해서 내 이원설의 근거라든지 이러한 것을 잘 모릅니다.

그래서 내 인격적 및…… 나는 머리가 단순해서 그런지 모르되 이 저작권에 있어서 인격을 존중한다, 인격까지를 존중한다, 그런 법률로 했다, 우리는 썩 잘 만든 것이다.

그다음에 제11조 이 저작권심의회 문제입니다.

그런데 이 저작권심의회라는 것은 '주무장관의 자문에 응하고……' 이렇게 되어 있는데 과연 이 심의회를 둘 필요가 있는가, 이 심의회가 만약에, 대한민국의 모든 것은, 지금까지의 전례로 봐서 모든 것은 민권 이것은 점점 짓밟혀 가고 관권이, 관의 자행하는 행위가 민권을 억압하는 그런 방향으로 나오는데 심의위원회 운운하는 것이 문교부장관의 자문에 의한 그 문교부장관 주무장관인 여기에 속하면 정말 이야말로 관에 의해서 저작권에 대한 심의 운운하는 것도 민권이 말살이 되지 않을까?

여기에 따라서 또 한 가지 여기에 관련된 것이 하나 있습니다.

그것은 무엇이냐? 제20조에 가 가지고 이렇게 있에요. 중간에 가서 '저작권자와 협의할 수 없을 때에는 대통령령의 정하는 바에 의하여 상당한 보상금을 공탁하고 그 저작물을 발행 또는 공연할 수 있다'…… 앞서 이야기는 이것입니다, '저작권의……', 선후가 뒤바뀌였읍니다. '저작권자의 주소가 불분명하거나 또는 대통령령의 정하는 바에 의하여……' 이런데 여기에 보면 대통령령이 대한민국의 존엄한 저작권법안 이 법안보다는 우위에 있다 이것이에요. 우위에 있에요. 나는 그런 느낌을 갖는다 이것이에요. 여기에 대해서 해명해 주시기 바랍니다. 법률보다도 대통령령이 우위에 있어 가지고 대통령령으로 나가서 마음대로 할 수 있는 것 같은 그런 인상을 주는 이런 법률은 좋지 않은 법률이 아닌가 하는 그런 감을 가지고 있읍니다. 여기에 대해서 설명을 해 주시기 바랍니다.

또 제22조를 본다고 하더라도 그래요 '방송권'이라 그래 가지고 이렇게 되어 있읍니다. '저작자는 그 저작물의 라디오 또는 테레비쫀 방송을 허락할 권리가 있다.', 허락할 권리가 있다면 허락 안 할 수 있다 이것이에요.

그런데 '이미 발행 또는 공연된 저작물을 방송하고저 할 때에는 방송자는 저작자의 승낙을 얻어야 한다.' 여기까지는 좋습니다. '전항의 승낙을 얻지 못하고 그 저작물의 방송이 공익상 필요할 때에는 방송자는 대통령령의 정하는 바에 의해서 상당한 보상금을 지급하고 저작물을 방송할 수 있다.', 이것 전부 이 모양이에요.

대통령령이면 이 저작권이나 저작권법률도 다 소용이 없어! 이것 될 말이야 그런 말이야! '령'이라는 것은 의례히 법률 밑에 가서 붙어 다니는 것이지 법률 위에 가서 붙는 것이 아니라 말이에요. 자법이 모법을 능가하는 것 같은, 이래 가지고야 되겠느냐 이런 말이에요. 적어도 입법자로서는 그 법률의 부족한 점을 보충하기 위해서 대통령령으로서 이것을 정한다 이것은 좋은데 말이지 이 법률의 전항에 가서 이렇게 이렇게 해서 저작권자의 승낙을 얻지 않고는 안 된다 이렇게 되어 있다 말이에요.

그렇다면 이 아까 말씀한 제5조 여기에 대해서 나는 그렇게 인격을, 인격까지를 존중하게 되었[18]는데 이 번역, 개작, 또는 편집할 때에는 원작자의 권리를 해치지 않는 정도에서는 어떻게 해도 괜찮다고 하는 인상을 주고 있는데 여기에 대해서 설명을 해 주시기를 바랍니다.

안 된다고 되어 있는데 명목 부치기는 '방송이 공익상 필요하다', 핑계는 잘 부쳤어. 무엇이든지 이것은 '공익상 필요하다' 이거 부쳐 놓고 말이지 저작권을 갖다가 마음대로 침해할 수 있는 대통령령이면 다 되는 것과 같은 법령을 만들었다는 것은 유감스럽다 말이에요. 여기에 대해서 설명 좀 해 주세요.

그렇지 않어도 제가 질문할려고 그랬더니 이존화 의원이 말씀 잘했읍니다. 저작권의 존속기간에 대해서 얘기입니다. 30년이라 외국은 50년, 56년, 60년 이런데 대한민국은 30년이라 나는 대한민국은 300년쯤 해야 될 줄 압니다. 왜 그러냐 하며는 저작권자가 출판업자에게 그 권리를 팔어, 그러며는 한 건에 대해서 얼마씩 받는다 요것 이렇게 나가요. 그런데 대한민국은 어쩌냐, 외국에 비해서 화폐가치가 변화무상한 것이라 화폐가치는 저락일로, 대개 1년

이며는 배액 정도 자꾸 떨어져 가는 그런 대한민국의 실태라 그것이에요. 금년에…… 그러면 책 장사는 책값을 어쩔 수 있느냐 하며는 책 장사는 책값을 올릴 수 있읍니다. 물가 올라가면 관영요금 인상이라든지 화폐발행을 많이 한다든지 이러며는 올릴 수 있어요. 개정 정가라 해 가지고 딱지 하나만 붙여 가지고 비싸게 팔어먹을 수 있어.

그러나 저작권자가 출판업자와 한번 이것은 한 부에 대해서 얼마라든지 계약을 한다든지 할 것 같으며는 아마 장삿속으로 돈속으로는 아마 이 학자 샛님 꾸짖는 분보다는 이 출판업자가 몇십 배 영리합니다.

그렇기 때문에 돈 액수로 만약에 정한다, 몇분지 1 이런 퍼센테이지로 정하다면 좋겠지만 개중에는 퍼센테이지가 아니고 '액수로만 내가 정해야 내 출판을 하겠소' 이런 경우가 생긴다 할 경우에는 화폐가치는 나날이 떨어져 가니 대한민국에 있어서는 적어도 30년을 불구하고 한 300년쯤 해야 되겠다 그것이에요.

또한 대한민국의 이와 같이 오늘날의 이 현상이 저작권자에 대해서 소위 문학이나 예술을 하는 사람에 대해서 정부가 하등에 보장된 바가 없어 이런 가운데에 저작권 하나라도 이것을 팔아먹고 이것을 울궈먹어야 요새 50환짜리 100환씩 올라간 구공탄 하나라도 때서 가족이 떨지 않고 살 수 있는 이 처량한 대한민국의 이 예술인을 위해서 말이지요 조금이라도 더 보아주는 그런 방법으로 나가지 못한다 그것입니다.

그렇기 때문에 여기에 있어서 30년을 하필 규정한 것은 마치 대한민국 국회도 아까 이존화 의원이 말한 것과 같이 저작권자의 강경한 반대가 있음에도 불구하고 출판업자에게 양보를 했다 하는 얘기를 들을 때에 아주 불유쾌합니다. 이것 불유쾌한 중에도 아주 불유쾌해요.

대한민국은 모두 돈 많은 사람에게 예술을 한다는 사람들이 마음대로 사용당하고 짓밟히는 이런 경향을 볼 때에, 이것도 또한 오늘날의 이와 같은 악현상에 하나가 나왔다 이렇게 볼 때에 대단히 유감스럽게 생각하는 동시에 30년으로 왜 했느냐, 꼭 하지 않으면 안 된다는 그 필요성을 어디에서 느껴서 이것을 30년으로 정했느냐 하는 것을 질문합니다.

그다음에 37조에 있어서 저작권의 존속기간이라 해 가지고 '사진에 관한 규정은 사진술과 유사한 방법에 의하여 제작한 저작물에 준용한다.', 그런데 이 유사한 방법이라는 것을 좀 설명해 주시기 바랍니다.

또 38조에 있어 가지고 저작권의 존속기간 그래 가지고 '영화저작권은 독창성을 가진 것에 있어서는 제30조 내지 33조의 규정을 적용하고 이를 운운'한 그런 것이 있습니다.

'이를 결한 것에 있어서는 제35조의 규정을 준용한다' 하는데 독창성을 가진 것이라는 것은 기록영화나 이런 것을 뺀 기록영화 이외의 것을 말하는 것입니다. 요것을 설명해 주시기 바랍니다.

그다음에 43조에 있어 가지고 말항에 있어 가지고 '무명 또는 변명 저작물의 발행자 또는 공연자는 저작권자에 속하는 권리를 보전할 수 있다. 단 저작자가 그 실명의 등록을 하였을 때에는 예외로 한다.' 여기에 대해서 잘 모르겠습니다. 무슨 말씀인지 여기에 대해서 설명해 주시기 바랍니다.

그다음에 45조 소멸입니다. '상속인이 없는 경우에는 저작권은 소멸된다.' 이렇게 되었는데 요것은 여러 가지 법제사법위원회 같은 에서(필자 주 | '데에서'의 오기인 듯) 연구를 해 보셨는지 과연 이 상속인 관계에 대해서는 이것을 좀 설명해 주시기 바랍니다.

상속인이 없다 할 때에는 그 저작권이 소멸된다는데 이것은 법제사법위원장이, 미안하시지만[19]요 상속법 관계니까 요런 경우에는 어떻게 될 것인가 또는 만약에 상속인이 없어 가지고 이렇게 되는 경우에 정말 그 근친자라도 이 혜택을 받든가 또는 이것이 어떠한 공공한 데에 그 저작권이 사용이 되는 그런 방향을 연구하지 않고 상속인이 없을 때에는 소멸된다 하며는 저작권자의 그 시 막히는 것을 출판업자는 아마 항상 희망하고 있을 것입니다.

그런 의미에 있어서라도 이와 같은 것은 좀 조금 더 여기에 대해서 다른 것을 생각해 보신 일이 없는가 또는 논의된 일이 없는가 하는 것을 여쭈어 봅니다.

다음에도 물을 말씀이 많습니다마는 혼자 너무 길게 물어서 나중 것은 다른 분이 질문해 주실 줄 알고 이 정도 마치겠습니다.

○부의장 이재학 답변하세요.

○문교위원장대리 이존화 조영규 의원께서 저작권자를 옹호하는 의미에서 많이 질

문을 해 주셔서 대단히 감사합니다.

우선 제가 기록한 것을 설명해 드리고 그 다음에 빠진 것이 있으면 다시 추가해서 말씀을 드리겠습니다.

첫째 번, 제5조에…… 5조1항 후란에 가서 '원저작자의 권리를 해치 않는 범위 내에 있어서 이를 본 법에 의한 저작자로 본다.' 그 얘기를 결국 그렇게 되며는 조 의원의 말씀은 왜 저작자가 원창작자의 행동에 대해 가지고 본의 아닌 피해를 입을 염려가 있지 않느냐 하는 그런 생각이신데, 그렇기 때문에 그 5항 자체 항목에 있어서…… 거기에 있습니다.

반드시 저작물을 그 창작자의 동의를 얻어요 하는 문제가 들어 있기 때문에 반드시 그 저작권자가 창작자하고 대개 의견이 달러질 수가 없는 것입니다. 사전 반드시 타합을 보고 하기 때문에, 동의를 얻어 가지고 하기 때문에 거기에 의견 차이가 나지 않으리라고 봅니다.

그다음에 제7조에 가서 인격권 재산권 두 가지를 말씀했는데 이 점에 대해서는 벌써 저작권에 대한 본질을 논한 문제인데 이것은 인격권론과 재산권론 두 논이 있읍니다. 그래서 이것이 그 동안 여러 가지 학설을 가지고 논해 오던 결과 최근 세계적으로 공통되어 있는 것이 인격권과 재산권 두 가지가 합해저 현정되어 있는 것입니다. 그러니까 그것은 우리나라에서도 어느 한 가지로만 규정하는 것이 아니라 본래부터 인격권으로 해 내려오다가 어느 때에는 또 재산권으로 해 내려오다가 그것이 인격권이냐 재산권이냐 싸우는 가운데 최근에 있어서 세계 저작권 국제회의에서는 인격권과 재산권이 두 가지가 합해 있는 것으로 되어 있읍니다. 그리고 우리나라에서도 저작권자를 완전히 권리를 보호하기 위해서 두 가지 이원론을 취해서 규정되어 있는 것입니다.

그다음에 제11조 심의회라고 하는 것은 도리어 저작권자에 피해를 주지 않느냐 그렇게 염려해서 말씀을 하셨는데 그 점 저도 충분히 이해합니다. 그래서 나쁜 면에서 해석하면 그 심의회라고 하는 자체가 저작권자에 피해를 줄 수도 있읍니다마는 이 심의회를 둔다는 것은 까딱하면 모든 조항에 있어서 요새 우리나라 현 실정으로 보아서 관권의 간섭이 있던가 또는 그렇지 않으면 저작권자 내지 출판업자의 사이에 분쟁이 있어서 그야말로 점잔하고 순수한 저작권자들이 피해를 입을까 우려해서 그 보조기관으로 되어 있는 것입니다.

물론 그 설치되어 있는 기관을 악용해 가지고 피해를 입는다고 하는 특례의 사실이 생길는지도 모르지만 그런 예가 생긴다는 것은 우리가 예외로 하더라도 어디까지나 학자들이라는 것은 말을 침묵을 지키고 자기가 자기를 겸손하기 때문에 이 심의회를 통해서 도와주자는 의미에서 보조기관을 둔 것입니다. 그렇기 때문에 이 2항에 가서 덕망 있는 저작자로서 구성한다 이랬읍니다.

애초에는 여기 출판업자는 출판업자도 들어가야 된다는 의견을 제시했읍니다마는 우리 문교위원회에서나 법제사법위원회에서 상의한 결과에 출판업자를 개입시켜 놓으면 저작권자인, 즉 학자들이 피해를 입으니까 순 저작자로서 조직해야 된다고 생각했기 때문에 이것은 어디까지나 보호기관입니다. 대단히 감사합니다.

그다음에 20조에 대통령령을 말씀하셨는데 이것은 물론 법률을 정해 놓고 대통령령으로 딴 항을 만들면 도리어 법이 령에 제한을 받을 염려가 있지 않느냐 그런 말씀도 하실 수 있고 또 법이라는 것은 이론적으로 따지면 그런 점이 발견될 수도 있는 것입니다.

그러면 소위 법을 만드는 데 있어서 이러한 자세한 세칙을 법에 넣을 수도 없으려니와 이것은 여기에 써 있는 바와 같이 불분명한 저작자로서, 말하자면 저작자가 누구인지 조사할 수도 있고 신고도 안 되어서 알 도리가 없기 때문에 그대로 [20]방치해 두면 이것이 내나 네나 서로 아무나 해 가지고 도리어 이 저작권 발행 또는 출판계에 문란을 가져오고 분쟁을 이루기 때문에 이것은 사회질서를 유지하는 데 있어서 절대 필요하다고 생각되는 것입니다.

그다음에 마 20조는 그런 것이고, 그다음에 22조 '방송이 공익상 필요할 때에는 대통령령의 정하는 바에 의하여……' 그렇게 말씀하신 점을 지적하셨는데 그러면 공익상에 어떠한 것이 필요하느냐 하는 것은 말하자면 말할 수 있을 것입니다. 코에 걸면 코걸이 귀에 걸면 귀걸이라고 해 가지고 이것을 시비할 수 있읍니다마는 우리가 여기서 법을 만드는 데에 있어서 조영규 의원의 세밀하시고 치밀하신 점은 저는 감사의 의를 표합니다마는 법을 제법(制法)하는 데에 있어서 어디까지나 사회적으로 또는 도의적인 면에 있어서 공정적이고 정상적인 얘기를 가지고 논의하는 것이지 거기에 세부적 변질적인 이런 작란 같은 것이 나온 것은 우리는 논의할 수 없는 것입니다.

그렇기 때문에 이것은 내가 얘기하는 것은 단지 누가 보더라도 어느 제3자가 보더라도 이 작품은 불순하다 이 작품은 부정하다 그래서 대통령령으로 행정부에서 이것은 나쁘다고 해서 간섭할 수도 있지만 이것을 마 그렇게 볼 수 있어요. 그러나 그것은 누가 보더라도 우리가…… 무식한 사람을 보면 몰라도 전문가인 학자들이 볼 것 같으면 알 수 있는 정도의 얘기이기 때문에 그 점은 이해해 주기를 말씀드리는 것입니다.

그다음에 30조 존속기간을 가지고 대단히 좋은 말씀을 해 주셔서, 저도 이 조항에 있어서 30년이나 또는 50년이나 조영규 의원 말씀과 같이 300년이고 저는 고집하지 않겠읍니다. 않겠는데 다른 나라에 있어서 영국도 50년, 미국은 56년, 부라질이 50년, 독일이 50년인데 왜 우리나라 하필 약한 저작자에게만 30년으로 하느냐, 대단히 좋은 말씀이세요. 그래서 먼저 70명이라는 다대수의, 학자 및 출판업자 약 70명이 모였읍니다. 그래 가지고 온종일 공청회를 열고 토의를 했는데 될 수 있으면 학자들이 말씀을 잘 안 해요.

그리고 출판업자가 너무 길으니까 15년으로 하자 20년으로 하자는 여러 가지 논이 나왔는데 나중에 물으니까 그때에는 우리나라의 소위 유명한 거물적인 학자들이 다 오셨는데 '너무 50년이 길다, 왜 그러냐 하면 그렇게 길게 하면 나중에 뒤에 가서 그놈이 혼란이 나서 분쟁이 날 우려가 있으니 30년 정도로 했으면 좋겠습니다' 해서 출판업자의 의견을 저작권자가 받아들인 것이 아니라 저작권자 학자들이 자기 자체에서 저작권자들 자체가 이것은 너무 길으므로써 지루한 분쟁이 날는지 모르니까 30년으로 해 주십사 하는 오로지 일방적인 저작권자들의 의견을 받아들인 것입니다. 이 점을 조영규 의원께서 이해하셔서, 30년은 저도 고집하지 않겠읍니다. 50년도 좋고 30년도 좋고 자구수정 때에 받아들이겠읍니다.

그다음에 37조 유사한 방법은 무엇이냐 하면 마 여러 가지 말할 수 있지만 우선 청사진이라든지 기타 복사도본 같은 것, 청사 같은 것은 이 종류에 들어갈 것입니다.

그리고 38조 독창성이라는 것 이 기록영화 같은 것이 독창성이냐 하는데 마 기록영화 같은 것은 영화인들 그분에게 물어보았고 저도 생각해 봤는데 기록영화 같은 것은 독창성이 없는 것이라고 보고 있읍니다.

그다음에 43조 말씀을 많이 하셨는데 이 점은 우리가 그렇게 볼 수 있지 않어요. 저작자들이 이름을 안 내는 저작물도 있고 본래는 저작자의 이 저작권은 적어도 자기 생존과 사후 30년, 적어도 오륙십 년이 계속되는 동안 변명하는 때도 있어요, 자기의 이름을. 그래서 그러한, 그런 일이 없으면 좋겠지만 그러한 일이 없다고 보증할 수 없기 때문에 만일에 그런 일이 있을 때에는 어떻게 하느냐 하는 그러한 한계를 세밀히 해 놓느라고 해 논 것입니다.

그다음에 44조는 법제사법위원회에서 법제사법위원장이 말씀해 주세요. 저는 않기로 했읍니다.

그다음에는…… 그뿐이지요?

저의 답변은 이것으로 끝났읍니다.

○**부의장 이재학** 법제사법위원장 말씀하시겠어요?

○**법제사법위원장 박세경** 조영규 의원께서 질문하신 제45조의 저작권자의 상속인이 없는 경우에 저작권이 소멸해서 쓰겠느냐, 그 원친이 있거나 그 친척이 있으면 그 친척이 상속할 수 있는 무슨 규정이 필요하지 않겠느냐, 뿐만 아니라 이 소멸하지 않고 이러한 저작권은 공익사업을 위해서 공익을 위하는 어떤 단체라든지 이러한 데 양도할 수 있는 규정이 필요하지 않느냐 그러한 질문이신 것 같습니다.

그런데 여기에 상속인이 없는 경우라는 것은 가족상속과 유산상속을 지칭해 가지고 상당한 광[21]범위의 친척을 얘기하고 있는 것이니까 친척이 전연 없는 경우에 그래서 상속인이 없는 경우에는 이 저작권은 보호할 대상이 되지 않는다 이렇게 보는 것입니다.

아까 30조에 있어서 저작권이 저작자의 생존기간 및 사후 30년까지는 보호하는 규정이 30년간 있는데 그러면 사후 30년 후에는 이 저작권은 어떻게 되느냐 하면 이것은 일반 누구든지 다 출판을 해서 문화사업에 공헌할 수 있다 이렇게 만들어 가지고 있는 것입니다. 그래서 상속인이 없는 것은 사후 죽은 뒤에 30년이 지낸 뒤의 저작물과 같이 취급하는 것이 좋다 이렇게 해서 이렇게 규정이 되어 가지고 있읍니다.

우리가 이 저작권을 심의하는 데 있어서 가장 이원적으로 원칙이 저희 두뇌에서 머리에 도는 것은 이 저작권자를 또 어떻게든지 보호를 해 주어야 되겠다고 하는 것이 첫째, 이 저작권의 중요한 원칙의 하나인 동시에 그다음에 지나치게 저작권자를 보호하는 반면에 문화 면에 출판 면에 있어서 일반 국민에 있어서 이 출판에 지장이 있어 가지고 모든 사람 공급이 원활하게 되지 않으면 아니 될 것이다 이래 가지고 일반 저작권자를 보호하는 반면에 이 출판물이 대체적으로 전부 공급되는 방향으로 나가야 되겠다 이러한 두 가지 원칙하에서 조절을 하고 이 법안을 저희 위원회에서 심의하게 된 것입니다.

만일 이 45조에 '상속인이 없는 경우에' 이 조문이 없다고 하면 이것은 민법에 의해서 무주물, 주인이 없는 물건은 국고의 소속에 귀착된다는 민법이 적용이 될 것입니다마는 이 조항이 있음으로 해서 누구든지 출판업자는 출판할 수가 있다 이러한 견해로 해석이 되는 것입니다. 그래서 여기에 대해서는 별 이의 없이 납득해 주실 줄로 믿는 것입니다.

○**부의장 이재학** 손도심 의원 나오세요.

○**손도심 의원** 사회적 지위로나 경제적 조건으로 현재 대한민국에서 열등한 지위에 처해 있는 문화인을 보호 우대하기 위해서 이렇게 체계가 서 있는 저작권법을 기초하신 문교위원회의 여러 선배 의원들께 경의를 표합니다.

그런 법이 벌써 나왔어야 할 것을 여태 못 나왔던 것을 유감으로 생각하던 제가 이제 이런 법이 나온 것을 보고 대단히 기쁜 마음도 있고 그래 대체적으로 좋습니다마는 좀 의견을 달리하는 바도 있고 그 토의에 제가 위원회가 달라서 참가 못 한 일도 있어서 혹시 닿지 않은 말인지도 모르겠읍니다만 의문된 몇 가지 말씀을 질문하겠읍니다.

이 법안의 제2조에 볼 것 같으면 '여하를 막론하고 문서, 연술, 회화, 조각, 공예……' 이렇게 쭉 내려갔는데 여기에 지도라는 데가 있는데 지도라는 것을 저작권을 인정을 해 가지고 이 법안에 되어 있는 이 내용대로 보호를 할 것 같으면 큰 곤란이 일어나지 않느냐?

현재 우리나라에서 아직 지도를 제작하는 이런 일이 독립적으로 자기 창의에 의해서 제작해 가지고 이것을 반포하는 이런 단계에 도달되지 않었는데 실정으로 볼 것 같으면 외국의 유수한 지도를 먼저 우리나라 한글이나 한문을 넣어서 먼저 박어 낸 출판사, 이 약빠른 출판사나 이런 출판업자 이런 사람의 이익을 옹호해 주는 결과가 되지 않겠느냐, 그래 지도 조항 이것에 대해서

지도를 넣게 된 이야기 이에 대해서 좀 설명해 주시기 바랍니다.

외려 지도를 넣어서 이렇게 보호를 할 것 같으면 나중에 정말 지도를 만들려고 그러는 학술적인 양심에 의해서 만들려 그러는 그런 사람에게 이미 출판되어 있는 사람의 권리가 우위에 있기 때문에 손해가 가지 않느냐 이러한 생각을 합니다.

그다음에 맨 밑창에 가서 녹음필림 이야기가 있읍니다. 녹음필림은 구체적으로 뭣을 의미하는 것이냐, 이것을 암만 생각해도 저는 해득을 못했어요. 음반이 따로 있고 연술 강연한 것에 대한 이야기가 따로히 있고 가창이 따로 있고 뭐 이렇게 따로 있는데, 영화가 따로 있고…… 그런데 여기에 녹음필림은 뭣을 의미하는 것이냐 요것을 좀 설명해 주시기 바랍니다.

외려 여기에 한 가지 들어가야 할 것이 안 들어가지 않었느냐, 나중에 뒤에 조문에도 나옵니다만 편집, 편집권에 대해서 인정을 안 하고 그냥 예를 들구서는 '기타……' 이래 버렸는데 편집이 기타에 드느냐 그것을 똑똑히 말씀해 주시기 바랍니다.

그다음에 제3조제1항에…… 제3조 '좌에 기재한 것은 이를 본 법에 의한 저작물로 보지 않는다.', 그러니깐 본 법에서 저작물이라 취급을 해서 보호를 하지 않는다 그런 의미인데 '법률 명령 및 관공서 문서의 본문' 이것은 저작물로 본 법에서 저작물로 취급을 하지 않는다 그랬는데 [22]그 밑창에 '단 내비중인 것은 예외로 한다.' 그랬으니 내비 중인 것, 비문서는 저작권을 인정한다는 말인지 그렇지 않으면 비문서가 많이 우리나라에 비자 문서가 많이 출판되어서 거진 비자가 부끄러울 만치 아무에게나 배부가 되는데 비문서에 대해서는 출판권을 인정을 한다는 말인지 그렇지 않으면 비문서는 아무나 출판해도 괜찮다는 말인지 요것에 대해서 답변해 주시기 바랍니다.

그다음 3항 '신문 또는 잡지에 게재된 잡보', 잡보라 이렇게 해 놨는데 이렇게 되면 신문사나 또는 잡지사에서 까딱하면 권한침해를, 권리침해를 많이 당할 우려가 있지 않느냐, 이런 정도는…… 잡보라 이렇게 되어 놓으면, 잡보라 이렇게 막연히 해 놓으면 이것은 곤란하지 않느냐, 이것은 좀 규정이 필요하지 않느냐 이런 생각을 합니다.

그다음 4항에 공개된 연술, 국회 지방의회에서의 연술, 이 연술에 대해서는 저작권을 인정하지 않는다. 그런데 이것은 좀 범위를 좀 더 확대해서 연술

관계는, 가령 정치가의 공중집합에서 강연이라든지 연술 이런 정도는 다 여기에 포함시키는 것이 오히려 낫지 않었느냐 이런 생각인데 거기에 대해서 문교위원회의 의견은 어떨지 그것을 여쭈어 보는 것입니다.

그다음 제11조에 저작권심의회 문제인데 6페이지에 가서 '저작권심의회는 덕망 있는 저작자로서 구성한다' 이것은 저작권심의회의 구성이 근본적으로 잘못된 것이라고 생각이 됩니다. 저작문제에 있어서는 이것이 점잖은 분을 찾는 것이 아니고 제일 중요한 것은 저작에 대해서 잘 아는 이해관계가 있고 저작을 많이 했다든지 그런 실적이 있는 사람을 넣어야지 덕망 있는 분으로 넣는다 이러면 오히려 여기에는, 여기에 인제 정치성이 가미될 우려가 많이 있고 인사의 불공정을 초래할 수 있는 이런 잘못된 조건이 아닐까 이것에 대해서 답변해 주시기를 바랍니다.

그다음 '제13조(촉탁 저작물) 타인의 촉탁에 의하여 저작된 사진 초상의 저작권은 그 촉탁자에 속한다.' 이런 이야기가 있는데 이것 외국의 예가 어떨지, 가령 미국이나 영국 불란서 이런 데에 예에 사진이 어떻게 되는지 모르겠읍니다마는 제가 알고 있는 바에 의할 것 같으면 이렇게 되면 곤란합니다.

가령 예를 들면 포스타에 가령 어느 사람 사진이 난다. 얼굴 잘생긴 사람을 모델로 해서 화장품 포스타를 낸다든지 이렇게 하면 그 포스타를 촉탁한 사람에게만 권리가 있지 얼굴 주인에게는 권리가 없는 것이냐, 이 사진문제, 개인의 얼굴이 많이 상품화되는데 이것에 대해서는 외국 예는 어떠냐 이것을 묻고 싶습니다.

그다음에 제17조 제호의 변경권이라고 했는데 '저작자는 그 저작물의 내용 형식 및 제호를 변경할 권리가 있다.' 이런 문제인데 이것은 오히려 저작자를 보호하는 입장이 아니라 출판자, 실제로 그 출판하는 사람을 보호하는 입장으로 서서 말씀을 드리지 않을 수 없어요.

자꾸 인제 저작을 해 놓고 똑같은 내용으로 가령 소설이면 소설 또는 다른 수필이면 수필집 이런 것을 똑같은 책인데 제호만 자꾸 바꿉니다. 영화에도 그런 일이 많이 있어요. 아즉 그것 문제에 작품이라 뭐 개봉이라 해서 가 보면 중학교에 다닐 때에 가 보던 것이 요새에 또 개봉이라 그러고 새로운 이름으로 나와서 돈만 뺏기고 뒷통수 치고 나오는 일이 영화에도 종종 있는가 하면 저작물에도 이것은 전연 다른 이름으로, 추측할 수도 없는 정도의 것이 자꾸 이렇게, 제호만 바꾸는 일이 있고 내용을 조금만 바꾸어서 이렇게 달리된 일도 있고 한데, 그래서 출판업자라는 것보다도 오히려 저작자에 대해서 이익이 되는 것인지 출판업자에 대해서 이익이 되는 것인지 모르지만 저작자와 출판자에 대해서 이 관계 것을 조절할 수 있는 무슨 규정을 넣지 않고는 저작자는 얼마든지 자기 저작에 대해서 이미 판권을 팔은 것에 대해서도 내용을 고쳐서 달리할 수도 있고 이렇다며는 출판자의 이익을 침해하는 바 너무 심하고 저작자 일방적으로 이 횡포하는 경향이 나타나지 않겠느냐 이런 생각이 납니다. 이것 답변해 주십시요.

그다음에 제22조 맨 끄트머리서부터 셋째 줄부터겠읍니다. '전항의 승낙을 얻지 못하고 그 저작물의 방송이 공익상 필요할 때에는 방송자는 대통령령의 정하는 바에 의하여 상당한 보상금을 지급하고 저작물을 방송할 수 있다.', 돈을 먼저 주고 나서 방송을 한다는 얘기냐 그렇지 않으면 방송을 하고 나서 돈을 준다는 얘기냐 이것은 똑똑히 밝히지 않을 것 같으면 얼마든지 방송해 놓고 그저 못살게 굴면 돈을 주고 그저 웬만하면 돈을 안 주고 얼마든지 이렇게 할 수가 있지 않느냐, 이것을 먼저 돈을 주는 것이냐 방송을 해 놓고 돈을 주는 것인지 이것은 문면 상으로 밝히[23]지 않으면 안 되지 않느냐 이런 생각이 납니다.

그다음에 제27조 편집권의 얘기인데 '저작자는 그 저작물을 편집할 권리가 있다.' 그런 얘기인데 이것도 제가 아까 2조지요. 2조에서 말씀한 바와 같이 자기의 저작을 편집할 수 있을 뿐 외라도 이 타인의 저작을 편집할 수 있을 그 어느 정도의 범위를 허용하지 않으면 안 되지 않나, 여기에 단지 이 법안에 인정된 것을 볼 것 같으면 교과용으로, 교과용으로만 할 수 있다 이랬는데 너무 범위가 좁지 않느냐 그러면 현재 우리나라의 또는 외국의 출판실정에 맞지 않느냐 이런 것을 제가 질문합니다.

그다음에 34조 저작권의 존속기한 문제인데 '저작권자가 원저작물 발행일로부터 5년 내에 그 번역물을 발행하지 않을 때에는 그 번역권은 소멸한다.', 5년은 너무 길지 않느냐, 5년으로 한 근거는 어디냐, 3년 정도로 했으면 좋겠다 이런 생각입니다. 현재 우리나라의 실정으로 보아서 그런 것 질문합니다.

그다음 제46조 이 저작권법안 전체로 흐르는 정신이 저작권, 저작이라든지 문화적인 노작에 대해서 외국의 조약들이 국제조약들이 많이 있는데 이 국제

조약에 가담하는 것을 전제로 하고서 이 법안을 초안한 것 같은데 전체에 흐르는 정신이 그런데 이것에 대해서 제 의견이 있다, 그것은 무엇인고 하니 우리나라의 형편으로 우리나라 사람의 작품을 외국 사람이 번역을 해 가지고 이것을 출판함으로 말미암아서 권리관계 저작권관계가 생기는 예가 얼마나 있으며 그와 반대로 외국의 작품을 외국 사람의 작품을 우리나라 말로 번역 내지는 번각하는 예가 얼마나 있느냐 이런 것을 따질 때에 1만 분지 1, 1000분지 1도 안 되리라고 생각이 되는데, 그러나 제가 생각하기에는 우리나라에서 이런 이 조약에 들 것 같으면 그냥 굉장히 우리나라 돈이 많이 나가고 외국 사람의 저작에 대해서 인쇄(필자 주 | '인세'의 오기)라든지 이런 것에 많이 돈을 주게 되는데 현재 우리나라의 출판물 뭐 거진 반 정도는 이것에 해당이 되고 돈을 막 물어야 되는데 이 조약에 들게 할 방침으로 이런 법안을 만들으셨는지 그렇지 않으면 그것을 만들을 방침인데 법안 문면상에 나타난 것은 그런지 이것은 의문이올시다.

중국에 예를 볼 것 같어도 중국은 외국과 여러 가지 조약을 맺고 있고 국제관계에 상당히 오래 전부터 국제관계를 많이 한 나라이지만 중국에서는 이런 것 안 들었읍니다. 그래서 한 예를 들 것 같으면 상해 상무인서관 같은 데에서는 외국 사람의 출판물은 얼마든지 번역할 뿐 외라 막 들이 번각을 냅니다. 그래서 원서를 사 볼 수 없는 그런 처지에 있는 자기 국내 학자들이나 이런 사람들에게 막 사진판 번각을 내고 저작을 해도 별로 외국의 저작자가 이것을 법적으로 추궁하지 못하게 되어 있는데 우리나라는 이것을 인정해 가지고 꼬박꼬박 외국의 저작권자에게 인쇄(필자 주 | '인세'의 오기)를 물을 심산인지 이것에 대해서 답변을 해 주십시요.

여기에 46조의 본문을 읽더라도 '외국인의 저작권에 대하여서는 조약에 별단의 규정이 있는 것을 제외하고는 본 법의 규정을 적용한다.' 이렇게 되어 있으니깐 조약에 규정이 없으니깐 외국의 저작권자에 대해서도 국내의 저작권자와 마찬가지로 그 권한을 인정한다 이렇게 해석이 되는데 이렇게 해 가지고는 큰 야단이 나지 않느냐 이러한 생각을 합니다. 답변해 주십시요.

그럼 제63조 부정출판물의 부수 추정에 대해서 3000부로 추정을 한다 이런 얘기인데 아마 이것은 현재에 대강 우리나라의 출판물이 한 번에 대강 3000부씩 나온다는 이런 견지에서 나온 것 같은데 이 3000부로 추정하는 데에는 이해득실 이런 것이 출판업자 또는 저작권자 이렇게 착잡한데 이것은 똑똑히 이 3000부로 추정하는 것이에요? 아는 거면 모르거니와 모르며는 3000부로 한다 이렇게 되어 있는데 이것에 대해서는 이해관계가 많이 달려 있는 것 같은데 그 근거에 대해서 좀 말씀해 주시기 바랍니다.

그다음 제64조의제8항 '음반 녹음필림 등을 공연 또는 방송의 용에 공하는 것' 이렇게 되어 있는데 이 음반과 녹음필림의 저작권을 인정을 한다고 할 것 같으며는 엄중히 한다고 할 것 같으며는 공연과 방송 이외에 별로 침해할 방법이 없겠는데 인정은 하면서 중요한…… 침해하는 방법까지 가르쳐 주고 침해할 수 있게 되어 있으니 이것을 숫제 이것을 인정하며는 저작권의 권리를 인정 안 하는 것이 낫지 않는가 이러한 생각을 제기합니다.

그다음 제5장 벌칙 제69조에 가서 (저작인격권의 침해) 이렇게 되어 있는데 여기에는 아마 저작권자를 보호하기 위해서 체형까지 얘기를 했는데 '제14조 제16조의 규정에 위반하여 저작가의 명예를 훼손시킨 자는 6일 이하의 징역 또는 10만 환 이하의 벌금에 처한다.' 이렇게 되어 있는[24]데 이것은 특별히 이것 초안하는 분은 특별히 좀 일반법에 비해서 더 좀 보호할려고 이렇게 되어 있을 것 같은데 실지로 현행법에 비추어 볼 것 같으면 형법 307조에는 그냥 이러한 법에 의하지 않더라도 2년 징역으로 되어 있고 또 이 309조에는 3년 징역으로 되어 있고 311조에는 1년 징역으로 되어 있는데 다른 침해보다는 저작권 침해는 특별히 경하게 취급을 해 달라는 의사입니까, 그렇지 않으며는 강하게 취급을 하려고 하는 의사인데 그 형법 규정을 잘 참조를 안 하시고 결과적으로 오히려 약하게 취급을 하는 결과가 되었는지 이에 대해서 답변해 주시기 바랍니다.

그다음 제72조, 제가 마지막 말씀입니다. 제72조 여기에 볼 것 같으면 출처 불명시인데 '제64조제2항의 규정에 위반하여 출소를 명시하지 않고 복제한 자는 10만 환 이하의 벌금에 처한다.' 이렇게 굉장한 규정을 했는데 64조2항은 무엇인고 하니 '자기의 저작물 중에 정당한 범위 내에 있어서 절록 인용하는 것', 그런데 자기 저작물에 대해서는 절록 인용을 안 했을 것 같으며는 10만 환 벌금을 문다는 얘기가 아니냐, 이것은 어떻게 법문상으로 조금 전후가 당착된 것이 아니냐 그러한 생각을 합니다. 이에 대해서 답변해 주시기 바랍니다.

○부의장 이재학 답변하세요.

○문교위원장대리 이존화 손도심 의원께서 여러 가지 자세한 점에 문의하신 점에 대해서 감사의 뜻을 표하면서 제가 느낀 바 심사의 결과를 말씀드리겠읍니다.

첫째, 제2조 지도와 녹음필림 두 가지를 지적하셨는데 지도라고 하는 것은 지금 외국 지도거나 역시 우리나라 지도거나 역시 다소의 모형이 변경된다고 하면 모르지마는 어딘가 다르지 않고 똑같은 것을 복사해서 낸다는 것은 지금 금지되어 있는 것으로 보고 있고, 물론 우리나라뿐만 아니라 다른 나라도 그렇게 되어 있는 것으로 보고 있읍니다.

그다음에 녹음필림이라고 하는 것은 제가 알기에는 토키, 영화에서는 토키를 말하고 있는 것입니다.

그다음에 편집문제를 빠졌다 이렇게 말씀하셨는데 기타 항도 있다고 말씀했지만 거기다 첨가해도 그것은 제가 고집은 않겠읍니다.

그다음에 제3조에 비저작물 내비 중이라고 하는 것은 무엇을 말하느냐 그렇게 말씀하셨는데 이것은 즉 민사라든가 형사라든가 또는 형법 수사상이라든가 그러한 것을 얘기하면서 그 외에 법률 명령 및 관공서 문서의 본문이라고 했는데 요것을 지적하면서도 그것은 고의로 비밀로 일반에 공개되지 않는 것이다 그렇게 말하는 것입니다.

그다음에 3항에 잡보라고 하는 것은 범위가 너무 넓지 않느냐 그렇게 말씀하셨는데 물론 손도심 의원 말대로 내 자신도 복잡하고 너무 범위가 넓게 생각합니다. 그러나 이것은 역시 신문 잡지의, 즉 일반 대중언론에 대한 문제를 어떻게 무엇인가 붙여 놓지 않으면 안 되기 때문에 술어가 다른 술어가 나오지 않습니다. 그래서 언론에 대한 전체 신문 잡지에 대한 잡보라고 하는 것입니다.

그다음에 4항에 공개한 법정 국회 지방의회에서 연설이라고 했는데 그 연설 가운데에 어떠한 정치연설 같은 것이 안 들어가느냐 그런 말씀을 하셨는데 물론 애당초 우리 초안에는 정치연설도 들어 있었읍니다. 그러나 역시 정치연설도 그런 관계의 국회의 연설이나 지방의회에서의 연설이라고 하는 것은 물론 의회 자체에 대한 연설도 있으나 그 가운데에는 반드시 정치연설이 개재되어 있는 것이니까 포함해서 말한 것입니다.

그다음에 제11조 저작권심의회에 가서 제일 말단에 가서 덕망 있는 저작자로 하는 것보다는 오히려 저작의 실적에 따라 저작을 많이 한 사람으로 하는 것이 가장 공정하지 않느냐 그렇게 말씀하셨는데 가장 좋은 얘기시고 과학적인 말씀이십니다. 그러나 우리가 알기에는 벌써 덕망 있는 저작자라고 하면 반드시 저작도 많이 되어 있고 누가 보든지 참 저작을 많이 한 자라고 인정하기 때문에 별차가 없는 것이라고 보고 있습니다.

그다음에 13조 '타인의 촉탁에 의하여 저작된 사진 초상의 저작권은 그 촉탁자에 속한다', 이것은 외국의 예는 아직 잘 모르겠읍니다마는 조사한 바는 없읍니다. 대개 여기도 이것까지도 넣지 않으면 안 되겠다고 하는 데에 세밀히 기히 법을, 과거에 있던 법을 만드는 이 마당에 있어서는 어디까지나 현재 우리가 생각되는 바에 있어서의, 현재뿐만 아니라 미래까지라도 자세한 부분을 넣자는 것입니다.

그다음에 17조 저작 제호를 변경하는 것을 해 주면 결국 저작권자에 일방적인 이익을 주고 출판업자에 피해가 있지 않느냐, 그 좋은 말씀이십[25]니다. 말하자면 저작권자와 출판업자라는 결국 유기성을 가지고 있는 것인데 그러한 유기적인 공동책임하에서 완전한 저작물이 판매되고 사회적인 이익을 제공하는 것인데 그렇다고 하면 똑같은 희생을 당하고 있는 출판업자에게도 그러한 권리를 주어야 할 것이 아니냐 하는 말씀을 하셨는데 타당한 말씀이라고 봅니다마는 벌써 저작권자가 제호 또는 내용을 다소 변경한다고 하더라도 출판업자가 그것을 받아들일 때에 계약할 때에 무조건하고 받아들이지 않습니다.

이렇게 해 가지고도 자기가 이익이, 수지가 맞느냐 안 맞느냐 하는, 자기 수지가 맞지 않으면 받아들이지 않습니다. 그렇기 때문에 먼첨 일방적으로 저작권자가 제호를 변경한다든가 기타에 내용을 다소 변경한다고 하더라도 그것을 할 때에는 저작권자와 출판업자의 합의가 되지 않으면 이것은 사회적으로 하등에 저작권자가 실지 권리행사가 안 되는 것입니다. 그래서 그렇게 한 것입니다.

○손도심 의원 (의석에서) 먼저 저작권을 딴 사람에게 양도하고 내용을 조금 변경해 가지고 제호를 곤쳐서 딴 사람에게 저작권을 팔 적에 문제가 된다 말이에요.

○문교위원장대리 이존화 (계속) 그것은 대개 저작권에 대한 것은 그 저작권심의회가 있고 여기에 대해서는 문제는 시비가 나면 이것을 심의하는…… 그것을 어느 정도로 봐서 이것이 저작권 침해냐, 어느 정도로 봐서 확실한 내용이 변경된 것이냐 그런 것이 날까 우려해서 우리가 규정을 짓는다는 것보다는 여기서 세부적인 규정을 법으로 질 수도 없는 것이고 또 질 자체를 우리가 본질을 규정 질 수 없는 것입니다. 그렇기 때문에 그러한 그것을 어떻게 하느냐 하는 것이 역시 심의회의 사명인 것입니다.

그다음에는 22조 말항에 가서 돈을 먼저 내고 하느냐 나중에 돈을 내느냐가 문제인데 이것은 사무적인 문제이기 때문에 나중에 사무적으로 타협될 것이라고 봅니다.

그다음에 27조는 아까 말씀한 편집권에 대한 문제를 말씀하시기 때문에 역시 그대로 약(略)합니다.

그다음에 34조에 가서 왜 하필 발행일 날로부터서 5년 내로 했느냐, 한 1년이고 6개월 이내로 단축해야지, 3년은 단축해야지 왜 5년을 했느냐, 너무 길지 않느냐, 그동안에 너무 길지 않느냐, 그동안에 너무 여러 가지 분실된다든가 또는 기타의 복잡성이 생기지 않느냐 그런 얘기인데 그것은 그렇습니다. 지금 외국의 예로 봐서는 외국에 가서는 10년이라고 하는 나라도 있고 베룬조약 같은 데는 7년으로 되어 있습니다.

○부의장 이재학 끝날 동안까지 시간 연장하겠습니다.

○문교위원장대리 이존화 (계속) 그러니까 5년으로 한 것은 다른 나라에 5년이나 내지 7년으로 한 것을 우리는 절충을 한 것이지 우리가 여기서 절대적 필요성을 지적하는 것은 아닙니다. 제가 고집은 않겠습니다.

그다음에 46조에 가서 외국인 저작권과 내지 조약 얘기를 했는데 지금 조약에 들어 있는 것도 아니고 또는 조약에 들 방침은 있는지 없는지 행정부로서 어떻게 방침을 내가 모르겠습니다마는 오늘날 현실은 이렇다 하더라도 앞으로 외국의 모든 나라가 문화 면에 있어서 이렇게 교류되어 있는 마당에 있어서는 우리는 비로소 법은 인제 생긴다고 하더라도 다른 나라에 선진국가의 모든 실례에 따라서 조약에 가입하는 것을 전제로 하지 않으면 아니 될 것이라고 믿고, 또 외국의 외교에 소위 법을 만드는데 국교위신상도 이러한 것이 필요하다고 해서 지금 현실만 가지고 이것을 목적할 것이 아니라 외국의 선례, 딴 나라 현실이라든가 또는 우리나라가 오늘날에 있어서는 저작권이 이렇게 후진성을 가지고 있지만 앞으로 있어서는 어느 때보다도 발전할 여유가 있으니까 그러한 저작권까지 외국의 다른 나라의 저작권법에 의해서 국교 외교상까지라도 염려해서 해 놓은 것입니다.

그다음에 63조에 가서 어떻게 3000부를 하필 추정했느냐, 과학적인 증거를 좀 대라 그러한 말씀을 하셨는데 대단히 곤란한 말씀입니다. 대개 사업이 시비가 나 가지고 출판업자하고 저작권자하고 싸움이 되는 예가 많습니다. 그러면 그것을 보편적으로 봐서 우리나라의 독자의 양을 봐 가지고 몇백만 부 한 놈도 있고 몇백 부 한 놈도 있겠지만 보편적으로 제일 많이 내놓은 가운데에서 적게 내는 것이 3000부다, 그래서 그러한 절충적인 안을 내놓은 것이지 여기서 어떻게 해서 과학적으로 증거를 대라는 것은 말씀하기 곤란합니다.

그리고 이것은 그날 공청회 때에 저작권자와 출판업자의 의견을 물어보았읍니다. 의견을 물어[26]보아서 그 정도로 좋다고 해서 절충안인 것입니다.

그다음에 64조8항에 가서 음반 녹음이라고 했는데 이것은 저작권 침해에 어찌 되느냐 했는데 이것은 그래요. 물론 부분적으로 보아도 침해입니다마는 한 번 정도 하는 것이니까 그런 정도로 괜찮지 않느냐 이런 이야기입니다. 정도 문제이겠지요.

그다음 69조 이하에 모든 벌칙을 이야기하셨는데 이 점은 그렇습니다. 요 벌칙은 애당초에 법에 밝고 법을 전문적으로 연구하시는 법제사법위원회에다 일임해서 '모든 우리나라 형법이라든가 딴 나라의 모든 예를 준용해서 해 주십시오' 해서 거기서 먼저 의견을 받아서 한 것이기 때문에 물론 손 의원께서 말씀하신 우리나라 형법이나 기타의 법률에 대조했는가 그런 점 충분히 대조했으리라고 믿어서 이 정도로 설명드립니다.

○**부의장 이재학** 오늘 회의는 이것으로 산회하고 내일 오전 10시에 재개하겠읍니다.

(하오 1시7분 산회)

b. 제23회 국회임시회의속기록 제6호

국회사무처

단기4290년 1월 18일(금) 상오10시

의사일정(제6차회의)

1. 제5차 회의록 통과
2. 보고사항
3. 저작권법안 제1독회
4. 검사징계법안 제1독회

토의된 안건

(상오 10시 25분 개의)

<중략>

[13]

○**부의장 이재학** 여기 발언통지는 대전시 선거에 관해서 류순식 의원이 보고를 하겠다고 그랬는데 그만두지요. 어떻습니까? 류순식 의원 말씀하세요? 류순식 의원 그만두시는 것이 어때요? 말씀하시겠어요?

(『고만둬요. 고만둬요』 하는 이 있음)

(『고만두겠읍니다』 하는 이 있음)

의사일정 제3항에 의해서 저작권법안을 상정을 [14]합니다.

어저께 질의는 끝이 났고 대체로 토론에 있어서 윤형남 의원이 발언을 하시겠다고 통지가 와 있읍니다.

윤형남 의원 말씀하세요.

---

2. 저작권법안 제1·2독회

○**윤형남 의원** 오늘 여기 상정된 저작권법안에 대해서 대체적으로 찬성하는

입장에서 몇 말씀을 올리고저 합니다. 물론 전반적으로 이것은 세부에 들어가서 검토한다면 다소 이의를 품을 조항도 있읍니다마는 전체적으로 보아 가지고서 이 법안이 잘 되었다는 그러한 감상을 가지게 되는 것입니다.

이 저작권법안은 일찍이 제정되어야 할 것인데 여기서 우리가 상정해 가지고 이번에 제정을 보게 된 것은 퍽이나 유감스러운 일이라고 생각합니다. 이것이 단기 4288년 12월 19일 날 저작권법안 공청회가 있었읍니다. 그동안 3년을 두고 아직 이것이 심의를 보지 못하고 있었다는 것은 퍽이나 유감스러운 일이라고 생각합니다.

본 의원은 늘 생각하기를 중요한 법안 법률안으로서 중요한 것은 공청회를 열어 가지고서 심의하는 절차를 밟어야 겠다는 그러한 평소에 소신을 가지고 있었읍니다. 제가 알기로는 공청회를 열어 가지고서 심의한 것은 이번 이 저작권법안이 우리 3대 민의원으로서는 처음이 아닌가 그렇게 알고 있읍니다. 다음으로도 중요한 법안에 있어서는 이 저작권법안과 마찬가지로 공청회를 열어 가지고 국민의 여론을 들어 가지고서 신중히 하는 것이 좋지 않은가 그런 생각을 가지고 있읍니다.

제가 이 저작권법안에 대해서 찬성을 표시하는 점은 대강 다음과 같읍니다.

이 저작권법안이 이 설명서에 나타난 바와 마찬가지로 하바나 조약이라든지 제네바 조약 거기에 의거하지 않고서 베룬 조약에 의거해 가지고서 이것이 작성되었다는 이 점, 다음으로 저작권의 본질에 있어서 인격권 재산권, 이 두 가지 중에 인격권을 인정하지 않는 학설도 있고 해서 학설상으로도 많은 논쟁이 있었던 것을 이번에 이 안 제7조를 가지고서 명문으로써 이 2개를 인정해 가지고 해결 지웠다는 이 점…… 그리고 다음으로 저작권의 보호 기간에 있어서도 사망한 뒤에 50년 주의라든지 30년 주의 혹은 15년 주의, 미국에 있어서는 28년 주의 이런 것이 있읍니다마는 30년 주의로 채택했다는 것은 이것 타당한 것으로 알고 있읍니다.

그리고 다음에 저작권 침해에 대한 구제 이것을 다각도로 규정해 가지고 있다는 것도 찬성할 수 있는 것입니다. 그런데 다만 여기에 문제가 되는 것이 몇 가지 있는데 어제 질의 전에 있어서도 말이 있었읍니다마는 이 저작권심의회에 관한 것 이것이올시다.

이 안 11조에 이것이 규정이 되어 있는데 '보조금의 액수라든지 저작권에 대한 일반적 사항 등에 관하여 주무장관의 자문에 응하고 또는 이에 관한 사항을 조사 심의하기 위하여 저작권심의회를 둔다' 이것입니다. 이것은 어제 조영규 의원이나 손도심 의원께서 질문하실 때에 많이 말씀이 계셨읍니다마는 이 심의회를 만들어 가지고서 저작권을 오히려 침해하는 그런 경향이 생기지 않나 그런 것을 걱정하는 의미에서 많이 말씀이 계셨읍니다.

또는 손도심 의원은 여기에 덕망 있는 저작자로서 구성한다 이런 막연히 덕망 있다고 해 가지고서 저작을 많이 하지 않는 사람 또는 정치적 고려에서 구성이 된다든지 해 가지고서 오히려 저작권을 이것을 침해하면 어떻게 될 것인가 그런 질문이 계셨읍니다.

그래서 일부에서는 이 저작권심의회를 없애 버리자 이것을 삭제해 버리자는 논도 있읍니다마는 그 삭제라는 논에도 상당한 이유가 있을 것입니다. 만약 이것이 삭제되지 않고서 이 11조에 규정된 저작권심의회가 존치된다고 할 것 같으면 이 저작권심의회 구성에 있어서 이 주무 당국에서는 특별한 신중을 기해 주셔야 할 것이라고 이 사람은 생각하고 있읍니다. 물론 이 저작권심의회 구성에 있어서는 정치적 고려라든지 이런 것을 떠나서 정말로 여기에 적혀 있는 바와 마찬가지로 덕망 있는 저작자로서 이것이 구성되어야 할 것이라고 생각하고 있읍니다.

다음에 어제 손도심 의원 조영규 의원께서도 말씀이 계셨읍니다마는 이 대통령령에 위임한 것이 상당히 있는데 만일 이렇게 많이 대통령령에게 위임해 가지고서 이 저작권을 보호하는 그런 방향으로 간다고 하면……

(『여보! 내가 그것 이야기한 것 아니요!』 하는 이 있음)

이야기하지 않어도 좋습니다. 조영규 의원이 [15]그런 이야기가 계셨어요. 그런데 손도심 의원의 이야기를 내가 여기 인용한 것은 제23조 방송권 문제 여기에 관련이 되어 있기 때문에 손도심 의원 질의한 것을 인용한 것입니다. 양해해 주십시요.

대통령령을 만들 때에 있어서는 이 저작권법에 근본정신을 잘 이해해 가지고서 특별한 유의가 있어야 하리라고 이 사람은 생각하고 있읍니다. 특히 22조의 방송권 문제 이것은 3항에 '전항의 승낙을 얻지 못하고 그 저작물의 방송이 공익상 필요할 때에는 방송자는 대통령(필자 주 | '대통령령'의 오기)의 정하는 바에 의하여 상당한 보상금을 지급하고 그 저작물을 방송할 수 있다.'

이렇게 되어 가지고 있읍니다. 이것은 어제 손도심 의원도 질의가 있었읍니다마는 이것 자칫 잘못해 가지고 그릇된 방향으로 운영이 된다면 이 저작권을 침해할 우려가 다분히 있는 규정이라고 생각합니다. 이것이 삭제 안 되고 그대로 남어 있게 된다고 하면 행정부에서는 대통령령을 제정할 때에는 특별한 유의가 계셔야 하리라고 생각하고 있읍니다.

이상 몇 가지 찬성의 입장에서 말씀을 올렸읍니다.

○부의장 이재학 발언통지가 없읍니다. 의사진행을 해 주셨으면 감사하겠는데요.

(『의장이 하지요』 하는 이 있음)

즉각으로 제2독회에 넘기지요. 그러면 즉각으로 제2독회에 넘기는 데에 이의 없읍니까?

(『없소!』 하는 이 있음)

이의 없으면 그대로 통과합니다.

문교위원회 이존화 의원 계세요!

(『네!』 하는 이 있음)

이 저작권법에 대해서 또 의사진행을 의장으로서 제의하고 싶은데요 뭐 이것은 여야가 다 찬성하시는 것 같기 때문에 이런 제안을 합니다.

이 수정안이 2개 조항만 나와 있읍니다. 그렇기 때문에 이 2개 조항만 가지고 우리가 여기에서 표결하기로 하고 다른 것은 그대로 전부 통과시켜 주셨으면 어떻겠읍니까?

(『이의 없소!』 하는 이 많음)

(『좋아요!』 하는 이 있음)

그러면 수정안 나온 것만 여기에서 심의하기로 하고 다른 조항은 전부 여기에서 통과시킵니다.

(『좋습니다』 하는 이 있음)

수정안 내신 분 조영규 의원 나와서 설명해 주세요.

○조영규 의원 (의석에서) 의장! 설명을 할려니 말이에요. 설명을 들을 상대자가 없읍니다.

(『내가 들을게 해요』 하는 이 있음)

○조영규 의원 아까 의석에서도 말씀드렸읍니다마는 들어주실 분이 많이 계셔야 그중에 제가 이 수정안을 내 논 데 손들어 주실 분이 많이 계실까 해서 그래서 말씀을 드린 것입니다. 그런데 여기 계신 분만이라도 다 찬동을 해 주신다면 아마 문제는 없을 것 같습니다.

저도 대체적으로 잘된 줄로 압니다. 그러나 꼭 두 가지는 이것은 수정해야겠읍니다. 꼭 두 가지만…

그래서 첫째로 제11조 저작권심의회 이것입니다. 이걸 전문 삭제하자는 것이에요. 이것이 제1수정안입니다. 그러면 심의회를 어째서 그러면 없애자 하느냐 하는 것입니다. 그래서 여기서부터 설명을 드리겠읍니다.

이 저작권이라는 것을 한 개의 권리 소유권이라고 말해도 괜찮을 것입니다. 그런데 이와 같은 소유권 권리 이것이 심의회라는 것을 설치해 가지고 여기에 여러 가지 부작용일(필자 주 | '이'의 오기인 듯) 날 수 있다 이것입니다. 물론 윤형남 의원의 의견은 심의회를 잘 운영하면 더 좋을 것이다…… 그렇지마는 이 원래 법을 만드는 보법이 그러면 일반…… 윤형남 의원이 법률에 밝으신 전문가이시니까 내가 좀 질의할 처지가 못 되니까 말씀만 들어주십시요.

그러면 일반 민법에 있어 가지고 자기의 어느 권리가 있다 자기의 소유권이 있다 할 적에 그런 권리를 규정하는 법률마다 심의회가 있읍니까? 없읍니다. 그러면 법률체제상으로 보더라도 어느 소유권이나 권리에 대해서 전부가 심의회가 있는 것이 아니예요. 전부가 없읍니다. 왜 하필 이 저작권에 한해서만 이 심의회를 둘 필요가 있느냐? 필요 없에요. 만약에 저작권 관계로 해서 이의가 생긴다 또는 대개 이의가 생기는 것은 출판업자와 저작권자의 그 사이에 이의가 생길 것입니다. 그런 트러블이 생긴다면 이걸 의례 법원에 제소하게 되는 것이에요. 그것은 일반 민법과 같습니다. 그런데 하필 특수법이라고 해서 심의회를 갖느냐 이 말씀이에요.

여러분, 잘 들어 보십시요마는 11조가 이렇게 되어 있에요.

'본 법에 규정된 제등록 제20조제3항 또는 제22조제3항의 규정에 의한 보상금의 액 또는 저작[16]권에 관한 일반적 사항 등에 관하여 주무장관의 자문에 응하고 또는 이에 관한 사항을 조사 심의하기 위하여 저작권심의회를 둔다. 저작권심의회는 덕망 있는 저작자로서 구성한다. 저작권심의회 조직과 기타 필요한 사항은 대통령령으로 정한다.'

이렇게 되어 있습니다. 그러며는 여기에 말한 이 20조3항, 이것은 다른 게 아닙니다. '저작권자의 거소가 불명하거나 또는 대통령령이 정하는 사유로 인하여 저작권자와 협의할 수 없을 때에는 대통령령의 정하는 바에 의하여 상당한 보상금을 공탁하고 그 저작물을 발행 또는 공연할 수 있다.' 이것은 그런데 요 문제가 이것은 어떠한 거를 상상했는가 하면 예를 들어 말씀하면 이북으로 납치되어 간 인사…… 납치인사에 대해서는 서신 왕래할 수도 없고 그 사람의 승낙을 얻을 수가 없다 그런 경우에 이것을 적용한다고 해서 아마 한국의 특수 사정의 하나로서 이것이 되어 있습니다.

그런데 이것을 정하는데 대통령(필자 주 | '대통령령'의 오기인 듯)으로서 원래 공탁금을 걸고 한다면 되는 것이지 이 공탁금을 작정하고 이런 것을 말이에요. 여기에서 전부를 심의회가 권한을 쥐고 있는 것과 같은 결과를 만들며는 민법상 이것이 저촉된다 그것입니다. 또는 대한민국의 헌법에도 이것이 저촉되는 조문이다 이런 말이에요. 그렇기 따므로 이런 것은 있을 수가 없는 것이다 이 말이에요. 그렇기 때문에 제가 외람스럽게 이 11조 삭제 동의를 낸 것입니다. 많이 찬동해 주시기를 바랍니다.

저작권심의회라는 것은 법체제로 봐도 이것은 할 수 없는 얘기이고 또는 민법상 또는 대한민국의 헌법에 기준한다고 하더라도 이것은 있을 수 없는 일이다 그 말씀이에요. 소유권을 가졌다 하는 이 엄연한 사실에 대해서 거기에 대해서 심의회를 가져 가지고 거기에서 조정하고 이럴 수 있느냐 그것이에요. 한 번 저작되면 그 권한이 그 개인에게 아주 작정된 권리재산으로서 결정이 되는 것이에요. 나중에 이의가 있을 때에는 소송하면 되는 것인데 괸히 이 심의회 등등을 둘 필요가 없다 그것이에요.

그런데 아까 말씀한 이북에 납치당한 인사에 대한 그러한 등등도 정부에서 얼마 보상금을 좀 공탁금을 걸고서 그것을 발행하게 한다 하는 것은 대통령령에 의해서 하면 하는 것이지 또 인제 그것을 심의위원회가 있어 가지고 어쩌고…… 제일 말이에요. 대한민국에는 보조기관 복잡한 것이 저는 아주 싫습니다. 그 복잡해서 싫은 것보다는 아마 법률체제로 봐서도 이것은 있을 수 없는 것이다 하는 말씀을 드리고요.

그다음에 또 하나 조항 삭제하자는 것입니다. 그것은 22조…… 제가 어저께도 이 단상에서 누누히 말씀드렸읍니다. 아까 말씀드린 것과 같이 대통령령에 의해서 하지 않으면 안 될 사항 아까 20조 그것은 저도 양해합니다. 그러나 이 22조는 이것은 양해할 수가 없어요. 도저히 양해 못합니다. 왜냐? 어저께도 말씀했지만 자법이 모법을 능가할 수 있는 그러한 법률을 우리가 만들 수가 없어요. 입법자로서 이것은 도저히 할 수 없는 일을 이것은 작정한 것이다 나는 이렇게 말씀드려요.

그것은 왜 그러냐 하면 제가 조문을 낭독하겠읍니다.

제22조 '(방송권) 저작자는 그 저작물의 라디오 또는 테레비존에 의한 방송을 허락할 권리가 있다. 이미 발행 또는 공연된 저작물을 방송하고저 할 때에는 방송자는 저작권자의 승낙을 얻어야 한다.', '승낙을 얻어야 한다' 그것이에요 현재 대한민국은 방송국이 지금 둘이 있읍니다마는 기독교에서 하는 거와 대한민국 공보실에서 하는 거와 둘이 있읍니다마는 외국의 예를 보며는 민간 방송국이 많이 있읍니다. 그것은 여러분이 잘 아시고 계실 것입니다. 앞으로 또한 대한민국도 점점 민간단체의 방송국이 많이 생길는지 모릅니다.

그런데 그런 데에서는 이 저작권자가 승낙을 않는다 할 때에는 제3항을 삭제하자는 것이에요. 그 삭제하자는 조문이 이것입니다. '전항의 승낙을 얻지 못하고 그 저작물의 방송이 공익상 필요할 때에는 방송자는 대통령령의 정하는 바에 의하여 상당한 보상금을 지급하고 저작물을 방송할 수 있다.' 이게 그냥 막연히 상당한 보상금입니다. 이것이 있을 수 없는 것이에요. 벌써 원 조문에 승낙을 얻어야 방송을 할 수 있다. 저작권자를 옹호하는…… 그 승낙을 얻지 못하면 방송을 못한다 그것이에요.

그런데 승낙을 못 얻었을 때에는 대통령령의 정하는 바에 의해서 이것이 공익상 필요하다고 하며는 그냥 얼마든지 마음대로 할 수 있다 이것이에요. 그러니 이것은 한 개의 소유권의 침해입니다. 그렇기 따므로 이런 법률은 입법자의 입장[17]으로서 이것은 도저히 이것은 통과시킬 도리가 없는 것이에요.

현명하신 여러분 잘 아실 줄 압니다. 더우기 아까도 말씀드린 것을 재삼 말씀합니다마는 즉 대통령령이 원법을 능가할 수 있는 그런 힘을 가지고 있을 수 있느냐, 자법이 모법을 이길 수 없는 것이다 이런 말씀입니다. 모법인 이 저작권법에 못 한다. 승낙을 얻어야 한다 했으면 승낙을 얻어야 되는 것이지 공익상 필요하다는 적당한 이유 아래 방송은 마음대로 할 수 있다 하는 것은 이것은 도저히 이것은 용인될 수 없는 것이다 해서 말씀드립니다.

그래서 이 11조 삭제와 이 22조 이 3항만 삭제하자는 이 두 가지 삭제 수정입니다. 많이 찬동해 주시기를 바랍니다.

부의장 이재학 말씀하세요.

문교위원장대리 이존화 조영규 의원께서 어저께도 이 두 가지 점에 대해서 자세한 말씀을 질문해 주셨고 오늘 거기에 따르는 수정안을 내 주셨는데 두 가지 점에 대해서 먼저 말씀드리고자 하는데 먼저 22조의3항을 먼저 설명드리고 그다음에 설명드리는 것이 해석이 좋을 것 같애서 순서를 뒤바꾸어서 설명을 드리겠읍니다.

첫째, 설명하기 전에 조영규 의원의 민법 관계성 또는 본 저작권법에 대한 법체계 등 모든 말씀을 하셨는데 우리 문교위원회나 또한 법제사법위원회에서 심의 당시 우리 심의한 사람들 측으로 보아서는 법의 체계라든가 또는 저작권법 본 법에 어긋난 점은 없다고 저는 해석이 되는 것입니다.

그리고 22조3항에 있어서 나무 저작권을 대통령령으로 침해 받을 우려가 있다 그렇게 말씀을 하시는데 그 점에 대해서는 어저께 제 자신도 긍정을 했읍니다. 그러나 본래 법 제정 입법정신은 어디까지나 그 건설적이요 보호적인 입장에서 입법을 세우는 것이기 때문에 입법정신은 그런 것이 아니지마는 이것을 악용해 가지고 또 그런 사람이 생길지도 모르겠지요.

그러나 내가 지금 말씀드린 거와 같이 근본정신이 아니라는 것을 말씀드리면서 이 22조3항에 있어서는 여러 가지 이의가 있다고 하면 우리 입법정신과는 다른 여기서 견해의 차가 있어서 여러 의원들이 이것을 전문 삭제한다고 하며는 3항에 대해서 그것은 저도 고집을 않겠읍니다. 그러니까 22조3항에 대한 삭감에 대한 문제는 선배 여러분들 의견에 일임하기로 하겠읍니다.

그다음에 11조 심의회에 있어서 말씀드리겠는데 이 11조 심의회 관계는 지금 조영규 의원이 말씀하기는 오히려 그러한 불필요한 사무적이요 행정적이요 또는 대통령령으로서 능히 처리할 수 있는 것을 불필요한 심의회라는 기관을 두며는 도리어 저작권자가 피해를 입지 않느냐 그러한 선의에서 그런 염려를 해 주시는 것 그 호의는 대단히 감사합니다.

그러나 본래 심의회라고 하는 자체는 아시다싶이 조문 내용에도 있는 바와 같이 22조3항은 제가 먼저 설명했으니까 약하기로 하고 이 가운데에 20조3항은 무엇을 얘기했는고 하니 20조3경(필자 주 | '20조3항'의 오기인 듯)에는 저작권자의 주소가 불분명하거나 또는 저작권자하고 협의를 할 수 없을 때 저작권자의 주소를 모른다든가 또는 성명을 잘 모른다든가 어떻게 해서 저작권…… 이 법을 볼 때에는 반드시 모든 면에 있어서 저작권자하고 사전 타합을 아울러서 동의를 얻어야만 쓰기로 되어 있는데 저작권자가 불분명하거나 찾을 수 없어서 협의대상이 안 될 때에는 어떻게 하느냐 이러한 문제를 그냥 놓아두면 행정부에서 자기 일방적으로 관권을 행사한다고 볼 수 있고 또는 출판업자가 일방적인 상적인 행위를 할 수 있다고 하는 것을 염려하는 것입니다.

그래서 이러한 문제가 있을 때에는 이러한 출판업자에게 일방적으로 맡긴다거나 관권에 일임한다고 하는 것이 아니라 심의회를 두어 가지고 심의회에서 결정을 짓는다 그러면 심의회의 구성요소가 또 문제가 될 것입니다. 그러면 심의회를 구성하는 데 있어서 지금과 같이 무슨 기관장이라든지 이러한 사람에게 맡겨 가지고 심의를 한다고 하면 이차적인 그러한 문제가 될는지 모르지만 이 심의회는 무엇으로 구성을 하느냐 하면 여기에 써 있는 것과 마찬가지로 11조에 있는 것과 마찬가지로 심의회는 덕망이 있는 저작권자로서 구성을 한다 그랬읍니다.

그러면 덕망이 있는 저작권자가 누구냐 하면 우리나라의 저작권자 중에서 가장 저작의 질이 좋고 양적으로 많고, 그래서 고명한 저작자로서 구성을 한다고 생각하기 때문에 심의회라고 하는 자체는 우리 입법 취지는 어디까지나 법이나 사무적이나 행정적인 한계가 불분명해 가지고 저작권자가 침해를 받을 우려가 발생될 때 그것을 저작권자 자신도 심의를 하고 구제를 해 주고 보호[18]를 해 주는 정신으로 심의회를 두는 것이지 조영규 의원이 말씀하는 것과 같이 딴 면에서 저작권자가 침해를 당한다든가 그러한 것이 아닙니다.

그러니까 이 점은 대개 여기에 설명드린 바와 같이 22조3항에 있어서는 그렇게 해석을 하는 의원들이 계실 것 같으니까 우리 위원회도 그러한 고집을 하지 않겠읍니다. 그러나 11조 심의회에 있어서는 물론 이 문제 자체도 다수결로 결정지을 문제이지만 제가 고대 말씀드린 바와 같이 그런 입법 취지 자체도 법조문 자체가 어디까지나 저작권자들 옹호하는 취지에서 나온 것이고 조문 내용을 보더라도 저작권자의 보호기관이지 다른 기관이 아니라고 하는 것을 말씀드리면서 참고에 제공하려고 합니다.

이상입니다.

○이인 의원　지금 조영규 의원의 11조와 22조3항의 삭제에 대한 말씀을 경청을 했읍니다만도 일리는 있읍니다만도 나는 삭제 논의에 대해서는 유감이나마 반대 의사를 표시하고 원문을 찬성하겠읍니다.

왜 그런고 하면 11조 여기에는 주무당국에서도 심심한 고려를 해서 이 22조3항에 있는 보상금 액수를 규정하는 여기에 주안을 둔 것이 아니라 이 일반적 사항…… 저작권에 대한 일반적인 사항을 심의를 하는데 자문도 하고 또 참고도 되리라고 하는 의미에서 11조를 제시한 것입니다. 그러면 우리가 항용 말하는 것과 같이 관료 독선, 공무원의 전횡 이것을 방지하기 위해서 이 11조를 둔 것은 가장 민주주의적 원칙에 의지해서 된 것으로 나는 생각합니다. 이것이 없어서는 저작권자의 권리 이것을 어디까지나 철저하게 옹호하지 못하고 한두 개인의 관료의 간단한 생각으로 이것을 처리한다든지 결정을 한다면 저작권자의 명예와 재산권에 대해서 중대한 침해가 될 우려가 있는 까닭에 이 저작물에 대한 경험자와…… 우리는 저작권자나 기타 사회적으로 가장 덕망이 있는 이러한 사람을 가지고서 여기에 심의회를 조직해 가지고 주무 당국에 의견을 제출하고 참고를 드리기 위해서 만든 조문이니까 이것은 대단히 좋다고 나는 생각합니다. 이것이 없을 것 같으며는 일반 저작권자는 어데 의지할 데가 없읍니다. 어데 가서 호소할 데가 없어집니다. 이것이 있음으로 말미암아서 저작권자의 명예와 권리 이것은 어디까지나 존중되리라고 나는 생각합니다. 그러므로 11조는 그대로 존속시킬 것이 좋을 것으로 생각합니다.

그리고 22조3항에 대한 얘기를 하십니다마는 저작가라고 해서 국가의 존망에 관한 것이라든지 일반 공익에 관해서는 절대적이 아닙니다. 우리가 가지고 있는 재산권, 부동산이라든지 동산 이런 것도 전시상태가 아니라 하더라도 보통 평시상태라고 하더라도 국가에서 소용된다든지 공익상 필요할 때에는 토지수용령이라고 해서 가격을 제정하고 보상금을 준 뒤에는 국가가 사용할 권한이 있읍니다. 이 권리라고…… 저작권도 역시 어디까지나 이것도 일반 대중 국민에게 이익이 된다든지 국가에 이익이 된다든지 행복이 된다든지

할 때에는 저작권도 역시 어느 정도 다소간 제한을 받어야 합니다.

더구나 그 사람의 권리를 유린한다든지 무시하고 마는 것이 아니라 국가의 공익상 필요하고 긴급함에도 불구하고 본인의 승낙을 얻지 못하는 경우에는 우선 이것을 방송을 시키고 벌써 그 물건은 공연되고 벌써 저작권이 발행된 뒤 세상에도 다 유포되고 세상 사람들이 다 알고 있는데 이것을 한 번 더 거듭 방송해야 되겠다고 하는데 이것조차 거부한다는 것은 저작권자의 본의가 아니고 이런 저작권자는 없으리라고 봅니다. 만일에 그런 것이 혹 있을까 싶어서 이 조문을 둔 것입니다.

그러므로 이 조항 둔 것은 대단히 타당하고 적절한 것이라고 나는 생각해서 11조와 22조3항은 그대로 존속하는 것을 나는 찬성합니다.

○부의장 이재학 그러면 조영규 의원의 수정안을 먼저 표결합니다. 제11조를 조영규 의원의 수정안은 삭제하자는 것입니다. 즉 '심의회'를 없애 버리자는 것입니다.

(거수 표결)

재석 103명, 가에 26, 부에 3 미결입니다.

그러면 문교위원회의 원안은 '심의회'를 두는 것입니다. 원안을 찬성하시면 거수해 주시기 바랍니다.

(거수 표결)

재석 105인, 가에 74표, 부에 1표로 가결되었습니다.

○조영규 의원 (의석에서) 의장, 22조에 대해서 말씀을 하겠읍니다.

○부의장 이재학 설명하시겠어요?

○조영규 의원 이 심의회를 폐지하자는 것은 부결이 되었읍니다마는 여러분에게 22조3항 이것 [19]삭제하자는 것은 저 한사코 주장하고 싶습니다. 왜 그러냐하면 아까도 말씀했는데 즉 말하자면 방송을...... 저작자는 그 저작물을 라디오 또는 테레비죤에 대한 방송을 허락할 권리가 있다, 또는 그 허락을 거부할 권리가 있어요. 그러나 이것이 본문입니다. 그런데 그 밑에 가서 3항으로 가서

무엇이 있는고 하니 '전항의 승낙을 얻지 못하고 그 저작물의 방송이 공익상 필요할 때는 방송자는 대통령령의 정하는 바에 의하여 상당한 보상금을 지급하고 저작물을 방송할 수 있다.' 이렇게 되어 있어요.

그러니까 본인이 거부한다, 거부하는 것은 무엇입니까? 거부하는 것은 다른 것이 아니에요. 돈 조금 주고…… 돈 한 몇 백 환 주고, 더군다나 요새 소위 저작자라는 것이 궁지에 처해 있어요. 돈 몇 백 환 주고 하라, 거부한다 그러면 어디에다가 심의위원회에다가 대해 가지고 적당히 그 사람들이 그러면 돈 몇 천 환 주고 그래 가지고 근본적으로 이 권리를 갖다가 저작권에 대한 권리를 침해하는 것은 이와 같은 것은 도저히 용서할 수 없다는 것을 강력히 저는 주장합니다.

그리고 아까 이존화 의원도 이 단상에서 말씀을 할 때 22조3항 삭제는 과히 반대를 안 하셨읍니다. 이 설명하신 분도 그것은 그럴 법하다는 말씀도 계셨으니까 여러분 많이 참작하셔서 찬동해 주시기 바랍니다.

○**부의장 이재학** 그러면 표결합니다. 22조제3항 이거 삭제하는 조영규 의원의 수정안에 찬성하시는 분은 거수해 주시기 바랍니다.

(거수 표결)

재석원 수 105인, 가에 29표, 부에 1표로 미결되었읍니다.

그러면 문교위원회의 원안을 묻습니다.

제3항을 물론 그대로 두는 것입니다. 이 안이 가하다고 생각하시는 분 거수해 주시기 바랍니다.

(거수 표결)

재석원 수 107인, 가에 69표, 부에 1표로 가결되었읍니다.

그러면 제2독회는 이로써 끝났읍니다. 제3독회는 생략하고 자구수정은 법제사법위원회에 일임하는 것이 어떻겠읍니까?

(『좋소』 하는 이 있음)

이의 없으시지요.

(『의장에게 일임하겠읍니다』 하는 이 있음)

그러면 자구 수정은 의장에게 일임하기로 합니다. 이의 없으시면 그대로 가결합니다.

(『옳소』 하는 이 있음)

그러면 가결되었습니다.

오늘은 이것으로 산회하고 명일 오전 10시에 재개합니다.

(하오 0시 55분 산회)

부록 2. 국가기록원 자료

경상남도, 「국유저작권 현황 조사」, 문공1741-701, 1982. 10. 8.
공보부, 「영화업자 등록에 관한 질의 회신」, 공기획1743-10905, 1966. 10. 5.
공보부, 「영화법 시행에 관한 질의 회신」, 공기획1743-11281, 1966. 10. 12.
공보부, 「영화저작권에 관한 질의 회신」, 공기획1743-12014, 1966. 10. 28.
국무원사무국, 「국무회의록 송부의 건」, 국사총제793호, 단기4292. 4. 10.
내무부, 「국유재산권 현황조사」, 총무1281-45, 1982. 9. 27.
대한출판문화협회, 「저작권법개정시안」, 1982. 7.
문교부, 「세계저작권조약 가입 및 외서 번역자 가호방안 토의에 관한 일」, 기호 제1533호, 단기4294. 6. 1.
문교부, 「저작권법에 관한 자료 송부 의뢰의 건」, 문편제1482호, 단기4294. 6. 1.
문교부, 「저작권 관계 협의회 결과 보고의 건」, 4294. 6. 21.
문교부, 「사단법인 설립허가」, 문편발 1732-793, 1964. 6. 19.
문화공보부, 「저작권법상 저작권 비침해행위인 방송에 관한 질의 회신」, 법무 810-240, 1977. 1. 10.
문화공보부, 「저작권에 대한 질의 회신」, 출판1028-2490, 1977. 2. 23.
문화공보부, 「저작권법 개정(안)에 대한 협의」, 법무182-10320, 1977. 6. 30.
문화공보부, 「저작권법개정안」, 1977. 7. 4.
문화공보부, 「저작권 등록에 관한 의견 회답」, 1978. 7. 7.
문화공보부, 「저작권법 해석 질의에 대한 회답」, 1978. 11. 25.
문화공보부, 「저작권 침해 여부에 대한 유권해석 질의」, 1979. 9. 8.
문화공보부, 「저작권 및 인접권 관계 정부간 위원회의 참가」, 진흥1730-16479, 1983. 11. 4.
문화예술진흥관실, 「저작권법 검토보고」, 1976. 8.
법무부, 「저작권법해석에관한질의의건」, 4283. 4. 24.
법무부, 「저작권법 제64조 제8호 해석에 관한 건」, 법무제2465호, 단기4294. 5. 5.

법무부, 「“저작권의 사용”에 관한 질의」, 법무810-14386, 1971. 8. 14.
법무부, 「저작권법 제49조에 대한 유권해석 회신」, 1976. 10. 4.
법무부, 「저작권법상 저작권 비침해행위인 방송에 관한 질의」, 1977. 1. 7.
법무부장관, 「저작권법유효여부에관한건(회답)」, 법조(法調)제288호, 단기4282. 11. 7.
서울특별시교육위원회, 「사단법인 한국음악저작권협회 설립 허가」, 서울교문 1732,51-5860(8-1444), 1964. 7. 2.
전국문화단체총연합회, 「저작권법에관한결의서」, 단기4289. 1.
전라남도, 「국유 저작권 현황 조사」, 회계1280-1917, 1982. 10. 5.
충청남도, 「저작권 사용료 납부의무자에 대한 지침」, 공보1740-553, 1978. 11. 7.
해양경찰대, 「국유 저작권 현황 조사」, 경무1281-20, 1982. 10. 7.

부록 3.1. 미 · 일 조약 등

a. 한국에 있어서의 발명 · 의장 · 상표 및 저작권 보호에 관한 미 · 일 조약

○ 국회도서관 입법조사국, 『구한말 조약휘편(1876~1945)』, 중권, 입법참고자료 제26호, 1965, 268~274쪽.

b. 내각고시 제3호

○ 송병기·박용옥·서병한·박한설(편저), 『한말근대법령자료집』, VII, 대한민국 국회도서관, 1971, 168~170쪽.

a. 한국에 있어서의 발명·의장·상표 및 저작권 보호에 관한 미·일 조약

18. 韓國에 있어서의 發明 · 意匠 · 商標 및 著作權保護에 關한 美 · 日條約

1908年 5月 19日 調印

가. 本 文

美合衆國大統領과 日本國皇帝陛下는 韓國에서 其人民 또는 臣民의 發明·意匠·商標 및 著作權의 保護를 確保하기 爲하여 條約을 締結하기로 決定하고 美合衆國大統領은 其國務大臣代理「로버어트·베에콘」(Robert Bacon)을, 日本國皇帝陛下는 美合衆國駐劄特命全權大使正三位勳一等男爵 高平小五郞을 各其 全權委員으로 任命하였으며 이 各全權委員은 相互 其委任狀을 呈示하고 其 良好 妥當함을 認定하여 다음의 諸條를 協議決定한다.

第1條 日本國政府는 發明·意匠·商標 및 著作權에 關하여 現在 日本國에서 施行하는 것과 同一한 法令이 本條約의 實施와 同時에 韓國에서 施行되게 하며 右法令은 韓國에 있는 美國人民에게 對하여도 日本國臣民 및 韓國臣民에게 對하는 것과 同一하게 適用된다. 前項에 指示한 日本國의 現行法令이 今後 改正될 때에는 韓國에서 施行된 法令도 亦是 改正法令의 趣旨에 依하여 改正한다.

第2條 美合衆國政府는 美國人民으로서 韓國內에서 保護를 받을수 있는 特許發明·登錄意匠·登錄商標 또는 著作權을 侵害 當하였을 境遇에 右의 美國人民이 本件에 關하여 韓國에 있는 日本國裁判所의 裁判管轄權에 專屬할 것을 約定하고, 美合衆國의 治外法權은 此事에 關하여 이를 抛棄하는 것으로 한다.

第3條 美合衆國의 所屬地의 人民은 本條約의 適用上 美國人民과 同一한 取扱을 받는 것으로 한다.

第4條 韓國臣民으로서 美合衆國의 法令에 定한 節次를 履行할 때에는 同國內에서 發明·意匠·商標 及 著作權에 關하여 美國人民과 同一한 保護

— 268 —

를 享受한다.

第5條 第1條에 依한 法令의 施行以前에 美國人民이 日本國에서 特許를 받은 發明 또는 登錄을 한 意匠·商標 或은 著作權은 別段의 節次를 要치 아니하고 日本國臣民 또는 韓國臣民이 同樣으로 特許를 받은 發明 또는 登錄을 한 工業所有權 또는 著作權을 韓國內에서 保護받는 것과 同一한 保護를 本條約에 依하여 同國內에서 享受한다.

兩締約國의 一便의 臣民 或은 人民 및 韓國臣民이 本條約 實施以前에 美合衆國에서 特許를 받은 發明 또는 登錄을 한 意匠·商標 或은 著作權은 其의 前記法令의 規定에 依하여 特許 또는 登錄을 할수 없는 性質의 것이 아닌 것에 限하여 本條約 實施後 1年內에 特許을 받거나 또는 登錄을 할 境遇에는 조금도 料金을 要치 아니하고 韓國에서 特許를 받으며 또는 登錄을 할수 있다.

第6條 日本國政府는 商號의 保護에 對하여 1883年 3月 20日 巴里에서 調印된 萬國工業所有權保護同盟條約에 依하여 美國人民이 日本國의 版圖內에서 받음과 同一한 取扱을 韓國에서도 美國人民에게 附與할 것을 約定한다.

行名은 本條約의 適用上 此를 商號로 看做한다.

第7條 本條約은 이를 批准하되 其批准書는 可能한 限 早速히 東京에서 交換키로 한다.

右證據로서 各全權委員은 此에 記名調印한다.

1908年 5月 19日(明治 41年 5月 19日)
華盛頓에서 本書 2通을 作成하다

「로버어트·베에콘」 印
(Robert Bacon)
高 平 小 五 郞 印

— 269 —

나. 條約原文 (日 文)

韓國に於ける發明，意匠，商標及著作權の保護に關する日米條約

1908年 5月 19日調印

日本國皇帝陛下 及 亞米利加合衆國大統領は，韓國に於て其臣民，又は人民の發明，意匠，商標及著作權の保護を確保せむことを欲し，之が爲め條約を締結することに決し，日本國皇帝陛下は 亞米利加合衆國駐剳特命全權大使正三位勳一等男爵高平小五郞を，亞米利加合衆國大統領は 其國務大臣代理「ロバート・ベーコン」を 各其の全權委員に任命せり，因って各全權委員は互に其委任狀を示し，其良好妥當なるを認め，左の諸條を協議決定せり.

第1條

日本國政府は 發明，意匠，商標及著作權に關し，現に日本國に行はるると同樣の法令が，本條約の實施と同時に韓國に於て施行せらるることと爲すべし.

右法令は，韓國に於ける米國人民に對しても，日本國民及韓國臣民に對すると同じく適用せらるべきものとす．前項に指示したる日本國の現行法令が今後改正せらるるときは，韓國に於て施行せられたる法令も亦改正法令の趣旨により改正せらるべし.

第2條

亞米利加合衆國政府は，米國人民にして，韓國內に於て保護を受くべき特許發明，登錄意匠，登錄商標 又は著作權を侵害せるものありし場合に，右米國人民が，本件に關し，韓國に於ける日本國裁判所の裁判管轄權に專屬すべきことを約し，合衆國の治外法權は，此の事に關し之を拋棄するものとす.

第3條

亞米利 加合衆國の所屬地の人民は，本條約の適用上，米國人民と同一の取扱を受く可きものとす.

— 270 —

第4條

韓國臣民にして，合衆國の法令に定めたる手續を履行するときは，同國內に於て發明，意匠，商標及著作權に關し，米國人民と同一の 保護を受くべし.

第5條

第1條に依る法令の施行以前，米國人民が，日本國に於て特許を受けたる發明又は登錄を受けたる意匠，商標若くは著作權は別段の手續を要せず，日本國臣民又は韓國臣民同樣に，特許又は登錄を受けたる工業所有權又は著作權を，韓國內に於て保護せらるると同一の保護を，本條約に依り同國內に於て享受すべし.

締約國の一方の臣民，若くは人民及韓國臣民が 本條約實施以前， 合衆國に於て特許を受けたる發明，又は登錄を受けたる意匠,商標若くは著作權は，其の前記法令の規定に依り，特許又は登錄すべからざる性質を有するものに非る限り，且本條約實施後1年內に，特許又は登錄を受くる場合に限り，何等料金を要することなく，韓國に於て特許又は登錄せらるべし.

第6條

日本國政府，商號の保護に付き，1883年3月20日， 巴里に於て調印せられたる萬國工業所有權保護同盟條約に依り，米國人民が，日本國の版圖內に於て受くると同一の取扱を，韓國に於て米國人民に付與すべきことを約す

行名は，本條約の適用上之を商號と看做す.

第7條

本條約は之を批准し，其批准書は成るべく速に東京に於て交換せらるべし

本條約は，批准交換の日より10日を經たる後實施せらる可し.

右證據として，各全權委員は之に記名調印するものなり.

明治41年5月19日 即 西曆1908年5月19日

華盛頓に於て本書2通を作る

高 平 小 五 郎 印

ロバート・ベーコン 印

다. 條約原文 (英文)

CONVENTION BETWEEN JAPAN AND THE UNITED STATES OF AMERICA FOR THE PROTECTION IN KOREA OF INVENTIONS, DESIGNS, TRADE-MARKS AND COPYRIGHTS.

Signed, May 19, 1908

His Majesty the Emperor of Japan and the President of the United States of America being desirous to secure in Korea due protection for the inventions, designs, trade marks and copyrights of their respective subjects and citizens have resolved to conclude a convention for that purpose and have named as their Plenipotentiaries, that is to say:

His Majesty the Emperor of Japan, Baron Kogoro Takahira, Shosammi.

Grand Cordon of the Imperial Order of the Rising Sun, His Ambassador Extraordinary and Plenipotentiary to the United States of America; and The president of the United States of America, Robert Bacon Acting Secretary of State of the United States;

Who, after having communicated to each other their Full Powers, found to be in good and due form have agreed upon and concluded the following articles:—

ARTICLE I

The Japanese Government shall cause to be enforced in Korea simultaneously with the operation of this convention, laws and regulations relative to inventions, designs, trade-marks and copyrights similar to those which now exist in Japan.

These laws and regulations are to be applicable to American citizens in Korea equally as to Japanese and Korean subjects. In case the existing laws and regulations of Japan referred to in the preceding paragraph shall hereafter be modified, those laws and regulations enforced in Korea shall also be modified according to the principle of such new legislation.

ARTICLE II

The Government of the United States of America engages that in case of the infringement by America citizens of inventions, designs, trade marks or copyrights

— 272 —

entitled to protection in Korea, such citizens shall in these respects be under the exclusive jurisdiction of the Japanese courts in Korea, the extraterritorial jurisdiction of the United States being waived in these particulars.

ARTICLE III

Citizens of possessions belonging the United States shall have in respect to the application of the present convention the same treatment as citizens of the United States

ARTICLE IV

Korean subjects shall enjoy in the United States the same protection as native citizens in regard to inventions, designs, trade marks and copyrights upon the fulfillment of the formalities proscribed by the laws and regulations of the United States

ARTICLE V

Invention, designs, trade marks and copyrights duly patented or registered in Japan by citizens of the United States prior to the enforcement of the laws and regulations mentioned in Article I hereof shall without further procedure be entitled under the present convention to the same protection in Korea as is or may hereafter be there accorded to the same industrial and literary properties similarly patented or registered by Japanese or Korean subjects.

Inventions, designs, trade marks and copyrights duly patented or registered in the United States by subjects or citizens of either High Contracting Party or by Korean subjects prior to the operation of the present convention shall similarly by entitled to patent or registration in Korea without the payment of any fees, provided that said inventions, designs, trade marks and copyrights are of such a character as to permit of their patent or registration under the laws and regulations above mentioned and provided further that such patent or registration is effected within a period of one year after this convention comes into force.

ARTICLE VI

The Japanese Government engages to extend to American citizens the same treatment in Korea in the matter of protection of their commercial names as they enjoy in the dominions and possessions of Japan under the convention for the protection of industrial property signed at Paris March 20, 1883.

"Hong" marks shall be considered to be commercial names for the purpose of this convention.

ARTICLE VII

The present convention shall be ratified and the ratifications thereof shall be exchanged at Tokyo as soon as possible. It shall come into force ten days after such exchange of ratifications.

In witness whereof the respective Plenipotentiaries have signed the present convention in duplicate, and have thereunto affixed their seals.

Done at the City of Washington the 19 th day of the 5th month of the 41st year of Meiji, corresponding to the 19th day of May in the nineteen hundred and eighth year of the Christian era.

K. TAKAHIRA [L. S]
ROBERT BACON [L. S]

b. 내각고시 제3호

內閣告示 第3號 韓國에 在한 發明·意匠·商標及 著作權의 保護에 관한 日美條約을 公布하는 件

官 報 隆熙2年 8月15日

內閣告示第三號

隆熙二年五月十九日 發明 意匠 商標及 著作權의 保護에 關ᄒᆞ야 日本國政府ᄂᆞᆫ 亞米利加合衆國政府와 左의 條約을 締結ᄒᆞ야 本月 六日에 批准書의 交換을 了ᄒᆞᆫ지라 茲에 其譯文을 公布홈

隆熙二年八月十三日

內閣總理大臣 李完用

韓國에 在ᄒᆞᆫ 發明 意匠 商標及 著作權의 保護에 關ᄒᆞᆫ 日米條約 <이하 생략>

부록 3.2. 한국저작권령 등

a. 한국저작권령

○ 송병기·박용옥·서병한·박한설(편저), 『한말근대법령자료집』, VII, 대한민국국회도서관, 1971, 174~175쪽에 있는 그대로 수록함.

a-2. 한국저작권령

○ 송병기(편저), 『통감부법령자료집』, 중, 대한민국국회도서관, 1973, 249~250쪽에 있는 그대로 수록함.

b. 한국저작권령시행규칙

○ 송병기·박용옥·서병한·박한설(편저), 『한말근대법령자료집』, VII, 대한민국국회도서관, 1971, 178~181쪽에 있는 그대로 수록함. 표의 경우 부득이한 변경(부분적으로 띄어쓰기도 함)이 있음.

b-2. 한국저작권령시행규칙

○ 송병기(편저), 『통감부법령자료집』, 중, 대한민국국회도서관, 1973, 265~269쪽에 있는 그대로 수록함. 표의 경우 부득이한 변경(부분적으로 띄어 쓰기도 함)이 있음.

b-3. 한국저작권령시행규칙 개정

○ 송병기(편저), 『통감부법령자료집』, 하, 대한민국국회도서관, 1973, 618쪽에 있는 그대로 수록함.

c. 저작권등록에 관한 규정

○ 송병기·박용옥·서병한·박한설(편저), 『한말근대법령자료집』, VII, 대한민국국회도서관, 1971, 242~244쪽에 있는 그대로 수록함. 표의 경우 부득이한 변경(부분적으로 띄어쓰기도 함)이 있음.

d. 저작권자 불명의 저작물 발행 또는 흥행 방법

○ 송병기·박용옥·서병한·박한설(편저), 『한말근대법령자료집』, VII, 대한민국국회도서관, 1971, 244쪽에 있는 그대로 수록함.

e. 내각고시 제4호

○ 송병기·박용옥·서병한·박한설(편저), 『한말근대법령자료집』, VII, 대한민국국회도서관, 1971, 170~171쪽에 있는 그대로 수록함.

f. 관동주 및 제국이 치외법권을 행사할 수 있는 외국에서 특허권, 의장권, 상표권 및 저작권의 보호에 관한 건

○ 송병기·박용옥·서병한·박한설(편저), 『한말근대법령자료집』, VII, 대한민국국회도서관, 1971, 175~176쪽에 있는 그대로 수록함.

f-2. 관동주 및 제국이 치외법권을 행사할 수 있는 외국에서 특허권, 의장권, 상표권 및 저작권의 보호에 관한 건

○ 송병기(편저), 『통감부법령자료집』, 중, 대한민국국회도서관, 1973, 250~251쪽에 있는 그대로 수록함.

a. 1908년 한국저작권령[1)]

第一條 韓國의 著作權에 關ᄒᆞ야ᄂᆞᆫ 著作權法에 依ᄒᆞ되 但 同法中 帝國이라 ᄒᆞᆷ은 韓國에 裁判所라 ᄒᆞᆷ은 理事廳及 統監府法務院에 該當홈

第二條 本令은 日韓兩國의 臣民의 著作權에 對ᄒᆞ야 同一ᄒᆞᆫ 保護ᄅᆞᆯ 與ᄒᆞ며 且 韓國에서 著作權의 保護에 關ᄒᆞ야 治外法權을 行使치 아니 ᄒᆞᄂᆞᆫ 國의 臣民及 人民에도 此ᄅᆞᆯ 適用홈

附 則

第三條 本令은 明治四十一年八月十六日로부터 此ᄅᆞᆯ 施行홈

第四條 本令施行前에 日本國臣民 韓國臣民 又ᄂᆞᆫ 米國人民의 日本國에서 享有ᄒᆞᆫ 著作權은 本令에 依ᄒᆞ야 保護ᄅᆞᆯ 受ᄒᆞᆯ 것으로 홈

第五條 本令施行前 米國에서 著作權의 登錄을 受ᄒᆞᆫ 日本國臣民 韓國臣民 又ᄂᆞᆫ 米國人民은 本令施行日로부터 一年을 限ᄒᆞ야 統監府特許局에 其 著作權의 無料登錄을 請願ᄒᆞᆷ을 得홈

第六條 日本國이나 米國에서 保護ᄅᆞᆯ 受ᄒᆞᄂᆞᆫ 日本國臣民 又ᄂᆞᆫ 米國人民의 著作物을 本令施行前 韓國에서 著作權者의 承諾 업시 複製ᄒᆞᆫ 者 飜譯ᄒᆞᆫ 者 或 興行ᄒᆞᆫ 者 又ᄂᆞᆫ 複製 飜譯 興行에 着手ᄒᆞᆫ 者ᄂᆞᆫ 本令施行後 一年間은 此ᄅᆞᆯ 完成ᄒᆞ야 發賣頒布ᄒᆞ거나 又ᄂᆞᆫ 興行ᄒᆞᆷ을 得홈

第七條 前條의 境遇에ᄂᆞᆫ 統監府令의 定ᄒᆞᆫ 節次ᄅᆞᆯ 履行ᄒᆞᆷ에 아니면 其 複製物을 發賣頒布ᄒᆞ거나 興行ᄒᆞᆷ을 得치 못홈

1) 출처상의 제목 : '韓國著作權令'. 勅令 第200號[明治41年(1908) 8月 12日].

a-2. 1908년 한국저작권령

官 報 明治41年 8月 13日

公 報 明治41年 8月 16日附錄

朕 韓國 著作權令을 裁可하여 玆에 此를 公布케 함

御名 御璽

明治四十一年八月十二日

內閣總理大臣 侯爵 桂太郎

外務大臣 子爵 寺內正毅

勅令第二百號

韓國著作權令

第一條 韓國에서 著作權에 關하여는 著作權法에 依함 但 同法中 帝國이라 함은 韓國에, 裁判所라 함은 理事廳及 統監府法務院에 該當함

第二條 本令은 日韓兩國의 臣民에 對하여 著作權에 關한 同樣의 保護를 與하고 且 韓國에서 著作權의 保護에 關하여 治外法權을 行使하지 않은 國의 臣民及人民에도 此를 適用함

附 則

第三條 本令은 明治四十一年八月十六日로부터 此를 施行함

第四條 本令 施行前에 日本國臣民 韓國臣民 又는 米國人民이 日本國에서 享有하은(필자 주 | '享有하는'의 오기인 듯) 著作權은 本令에 依하여 保護를 受할 것으로 함

第五條 本令 施行前 米國에서 著作權의 登錄을 受한 日本國臣民 韓國臣民 又는 米國人民는(필자 주 | '米國人民은'의 오기인 듯)本令施行日부터 一年을 限하여 統監府特許局에 其 著作權의 無料登錄을 出願함을 得함

第六條 日本國 又는 米國에서 保護되는 日本國臣民 韓國臣民 又는 米國人民의 著作物을 本令 施行前 韓國에서 著作權者의 承諾없이 複製한 者 飜譯한 者 又는 興行한 者 又는 複製 飜譯 興行에 著手(필자 주 | '着手'의 오기인 듯)한 者는 本令 施行後 一年間은 此를 完成하여 發賣 頒布하며 或은 興行함을 得함

第七條 前條의 境遇에서는 統監府令의 定한 手續을 履行하지 않고서는 其 複製物을 發賣 頒布하며 又는 興行함을 不得함

b. 한국저작권령시행규칙[2)]

第一條 韓國의 著作權 登錄에 關ᄒᆞ야ᄂᆞᆫ 明治三十二年 內務省令 第二十八號에 依호되 但 同令中에 內務省이라 홈은 統監府 特許局에 內務大臣이라 홈은 統監府特許局長에게 該當홈

第二條 韓國의 著作權의 登錄稅에 關ᄒᆞ야ᄂᆞᆫ 登錄稅法의 規定에 依홈

第三條 著作權者가 不明ᄒᆞᆫ 著作物의 發行이나 興行에 關ᄒᆞ야ᄂᆞᆫ 明治三十二年 內務省令第二十七號의 規定에 依호되 但 同令中에 官報라 홈은 京城日報에 東京이라 홈은 京城에 該當홈

第四條 韓國著作權令 第五條에 依ᄒᆞᆫ 請願에ᄂᆞᆫ 其 著作物이 米國에셔 登錄을 受ᄒᆞᆫ 事及 請願人이 其 著作權을 享有ᄒᆞᆫ 事ᄅᆞᆯ 證明ᄒᆞᆯ 書面을 添附홈이 可홈

第五條 韓國著作權令 第六條에 依ᄒᆞ야 複製物을 發賣頒布거나 興行코자 ᄒᆞᄂᆞᆫ 者ᄂᆞᆫ 左揭 節次ᄅᆞᆯ 履行홈이 可홈

一 業已複製ᄒᆞᆫ 것에 對ᄒᆞ야ᄂᆞᆫ 明治四十一年 十一月 二十日ᄭᆞ지 第一書式(甲)에 依ᄒᆞ야 檢印을 申請홈이 可홈

二 複製에 着手ᄒᆞᆫ 것에 對ᄒᆞ야ᄂᆞᆫ 着手ᄒᆞᆫ 事實을 前號期間內에 第一書式(乙)에 依ᄒᆞ야 申告ᄒᆞ고 複製物 發行前에 其 複製物에 대ᄒᆞ야 第一書式(甲)에 依ᄒᆞ야 檢印을 請求홈이 可홈

三 業已翻譯ᄒᆞᆫ 것이나 翻譯에 着手ᄒᆞᆫ 것에 對ᄒᆞ야ᄂᆞᆫ 其 事實을 本條 第一號의 期間內에 第二書式(乙)에 依ᄒᆞ야 申告ᄒᆞ고 複製物 發行前에 其 複製物에 對ᄒᆞ야 第二書式(甲)에 依ᄒᆞ야 檢印을 申請홈이 可홈

四 業巳興行ᄒᆞ거나 興行에 着手ᄒᆞᆫ 것에 對ᄒᆞ야ᄂᆞᆫ 其 事實을 本條 第一號의 期間內에 第三書式에 依ᄒᆞ야 申告홈이 可홈

第六條 檢印의 申請과 申告ᄂᆞᆫ 管轄理事廳에 此ᄅᆞᆯ 홈이 可홈

第七條 理事聽은 檢印을 ᄒᆞ며 又ᄂᆞᆫ 申告ᄅᆞᆯ 受ᄒᆞ야 其 目錄簿ᄅᆞᆯ 備置홈이 可홈 檢印은 第一雛形에 依ᄒᆞ고 目錄簿ᄂᆞᆫ 第二雛形에 依ᄒᆞ야 調製홈이 可홈

第八條 理事廳에셔 前條의 節次ᄅᆞᆯ 施ᄒᆞᆫ 時ᄂᆞᆫ 其 旨ᄅᆞᆯ 統監府 特許局에 報告홈이 可홈

第九條 何人이던지 手數料金三十錢을 納ᄒᆞ야 目錄簿의 閱覽을 請求홈을 得홈

---

2) 출처상의 제목 : '韓國著作權令施行規則'. 統監府令 第28號[明治41年(1908)].

第十條 虛僞의 申告ᄒᆞ거나 虛僞에 依ᄒᆞ야 檢印을 受ᄒᆞᆫ 者ᄂᆞᆫ 十圓以上 百圓以下의 罰金에 處홈

虛僞의 申告나 虛僞에 依ᄒᆞ야 受ᄒᆞᆫ 檢印을 無効로 홈

第十一條 理事廳은 申告ᄅᆞᆯ 受ᄒᆞ거나 檢印을 施ᄒᆞᆫ 時와 又ᄂᆞᆫ 申告나 檢印을 無効로 된 時ᄂᆞᆫ 京城日報로써 告示홈이 可홈

附 則

本令은 韓國著作權令 施行日로부터 此ᄅᆞᆯ 施行홈

第一書式(甲)

檢印願書

一 複製物의 題號 部(箇)數
一 著作物 發行ᄒᆞᆫ 土地와 其 年月日
一 著作者의 姓名 稱號
一 複製物 發行者의 姓名 住所
一 同發行ᄒᆞᆫ 年月日(發行ᄒᆞᆫ 것은)

右ᄂᆞᆫ 年 月 日에 複製(複製着手申告)ᄒᆞ온 바 明治四十一年 統監府令 第二十八號 第五條 第一號(第二號)에 依ᄒᆞ야 檢印을 受코자 ᄒᆞ와 玆에 申請ᄒᆞᆷ

住所
年 月 日 發賣頒布者 姓名 印

理事官 座下

第一書式(乙)

複製着手申告書

一 複製物의 題號
一 著作物 發行ᄒᆞᆫ 土地와 其 年月日
一 著作者의 姓名 稱號

右ᄂᆞᆫ 年 月 日 複製에 着手ᄒᆞ온바 明治四十一年 統監府令 第二十八號 第五條 第二號에 依ᄒᆞ야 玆에 申告ᄒᆞᆷ

住所
年 月 日 發行者 姓名 印

理事官 座下

第二書式(甲)

繙譯物 檢印願書

一 繙譯物의 題號 部數
一 原著作者의 姓名 稱號
一 原書의 題號
一 原書發行흔 年月日
一 原書發行흔 土地
一 繙譯發行흔 年月日

右는 年 月 日에 繙譯(繙譯着手)申告흐온바 明治四十一年 統監府令 第二十八號 第五條 第三號에 依흐야 檢印을 受코자 흐와 玆에 申請홈

住所
年 月 日 繙譯(發行頒布)者 姓名 印

理事官

第二書式(乙)

繙譯申告書

一 繙譯物의 題號
一 原著作者의 姓名 稱號
一 原書의 題號
一 原書發行흔 年月日
一 原書發行흔 土地
一 繙譯發行흔 年月日

右는 年 月 日에 繙譯(繙譯着手) 申告흐온바 明治四十一年 統監府令 第二十八號 第五條 第三號에 依흐야 檢印을 受코자 흐와 玆에 申請홈

住所
年 月 日 繙譯者 姓名 印

理事官 座下

第三書式

興行申告書

一 著作者의 姓名 稱號
一 脚本이나 樂譜의 名稱及 其 發行ᄒᆞᆫ 土地와 其 年月日
一 興行(興行에 着手)ᄒᆞᆫ 處所

右ᄂᆞᆫ　年　月　日에 興行(興行에 着手)ᄒᆞ온바 明治四十一年 統監府令 第二十八號 第五條 第四號에 依ᄒᆞ야 玆에 申告홈

住所
年　月　日　　飜譯者　姓名　印

理事官　座下

第一雛形

(甲) 檢印申請及 申告目錄簿(複製物의 部)

翻譯物의 部도 此에 準홈

檢印號數	檢印日字	複製物의 題號	部數	著作者의 姓名稱號	發行者의 住所姓名	申請者의 住所姓名	申告ᄒᆞᆫ 年月日	申請ᄒᆞᆫ 年月日

(乙) 興行申告目錄簿

脚本이나 樂譜의 名稱	著作者의 姓名稱號	興行者의 住所姓名	申告年月日

第二雛形

理 事 廳 名
檢　印 之　證

b-2. 한국저작권령시행규칙

公 報 明治41年 8月 16日附錄

統監府令第二十八號

韓國著作權令施行規則 左와 如히 定함

明治四十一年八月十五日

統監代理 副統監 子爵 曾禰荒助

韓國著作權令施行規則

第一條 韓國에서 著作權 登錄에 關하여는 明治三十二年 內務省令第二十八號에 依함 但 同令中 內務省이라 함은 統監府特許局에, 內務大臣이라 흠은 統監府特許局長에 該當함

第二條 韓國에서 著作權의 登錄稅에 對하여는 登錄稅法의 規定에 依함

第三條 著作權者 不明의 著作物의 發行 又는 興行에 對하여는 明治三十二年 內務省令第二十七號의 規定에 依함 但 同令中 官報라 함은 京城日報에, 東京이라함은 京城에 該當함

第四條 韓國著作權令第五條에 依한 出願에는 其著作物이 米國에서 登錄을 受한 事及 出願人이 其 著作權이 有한 것을 證明할 수 있는 書面을 添附함이 可함

第五條 韓國著作權令 第六條에 依하여 複製物을 發賣 頒布하고 又는 興行하려고 하는 자는 左의 手續을 履行함이 可함

一 旣히 複製한 것에 對하여는 明治四十一年十一月二十日까지 第一書式에 (甲) 依하여 檢印을 申請함이 可함

二 複製에 着手한 것에 對하여는 着手의 事實을 前號期間內에 第一書式(乙)에 依하여 屆出하고 複製物 發行前 其 複製物에 對하여 第一書式(甲)에 依하여 檢印을 申請함이 可함

三 旣히 飜譯한 것 又는 飜譯에 着手흔 것에 對하여는 其事實을 本條 第一號의 期間內에 第二書式(乙)에 依하여 屆出하고 複製物發行以前 其複製物에 對하여 第二書式(甲)에 依하여 檢印을 申請함이 可함

四 旣히 興行한 것 又는 興行에 着手한 것에 對하여는 其事實을 本條第一號의 期間內에 第三書式에 依하여 屆出함이 可함

第六條 檢印의 申請及 屆出은 管轄理事廳에 此를 함이 可함

第七條 理事聽은 檢印을 하고 又는 屆出을 受하였을 時는 其目錄簿를 備置함이 可함 目錄簿는 第一雛形에, 檢印은 第二雛形에 依함이 可함

第八條 理事廳에서 前條의 手續을 하였을 時는 其旨를 統監府特許局에 報告함이 可함

第九條 何人이라 할지라도 手續料 金三十錢을 納하고 目錄簿의 閱覽을 請求함을 得함

第十條 虛僞의 屆出을 하며 又는 虛僞로 因하여 檢印을 受한 者는 十圓以上 百圓以下의 罰金에 處함

虛僞의 屆出 又는 虛僞로 因에하여 受한 檢印은 無効로 함

第十一條 理事廳은 屆出을 受하며 또는 檢印을 하였을 때 又는 屆出 或은 檢印이 無効로 되었을 時는 京城日報로써 告示함이 可함

附 則

本令은 韓國著作權令 施行日로부터 此를 施行함

第一書式(甲)

檢　印　願

一 複製物의 題號　　　　部 (箇) 數
一 著作物發行의 土地 竝其年月日
一 著作者의 氏名 稱號
一 複製物 發行者의 氏名 住所
一 同發行의 年月日(發行한 것은)

右는 年月日 複製한(複製着手屆出) 것임으로서 明治四十一年 統監府令第二十八號 第五條第一號(第二號)에 依하여 檢印을 受코저 此際에 申請함

年　月　日
住所
發賣頒布者　　　　氏　名　印

理事官　宛

第一書式(乙)

複 製 着 手 屆

一 複製物의 題號
一 著作物 發行의 土地 竝 其 年月日
一 著作者의 氏名 稱號

右는 年月日 複製에 着手한 것임으로써 明治四十一年 統監府令第二十八號 第五條第二號에 依하여 此際에 屆出함

年　月　日
住所
發行者　　　　氏　名　印

理事官　宛

第二書式(甲)

<table><tr><td>

飜 譯 物 檢 印 願

一 飜譯物의 題號 部數
一 原著作者의 氏名 稱號
一 原書의 題號
一 原書發行의 年月日
一 原書發行의 土地
一 飜譯發行의 年月日

右는 年月日 飜譯(飜譯着手) 届出한 것임으로써 明治四十一年 統監府令 第二十八號第五條第三號에 依하여 檢印을 受코자 此際에 申請함

年 月 日
住所
飜譯發行頒布者 氏 名 印

理事官 宛

</td></tr></table>

第二書式(乙)

<table><tr><td>

飜 譯 届

一 飜譯物의 題號
一 原著作者의 氏名 稱號
一 原書의 題號
一 原書發行의 年月日
一 原書發行의 土地

右는 年月日飜譯(飜譯着手)한 것임으로써 明治四十一年 統監府令 第二十八號第五條第三號에 依하여 此際에 届出함

年 月 日
住所
飜譯者 氏 名 印

理事官 宛

</td></tr></table>

第三書式

<table>
<tr><td>

興　行　屆

一 著作者의 氏名 稱號
一 脚本 又는 樂譜의 名稱及 其發行의 土地 竝其 年月日
一 興行(興行에 着手)한 場所

右는 年 月 日 興行(興行에 着手)한 것임으로써 明治四十一年 統監府令第二十八號第五條第四號에 依하여 此際에 屆出함

年　月　日
住所
興行者　　　　氏　名　印

理事官　宛

</td></tr>
</table>

第一雛形

(甲) 檢印申請及 屆出目錄簿(複製物의 部) 翻譯物의 部도 此에 準함

檢印番號	檢印日	複製物의 題號	部 數	著作者의 氏名稱號	發行者의 住所氏名	申請者의 住所氏名	屆出한 年月日	申請한 年月日

(乙) 興行屆出目錄簿

脚本 又는 樂譜의 名稱	著作者의 氏名稱號	興行者의 住所氏名	屆出年月日

第二雛形

<table>
<tr><td>理 事 廳 名</td></tr>
<tr><td>檢　印
之　證</td></tr>
</table>

b-3. 한국저작권령시행규칙 개정[3)]

公 報 明治43年 7月 2日

統監府令第三十三號

韓國著作權(필자 주 : '韓國著作權令'의 오기인 듯)施行規則中 左와 如히 改正함

明治四十三年七月二日

統監 子爵 寺內正毅

第一條 韓國에서의 著作權登錄에 關하여는 明治四十三年 內務省令第二十三號에 依함 但同令中 內務大臣이라 있는 것은 統監府特許局長에 外國人이라 있는 것은 日本國及 韓國以外의 國에 臣民 又는 人民에 官報라 있는 것은 統監府公報에 該當함

第三條中 「京城日報」를 統監府公報로 改正함

附 則

本令은 明治四十三年七月五日 부터 此를 施行함

3) 출처상의 제목 : '韓國著作權令施行規則 改正'. 統監府令 第33號[明治43年(1908)].

c. 저작권등록에 관한 규정[4)]

第一條 著作權第十五條에 依ᄒᆞ야 登錄을 受ᄒᆞ랴 ᄒᆞᄂᆞᆫ 者ᄂᆞᆫ 內務省에 請願ᄒᆞᆷ이 可ᄒᆞᆷ

第二條 登錄請願은 著作權法 第十五條 第一項의 境遇에ᄂᆞᆫ 第一書式 第四項의 境遇에ᄂᆞᆫ 第二書式에 依ᄒᆞ고 且 著作物의 明細書ᄅᆞᆯ 添付ᄒᆞᆷ이 可ᄒᆞᆷ

明細書에ᄂᆞᆫ 左의 事項을 記載ᄒᆞᆷ을 要ᄒᆞᆷ

一 著作物의 題號

二 著作者의 姓名 稱號(無名著作物에 對ᄒᆞ야ᄂᆞᆫ 此ᄅᆞᆯ 要치아니ᄒᆞᆷ)

三 著作及 發行 或 興行의 年月日

四 著作物의 體樣(著作物의 體樣을 明瞭케 ᄒᆞᆯ 必要가 有ᄒᆞᆫ 境遇에ᄂᆞᆫ 其 圖面)

五 無名 又ᄂᆞᆫ 變名著作物의 著作者의 實名登錄으로써 前登錄을 受ᄒᆞᆫ 境遇에ᄂᆞᆫ 前登錄의 年月日

第三條 著作權에 關ᄒᆞᆫ 登錄簿ᄂᆞᆫ 內務省에 備置ᄒᆞ고 內務大臣은 第一條의 請願이 有ᄒᆞᆫ 時마다 此를 登錄ᄒᆞ고 官報에 公告ᄒᆞᆷ

第四條 何人이던지 登錄簿의 閱覽 又ᄂᆞᆫ 其 謄本 或 抄本의 下附ᄅᆞᆯ 請求ᄒᆞᆯ 事ᄅᆞᆯ 得ᄒᆞᆷ

前項의 請求ᄅᆞᆯ ᄒᆞᄂᆞᆫ 者ᄂᆞᆫ 著作權登錄의 年月日 或 登錄番號ᄅᆞᆯ 記ᄒᆞ야 願書ᄅᆞᆯ 提出호ᄃᆡ 手數料 金參拾錢을 納ᄒᆞᆷ이 可ᄒᆞᆷ

前項의 手數料ᄂᆞᆫ 收入印紙로 代用ᄒᆞᆷ

第五條 登錄簿의 閱覽은 內務大臣이 定ᄒᆞᆫ 期日에 依ᄒᆞ야 官吏面前에셔 閱覽ᄒᆞᆷ이 可ᄒᆞᆷ

---

4) 출처상의 제목 : '著作權登錄에 關ᄒᆞᆫ 規定'. 內務省令 第28號[明治32年(1899)].

第一書式

(甲) 著 作 權 登 錄 願 書

一 著作物의 題號　冊(箇)數
此登錄稅金幾圓也

收 入 印 紙

右著作權을 登錄코ᄌᆞᄒᆞ야 玆에 請願홈

住所及 原籍

年　月　日

著作權者(又ᄂᆞᆫ 發行者) 姓名印

內務大臣　　閣下

(乙) 著作權讓渡(典質)登錄願書

一 著作物의 題號　冊(箇)數
此登錄稅金幾圓也

收 入 印 紙

右著作物(필자 주 | 著作權의 오기인 듯)은 今次某로부터 某에게 讓渡(典質)홈으로 登錄코ᄌᆞᄒᆞ야 玆에 連署 請願홈

住所及 原籍
年　月　日　讓渡(典質)人　姓名印
住所及 原籍
讓受(典執)人　姓名印

內務大臣　閣下

第二書式

實 名 登 錄 願 書

一 著作物의 題號 冊(箇)數
此登錄稅金幾圓也

收 入 印 紙

右著作物은 曩에 何(稱號)著作으로서(無名으로) 發行者某(姓名)의 名義로써 發行ᄒᆞᆫ 바 今次左記와 如히 實名의 登錄을 受코ᄌᆞᄒᆞ야 發行者와 玆에 連署請願喜

住所及 原籍
年 月 日 著作者 姓名印
住所及 原籍
發行者 姓名印

內務大臣 閣下

d. 저작권자 불명의 저작물 발행 또는 흥행 방법[5]

著作權法第二十七條에 依ᄒᆞ야 著作物을 發行 又는 興行ᄒᆞ랴 ᄒᆞ는 者는 其 理由 著作物의 題號及 著作者의 姓名稱號等을 官報及 東京의 四社以上의 重要ᄒᆞᆫ 新聞紙並 著作者의 姓名住所가 分明ᄒᆞᆫ 境遇에는 其 居住地의 新聞紙에 七日以上 廣告ᄒᆞᆷ이 可ᄒᆞᆷ

前項期日의 最終日로븟터 六個月以內에 著作權者의 顯出이 無ᄒᆞᆫ 時에는 此를 發行 又는 興行ᄒᆞᆯ 事를 得ᄒᆞᆷ

5) 출처상의 제목 : '著作權者不明의 著作物發行 又는 興行方法'. 內務省令 第27號[明治32年(1899)].

e. 내각고시 제4호

內閣告示第4號 特許·意匠·商標·商號及著作權에 關한 日本法令(韓國特許令·韓國意匠令·韓國商標令·韓國商號令·韓國著作權令·韓日國民의 特許權·意匠權·商標權·著作權의 保護에 關흔 件·統監府令(第25號 韓國特許令施行規則·第26號 韓國意匠令施行規則·第27號 韓國商標令施行規則·第28號 韓國著作權令施行規則·第29號 韓國商號令施行規則·第30號 韓國特許代理業者登錄規則)·統監府告示(第123號 統監府特許局設置·第126號 統監府特許局東京出張所設置·第128號 特許請願樣式)·明治32年 法律第36號 特許法·同農商務省令第13號 特許法施行細則·同法律第37號 意法匠·同農商務省令第14號 意匠法施行細則·同法律第38號商標法·同農商務省令第15號 商標法施行細則·同法律第39號 著作法·同內務省命第28號 著作權登錄에 關흔 規定·同內務省令第27號 著作權者不明의 著作物發行 또는 興行方法·同法律第48號 商法·明治31年 法律第14號 非訟事件手續法·明治32年 司法省令第13號 商業登記處理節次·明治29年 法律第27號 登錄稅法·明治32年 刺令第195號 特許 意匠 및 商標에 關한 手數料制·明治32年 農商務省令第4號 商標請求申請手數料·明治32年 司法省令第14號 不動產 및 商業登記簿謄本抄本請求等 手數料額)을 **揭布하는 件**

純宗實錄 隆熙2年 8月13日·19日·22日附錄·9月19日
官報 隆熙2年8月15日附錄 附錄·23日 附錄·10月 9日

內閣告示第四號
特許 意匠 商標 商號及 著作權에 關흔 日本國의 現行法令 譯文이 左와 如홈
隆熙二年八月十三日

內閣總理大臣 李完用

<이하 생략>

f. 관동주 및 제국이 치외법권을 행사할 수 있는 외국에서 특허권, 의장권, 상표권 및 저작권의 보호에 관한 건[6)]

第一條 帝國臣民이나 韓國臣民이 帝國에셔 享有ᄒᆞᄂᆞᆫ 特許權 意匠權 商標權及 著作權의 効力은 關東州及 帝國이 治外法權을 行使ᄒᆞᆷ을 得ᄒᆞᆯ 外國에 在ᄒᆞᆫ 帝國臣民及 韓國臣民에 及ᄒᆞᆯ 것으로 ᄒᆞᆷ

第二條 特許法 意匠法 商標法及 著作權法中의 罪에 關ᄒᆞᆫ 規定은 關東州及 帝國이 治外法權을 行使ᄒᆞᆷ을 得할 外國에 在ᄒᆞᆫ 帝國臣民及 韓國臣民에 對ᄒᆞ야 此를 適用ᄒᆞᆷ

第三條 日韓兩國 以外의 國의 臣民이나 人民이 帝國에셔 享有ᄒᆞᄂᆞᆫ 工業所有權及 著作權에 關ᄒᆞ야ᄂᆞᆫ 其 所屬國이 治外法權을 有ᄒᆞᆫ 外國에셔 日韓兩國의 臣民에 對ᄒᆞ야 工業所有權及 著作權의 保護를 與ᄒᆞ며 且 韓國에셔 工業所有權及 著作權의 保護에 關ᄒᆞ야 治外法權을 行使치 아니ᄒᆞᄂᆞᆫ 境遇에 限ᄒᆞ야 前二項의 規定을 適用ᄒᆞᆷ

附 則

第四條 本令은 明治四十一年八月十六日로붓터 此를 施行ᄒᆞᆷ

第五條 本令施行ᄒᆞᆯ 際 本令의 保護ᄒᆞᄂᆞᆫ 他人의 商標나 此에 類似ᄒᆞᆫ 商標를 不正으로 附ᄒᆞᆫ 商品을 販賣ᄒᆞ기 爲ᄒᆞ야 所藏ᄒᆞᆫ 者ᄂᆞᆫ 本令施行後 六月內에 其 商標를 除去 或 抹消ᄒᆞ거나 又ᄂᆞᆫ 該商品을 淸國市場에셔 撤去ᄒᆞᆷ을 要ᄒᆞᆷ

第六條 日本國臣民 韓國臣民及 米國人民이 帝國이나 米國內에셔 著作權을 享有ᄒᆞᆫ 著作物을 本令施行前 淸國에셔 著作權者의 承諾 업시 複製ᄒᆞᆫ 者나 飜譯ᄒᆞᆫ 者 或 興行ᄒᆞᆫ 者 又ᄂᆞᆫ 複製 飜譯 興行에 着手ᄒᆞᆫ 者ᄂᆞᆫ 本令 施行後 一年間은 此를 完成ᄒᆞ야 發賣頒布ᄒᆞ거나 又ᄂᆞᆫ 興行ᄒᆞᆷ을 得ᄒᆞᆷ

---

6) 출처상의 제목 : '關東州及 帝國이 治外法權을 行使ᄒᆞᆷ을 得ᄒᆞᆯ 外國에셔 特許權 意匠權 商標權及 著作權의 保護에 關ᄒᆞᆫ 件'.

f-2. 관동주 및 제국이 치외법권을 행사할 수 있는 외국에서 특허권, 의장권, 상표권 및 저작권의 보호에 관한 건[7)]

官 報 明治41年 8月 13日

公 報 明治41年 8月 16日附錄

朕 關東州及 帝國이 治外法權을 行使할 수 있는 外國에서의 特許權 意匠權 商標權 及 著作權의 保護에 關한 件을 裁可하여 玆에 此를 公布케 함

御名 御璽

明治四十一年八月十二日

內閣總理大臣 侯爵 桂太郎

外務大臣 子爵 寺內正毅

勅令第二百一號

第一條 帝國臣民 又는 韓國臣民이 帝國에서 享有하는 特許權, 意匠權, 商標權及 著作權의 効力은 關東州及 帝國이 治外法權을 行使할 수 있는 外國에 在한 帝國臣民及 韓國臣民에 及할 것으로 함

第二條 特許法, 意匠法, 商標法及 著作權法中의 罪에 關한 規定는(필자 주 | '規定은'의 오기) 關東州及 帝國이 治外法權을 行使할 수 있는 外國에 在한 帝國臣民及 韓國臣民에 對하여 此를 適用함

第三條 日韓兩國以外의 國家의 臣民 又는 人民이 帝國에서 享有하는 工業所有權及 著作權에 對하여서는 其所屬國이 治外法權을 有한 外國에서 日韓兩國의 臣民에 對하여 工業所有權及 著作權의 保護를 與하고 且 韓國에서 工業所有權及 著作權의 保護에 關하여 治外法權을 行使하지 않은 境遇에 限하여 二項의 規定을 適用함

附 則

第四條 本令은 明治四十一年八月十六日부터 此를 施行함

---

7) 출처상의 제목 : '關東州 및 帝國이 治外法權을 行使할 수 있는 外國에서의 特許權·意匠權·商標權及 著作權의 保護에 關한 件'.

第五條 本令施行의 際 本令의 保護하는 他人의 商標 又는 此에 類似한 商標를 不正에 附한 商品을 販賣하기 爲하여 所藏하는 者는 本令施行後 六月內에 其商標를 除去 又는 抹消하거나 又는 該商品을 淸國市場으로부터 撤去할 것을 요함

第六條 日本國臣民 韓國臣民及 米國人民이 帝國 又는 米國內에서 著作權을 享有하는 著作物을 本令 施行前 淸國에서 著作權者의 承諾없이 複製한 者 飜譯한 者 又는 興行한 者 又는 複製 飜譯 興行에 着手한 者는 本令施行後一年間은 此를 完成하여 發賣頒布하며 又는 興行함을 득함

부록 3.3. 일본 칙령

a. 칙령 제324호

○ 『朝鮮總督府官報』, 第一號, 明治四十三年八月二十九日, pp.5, 20.

b. 칙령 제335호

○ 『朝鮮總督府官報』, 第一號, 明治四十三年八月二十九日, pp.11, 26.

c. 칙령 제338호

○ 『朝鮮總督府官報』, 第一號, 明治四十三年八月二十九日, pp.13, 28.

a. 칙령 제324호[8]

朕舊韓國軍人ニ關スル件ヲ裁可シ茲ニ之ヲ公布セシム

御名御璽

明治四十三年八月二十九日

內閣總理大臣 侯爵桂 太郎

陸軍大臣 子爵寺內正毅

勅令第三百二十三號

朝鮮總督府設置ノ際ニ於ケル韓國軍人ノ取扱ハ陸軍軍人ニ準シ其ノ官等階級任免分限及給與等ニ關シテハ當分ノ內從前ノ規定ニ依ル

前項ノ軍人中現職ニ在ル者ハ駐箚軍司令部附又ハ駐箚憲兵隊司令部附トス

附 則

[illegible]令ハ公布ノ日ヨリ之ヲ施行ス

[illegible]ニ緊急ノ必要アリト認メ樞密顧問ノ諮詢ヲ經テ帝國憲[illegible]第八條ニ依リ朝鮮ニ施行スヘキ法令ニ關スル件ヲ裁可シ[illegible]ヲ公布セシム

御名御璽

明[illegible]年八月二十九日

內閣總理大臣兼大藏大臣 侯爵桂 太郎

陸軍大臣 子爵寺內正毅

外[illegible]大臣 伯爵小村壽太郎

海軍大臣 男爵齋藤 實

內務大臣 法學博士男爵平田東助

遞信大臣 男爵後藤新平

文部大臣兼農商務大臣 小松原英太郎

司法大臣 子爵岡部長職

勅令第三百二十四號

第一條 朝鮮ニ於テハ法律ヲ要スル事項ハ朝鮮總督ノ命令ヲ以テ之ヲ規定スルコトヲ得

第二條 前條ノ命令ハ內閣總理大臣ヲ經テ勅裁ヲ請フヘシ

第三條 臨時緊急ヲ要スル場合ニ於テ朝鮮總督ハ直ニ第一條ノ命令ヲ發スルコトヲ得

前項ノ命令ハ發布後直ニ勅裁ヲ請フヘシ若勅裁ヲ得サルトキハ朝鮮總督ハ直ニ其ノ命令ノ將來ニ向テ效力ナキコトヲ公布スヘシ

第四條 法律ノ全部又ハ一部ヲ朝鮮ニ施行スルヲ要スルモノハ勅令ヲ以テ之ヲ定ム

第五條 第一條ノ命令ハ第四條ニ依リ朝鮮ニ施行シタル法律及特ニ朝鮮ニ施行スル目的ヲ以テ制定シタル法律及勅令ニ違背スルコトヲ得ス

第六條 第一條ノ命令ハ制令ト稱ス

附 則

本令ハ公布ノ日ヨリ之ヲ施行ス

朕茲ニ朝鮮ヲ統治スルノ始ニ方リ惠澤ヲ施サムカ爲左ノ條項ニ依リ特ニ大赦ヲ行ハシム

御名御璽

明治四十三年八月二十九日

內閣總理大臣兼大藏大臣 侯爵桂 太郎

陸軍大臣 子爵寺內正毅

朝鮮總督府官報 第一號 明治四十三年八月二十九日(第三種郵便物認可) 五

---

8) 원본 이미지상 문장이 제대로 보이지 않아 여기에 부분적으로 채록한다. "朕茲ニ緊急ノ必要アリト認メ樞密顧問ノ諮詢ヲ經テ帝國憲法第八條ニ依り著作權法ヲ朝鮮ニ施行スルコトニ關スル件ヲ裁可シ之ヲ公布セシム."

勅令第三百二十二號

舊韓國에서在外指定學校職員退隱料及遺族扶助料法에依ᄒᆞ야指定된學校의職員의名稱待遇와及任用解職에關ᄒᆞ야ᄂᆞᆫ當時內에明治三十八年勅令第二百三十號ᄅᆞᆯ準用홈이라

附 則

本令은公布ᄒᆞᄂᆞᆫ日부터施行홈이라

朕이舊韓國軍人에關ᄒᆞᄂᆞᆫ件을裁可ᄒᆞ야玆에公布케ᄒᆞ노라

御名 御璽

明治四十三年八月二十九日

內閣總理大臣 侯爵桂 太郎

陸軍大臣 子爵寺內正毅

勅令第三百二十三號

朝鮮總督府設置ᄒᆞᄂᆞᆫ時의韓國軍人의取扱은陸軍軍人에準ᄒᆞ고其官等과階級과任免과分限과及給與等에關ᄒᆞ야ᄂᆞᆫ當時內ᄂᆞᆫ從前의規定에依홈이라

前項의軍人中에現職에在ᄒᆞᄂᆞᆫ者ᄂᆞᆫ駐箚軍司令部나或駐箚憲兵隊司令部附로홈이라

附 則

本令은公布ᄒᆞᄂᆞᆫ日부터施行홈이라

朕이玆에緊急ᄒᆞᆫ必要가有홈을認ᄒᆞ야樞密顧問의諮詢을經ᄒᆞ야帝國憲法第八條에依ᄒᆞ야朝鮮에施行ᄒᆞᆯ法令에關ᄒᆞᄂᆞᆫ件을裁可ᄒᆞ야公布케ᄒᆞ노라

御名 御璽

明治四十三年八月二十九日

內閣總理大臣兼大藏大臣 侯爵桂 太郎

陸軍大臣 子爵寺內正毅

外務大臣 伯爵小村壽太郎

海軍大臣 男爵齋藤 實

內務大臣 法學博士男爵平田東助

遞信大臣 男爵後藤新平

文部大臣兼農商務大臣 小松原英太郎

司法大臣 子爵岡部長職

勅令第三百二十四號

第一條 朝鮮에서ᄂᆞᆫ法律을要ᄒᆞᄂᆞᆫ事項은朝鮮總督의命令으로써規定홈을得홈이라

第二條 前條의命令은內閣總理大臣을經ᄒᆞ야勅裁ᄅᆞᆯ請홈이可홈이라

第三條 臨時緊急을要ᄒᆞᄂᆞᆫ境遇에朝鮮總督은直히第一條의命令을發홈을得홈이라

前項의命令은發布後에直히勅裁ᄅᆞᆯ請홈이可ᄒᆞᆷ若或勅裁ᄅᆞᆯ得지못ᄒᆞᆫ때ᄂᆞᆫ朝鮮總督은直히其命令이將來에向ᄒᆞ야效力이無홈을公布홈이可홈이라

第四條 法律의全部나或一部ᄅᆞᆯ朝鮮에施行홈을要ᄒᆞᄂᆞᆫ거ᄉᆞᆫ勅令으로써定홈이라

第五條 第一條의命令은第四條에依ᄒᆞ야朝鮮에施行ᄒᆞᆫ法律과及特히朝鮮에施行ᄒᆞᄂᆞᆫ目的으로制定ᄒᆞᆫ法律과及勅令에違背홈을得지못홈이라

第六條 第一條의命令은制令이라稱홈이라

附 則

本令은公布ᄒᆞᄂᆞᆫ日부터施行홈이라

朕이玆에朝鮮을統治ᄒᆞᄂᆞᆫ始에方ᄒᆞ야惠澤을施코쟈爲ᄒᆞ야左開條項에依ᄒᆞ야特히大赦ᄅᆞᆯ行케ᄒᆞ노라

御名 御璽

b. 칙령 제335호

明治四十三年八月二十九日

內閣總理大臣兼大藏大臣 侯爵桂　太郎
陸軍大臣 子爵寺內正毅
外務大臣 伯爵小村壽太郎
海軍大臣 男爵齋藤　實
內務大臣 法學博士男爵平田東助
遞信大臣 男爵後藤新平
文部大臣兼農商務大臣 小松原英太郎
司法大臣 子爵岡部長職

勅令第三百三十三號

內地、臺灣及樺太ト朝鮮トノ間ニ出入スル船舶及物件ノ檢疫及取締ニ關シテハ別ニ法令ヲ以テ規定スル迄從前ノ例ニ依ル

附　則

本令ハ公布ノ日ヨリ之ヲ施行ス

朕韓國勳章及記章ノ佩用ニ關スル件ヲ裁可シ茲ニ之ヲ公布セシム

御名　御璽

明治四十三年八月二十九日

內閣總理大臣 侯爵桂　太郎

勅令第三百三十四號

舊韓國ノ勳章及記章ハ當分ノ內之ヲ佩用スルコトヲ得

附　則

本令ハ公布ノ日ヨリ之ヲ施行ス

朕特許法等ヲ朝鮮ニ施行スルノ件ヲ裁可シ茲ニ之ヲ公布セシム

御名　御璽

明治四十三年八月二十九日

內閣總理大臣 侯爵桂　太郎

勅令第三百三十五號

左ニ掲クル法律ハ之ヲ朝鮮ニ施行ス

一 特許法
二 意匠法
三 實用新案法
四 商標法
五 著作權法

附　則

本令ハ公布ノ日ヨリ之ヲ施行ス

朕茲ニ緊急ノ必要アリト認メ樞密顧問ノ諮詢ヲ經テ帝國憲法第八條ニ依リ特許法、意匠法及實用新案法ヲ朝鮮ニ施行スルコトニ關スル件ヲ裁可シ之ヲ公布セシム

御名　御璽

明治四十三年八月二十九日

內閣總理大臣兼大藏大臣 侯爵桂　太郎
陸軍大臣 子爵寺內正毅
外務大臣 伯爵小村壽太郎

明治四十三年八月二十九日

內閣總理大臣兼大藏大臣 侯爵桂 太郎
陸軍大臣 子爵寺內正毅
外務大臣 伯爵小村壽太郎
海軍大臣 男爵齋藤 實
內務大臣 法學博士男爵平田東助
遞信大臣 男爵後藤新平
文部大臣兼農商務大臣 小松原英太郎
司法大臣 子爵岡部長職

勅令第三百三十三號

內地、臺灣及樺太와朝鮮間에出入ᄒᆞᄂᆞᆫ船舶及物件의檢疫及取締에關ᄒᆞ야ᄂᆞᆫ別히法令으로써規定ᄒᆞᆯ기ᄭᆞ지從前의例에依ᄒᆞᆷ이라

附則

本令은公布ᄒᆞᄂᆞᆫ日부터施行ᄒᆞᆷ이라

朕이韓國勳章과及記章의佩用에關ᄒᆞᄂᆞᆫ件을裁可ᄒᆞ야玆에公布케ᄒᆞ노라

御名 御璽

明治四十三年八月二十九日

內閣總理大臣 侯爵桂 太郎

勅令第三百三十四號

舊韓國의勳章과及記章은當時內ᄂᆞᆫ佩用ᄒᆞᆷ을得ᄒᆞᆷ이라

附則

本令은公布ᄒᆞᄂᆞᆫ日부터施行ᄒᆞᆷ이라

朕이特許法等을朝鮮에施行ᄒᆞᄂᆞᆫ件을裁可ᄒᆞ야玆에公布케ᄒᆞ노라

御名 御璽

明治四十三年八月二十九日

內閣總理大臣 侯爵桂 太郎

勅令第三百三十五號

左에揭ᄒᆞᆫ法律은朝鮮에施行ᄒᆞᆷ이라

一 特許法
二 意匠法
三 實用新案法
四 商標法
五 著作權法

附則

本令은公布ᄒᆞᄂᆞᆫ日부터施行ᄒᆞᆷ이라

朕이玆에緊急ᄒᆞᆫ必要가有ᄒᆞᆷ을認ᄒᆞ야樞密顧問의諮詢을經ᄒᆞ야帝國憲法第八條에依ᄒᆞ야特許法과意匠法과及實用新案法을朝鮮에施行ᄒᆞᆷ에關ᄒᆞᄂᆞᆫ件을裁可ᄒᆞ야公布케ᄒᆞ노라

御名 御璽

明治四十三年八月二十九日

內閣總理大臣兼大藏大臣 侯爵桂 太郎

c. 칙령 제338호

朕茲ニ緊急ノ必要アリト認メ樞密顧問ノ諮詢ヲ經テ帝國憲法第八條ニ依リ著作權法ヲ朝鮮ニ施行スルコトニ關スル件ヲ裁可シ之ヲ公布セシム

御名御璽

明治四十三年八月二十九日

內閣總理大臣兼大藏大臣 侯爵桂 太郎
陸軍大臣 子爵寺內正毅
外務大臣 伯爵小村壽太郎
海軍大臣 男爵齋藤 實
內務大臣 法學博士男爵平田東助
遞信大臣 男爵後藤新平
文部大臣兼農商務大臣 小松原英太郎
司法大臣 子爵岡部長職

勅令第三百三十八號
韓國著作權令ニ依ル登錄ハ之ヲ著作權法ニ依ル登錄ト看做ス
韓國著作權令ハ之ヲ廢止ス
附 則
本令ハ公布ノ日ヨリ之ヲ施行ス

朕朝鮮ニ於ケル特許辨理士ニ關スル件ヲ裁可シ茲ニ之ヲ公布セシム

御名御璽

明治四十三年八月二十九日

內閣總理大臣 侯爵桂 太郎
農商務大臣 小松原英太郎

勅令第三百三十九號
韓國特許辨理士令ニ依ル登錄ハ特許辨理士令ニ依ル登錄ト看做ス
附 則
本令ハ公布ノ日ヨリ之ヲ施行ス

○制令

朝鮮ニ於ケル法令ノ效力ニ關スル件明治四十三年勅令第三百二十四號第一條及第二條ニ依リ勅裁ヲ得テ茲ニ之ヲ公布ス
明治四十三年八月二十九日
統監 子爵寺內正毅

制令第一號
朝鮮總督府設置ノ際朝鮮ニ於テ其ノ效力ヲ失フヘキ帝國法令及韓國法令ハ當分ノ內朝鮮總督ノ發シタル命令トシテ尙其ノ效力ヲ有ス
附 則
本令ハ公布ノ日ヨリ之ヲ施行ス

居留地ノ行政事務ニ關スル件明治四十三年勅令第三百二十四號第一條及第二條ニ依リ勅裁ヲ得テ茲ニ之ヲ公布ス
明治四十三年八月二十九日
統監 子爵寺內正毅

制令第二號
仁川濟物浦、鎭南浦、木浦、群山、馬山浦及城津ニ於ケル各國居留地並仁川、釜山及元山ニ於ケル淸國居留地ノ行政ハ警察ニ關スル事項ヲ除クノ外當分ノ內從前ノ例ニ依ル
附 則
本令ハ公布ノ日ヨリ之ヲ施行ス

地稅等特別免除ニ關スル件明治四十三年勅令第三百二十四號第一條及第二條ニ依リ勅裁ヲ得テ茲ニ之ヲ公布ス
明治四十三年八月二十九日
統監 子爵寺內正毅

制令第三號

第四條　明治四十三年勅令第三百三十六號第一條乃至第三條와及第五條의規定은商標에關ᄒᆞ야準用ᄒᆞᆷ이라

第五條　韓國商標令ᄂᆞᆫ廢止ᄒᆞᆷ이라

附　則

本令은公布ᄒᆞᄂᆞᆫ日부터施行ᄒᆞᆷ이라

朕이玆에緊急ᄒᆞᆫ必要가有ᄒᆞᆷ을認ᄒᆞ야樞密顧問의諮詢을經ᄒᆞ야帝國憲法第八條에依ᄒᆞ야著作權을朝鮮에施行ᄒᆞᆷ에關ᄒᆞᄂᆞᆫ件을裁可ᄒᆞ야公布케ᄒᆞ노라

御名　御璽

明治四十三年八月二十九日

内閣總理大臣兼大藏大臣　侯爵桂　太郎

陸軍大臣　子爵寺内正毅

外務大臣　伯爵小村壽太郎

海軍大臣　男爵齋藤　實

内務大臣　法學博士男爵平田東助

遞信大臣　男爵後藤新平

文部大臣兼農商務大臣　小松原英太郎

司法大臣　子爵岡部長職

勅令第三百三十八號

韓國著作權令에依ᄒᆞᄂᆞᆫ登錄은著作權法에依ᄒᆞᄂᆞᆫ登錄이라看做ᄒᆞᆷ이라

韓國著作權令은廢止ᄒᆞᆷ이라

附　則

本令은公布ᄒᆞᄂᆞᆫ日부터施行ᄒᆞᆷ이라

朕이朝鮮의特許辨理士에關ᄒᆞᄂᆞᆫ件을裁可ᄒᆞ야公布케ᄒᆞ노라

御名　御璽

明治四十三年八月二十九日

内閣總理大臣　侯爵桂　太郎

農商務大臣　小松原英太郎

勅令第三百三十九號

韓國特許辨理士令에依ᄒᆞᄂᆞᆫ登錄은特許辨理士令에依ᄒᆞᄂᆞᆫ登錄이라看做ᄒᆞᆷ이라

附　則

本令은公布ᄒᆞᄂᆞᆫ日부터施行ᄒᆞᆷ이라

○制令

朝鮮의法令의效力에關ᄒᆞᄂᆞᆫ件을明治四十三年勅令第三二四號第一條及第二條에依ᄒᆞ야勅裁를得ᄒᆞ야玆에公布케ᄒᆞ노라

明治四十三年八月二十九日　統監　子爵寺内正毅

制令第一號

朝鮮總督府設置ᄒᆞᄂᆞᆫ時에朝鮮에셔其效力을失ᄒᆞᆫ帝國法令과及韓國法令은當時内ᄂᆞᆫ朝鮮總督이發ᄒᆞᆫ命令으로ᄒᆞ니그디로其效力을有ᄒᆞᆷ이라

附　則

本令은公布ᄒᆞᄂᆞᆫ日부터施行ᄒᆞᆷ이라

居留地의行政事務에關ᄒᆞᄂᆞᆫ件을明治四十三年勅令第三二四號第一條及第二條에依ᄒᆞ야勅裁를得ᄒᆞ야玆에公布케ᄒᆞ노라

明治四十三年八月二十九日　統監　子爵寺内正毅

制令第二號

仁川濟物浦와鎭南浦와木浦와群山과馬山浦와及城津의各國居留地와또仁川과釜山과及元山의淸國居留地의行政은警察에關ᄒᆞᄂᆞᆫ事項을除ᄒᆞᄂᆞᆫ外에當時内ᄂᆞᆫ從前의例에依ᄒᆞᆷ이라

二八

부록 4.1. 구법 등

a. 구법(법제처본)

○ 구법은 1957년 당시 관보(제1712호, 단기4290년 1월 23일)에도 실렸으나 그곳에서는 부호(특히 마침표)도 없고, 띄어쓰기도 없고, 숫자는 모두 한자로 표시하고 있다. 1957년 1월 18일 민의원 의장이 대통령에게 법안을 이송하면서 첨부한 본문(이하 '이송법안'이라 한다)도 이 점에서는 같다. 이에 따라 여기서는 부득이 법제처에서 제공한 것을 바탕으로, 이를 관보에 실린 본문과 이송법안 본문도 함께 검토하고 서로 다른 것은 홑화살괄호('< >')에 표시했다. 여기 실린 본문은 법제처 자료에 남아 있는 분명한 오류[띄어쓰기와 단어(특히 한자를 변환할 경우 : '선률', '원장', '30연간', '승락' 등)]를 바로잡았지만, 관보나 이송법안에서 볼 수 있는, 오늘날의 문법에 맞지 않는 것들('아즉', '이로써'와 '이로서'의 혼용, '받고져 하는', '의하야' 등)은 그대로 두었다. 원본에 충실하기로 한 것이다. 법제처 제공 구법과 관보에 실린 구법은 각기 다음 주소에서 찾아볼 수 있다 :

http://www.law.go.kr/lsInfoP.do?lsiSeq=29306&ancYd=19570128&ancNo=00432&efYd=19570128&nwJoYnInfo=N&efGubun=Y&chrClsCd=010202#0000 ; http://www.law.go.kr/lsInfoP.do?lsiSeq=29306&ancYd=19570128&ancNo=00432&efYd=19570128&nwJoYnInfo=N&efGubun=Y&chrClsCd=010202」AJAX 참조.

이송법안은 민의원의장, 「저작권법안이송의건」, 단기4290. 1. 18 참조.

b. 구법(수정본)

○ 여기에서는 이송법안에 실린 것을 수정하여 싣는다. 수정 부분은 원문에서 하지 않은 띄어쓰기를 하고, 원문에 없는 마침표를 찍고, 국회에서 오기를 바로잡은 것 세 가지(제32조, 제43조제2항 및 제43조제3항)를 반영하고, 그리고 홑낫표(「 」)를 삭제하는 것이다. 또한 한글로는 분명한 의미를 알 수 없는 경우 괄호에 한자를 넣는다.

국회에서 오기를 바로잡은 것에 관해서는, 민의원 문교위원회, 「저작권법오자정정요청에관한건」, 단기4290. 2. 22 참조.

c. 구법 법안과 구법 비교

○ 1952년 법안과 1955년 법안상 부호와 띄어쓰기는 구법(수정본)에서 했던 것과 같은 방법을 사용했다. 이들 두 법안에는 각항에 숫자 표시가 없고, 1952년 법안에는 각조에 제목도 없었으나 여기서는 비교의 편의상 1952년 법안에는 구법상의 제목을 넣었고 각항을 숫자로 구별했고, 1955년 법안에는 구법상의 각항을 숫자를 넣어 구별했다.

1952년 법안은 법제사법위원회, 「저작권법안회송의건」, 단기4285. 7. 21 ; 1955년 법안은 민의원문교위원회, 「저작권법안심사회부에관한건」, 단기4288. 12. 30 참조. 1955년 법안은 두 가지 버전이 있다. 문교위원회가 법제사법위원회가 회부하면서 첨부한 것이 있고, 법제사법위원회가 문교위원회에 회송하면서 첨부한 비교표('저작권법안수정가안')상의 '원안'이 있다. 양자 간에는 다소 표현상 차이가 있지만, 전자를 원본으로 보고 전자만을 싣기로 한다.

1955년 법안은 민의원문교위원회, 「저작권법안심사회부에관한건」, 단기4288. 12. 30 및 법제사법위원회, 「저작권법안심사회송의건」, 단기4289. 10. 29 참조.

c-2. 1955년 법안과 법제사법위원회 수정안 비교

○ 1955년 법안은 민의원문교위원회, 「저작권법안심사회부에관한건」, 단기4288. 12. 30 및 법제사법위원회, 「저작권법안심사회송의건」, 단기4289. 10. 29 중 '저작권법안수정가안' 참조. 법제사법위원회 수정안은 법제사법위원회, 「저작권법안심사회송의건」, 단기4289. 10. 29 참조. 양자 간에는 다소 표현상 차이가 있지만, 전자를 원본으로 보고 전자만을 싣기로 한다.

d. 저작권법안 요강

○ 1951년 저작권법안 요강은 국사편찬위원회 한국사데이터베이스에 수록된 것을 싣는다. 메뉴 제목 : "자료대한민국사 제23권> 1951년> 저작권법 요강."

○ 1952년 저작권법안 제안이유 및 주요골자는 국회사무처, 「법률안처리일람표(건명 : 저작권법)」, 작성일자 불명 참조.

○ 1957년 저작권법안 요강은 『제23회 국회임시회의속기록』, 제5호, 단기4290년 1월 17일, 10~11쪽 참조.

e. 구법 시행령

○ 여기에서는 관보(단기4292년 4월 22일, 제2294호)에 실린 것을 수정하여 싣는다. 원문상의 띄어쓰기는 그대로 두되(다만, 괄호 앞뒤로 띄어쓰기가 일관성이 없어서 여기서는 모두 붙여쓴다), 원문에 없는 마침표를 찍고, 한자로 된 숫자를 아라비아 숫자로 바꾸는 것에 그친다.

f. 문교부령 제85호

○ 여기 수록한 양식은 법제처 사이트에서 제공한 것을 PDF로 변환한 것이다. 양식에 일부 오류가 발견된다.
http://www.law.go.kr/LSW/lsInfoP.do?lsiSeq=46329&ancYd=19600128&ancNo=00085&efYd=19590422&nwJoYnInfo=N&efGubun=Y&chrClsCd=010202#0000 참조.

g. 문교부고시 제125호

○ 여기 수록한 양식은 관보(단기4293년 5월 24일 호외)에 실린 것을 PDF로 변환한 것이다.

a. 구법(법제처본)[9]

제1장 총칙

제1조(목적) 본법은 학문적 또는 예술적 저작물의 저작자를 보호하여 민족문화의 향상발전을 도모함을 목적으로 한다.

제2조(저작물) 본법에서 저작물이라 함은 표현의 방법 또는 형식의 여하를 막론하고 문서, 연술, 회화, 조각, 공예, 건축, 지도, 도형, 모형, 사진, 악곡, 악보, 연주, 가창, 무보, 각본, 연출, 음반, 녹음필림, 영화와 기타 학문 또는 예술의 범위에 속하는 일체의 물건을 말한다.

제3조(비저작물) 다음에<관보 : '다음' ; 이송법안 : '다음에'> 기재한 것은 이를 본법에 의한 저작물로 보지 않는다.

1. 법률, 명령<관보 : '法律命令' ; 이송법안 : '法律, 命令'>과 관공서문서의 본문<관보 및 이송법안 : '本文,'> 단 내비 중인 것은 예외로 한다.
2. 시사보도
3. 신문 또는 잡지에 게재된 잡보
4. 공개한 법정, 국회, 지방의회에서의 연술

제4조(저작자) 본법에서 저작자라 함은 저작물을 창작한 자를 말한다.

제5조(동전) ① 타인의 저작물을 그 창작자의 동의를 얻어 번역, 개작<관보 : '飜譯改作' ; 이송법안 : '飜譯, 改作'> 또는 편집한 자는 원저작자의 권리를 해하지 않는 범위 내에 있어서 이를 본법에 의한 저작자로 본다.

② 본법에서 개작이라 함은 신저작물로 될 수 있는 정도로 원저작물에 수정증감을 가하거나 또는 다음의 방법에 의하여 변형복제하는 것을 말한다.

1. 원저작물을 영화화(각색하여 영화화하는 경우를 포함한다)하거나 또는 영화를 각본화, 소설화하는 것
2. 미술적저작물을 원저작물과 다른 기술로써 전화시키는 것
3. 음악적저작물을 원저작물과 다른 기술로써 전화시키어 그 선율을 변화시키는 것

9) 법률 제432호. 관보 또는 이송법안과 다른 경우에는 관보에 수록된 단어나 표현을 밝혔다.

4. 원저작물을 음반 또는 필림<이송법안 : '「필림」'>에 사조 또는 녹음하는 것

5. 소설을 각본화하거나 또는 각본을 소설화하는 것

6. 소설각본을 시가화하거나 또는 시가를 소설, 각본화하는 것[10)]

제6조(동전) 다음 각호의 1에 해당하는 자는 이를 본법에 의한 저작자로 추정한다.

1. 이미 발행한 저작물에 있어서 그 저작자로써 성명을 게기한 자

2. 아즉 발행하지 않은 각본, 악보와 영화화한 저작물의 공연에 있어서 저작자로서 성명을 게기한 자

3. 저작자의 성명을 게기하지 아니한 때에는 그 출판자 또는 그 공연자

제7조(저작권) 본법에서 저작권이라 함은 저작자가 그 저작물 위에 가지고 있는 일체의 인격적 재산권리<이송법안 : '人格的, 財産的 權利'>를 말한다.

제8조(발행) ① 본법에서 발행이라 함은 저작물을 복제하여 발매 또는 배포하는 행위를 말한다.

② 무명 또는 변명저작물에 있어서는 그 저작물에 발행자로서 성명을 게기한 자를 발행인으로 추정한다.

제9조(출판) 본법에서 출판이라 함은 문서, 회화 등의 저작물을 인쇄술 기타의 기계적, 화학적<관보 및 이송법안 : '機械的化學的'> 방법에 의하여 복제하여 발매 또는 배포함을 말한다.

제10조(공연) 본법에서 공연이라 함은 각본, 악보, 음반, 영화 등의 저작물을 상연, 연주, 상영, 기타의 방법으로 공개연출함을 말한다.

제11조(저작권심의회) ① 본법에 규정된 제등록,<관보 및 이송법안 : '諸登錄'> 제20조제3항 또는 제22조제3항의 규정에 의한 보상금의 액 또는 저작권에 관한 전반적 사항<관보 및 이송법안 : '一般的 事項'> 등에 관하여 주무장관의 자문에 응하고 또는 이에 관한 사항을 조사심의하기 위하여 저작권심의회를 둔다.

② 저작권심의회는 덕망있는 저작자로써 구성한다.

---

10) '소설각본을 시가화하거나 또는 시가를 소설, 각본화하는 것'은 '소설, 각본을 시가화하거나 또는 시가를 소설, 각본화하는 것'으로 표현하는 것이 적절한 듯 보인다.

③ 저작권심의회의 조직과 기타 필요한 사항은 대통령령으로써 정한다.

제2장 저작권

제12조(합저작물) ① 수인의 합저작에 관한 저작물의 저작권은 각 저작자의 공유에 속한다.

② 각 저작자의 분담한 부분이 명확하지 않는<관보 및 이송법안 : '않은'> 경우에 있어서 저작자 중에 그 발행 또는 공연을 거절하는 자가 있을 때에는 그 외의 저작자는 그 자에게 배상함으로써 그 지분을 취득할 수 있다. 단 반대의 계약이 있을 때에는 예외로 한다.

③ 각 저작자의 분담한 부분이 명확한 부분에 있어서 저작자 중에 그 발행 또는 공연을 거절하는 자가 있을 때에는 그 이외의 저작자는 자기의 부분을 분리하여 단독의 저작물로서 발행 또는 공연할 수 있다. 단 반대의 계약이 있을 때에는 예외로 한다.

④ 본조제2항의 경우에 있어서 발행 또는 공연을 거절한 저작자의 성명은 그 의사에 반하여 그 성명을 그 저작물에 게기할 수 없다.

제13조(촉탁저작물) 타인의 촉탁에 의하여 저작된 사진, 초상<관보 및 이송법안 : '寫眞肖像'>의 저작권은 그 촉탁자에 속한다.

제14조(귀속권) 저작자는 저작물에 관한 재산적 권리에 관계없이 또한 권리의<이송법안 : '그 권리의'> 이전 후에 있어서도 그 저작물의 창작자임을 주장할 권리가 있다.

제15조(공표권) 미공표의 저작물의 저작자는 이를 공표하거나 또는 공표하지 않을 것을 자유로 결정할 권리가 있다.

제16조(원상유지권) 저작자는 저작물에 관한 재산적 권리에 관계없이 또한 그 권리의 이전 후에 있어서도 그 저작물의 내용 또는 제호를 개찬, 절제 또는 기타 변경을 가하여 그 명예와 성망을 해한 자에 대하여 이의를 주장할 권리가 있다.

제17조(변경권) 저작자는 그 저작물의 내용형식과 제호를 변경할 권리가 있다.

제18조(발행권) 저작자는 그 저작물을 발행할 권리가 있다.

제19조(출판권) 저작자는 그 저작물을 출판할 권리가 있다.

제20조(공연권) ① 저작자는 그 저작물을 공연할 권리가 있다.

② 저작자의 불명한 저작물로서 아직 발행 또는 공연하지 않은 것은 대통령령의 정하는 바에 의하여 이를 발행 또는 공연할 수 있다.

③ 저작권자의 거소가 불명하거나 또는 저작권자와 협의할 수 없을 때에는 대통령령의 정하는 바에 의하여 상당한 보상금을 공탁하고 그 저작물을 발행 또는 공연할 수 있다.

④ 전항의 보상금의 액에 관하여 이의가 있는 자는 법원에 출소할 수 있다.

제21조(연술권) 저작자는 그 저작물을 연술할 권리가 있다.

제22조(방송권) ① 저작자는 그 저작물의 “라듸오” 또는 “테레비죤”<관보 및 이송법안 : 「라디오」 또는 「테레비죤」>에 의한 방송을 허락할 권리가 있다.

② 이미 발행 또는 공연된 저작물을 방송하고저 할 때에는 방송자는 저작권자의 승낙을 얻어야 한다.

③ 전항의 승낙을 얻지 못하고 그 저작물의 방송이 공익상 필요할 때에는 방송자는 대통령령의<관보 : ‘大統領의’ ; 이송법안 : ‘大統領令의’> 정하는 바에 의하여 상당한 보상금을 지급하고 저작물을 방송할 수 있다.

제23조(실시권) 저작자는 그 저작물을 건조 기타의 방법으로 실시할 권리가 있다.

제24조(전람권) 저작자는 그 저작물을 전람할 권리가 있다.

제25조(번역권) 저작자는 그 저작물을 번역할 권리가 있다.

제26조(개작권) 저작자는 그 저작물을 개작할 권리가 있다.

제27조(편집권) 저작자는 그 저작물을 편집할 권리가 있다.

제28조(압류금지) 아직 발행 또는 공연하지 않은 저작물의 원본과 그 저작권은 채권자를 위하여 압류되지 아니한다. 단 저작권자의 승낙이 있는 때에는 예외로 한다.

제29조(저작권의 존속기간) 제14조 내지 제17조의 권리는 영구히 존속한다.

제30조(동전) ① 발행 또는 공연한 저작물의 저작권은 저작자의 생존간 및<관보 : ‘생존간 및’ ; 이송법안 : ‘생존간과’> 사후 30년간 존속한다.

② 수인의 합저작에 관한 저작물의 저작권은 최종 사망자의 사후 30년간 존속한다.

제31조(동전) 저작자의 사후 발행 또는 공연한 저작물의 저작권은 발행 또는 공연한 날로부터 30년간 존속한다.

제32조(동전) 무명 또는 변명저작물의 저작권은 발행 또는 공연한 날로부터 30년간 존속한다. 단 기간 내에 저작자가 그 실명의 등록을 받을 때에는 제30조<관보 및 이송법안 : '第三十一條'>[11]의 규정에 의한다.

제33조(동전) 관공서, 학교, 회사 또는 기타 사회단체가 저작자로서 발행 또는 공연한 저작물의 저작권은 발행 또는 공연한 날로부터 30년간 존속한다.

제34조(동전) ① 저작권자가 원저작물 발행일로부터 5년 내에 그 번역물을 발행하지 않을 때에는 그 번역권은 소멸한다.

② 전항의 기간 내에 저작자가 그 보호를 받고져 하는 국어의 번역물을 발행할 때에는 그 국어의 번역권은 제30조의 규정에 의한다.

제35조(동전) ① 사진저작권은 10년간 존속한다.

② 사진술에 의하야 적법으로 예술상의 저작권<관보 및 이송법안 : '著作物'>을 복제한 자는 원저작물에 관한 저작권과 동일한 기간 내 본법의 보호를 받는다. 단 당사자 간에 계약이 있을 때에는 그 계약의 제한에 따른다.

제36조(동전) 학문적 또는 예술적 저작물<관보 : '著作作物' ; 이송법안 : '著作物'> 중에 삽입된 사진으로서 특히 그 저작물을 위하여 저작하였거나 또는 저작시켰을 때에는 그 사진저작권은 학문적 또는 예술적 저작물의 저작자에 속하고 그 저작권은 그 학문적 또는 예술적 저작권과 동일한 기간 내에 존속한다.

제37조(동전) 사진에 관한 규정은 사진술과 유사한 방법에 의하여 제작한<관보 : '製作한著作한' ; 이송법안 : '製作한'> 저작물에 준용한다.

제38조(동전) 영화제작권은 독창성을 가진 것<관보 및 이송법안 : '갖인것'>에 있어서는 제30조 내지 제33조의 규정을 적용하고 이를 결한 것에 있어

---

11) 관보에 오류가 있다. 국가기록원이 제공한 관보상 해당 부분을 수기로 바로잡으려 한 흔적('第三十一條'를 '第三十條'로)이 있다. 1957년 2월 22일 민의원 문교위원회 위원장이 민의원 의장에게 오자를 정정해줄 것을 요청하는 문서를 보내면서 그 중 하나로 제32조 단서상 '第三十一條'는 '第三十條'의 오기라는 점을 밝히고 있다. 민의원 문교위원회, 「저작권법오자정정요청에관한건」, 단기4290. 2. 22.

서는 제35조의 규정을 준용한다.

제39조(존속기간의 시기) 제30조 내지 제34조의 경우에 있어서 저작권의 기간을 계산함에는 저작자 사망의 해 또는 저작물을 발행 또는 공연한 때의 익년부터 기산한다.

제40조(동전) 사진저작권의 기간은 그 저작물을 처음으로 발행한 해의 익년부터 기산한다. 만일 발행하지 않을 때에는 원판을 제작한 해의 익년부터 기산한다.

제41조(동전) ① 책호[12]를 따라 순차로 발행하는 저작물에 관하여서는 제30조 내지 제34조의 기간은 매책 또는 매호 발행일로부터 기산한다.

② 부분식 순차로 발행하여 전부 완성한 저작물에 관하여서는 제30조 내지 제34조의 기간은 최종 부분을 발행한 날로부터 기산한다. 단 3년을 경과하고 아직 계속의 부분을 발행하지 않을 때에는 이미 발행한 부분으로서 최종의 것으로 본다.

제42조(양도권) ① 저작권은 그 전부 또는 일부를 양도할 수 있다.

② 저작권의 양도는 번역권의 양도를 포함하지 아니한 것으로 추정한다.

제43조(대항요건) ① 저작권의 상속, 양도, 신탁, 입질은 그 등록을 하지 아니하면 이로써 제3자에게 대항할 수 없다.

② 무명 또는 변명저작물의 저작자는 현재 그 저작권의 소유 여부의[13] 관계없이 그 실명의 등록을 할 수 있다.

③ 저작자는 현재 그 저작권이[14] 소유 여부에 관계없이 그 저작물의 저작

---

12) '책, 호' 또는 '책 또는 호'로 하는 것이 적절해 보인다.

13) 관보에 오류가 있다(법제처 게재본도 같다). 국가기록원이 제공한 관보상 해당 부분을 수기로 바로잡으려 한 흔적('所有與否의'를 '所有與否에'로)이 있다. 1957년 2월 22일 민의원 문교위원회 위원장이 민의원 의장에게 오자를 정정해줄 것을 요청하는 문서를 보내면서 그 중 하나로 제43조제2항 '所有與否의'는 '所有與否에'의 오기라고 하고 있다. 민의원 문교위원회, 「저작권법오자정정요청에관한건」, 단기4290. 2. 22.

14) 관보에 오류가 있다(법제처 게재본도 같다). 국가기록원이 제공한 관보상 해당 부분을 수기로 바로잡으려 한 흔적('著作權이'를 '著作權의'로)이 있다. 1957년 2월 22일 민의원 문교위원회 위원장이 민의원 의장에게 오자를 정정해줄 것을 요청하는 문서를 보내면서 그 중 하나로 제43조제3항 '著作權이'는 '著作權의'의 오기라고 하고 있다. 민의원 문교위원회, 「저작권법오자정정요청에관한건」, 단기4290. 2.

년월일의 등록을 할 수가 있다.

④ 무명 또는 변명저작물의 발행자 또는 공연자는 저작권자에 속하는 권리를 보전할 수 있다. 단 저작자가 그 실명을 등록을<관보 및 이송법안 : '그 실명의 등록을'> 하였을 때에는 예외로 한다.

第44조(등록) ① 등록은 문교부장관이 이를 관장한다.

② 등록에 관하여 필요한 사항은 대통령령으로 정한다.

第45조(소멸) 상속인 없는 경우에는 저작권은 소멸된다.

第46조(외국인 저작권) 외국인의 저작권에 대하여서는 조약에 별단의 규정이 있는 것을 제외하고는 본법의 규정을 적용한다. 단 저작권 보호에 관하여 조약에 규정이 없는 경우에는 국내에 있어서 처음으로 그 저작물을 발행한 자에 한하여 본법의 보호를 받는다.

제3장 출판권과 공연권

第47조(설정) 저작권자는 그 저작물의 출판을 인수하는 자에 대하여 출판권을 설정할 수 있다.

第48조(출판권자) ① 출판권자는 설정행위의 정하는 바에 의하여 출판권의 목적인 저작물을 원작 그대로 출판할 권리를 가진다.

② 출판권자는 출판권을 표시하기 위하여 각 출판물에 저작권자의 검인을 첩부하여야 한다. 단 출판권자가 저작권의 양도를 받은 경우에는 그 취지를 출판물에 표시하여야 한다.

第49조(존속기간) 출판권은 설정행위에 별도로 정함이 없는 한 설정일로부터 3년간 존속한다.

第50조(양도입질) 출판권자는 저작권자의 동의 없이는 양도 또는 입질할 수 없다.

第51조(출판의무) ① 출판권자는 특약이 없는 한 출판권 설정일로부터 6월 이내에 저작물을 출판하여야 한다.

② 출판권자는 특약이 없는 한 저작물을 계속하여 출판하여야 한다.

22.

제52조(통지의무) 출판권자가 출판물을 재판, 중판<관보 및 이송법안 : '再版重版'>하는 경우에는 저작자로 하여금 수정증감의 기회를 주기 위하여 사전에 저작자에게 그 취지를 통지하여야 한다.

제53조(수정가감권) 저작권자는 각판의 복제완료까지 그 저작물에 정당한 범위 내의 수정증감을 가할 수 있다.

제54조(별도출판권) 저작권자인 저작자가 사망한 때 또는 설정행위에 별도로 정함이 없는 경우에 있어서 출판권 설정 후 3년을 경과한 때에는 저작권자는 저작물을 전집 기타의 편집물로 집록하거나 또는 전집 기타의 편집물의 일부를 분리하여 별도로<관보 및 이송법안 : '별도로 이를'> 출판할 수 있다.

제55조(소멸통고권) ① 출판권자가 출판권 설정 후 6월 이내에 출판을 하지 아니하거나 또는 계속해서 출판을 하지 않을 때에는 저작권자는 6월 이상의 기간을 정하여 그 이행을 최고하고 그 기간 내에 이행하지 않을 때에는 출판권의 소멸을 통고할 수 있다.

② 출판이 불가능한 경우 또는 출판의사가<관보 및 이송법안 : '출판의사'> 없음이 명백한 경우에는 즉시로 출판권의 소멸을 통고할 수 있다.

③ 출판권의 소멸을 통고한 경우에는 통고한 때에 출판권이 소멸한다.

제56조(소멸청구권) 저작권자는 전조의 경우에 언제든지 원상회복을 청구하거나 또는 출판을 중지함으로 인한 손해의 배상을 청구할 수 있다.

제57조(대항요건) 출판권의 득상, 변경과 입질은 그 등록을 하지 아니하면 이로써 제3자에 대항할 수 없다. 제44조의 규정은 출판권의 등록에 이를 준용한다.

제58조(침해) 출판권의 침해에 대하여서는 본법 중 제64조의 규정을 제외하고는 저작권 침해에 관한 규정을 준용한다.

제59조(공연권) 저작권자는 그 저작물의 공연을 인수하는 자에 대하여 공연권을 설정할 수 있다.

제60조(동전) 공연권자는 설정행위의 정하는 바에 의하여 공연권의 목적인 저작물을 원작 그대로 공연할 권리를 가진다.

제61조(동전) 공연권 설정에 관하여서는 본장 출판권 설정의 규정을 준용한다. 단 제49조의 준용에 있어서 그 기간은 1년으로 한다.

제4장 저작권 침해

第62조(민법 기타 법령의 준용) 저작권을 침해한 행위에 대하여서는 본법에 특별한 규정이 있는 경우 외에는 민법 기타의 법령을 적용한다.

第63조(부정출판물의 부수 추정) 저작자의 승낙 없이 저작물을 출판하거나 제48조제2항의 규정에 위반하여 저작자의 검인 없이 저작물을 출판한 때에 부정출판물의 부수를 산정하기 어려운 때에는 이를 3천부로 추정한다.

第64조(비침해행위) <이송법안 '①'> 이미 발행된 저작물을 다음 방법에 의하여 복제하는 것은 이를 저작권 침해로 보지 않는다.

1. 발행할 의사 없이 기계적 또는 화학적 방법에 의하지 아니하고 복제하는 것
2. 자기의 저작물 중에 정당한 범위 내에 있어서 절록인용하는 것
3. 교과용도서의 목적을 위하여 정당한 범위 내에서 발췌수집하는 것
4. 학문적 또는 예술적 저작물의 문구를 자기가 저작한 각본에 삽입하거나 악보에 충용하는 것
5. 학문적 또는 예술적 저작물을 설명하는 자료로써 학문적 또는 예술적 저작물을 삽입한 것
6. 회화를 조각물 모형으로 제작하고 또는 조각물 모형을 회화로 제작하는 것
7. 각본 또는 악보를 교육을 목적으로 하여 공연하거나 또는 공연을 방송하는 것
8. 음반, 녹음필림 등을 공연 또는 방송의 용에 공하는 것

<이송법안 '②'> 본조의 경우에 있어서는 그 출소를 명시하여야 한다. 단 전항제3호의 경우에는 예외로 한다.

第65조(침해행위) 다음 각호의 1에 해당할 때에는 이를 저작권 침해로 본다.

1. 저작권을 침해한 저작물을 수입하여 국내에서 발매, 배포하는 것
2. 연습용을 위하여 저작된 문제의 해답서를 발행하는 것

第66조(이득반환의무) 선의이며 또한 과실 없이 저작권을 침해하여 이익을 받음으로써 타인에게 손실을 가한 자는 그 이익이 현존하는 한도에 있어서 이를 반환하여야 한다.

제67조(합저작자) 수인의 합저작에 관한 저작물의 저작권 침해에 대하여서는 다른 저작권자의 동의 없이 고소를 하고 자기의 지분에 대한 손해의 배상을 청구하고 또는 자기의 지분에 응하여 전조의 이익의 반환을 청구할 수 있다.

제68조(임시처분) ① 저작권 침해에 관하여 민사의 출소 또는 형사의 기소 있을 때에는 법원은 원고 또는 고소인의 신청에 의하여 보증을 세우거나 또는 세우지 않게 하고 임시로 저작권 침해의 의심이 있는<관보 및 이송법안 : '疑心 있는'> 저작물의 발매, 배포<관보 및 이송법안 : '發賣配布'>를 금지하고 또는 이를 압류, 혹은<관보 및 이송법안 : '押留惑은'> 그 공연을 금지시킬 수 있다.

② 전항의 경우에 있어서 저작권의 침해가 없다는 뜻의 판결이 확정한 때에는 신청자는 금지 또는 압류로 인하여 발생한 손해를 배상하여야 한다.

제5장 벌칙

제69조(저작인격권의 침해) 제14조, 제16조의 규정에 위반하여 저작자의 명예를 훼손시킨 자는 6월 이하의 징역 또는 10만환 이하의 벌금에 처한다.

제70조(부정발행) 저작자가 아닌 자의 성명칭호를 부하여 저작물을 발행한 자는 50만환 이하의 벌금에 처한다.

제71조(부정출판공연) ① 저작권을 침해하여 저작물을 출판 또는 공연한 자는 1년 이하의 징역에 처한다.

② 제48조제2항의 규정에 위반한 자는 전항과 같다.

③ 전2항<관보 : '第二項' ; 이송법안 : '前二項'>의 경우에는 50만환 이하의 벌금을 병과할 수 있다.

④ 제1항제2항의 저작물을 그 정을 알고 이를 발매 또는 배포한 자는 6개월<관보 및 이송법안 : '六月'> 이하의 징역 또는 20만환 이하의 벌금에 처한다.

제72조(출처불명시) 제64조제2항의 규정에 위반하여 출소를 명시하지 아니하고 복제한 자는 10만환 이하의 벌금에 처한다.

제73조(허위등록) 허위의 등록을 한 자는 6월 이하의 징역 또는 20만환 이하의

벌금에 처한다.

제74조(몰수) 저작권을 침해한 저작물은 저작권 침해자, 인쇄자, 발매자와 배부자의 소유인 경우에 한하여 이를 몰수한다.

제75조(친고) 본장에 규정한 죄는 피해자의 고소를 기다려 그 죄를 논한다. 단 제69조의 경우에 있어서 저작자가 사망한 때와 제70조, 제73조의 경우에 있어서는 예외로 한다.

부 칙

본법은 공포한 날로부터 시행한다.

단기 4278년 8월 15일 이전에 국어 또는 한문으로 된 저작물에 관한 저작권양도계약은 이를 무효로 한다.

「저작권법을 조선에 시행하는 데 관한 건」은 이를 폐지한다.

본법 공포일 전에 이미<관보 : '이에미' ; 이송법안 : '이미'> 각 출판물의 판매소에 배부된 출판물로서 제48조제2항의 규정에 위반한 출판물은 본법 공포일로부터 3월 이내에 제48조제2항의 요건을 구비하여야 한다.

b. 구법(수정본)

제1장 총칙

제1조(목적) 본법은 학문적 또는 예술적 저작물의 저작자를 보호하여 민족문화의 향상발전을 도모함을 목적으로 한다.

제2조(저작물) 본법에서 저작물이라 함은 표현의 방법 또는 형식의 여하를 막론하고 문서, 연술, 회화, 조각, 공예, 건축, 지도, 도형, 모형, 사진, 악곡, 악보, 연주, 가창, 무보, 각본, 연출, 음반, 녹음필림, 영화와 기타 학문 또는 예술의 범위에 속하는 일체의 물건을 말한다.

제3조(비저작물) 다음에 기재한 것은 이를 본법에 의한 저작물로 보지 않는다.

1. 법률명령과 관공서문서의 본문, 단 내비(內祕) 중인 것은 예외로 한다.
2. 시사보도
3. 신문 또는 잡지에 게재된 잡보
4. 공개한 법정, 국회, 지방의회에서의 연술

제4조(저작자) 본법에서 저작자라 함은 저작물을 창작한 자를 말한다.

제5조(동전) ① 타인의 저작물을 그 창작자의 동의를 얻어 번역, 개작 또는 편집한 자는 원저작자의 권리를 해하지 않는 범위 내에 있어서 이를 본법에 의한 저작자로 본다.

② 본법에서 개작이라 함은 신저작물로 될 수 있는 정도로 원저작물에 수정증감을 가하거나 또는 다음의 방법에 의하여 변형복제하는 것을 말한다.

1. 원저작물을 영화화(각색하여 영화화하는 경우를 포함한다)하거나 또는 영화를 각본화, 소설화하는 것
2. 미술적저작물을 원저작물과 다른 기술로써 전화시키는 것
3. 음악적저작물을 원저작물과 다른 기술로써 전화시키어 그 선율을 변화시키는 것
4. 원저작물을 음반 또는 필림에 사조 또는 녹음하는 것
5. 소설을 각본화하거나 또는 각본을 소설화하는 것
6. 소설각본을 시가화하거나 또는 시가를 소설, 각본화하는 것

제6조(동전) 다음 각호의 1에 해당하는 자는 이를 본법에 의한 저작자로 추정한

다.

1. 이미 발행한 저작물에 있어서 그 저작자로써 성명을 게기한 자

2. 아즉 발행하지 않은 각본, 악보와 영화화한 저작물의 공연에 있어서 저작자로서 성명을 게기한 자

3. 저작자의 성명을 게기하지 아니한 때에는 그 출판자 또는 그 공연자

제7조(저작권) 본법에서 저작권이라 함은 저작자가 그 저작물 위에 가지고 있는 일체의 인격적, 재산적 권리를 말한다.

제8조(발행) ① 본법에서 발행이라 함은 저작물을 복제하여 발매 또는 배포하는 행위를 말한다.

② 무명 또는 변명저작물에 있어서는 그 저작물에 발행자로서 성명을 게기한 자를 발행인으로 추정한다.

제9조(출판) 본법에서 출판이라 함은 문서, 회화 등의 저작물을 인쇄술 기타의 기계적화학적 방법에 의하여 복제하여 발매 또는 배포함을 말한다.

제10조(공연) 본법에서 공연이라 함은 각본, 악보, 음반, 영화 등의 저작물을 상연, 연주, 상영, 기타의 방법으로 공개연출함을 말한다.

제11조(저작권심의회) ① 본법에 규정된 제등록 제20조제3항 또는 제22조제3항의 규정에 의한 보상금의 액 또는 저작권에 관한 전반적 사항 등에 관하여 주무장관의 자문에 응하고 또는 이에 관한 사항을 조사심의하기 위하여 저작권심의회를 둔다.

② 저작권심의회는 덕망있는 저작자로써 구성한다.

③ 저작권심의회의 조직과 기타 필요한 사항은 대통령령으로써 정한다.

제2장 저작권

제12조(합저작물) ① 수인의 합저작에 관한 저작물의 저작권은 각 저작자의 공유에 속한다.

② 각 저작자의 분담한 부분이 명확하지 않은 경우에 있어서 저작자 중에 그 발행 또는 공연을 거절하는 자가 있을 때에는 그 외의 저작자는 그 자에게 배상함으로써 그 지분을 취득할 수 있다. 단 반대의 계약이 있을 때에는 예외로 한다.

③ 각 저작자의 분담한 부분이 명확한 부분에 있어서 저작자 중에 그 발행 또는 공연을 거절하는 자가 있을 때에는 그 이외의 저작자는 자기의 부분을 분리하여 단독의 저작물로서 발행 또는 공연할 수 있다. 단 반대의 계약이 있을 때에는 예외로 한다.

④ 본조제2항의 경우에 있어서 발행 또는 공연을 거절한 저작자의 성명은 그 의사에 반하여 그 성명을 그 저작물에 게기할 수 없다.

제13조(촉탁저작물) 타인의 촉탁에 의하여 저작된 사진초상의 저작권은 그 촉탁자에 속한다.

제14조(귀속권) 저작자는 저작물에 관한 재산적 권리에 관계없이 또한 그 권리의 이전 후에 있어서도 그 저작물의 창작자임을 주장할 권리가 있다.

제15조(공표권) 미공표의 저작물의 저작자는 이를 공표하거나 또는 공표하지 않을 것을 자유로 결정할 권리가 있다.

제16조(원상유지권) 저작자는 저작물에 관한 재산적 권리에 관계없이 또한 그 권리의 이전 후에 있어서도 그 저작물의 내용 또는 제호를 개찬, 절제 또는 기타 변경을 가하여 그 명예와 성망을 해한 자에 대하여 이의를 주장할 권리가 있다.

제17조(변경권) 저작자는 그 저작물의 내용형식과 제호를 변경할 권리가 있다.

제18조(발행권) 저작자는 그 저작물을 발행할 권리가 있다.

제19조(출판권) 저작자는 그 저작물을 출판할 권리가 있다.

제20조(공연권) ① 저작자는 그 저작물을 공연할 권리가 있다.

② 저작자의 불명한 저작물로서 아직 발행 또는 공연하지 않은 것은 대통령령의 정하는 바에 의하여 이를 발행 또는 공연할 수 있다.

③ 저작권자의 거소가 불명하거나 또는 저작권자와 협의할 수 없을 때에는 대통령령의 정하는 바에 의하여 상당한 보상금을 공탁하고 그 저작물을 발행 또는 공연할 수 있다.

④ 전항의 보상금의 액에 관하여 이의가 있는 자는 법원에 출소할 수 있다.

제21조(연술권) 저작자는 그 저작물을 연술할 권리가 있다.

제22조(방송권) ① 저작자는 그 저작물의 라디오 또는 테레비죤에 의한 방송을 허락할 권리가 있다.

② 이미 발행 또는 공연된 저작물을 방송하고저 할 때에는 방송자는 저작권

자의 승낙을 얻어야 한다.

③ 전항의 승낙을 얻지 못하고 그 저작물의 방송이 공익상 필요할 때에는 방송자는 대통령령의 정하는 바에 의하여 상당한 보상금을 지급하고 저작물을 방송할 수 있다.

제23조(실시권) 저작자는 그 저작물을 건조 기타의 방법으로 실시할 권리가 있다.

제24조(전람권) 저작자는 그 저작물을 전람할 권리가 있다.

제25조(번역권) 저작자는 그 저작물을 번역할 권리가 있다.

제26조(개작권) 저작자는 그 저작물을 개작할 권리가 있다.

제27조(편집권) 저작자는 그 저작물을 편집할 권리가 있다.

제28조(압류금지) 아직 발행 또는 공연하지 않은 저작물의 원본과 그 저작권은 채권자를 위하여 압류되지 아니한다. 단 저작권자의 승낙이 있는 때에는 예외로 한다.

제29조(저작권의 존속기간) 제14조 내지 제17조의 권리는 영구히 존속한다.

제30조(동전) ① 발행 또는 공연한 저작물의 저작권은 저작자의 생존간과 사후 30년간 존속한다.

② 수인의 합저작에 관한 저작물의 저작권은 최종 사망자의 사후 30년간 존속한다.

제31조(동전) 저작자의 사후 발행 또는 공연한 저작물의 저작권은 발행 또는 공연한 날로부터 30년간 존속한다.

제32조(동전) 무명 또는 변명저작물의 저작권은 발행 또는 공연한 날로부터 30년간 존속한다. 단 기간 내에 저작자가 그 실명의 등록을 받을 때에는 제30조의 규정에 의한다.

제33조(동전) 관공서, 학교, 회사 또는 기타 사회단체가 저작자로서 발행 또는 공연한 저작물의 저작권은 발행 또는 공연한 날로부터 30년간 존속한다.

제34조(동전) ① 저작권자가 원저작물 발행일로부터 5년 내에 그 번역물을 발행하지 않을 때에는 그 번역권은 소멸한다.

② 전항의 기간 내에 저작자가 그 보호를 받고져 하는 국어의 번역물을 발행할 때에는 그 국어의 번역권은 제30조의 규정에 의한다.

제35조(동전) ① 사진저작권은 10년간 존속한다.

② 사진술에 의하야 적법으로 예술상의 저작물을 복제한 자는 원저작물에 관한 저작권과 동일한 기간 내 본법의 보호를 받는다. 단 당사자 간에 계약이 있을 때에는 그 계약의 제한에 따른다.

第36조(동전) 학문적 또는 예술적 저작물 중에 삽입된 사진으로서 특히 그 저작물을 위하여 저작하였거나 또는 저작시켰을 때에는 그 사진저작권은 학문적 또는 예술적 저작물의 저작자에 속하고 그 저작권은 그 학문적 또는 예술적 저작권과 동일한 기간 내에 존속한다.

第37조(동전) 사진에 관한 규정은 사진술과 유사한 방법에 의하여 제작한 저작물에 준용한다.

第38조(동전) 영화제작권은 독창성을 갖인 것에 있어서는 제30조 내지 제33조의 규정을 적용하고 이를 결한 것에 있어서는 제35조의 규정을 준용한다.

第39조(존속기간의 시기) 제30조 내지 제34조의 경우에 있어서 저작권의 기간을 계산함에는 저작자 사망의 해 또는 저작물을 발행 또는 공연한 때의 익년부터 기산한다.

第40조(동전) 사진저작권의 기간은 그 저작물을 처음으로 발행한 해의 익년부터 기산한다. 만일 발행하지 않을 때에는 원판을 제작한 해의 익년부터 기산한다.

第41조(동전) ① 책호를 따라 순차로 발행하는 저작물에 관하여서는 제30조 내지 제34조의 기간은 매책 또는 매호 발행일로부터 기산한다.

② 부분식 순차로 발행하여 전부 완성한 저작물에 관하여서는 제30조 내지 제34조의 기간은 최종 부분을 발행한 날로부터 기산한다. 단 3년을 경과하고 아직 계속의 부분을 발행하지 않을 때에는 이미 발행한 부분으로서 최종의 것으로 본다.

第42조(양도권) ① 저작권은 그 전부 또는 일부를 양도할 수 있다.

② 저작권의 양도는 번역권의 양도를 포함하지 아니한 것으로 추정한다.

第43조(대항요건) ① 저작권의 상속, 양도, 신탁, 입질은 그 등록을 하지 아니하면 이로써 제3자에게 대항할 수 없다.

② 무명 또는 변명저작물의 저작자는 현재 그 저작권의 소유 여부에 관계없이 그 실명의 등록을 할 수 있다.

③ 저작자는 현재 그 저작권의 소유 여부에 관계없이 그 저작물의 저작년월일의 등록을 할 수가 있다.

④ 무명 또는 변명저작물의 발행자 또는 공연자는 저작권자에 속하는 권리를 보전할 수 있다. 단 저작자가 그 실명의 등록을 하였을 때에는 예외로 한다.

第44조(등록) ① 등록은 문교부장관이 이를 관장한다.

② 등록에 관하여 필요한 사항은 대통령령으로 정한다.

第45조(소멸) 상속인 없는 경우에는 저작권은 소멸된다.

第46조(외국인 저작권) 외국인의 저작권에 대하여서는 조약에 별단의 규정이 있는 것을 제외하고는 본법의 규정을 적용한다. 단 저작권 보호에 관하여 조약에 규정이 없는 경우에는 국내에 있어서 처음으로 그 저작물을 발행한 자에 한하여 본법의 보호를 받는다.

제3장 출판권과 공연권

第47조(설정) 저작권자는 그 저작물의 출판을 인수하는 자에 대하여 출판권을 설정할 수 있다.

第48조(출판권자) ① 출판권자는 설정행위의 정하는 바에 의하여 출판권의 목적인 저작물을 원작 그대로 출판할 권리를 가진다.

② 출판권자는 출판권을 표시하기 위하여 각 출판물에 저작권자의 검인을 첩부하여야 한다. 단 출판권자가 저작권의 양도를 받은 경우에는 그 취지를 출판물에 표시하여야 한다.

第49조(존속기간) 출판권은 설정행위에 별도로 정함이 없는 한 설정일로부터 3년간 존속한다.

第50조(양도입질) 출판권자는 저작권자의 동의 없이는 양도 또는 입질할 수 없다.

第51조(출판의무) ① 출판권자는 특약이 없는 한 출판권 설정일로부터 6월 이내에 저작물을 출판하여야 한다.

② 출판권자는 특약이 없는 한 저작물을 계속하여 출판하여야 한다.

第52조(통지의무) 출판권자가 출판물을 재판중판하는 경우에는 저작자로 하여금 수정증감의 기회를 주기 위하여 사전에 저작자에게 그 취지를 통지하여야 한다.

第53條(수정가감권) 저작권자는 각판의 복제완료까지 그 저작물에 정당한 범위 내의 수정증감을 가할 수 있다.

第54條(별도출판권) 저작권자인 저작자가 사망한 때 또는 설정행위에 별도로 정함이 없는 경우에 있어서 출판권 설정 후 3년을 경과한 때에는 저작권자는 저작물을 전집 기타의 편집물로 집록하거나 또는 전집 기타의 편집물의 일부를 분리하여 별도로 이를 출판할 수 있다.

第55條(소멸통고권) ① 출판권자가 출판권 설정 후 6월 이내에 출판을 하지 아니하거나 또는 계속해서 출판을 하지 않을 때에는 저작권자는 6월 이상의 기간을 정하여 그 이행을 최고하고 그 기간 내에 이행하지 않을 때에는 출판권의 소멸을 통고할 수 있다.

② 출판이 불가능한 경우 또는 출판의사가 없음이 명백한 경우에는 즉시로 출판권의 소멸을 통고할 수 있다.

③ 출판권의 소멸을 통고한 경우에는 통고한 때에 출판권이 소멸한다.

第56條(소멸청구권) 저작권자는 전조의 경우에 언제든지 원상회복을 청구하거나 또는 출판을 중지함으로 인한 손해의 배상을 청구할 수 있다.

第57條(대항요건) 출판권의 득상(得喪), 변경과 입질은 그 등록을 하지 아니하면 이로써 제3자에 대항할 수 없다. 제44조의 규정은 출판권의 등록에 이를 준용한다.

第58條(침해) 출판권의 침해에 대하여서는 본법 중 제64조의 규정을 제외하고는 저작권 침해에 관한 규정을 준용한다.

第59條(공연권) 저작권자는 그 저작물의 공연을 인수하는 자에 대하여 공연권을 설정할 수 있다.

第60條(동전) 공연권자는 설정행위의 정하는 바에 의하여 공연권의 목적인 저작물을 원작 그대로 공연할 권리를 가진다.

第61條(동전) 공연권 설정에 관하여서는 본장 출판권 설정의 규정을 준용한다. 단 제49조의 준용에 있어서 그 기간은 1년으로 한다.

제4장 저작권 침해

第62條(민법 기타 법령의 준용) 저작권을 침해한 행위에 대하여서는 본법에

특별한 규정이 있는 경우 외에는 민법 기타의 법령을 적용한다.

제63조(부정출판물의 부수 추정) 저작자의 승낙 없이 저작물을 출판하거나 제48조제2항의 규정에 위반하여 저작자의 검인 없이 저작물을 출판한 때에 부정출판물의 부수를 산정하기 어려운 때에는 이를 3천부로 추정한다.

제64조(비침해행위) ① 이미 발행된 저작물을 다음 방법에 의하여 복제하는 것은 이를 저작권 침해로 보지 않는다.

1. 발행할 의사 없이 기계적 또는 화학적 방법에 의하지 아니하고 복제하는 것
2. 자기의 저작물 중에 정당한 범위 내에 있어서 절록인용(節錄引用)하는 것
3. 교과용도서의 목적을 위하여 정당한 범위 내에서 발췌수집(拔萃蒐輯)하는 것
4. 학문적 또는 예술적 저작물의 문구를 자기가 저작한 각본에 삽입하거나 악보에 충용(充用)하는 것
5. 학문적 또는 예술적 저작물을 설명하는 자료로써 학문적 또는 예술적 저작물을 삽입한 것
6. 회화를 조각물 모형으로 제작하고 또는 조각물 모형을 회화로 제작하는 것
7. 각본 또는 악보를 교육을 목적으로 하여 공연하거나 또는 공연을 방송하는 것
8. 음반, 녹음필림 등을 공연 또는 방송의 용(用에) 공(供)하는 것

② 본조의 경우에 있어서는 그 출소를 명시하여야 한다. 단 전항제3호의 경우에는 예외로 한다.

제65조(침해행위) 다음 각호의 1에 해당할 때에는 이를 저작권 침해로 본다.

1. 저작권을 침해한 저작물을 수입하여 국내에서 발매배포(發賣配布)하는 것
2. 연습용을 위하여 저작된 문제의 해답서를 발행하는 것

제66조(이득반환의무) 선의이며 또한 과실 없이 저작권을 침해하여 이익을 받음으로써 타인에게 손실을 가한 자는 그 이익이 현존하는 한도에 있어서 이를 반환하여야 한다.

제67조(합저작자) 수인의 합저작에 관한 저작물의 저작권 침해에 대하여서는 다른 저작권자의 동의 없이 고소를 하고 자기의 지분에 대한 손해의 배상을 청구하고 또는 자기의 지분에 응하여 전조의 이익의 반환을 청구할 수 있다.

제68조(임시처분) ① 저작권 침해에 관하여 민사의 출소(出訴) 또는 형사의 기소 있을 때에는 법원은 원고 또는 고소인의 신청에 의하여 보증을 세우거나 또는 세우지 않게 하고 임시로 저작권 침해의 의심 있는 저작물의 발매배포를 금지하고 또는 이를 압류 혹은 그 공연을 금지시킬 수 있다.

② 전항의 경우에 있어서 저작권의 침해가 없다는 뜻의 판결이 확정한 때에는 신청자는 금지 또는 압류로 인하여 발생한 손해를 배상하여야 한다.

제5장 벌칙

제69조(저작인격권의 침해) 제14조, 제16조의 규정에 위반하여 저작자의 명예를 훼손시킨 자는 6월 이하의 징역 또는 10만환 이하의 벌금에 처한다.

제70조(부정발행) 저작자가 아닌 자의 성명칭호를 부(附)하여 저작물을 발행한 자는 50만환 이하의 벌금에 처한다.

제71조(부정출판공연) ① 저작권을 침해하여 저작물을 출판 또는 공연한 자는 1년 이하의 징역에 처한다.

② 제48조제2항의 규정에 위반한 자는 전항과 같다.

③ 전2항의 경우에는 50만환 이하의 벌금을 병과할 수 있다.

④ 제1항제2항의 저작물을 그 정을 알고 이를 발매 또는 배포한 자는 6월 이하의 징역 또는 20만환 이하의 벌금에 처한다.

제72조(출처불명시) 제64조제2항의 규정에 위반하여 출소를 명시하지 아니하고 복제한 자는 10만환 이하의 벌금에 처한다.

제73조(허위등록) 허위의 등록을 한 자는 6월 이하의 징역 또는 20만환 이하의 벌금에 처한다.

제74조(몰수) 저작권을 침해한 저작물은 저작권 침해자, 인쇄자, 발매자와 배부자의 소유인 경우에 한하여 이를 몰수한다.

제75조(친고) 본장에 규정한 죄는 피해자의 고소를 기다려 그 죄를 논한다.

단 제69조의 경우에 있어서 저작자가 사망한 때와 제70조, 제73조의 경우에 있어서는 예외로 한다.

부 칙

본법은 공포한 날로부터 시행한다.
단기 4278년 8월 15일 이전에 국어 또는 한문으로 된 저작물에 관한 저작권양도계약은 이를 무효로 한다.
「저작권법을 조선에 시행하는 데 관한 건」은 이를 폐지한다.
본법 공포일 전에 이미 각 출판물의 판매소에 배부된 출판물로서 제48조제2항의 규정에 위반한 출판물은 본법 공포일로부터 3월 이내에 제48조제2항의 요건을 구비하여야 한다.

c. 구법 법안과 구법 비교

1952년 법안	1955년 법안	구법
제1장 총칙	제1장 총칙	제1장 총칙
제1조(목적) 본법은 학문적 또는 예술적 저작물의 저작자를 보호하여 민족문화의 향상발전을 도모함을 목적으로 한다.	제1조(목적) 본법은 학문적 또는 예술적 저작물의 저작자를 보호하여 민족문화의 향상발전을 도모함을 목적으로 한다.	제1조(목적) 본법은 학문적 또는 예술적 저작물의 저작자를 보호하여 민족문화의 향상발전을 도모함을 목적으로 한다.
제2조(저작물) 본법에서 저작물이라 함은 표현의 방법 또는 형식의 여하를 막론하고 문서, 연술, 회화, 조각, 건축, 도형, 모형, 사진, 악곡, 악보, 연주, 가창, 무보, 각본, 연출, 음반, 녹음필림, 영화 및 기타 학문 또는 예술의 범위에 속하는 일체의 저작물을 말한다.	제2조(저작물) 본법에서 저작물이라 함은 표현의 방법 또는 형식의 여하를 막론하고 문서, 연술, 회화, 조각, 공예, 건축, 지도, 도형, 모형, 사진, 악곡, 악보, 연주, 가창, 무보, 각본, 연출, 음반, 녹음필림, 영화 및 기타 학문 또는 예술의 범위에 속하는 일체의 저작물을 말한다.	제2조(저작물) 본법에서 저작물이라 함은 표현의 방법 또는 형식의 여하를 막론하고 문서, 연술, 회화, 조각, 공예, 건축, 지도, 도형, 모형, 사진, 악곡, 악보, 연주, 가창, 무보, 각본, 연출, 음반, 녹음필림, 영화와 기타 학문 또는 예술의 범위에 속하는 일체의 물건을 말한다.
제3조(비저작물) 좌에 기재한 것은 이를 본법에 의한 저작물로 보지 않는다. 1. 법률명령 및 관공서문서의 본문 2. 신문지 또는 잡지에 게재된 잡보 및 시사를 보도하는 기사 3. 공개한 법정, 국회, 지방의회에서의 연술	제3조(비저작물) 좌에 기재한 것은 이를 본법에 의한 저작물로 보지 않는다. 1. 법률명령 및 관공서문서의 본문 2. 신문지 또는 잡지에 게재된 시사를 보도하는 기사 3. 공개한 법정, 국회, 지방의회와에서의[16] 연술	제3조(비저작물) 다음에 기재한 것은 이를 본법에 의한 저작물로 보지 않는다. 1. 법률명령과 관공서문서의 본문, 단 내비(內祕) 중인 것은 예외로 한다. 2. 시사보도 3. 신문 또는 잡지에 게재된 잡보 4. 공개한 법정, 국회, 지방의회에서의 연술
제4조(저작자) 본법에서 저작자라 함은 저작물을 창작한 자를 말한다.	제4조(저작자) 본법에서 저작자라 함은 저작물을 창작한 자를 말한다.	제4조(저작자) 본법에서 저작자라 함은 저작물을 창작한 자를 말한다.
제5조(동전) ① 적법으로 타인의 저작물을 번역, 개작 또는 편집한 자는 원저작자의 권리를 해치 않는 범위 내에 있어서 이를 본법에 의	제5조(저작자) ① 타인의 저작물을 그 창작자의 동의를 얻어 번역 개작 또는 편집한 자는 원저작자의 권리를 해치 않는 범위 내에 있어서	제5조(동전) ① 타인의 저작물을 그 창작자의 동의를 얻어 번역, 개작 또는 편집한 자는 원저작자의 권리를 해하지 않는 범위 내에 있어서

1952년 법안	1955년 법안	구법
한 저작자로 간주한다.	이를 본법에 의한 저작자로 본다.	이를 본법에 의한 저작자로 본다.
② 본법에서 개작이라 함은 신저작물로 볼 수 있는 정도로 원저작물에 수정증감을 가하거나 또는 좌의 방법에 의하여 변형복제하는 것을 말한다. 1. 원저작물을 영화화(각색하여 영화화하는 경우를 포함한다)하거나 또는 영화를 각본화, 소설화하는 것 2. 미술적저작물을 원저작물과 다른 기술로써 전화시키는 것 3. 음악적저작물을 원저작물과 다른 기술로써 전화시키어 그 선율을 변화시키는 것 4. 원저작물을 음반 또는 필림에 사조 또는 녹음하는 것 5. 소설을 각본화하거나 또는 각본을 소설화하는 것 6. 소설, 각본을 시가화하거나 또는 시가를 소설, 각본화하는 것	② 본법에서 개작이라 함은 신저작물로 볼 수 있는 정도로 원저작물에 수정증감을 가하거나 또는 좌의 방법에 의하야 변형복제하는 것을 말한다. 1. 원저작물을 영화화(각색하여 영화화하는 경우를 포함한다)하거나 또는 영화를 각본화, 소설화하는 것 2. 미술적저작물을 원저작물과 다른 기술로써 전화시키는 것 3. 음악적저작물을 원저작물과 다른 기술로써 전화시키어 그 선율을 변화시키는 것 4. 원저작물을 음반 또는 필림에 사조 또는 녹음하는 것 5. 소설을 각본화하거나 또는 각본을 소설화하는 것 6. 소설각본을 시가화하거나 또는 시가를 소설, 각본화하는 것	② 본법에서 개작이라 함은 신저작물로 될 수 있는 정도로 원저작물에 수정증감을 가하거나 또는 다음의 방법에 의하야 변형복제하는 것을 말한다. 1. 원저작물을 영화화(각색하여 영화화하는 경우를 포함한다)하거나 또는 영화를 각본화, 소설화하는 것 2. 미술적저작물을 원저작물과 다른 기술로써 전화시키는 것 3. 음악적저작물을 원저작물과 다른 기술로써 전화시키어 그 선율을 변화시키는 것 4. 원저작물을 음반 또는 필림에 사조 또는 녹음하는 것 5. 소설을 각본화하거나 또는 각본을 소설화하는 것 6. 소설각본을 시가화하거나 또는 시가를 소설, 각본화하는 것
제6조(동전) 좌의 각호의 1에 해당하는 자는 이를 본법에 의한 저작자로 추정한다. 1. 이미 발행한 저작물에 있어서 그 저작자로써 성명을 게기한 자 2. 아즉 발행하지 않은 각본, 악보 및 영화화한 저작물의 공연에 있어서 저작자로써 성명을 게기한 자 3. 저작자의 성명을 게기하지 아니한 때에는 그 공연자	제6조(저작자) 좌의 각호의 1에 해당하는 자는 이를 본법에 의한 저작자로 추정한다. 1. 이미 발행한 저작물에 있어서 그 저작자로써 성명을 게기한 자 2. 아즉 발행하지 않은 각본, 악보 및 영화화한 저작물의 공연에 있어서 저작자로서 성명을 게기한 자 3. 저작자의 성명을 게기하지 아니한 때는 그 출판자 또는 그 공연자	제6조(동전) 다음 각호의 1에 해당하는 자는 이를 본법에 의한 저작자로 추정한다. 1. 이미 발행한 저작물에 있어서 그 저작자로써 성명을 게기한 자 2. 아즉 발행하지 않은 각본, 악보와 영화화한 저작물의 공연에 있어서 저작자로서 성명을 게기한 자 3. 저작자의 성명을 게기하지 아니한 때에는 그 출판자 또는 그 공연자
제7조(저작권) 본법에서 저	제7조(저작권) 본법에서 저	제7조(저작권) 본법에서 저

1952년 법안	1955년 법안	구법
작권이라 함은 저작자가 그 저작물 위에 가지고 있는 일체의 인격적 및 재산적 권리를 말한다.	작권이라 함은 저작자가 그 저작물 위에 가지고 있는 일체의 인격적 및 재산적 권리를 말한다.	작권이라 함은 저작자가 그 저작물 위에 가지고 있는 일체의 인격적·재산적 권리를 말한다.
제8조(발행) ① 본법에서 발행이라 함은 저작물을 복제하여 발매 또는 배포하는 행위를 말한다. ② 무명 또는 변명저작물에 있어서는 그 저작물에 발행자로서 성명을 게기한 자를 발행인으로 추정한다.	제8조(발행) ① 본법에서 발행이라 함은 저작물을 복제하여 발매 또는 배포하는 행위를 말한다. ② 무명 또는 변명저작물에 있어서는 그 저작물에 발행자로서 성명을 게기한 자를 발행인으로 추정한다.	제8조(발행) ① 본법에서 발행이라 함은 저작물을 복제하여 발매 또는 배포하는 행위를 말한다. ② 무명 또는 변명저작물에 있어서는 그 저작물에 발행자로서 성명을 게기한 자를 발행인으로 추정한다.
제9조(출판) 본법에서 출판이라 함은 문서, 회화 등의 저작물을 인쇄술 기타의 기계적화학적 방법에 의하여 복제하여 발매 또는 배포함을 말한다.	제9조(출판) 본법에서 출판이라 함은 문서, 회화 등의 저작물을 인쇄술 기타의 기계적화학적 방법에 의하여 복제하여 발매 또는 배포함을 말한다.	제9조(출판) 본법에서 출판이라 함은 문서, 회화 등의 저작물을 인쇄술 기타의 기계적화학적 방법에 의하여 복제하여 발매 또는 배포함을 말한다.
제10조(공연) 본법에서 공연이라 함은 각본, 악보, 음반, 영화 등의 저작물을 상연, 연주, 상영, 기타의 방법으로 공개연출함을 말한다.	제10조(공연) 본법에서 공연이라 함은 각본, 악보, 음반, 영화 등의 저작물을 상연, 연주, 상영, 기타의 방법으로 공개연출함을 말한다.	제10조(공연) 본법에서 공연이라 함은 각본, 악보, 음반, 영화 등의 저작물을 상연, 연주, 상영, 기타의 방법으로 공개연출함을 말한다.
제11조(저작권심의회) ① 본법에 규정된 제등록 제20조제3항 또는 제22조제2항의 규정에 의한 보상금의 액 또는 저작권에 관한 일반적 사항 등에 관하여 주무부장관의 자문에 응하고 또는 이에 관한 사항을 조사심리하기 위하여 저작권심의회를 둔다. ② 저작권심의회는 덕망있는 저작자로써 구성한다. ③ 저작권심의회의 조직과 기타 필요한 사항은 대통령령으로써 정한다.	제11조(저작권심의회) ① 본법에 규정된 제등록 제20조제3항 또는 제22조제2항의 규정에 의한 보상금의 액 또는 저작권에 관한 일반적 사항 등에 관하여 주무장관의 자문에 응하고 또는 이에 관한 사항을 조사심의하기 위하여 저작권심의회를 둔다. ② 저작권심의회는 덕망있는 저작자로써 구성한다. ③ 저작권심의회의 조직과 기타 필요한 사항은 대통령령으로써 정한다.	제11조(저작권심의회) ① 본법에 규정된 제등록 제20조제3항 또는 제22조제3항의 규정에 의한 보상금의 액 또는 저작권에 관한 일반적 사항 등에 관하여 주무장관의 자문에 응하고 또는 이에 관한 사항을 조사심의하기 위하여 저작권심의회를 둔다. ② 저작권심의회는 덕망있는 저작자로써 구성한다. ③ 저작권심의회의 조직과 기타 필요한 사항은 대통령령으로써 정한다.

1952년 법안	1955년 법안	구법
제2장 저작권	제2장 저작권	제2장 저작권
제12조(합저작물) ① 수인의 합저작에 관한 저작물의 저작권은 각 저작자의 공유에 속한다. ② 각 저작자의 분담한 부분이 명확하지 않은 경우에 있어서 저작자 중에 그 발행 또는 공연을 거절하는 자가 있을 때에는 그 외의 저작자는 그 자에게 배상함으로써 그 지분을 취득할 수 있다. 단 반대의 계약이 있을 때에는 예외로 한다. ③ 각 저작자의 분담한 부분이 명확한 경우에 있어서 저작자 중에 그 발행 또는 공연을 거절하는 자가 있을 때에는 그 이외의 저작자는 자기의 부분을 분리하여 단독의 저작물로서 발행 또는 공연할 수 있다. 단 반대의 계약이 있을 때에는 예외로 한다. ④ 본조제2항의 경우에 있어서 발행 또는 공연을 거절한 저작자의 성명은 그 의사에 반하여 그 성명을 그 저작물에 게기할 수 없다.	제12조(합저작물) ① 수인의 합저작에 관한 저작물의 저작권은 각 저작자의 공유에 속한다. ② 각 저작자의 분담한 부분이 명확하지 않은 경우에 있어서 저작자 중에 그 발행 또는 공연을 거절하는 자가 있을 때에는 그 외의 저작자는 그 자에게 배상함으로써 그 지분을 취득할 수 있다. 단 반대의 계약이 있을 때에는 예외로 한다. ③ 각 저작자의 분담한 부분이 명확한 부분에 있어서 저작자 중에 그 발행 또는 공연을 거절하는 자가 있을 때에는 그 이외의 저작자는 자기의 부분을 분리하여 단독의 저작물로서 발행 또는 공연할 수 있다. 단 반대의 계약이 있을 때에는 예외로 한다. ④ 본조제2항의 경우에 있어서 발행 또는 공연을 거절한 저작자의 성명은 그 의사에 반하여 그 성명을 그 저작물에 게기할 수 없다.	제12조(합저작물) ① 수인의 합저작에 관한 저작물의 저작권은 각 저작자의 공유에 속한다. ② 각 저작자의 분담한 부분이 명확하지 않은 경우에 있어서 저작자 중에 그 발행 또는 공연을 거절하는 자가 있을 때에는 그 외의 저작자는 그 자에게 배상함으로써 그 지분을 취득할 수 있다. 단 반대의 계약이 있을 때에는 예외로 한다. ③ 각 저작자의 분담한 부분이 명확한 부분에 있어서 저작자 중에 그 발행 또는 공연을 거절하는 자가 있을 때에는 그 이외의 저작자는 자기의 부분을 분리하여 단독의 저작물로서 발행 또는 공연할 수 있다. 단 반대의 계약이 있을 때에는 예외로 한다. ④ 본조제2항의 경우에 있어서 발행 또는 공연을 거절한 저작자의 성명은 그 의사에 반하여 그 성명을 그 저작물에 게기할 수 없다.
제13조(촉탁저작물) 타인의 촉탁에 의하여 저작된 사진 초상의 저작권은 그 촉탁자에 속한다.	제13조(촉작저작물) 타인의 촉탁에 의하여 저작된 사진 초상의 저작권은 그 촉탁자에 속한다.	제13조(촉탁저작물) 타인의 촉탁에 의하여 저작된 사진 초상의 저작권은 그 촉탁자에 속한다.
제14조(귀속권) 저작자는 저작물에 관한 재산적 권리에 관계없이 또한 그 권리의 이전 후에 있어서도 그 저작물의 창작자임을 주장할 권리가 있다.	제14조(귀속권) 저작자는 저작물에 관한 재산적 권리에 관계없이 또한 그 권리의 이전 후에 있어서도 그 저작물의 창작자임을 주장할 권리가 있다.	제14조(귀속권) 저작자는 저작물에 관한 재산적 권리에 관계없이 또한 그 권리의 이전 후에 있어서도 그 저작물의 창작자임을 주장할 권리가 있다.

1952년 법안	1955년 법안	구법
第15조(공표권) 미공표의 저작물의 저작자는 이를 공표하거나 또는 공표하지 않을 것을 자유로 결정할 권리가 있다.	第15조(공표권) 미공표의 저작물의 저작자는 이를 공표하거나 또는 공표하지 않을 것을 자유로 결정할 권리가 있다.	第15조(공표권) 미공표의 저작물의 저작자는 이를 공표하거나 또는 공표하지 않을 것을 자유로 결정할 권리가 있다.
第16조(원상유지권) 저작자는 저작물에 관한 재산적 권리에 관계없이 또한 그 권리의 이전 후에 있어서도 그 저작물의 내용 또는 제호를 개찬, 절제 또는 기타 변경을 가하여 그 명예와 성망을 해한 자에 대하여 이의를 주장할 권리가 있다.	第16조(원상유지권) 저작자는 저작물에 관한 재산적 권리에 관계없이 또한 그 권리의 이전 후에 있어서도 그 저작물의 내용 또는 제호를 개찬, 절제 또는 기타 변경을 가하여 그 명예와 성망을 해한 자에 대하여 이의를 주장할 권리가 있다.	第16조(원상유지권) 저작자는 저작물에 관한 재산적 권리에 관계없이 또한 그 권리의 이전 후에 있어서도 그 저작물의 내용 또는 제호를 개찬, 절제 또는 기타 변경을 가하여 그 명예와 성망을 해한 자에 대하여 이의를 주장할 권리가 있다.
第17조(변경권) 저작자는 그 저작물의 내용 형식 및 제호를 변경할 권리가 있다.	第17조(변경권) 저작자는 그 저작물의 내용 형식 및 제호를 변경할 권리가 있다.	第17조(변경권) 저작자는 그 저작물의 내용 형식과 제호를 변경할 권리가 있다.
第18조(발행권) 저작자는 그 저작물을 복제 발매 또는 배포할 권리가 있다.	第18조(원상이용권) 저작자는 그 저작물을 복제 발매 또는 배포할 권리가 있다.	第18조(발행권) 저작자는 그 저작물을 발행할 권리가 있다.
第19조(출판권) 저작자는 그 저작물을 발행 또는 출판할 권리가 있다.	第19조(발행출판권) 저작자는 그 저작물을 발행 또는 출판할 권리가 있다.	第19조(출판권) 저작자는 그 저작물을 출판할 권리가 있다.
第20조(공연권) ① 저작자는 그 저작물을 공연할 권리가 있다. ② 저작권자의 불명한 저작물로서 아직 발행 또는 공연하지 않은 것은 대통령령의 정하는 바에 의하여 이를 발행 또는 공연할 수 있다. ③ 저작권자의 거소가 불명하거나 또는 대통령령이 정하는 사유로 인하여 저작권자와 협의할 수 없을 때에는 대통령령의 정하는 바에 의하야 상당한 보상금을 공탁하고 그 저작물을 발행 또는 공연할 수 있다.	第20조(공연권) ① 저작자는 그 저작물을 공연할 권리가 있다. ② 저작자의 불명한 저작물로서 아직 발행 또는 공연하지 않은 것은 대통령령의 정하는 바에 의하여 이를 발행 또는 공연할 수 있다. ③ 저작권자의 거소가 불명하거나 또는 대통령령이 정하는 사유로 인하여 저작권자와 협의할 수 없을 때에는 대통령령의 정하는 바에 의하여 상당한 보상금을 공탁하고 그 저작물을 발행 또는 공연할 수 있다.	第20조(공연권) ① 저작자는 그 저작물을 공연할 권리가 있다. ② 저작자의 불명한 저작물로서 아직 발행 또는 공연하지 않은 것은 대통령령의 정하는 바에 의하여 이를 발행 또는 공연할 수 있다. ③ 저작권자의 거소가 불명하거나 또는 저작권자와 협의할 수 없을 때에는 대통령령의 정하는 바에 의하여 상당한 보상금을 공탁하고 그 저작물을 발행 또는 공연할 수 있다.

1952년 법안	1955년 법안	구법
④ 전항의 보상금의 액에 관하여 이의가 있는 자는 법원에 출소할 수 있다.	④ 전항의 보상금의 액에 관하여 이의가 있는 자는 법원에 출소할 수 있다.	④ 전항의 보상금의 액에 관하여 이의가 있는 자는 법원에 출소할 수 있다.
제21조(연술권) 저작자는 그 저작물을 연술할 권리가 있다.	제21조(연술권) 저작자는 그 저작물을 연술할 권리가 있다.	제21조(연술권) 저작자는 그 저작물을 연술할 권리가 있다.
제22조(방송권) ① 저작자는 그 저작물의 라디오에 의한 방송을 허락할 권리가 있다.	제22조(방송권) ① 저작자는 그 저작물의 래디오에 의한 방송을 허락할 권리가 있다.	제22조(방송권) ① 저작자는 그 저작물의 라디오 또는 테레비죤에 의한 방송을 허락할 권리가 있다.
② 이미 발행 또는 공연된 저작물을 방송하고저 할 때에는 방송자는 저작권자의 승낙을 얻어야 한다.	② 이미 발행 또는 공연된 저작물을 방송하고저 할 때에는 방송자는 저작권자의 승낙을 얻어야 한다.	② 이미 발행 또는 공연된 저작물을 방송하고저 할 때에는 방송자는 저작권자의 승낙을 얻어야 한다.
③ 전항의 승낙을 얻지 못하고 또 그 저작물의 방송이 공익상 필요할 때에는 방송자는 대통령령의 정하는 바에 의하여 상당한 보상금을 지불하고 저작물을 방송할 수 있다.	③ 전항의 승낙을 얻지 못하고 그 저작물의 방송이 공익상 필요할 때에는 방송자는 대통령령의 정하는 바에 의하여 상당한 보상금을 지급하고 저작물을 방송할 수 있다.	③ 전항의 승낙을 얻지 못하고 그 저작물의 방송이 공익상 필요할 때에는 방송자는 대통령령의 정하는 바에 의하여 상당한 보상금을 지급하고 저작물을 방송할 수 있다.
제23조(실시권) 저작자는 그 저작물을 건설 설립 기타의 방법으로 실시할 권리가 있다.	제23조(실시권) 저작자는 그 저작물을 건조 기타의 방법으로 실시할 권리가 있다.	제23조(실시권) 저작자는 그 저작물을 건조 기타의 방법으로 실시할 권리가 있다.
제24조(전람권) 저작자는 그 저작물을 전람할 권리가 있다.	제24조(전람권) 저작자는 그 저작물을 전람할 권리가 있다.	제24조(전람권) 저작자는 그 저작물을 전람할 권리가 있다.
제25조(번역권) 저작자는 그 저작물을 번역할 권리가 있다.	제25조(번역권) 저작자는 그 저작물을 번역할 권리가 있다.	제25조(번역권) 저작자는 그 저작물을 번역할 권리가 있다.
제26조(개작권) 저작자는 그 저작물을 개작할 권리가 있다.	제26조(개작권) 저작자는 그 저작물을 개작할 권리가 있다.	제26조(개작권) 저작자는 그 저작물을 개작할 권리가 있다.
제27조(편집권) 저작자는 그 저작물을 편집할 권리가 있다.	제27조(편집권) 저작자는 그 저작물을 편집할 권리가 있다.	제27조(편집권) 저작자는 그 저작물을 편집할 권리가 있다.
제28조(압류금지) 아직 발행 또는 공연하지 않은 저작물	제28조(불차압권) 아직 발행 또는 공연하지 않은 저작물	제28조(압류금지) 아직 발행 또는 공연하지 않은 저작물

1952년 법안	1955년 법안	구법
의 원본과 그 저작권은 채권자를 위하여 차압되지 아니한다. 단 저작권자의 승낙이 있는 때에는 예외로 한다.	의 원본과 그 저작권은 채권자를 위하여 차압되지 아니한다. 단 저작권자의 승낙이 있는 때에는 예외로 한다.	의 원본과 그 저작권은 채권자를 위하여 압류되지 아니한다. 단 저작권자의 승낙이 있는 때에는 예외로 한다.
제29조(저작권의 존속기간) 제14조 내지 제17조의 권리는 영구히 존속된다.	제29조(저작권의 존속기간) 제14조 내지 제17조의 권리는 영구히 존속된다.	제29조(저작권의 존속기간) 제14조 내지 제17조의 권리는 영구히 존속한다.
제30조(동전) ① 발행 또는 공연한 저작물의 저작권은 저작자의 생존간 및 사후 50년간 존속한다. ② 수인의 합저작에 관한 저작물의 저작권은 최종에 사망한 자의 사후 50년간 존속한다.	제30조(저작권의 존속기간) ① 발행 또는 공연한 저작물의 저작권은 저작자의 생존간 및 사후 30년간 존속한다. ② 수인의 합저작에 관한 저작물의 저작권은 최종 사망자의 사후 30년간 존속한다.	제30조(동전) ① 발행 또는 공연한 저작물의 저작권은 저작자의 생존간과 사후 30년간 존속한다. ② 수인의 합저작에 관한 저작물의 저작권은 최종 사망자의 사후 30년간 존속한다.
제31조(동전) 저작자의 사후 발행 또는 공연한 저작물의 저작권은 발행 또는 공연한 날로부터 50년간 존속된다.	제31조(저작권의 존속기간) 저작자의 사후 발행 또는 공연한 저작물의 저작권은 발행 또는 공연한 날로부터 30년간 존속된다.	제31조(동전) 저작자의 사후 발행 또는 공연한 저작물의 저작권은 발행 또는 공연한 날로부터 30년간 존속한다.
제32조(동전) 무명 또는 변명 저작물의 저작권은 발행 또는 공연한 날로부터 50년간 존속된다. 단 기간 내에 저작자가 그 실명의 등록을 받을 때에는 제31조의 규정에 의한다.	제32조(저작권의 존속기간) 무명 또는 변명저작물의 저작권은 발행 또는 공연한 날로부터 30년간 존속된다. 단 기간 내에 저작자가 그 실명의 등록을 받을 때에는 제31조의 규정에 의한다.	제32조(동전) 무명 또는 변명 저작물의 저작권은 발행 또는 공연한 날로부터 30년간 존속한다. 단 기간 내에 저작자가 그 실명의 등록을 받을 때에는 제30조의 규정에 의한다.
제33조(동전) 관공서, 학교, 회사 또는 기타 사회단체가 저작자로서 발행 또는 공연한 저작물의 저작권은 발행 또는 공연한 날로부터 50년간 존속된다.	제33조(저작권의 존속기간) 관공서, 학교, 회사 또는 기타 사회단체가 저작자로서 발행 또는 공연한 저작물의 저작권은 발행 또는 공연한 날로부터 30년간 존속된다.	제33조(동전) 관공서, 학교, 회사 또는 기타 사회단체가 저작자로서 발행 또는 공연한 저작물의 저작권은 발행 또는 공연한 날로부터 30년간 존속한다.
제34조(동전) ① 저작권자가 원저작물 발행일로부터 10년 내에 그 번역물을 발행하지 않을 때에는 그 번역권은 소멸한다.	제34조(저작권의 존속기간) ① 저작권자가 원저작물 발행일로부터 5년 내에 그 번역물을 발행하지 않을 때에는 그 번역권은 소멸한다.	제34조(동전) ① 저작권자가 원저작물 발행일로부터 5년 내에 그 번역물을 발행하지 않을 때에는 그 번역권은 소멸한다.

1952년 법안	1955년 법안	구법
② 전항의 기간 내에 저작권자가 그 보호를 받고저 하는 국어의 번역물을 발행할 때에는 그 국어의 번역권은 소멸하지 않는다.	② 전항의 기간 내에 저작권자가 그 보호를 받고저 하는 국어의 번역물을 발행할 때에는 그 국어의 번역권은 제30조의 규정에 의한다.	② 전항의 기간 내에 저작자가 그 보호를 받고져 하는 국어의 번역물을 발행할 때에는 그 국어의 번역권은 제30조의 규정에 의한다.
제35조(동전) ① 사진저작권은 10년간 존속한다.	제35조(저작권의 존속기간) ① 사진저작권은 10년간 존속한다.	제35조(동전) ① 사진저작권은 10년간 존속한다.
② 사진술에 의하야 적법으로 예술상의 저작물을 복제한 자는 원저작물에 관한 저작권과 동일한 기간 내 본법의 보호를 받는다. 단 당사자 간에 계약이 있을 때에는 그 계약의 제한에 따른다.	② 사진술에 의하야 적법으로 예술상의 저작물을 복제한 자는 원저작물에 관한 저작권과 동일한 기간 내 본법의 보호를 받는다. 단 당사자 간에 계약이 있을 때에는 그 계약의 제한에 따른다.	② 사진술에 의하야 적법으로 예술상의 저작물을 복제한 자는 원저작물에 관한 저작권과 동일한 기간 내 본법의 보호를 받는다. 단 당사자 간에 계약이 있을 때에는 그 계약의 제한에 따른다.
제36조(동전) 학문예술의 저작물 중에 삽입된 사진으로서 특히 그 저작물을 위하여 저작하였거나 또는 저작시켰을 때에는 그 사진저작권은 학문예술의 저작자에 속하고 그 저작권은 학문예술의 저작권과 동일한 기간 내에 존속한다.	제36조(저작권의 존속기간) 학문예술의 저작물 중에 삽입된 사진으로서 특히 그 저작물을 위하여 저작하였거나 또는 저작시켰을 때에는 그 사진저작권은 학문예술의 저작자에 속하고 그 저작권은 그 학문예술의 저작권과 동일한 기간 내에 존속한다.	제36조(동전) 학문적 또는 예술적 저작물 중에 삽입된 사진으로서 특히 그 저작물을 위하여 저작하였거나 또는 저작시켰을 때에는 그 사진저작권은 학문적 또는 예술적 저작물의 저작자에 속하고 그 저작권은 그 학문적 또는 예술적 저작권과 동일한 기간 내에 존속한다.
제37조(동전) 사진에 관한 규정은 사진술과 유사의 방법에 의하여 제작한 저작물에 준용한다.	제37조(저작권의 존속기간) 사진에 관한 규정은 사진술과 유사한 방법에 의하여 제작한 저작물에 준용한다.	제37조(동전) 사진에 관한 규정은 사진술과 유사한 방법에 의하여 제작한 저작물에 준용한다.
제38조(동전) 영화저작권은 독창성을 갖인 것에 있어서는 제30조 내지 제33조의 규정을 적용하고 이를 결한 것에 있어서는 제35조의 규정을 적용한다.	제38조(저작권의 존속기간) 영화저작권은 독창성을 갖인 것에 있어서는 제30조 내지 제33조의 규정을 적용하고 이를 결한 것에 있어서는 제35조의 규정을 준용한다.	제38조(동전) 영화제작권은 독창성을 갖인 것에 있어서는 제30조 내지 제33조의 규정을 적용하고 이를 결한 것에 있어서는 제35조의 규정을 준용한다.
제39조(존속기간의 시기) 제30조 내지 제34조의 경우에 있어서 저작권의 기간을 계산함에는 저작자 사망의 해	제39조(존속기간의 시기) 제30조 내지 제34조의 경우에 있어서 저작권의 기간을 계산함에는 저작자 사망의 해	제39조(존속기간의 시기) 제30조 내지 제34조의 경우에 있어서 저작권의 기간을 계산함에는 저작자 사망의 해

1952년 법안	1955년 법안	구법
또는 저작물을 발행 또는 공연한 해의 익년부터 기산한다.	또는 저작물을 발행 또는 공연한 때의 익년부터 기산한다.	또는 저작물을 발행 또는 공연한 때의 익년부터 기산한다.
제40조(동전) 사진저작권의 기간은 그 저작물을 처음으로 발행한 해의 익년부터 기산한다. 만일 발행하지 않을 때에는 종판(種板)을 제작한 해의 익년부터 기산한다.	제40조(존속기간의 시기) 사진저작권의 기간은 그 저작물을 처음으로 발행한 해의 익년부터 기산한다. 만일 발행하지 않을 때에는 원판을 제작한 해의 익년부터 기산한다.	제40조(동전) 사진저작권의 기간은 그 저작물을 처음으로 발행한 해의 익년부터 기산한다. 만일 발행하지 않을 때에는 원판을 제작한 해의 익년부터 기산한다.
제41조(동전) ① 책호를 따라 순차로 발행하는 저작에 관하여서는 제30조 내지 제34조의 기간은 매책 또는 매호 발행부터 기산한다.	제41조(존속기간의 시기) ① 책호를 따라 순차로 발행하는 저작물에 관하여서는 제30조 내지 제34조의 기간은 매책 또는 매호 발행일로부터 기산한다.	제41조(동전) ① 책호를 따라 순차로 발행하는 저작물에 관하여서는 제30조 내지 제34조의 기간은 매책 또는 매호 발행일로부터 기산한다.
② 일부분식 순차로 발행하여 전부 완성한 저작물에 관하여서는 제30조 내지 제34조의 기간은 최종 부분을 발행한 날로부터 기산한다. 단 3년을 경과하고 아즉 계속의 부분을 발행하지 않을 때에는 이미 발행한 부분으로서 최종의 것으로 간주한다.	② 일부분식 순차로 발행하여 전부 완성한 저작물에 관하여서는 제30조 내지 제34조의 기간은 최종 부분을 발행한 날부터 기산한다. 단 3년을 경과하고 아직 계속의 부분을 발행하지 않을 때에는 이미 발행한 부분으로서 최종의 것으로 본다.	② 부분식 순차로 발행하여 전부 완성한 저작물에 관하여서는 제30조 내지 제34조의 기간은 최종 부분을 발행한 날로부터 기산한다. 단 3년을 경과하고 아직 계속의 부분을 발행하지 않을 때에는 이미 발행한 부분으로서 최종의 것으로 본다.
제42조(양도권) ① 저작권은 그 전부 또는 일부를 양도할 수 있다.	제42조(양도권) ① 저작권은 그 전부 또는 일부를 양도할 수 있다.	제42조(양도권) ① 저작권은 그 전부 또는 일부를 양도할 수 있다. ② 저작권의 양도는 번역권의 양도를 포함하지 아니한 것으로 추정한다.
제43조(대항요건) ① 저작권의 상속, 양도, 신탁, 입질은 그 등록을 받지 아니하면 이로써 제3자에게 대항할 수 없다.	제43조(대항요건) ① 저작권의 상속, 양도, 신탁, 입질은 그 등록을 하지 아니하면 이로써 제3자에게 대항할 수 없다.	제43조(대항요건) ① 저작권의 상속, 양도, 신탁, 입질은 그 등록을 하지 아니하면 이로써 제3자에게 대항할 수 없다.
② 무명 또는 변명저작물의 저작자는 현재 그 저작권이 소유 여부에 관계없이 그 실	② 무명 또는 변명저작물의 저작자는 현재 그 저작권이 소유 여부에 관계없이 그 실	② 무명 또는 변명저작물의 저작자는 현재 그 저작권의 소유 여부에 관계없이 그 실

1952년 법안	1955년 법안	구법
명의 등록을 받을 수 있다. ③ 저작자는 현재 그 저작권의 소유 여부에 관계없이 그 저작물을 저작년월일의 등록을 받을 수가 있다. ④ 무명 또는 변명저작물의 발행자 또는 공연자는 저작권자에 속하는 권리를 보전할 수 있다. 단 저작자가 그 실명의 등록을 받었을 때에는 예외로 한다.	명의 등록을 할 수 있다. ③ 저작자는 현재 그 저작권의 소유 여부에 관계없이 그 저작물의 저작년월일의 등록을 할 수가 있다. ④ 무명 또는 변명저작물의 발행자 또는 공연자는 저작권자에 속하는 권리를 보전할 수 있다. 단 저작자가 그 실명의 등록을 하였을 때에는 예외로 한다.	명의 등록을 할 수 있다. ③ 저작자는 현재 그 저작권의 소유 여부에 관계없이 그 저작물의 저작년월일의 등록을 할 수가 있다. ④ 무명 또는 변명저작물의 발행자 또는 공연자는 저작권자에 속하는 권리를 보전할 수 있다. 단 저작자가 그 실명의 등록을 하였을 때에는 예외로 한다.
第44조(등록) ① 등록은 행정관청이 이를 행한다. ② 등록에 관하여 필요한 사항은 대통령령으로 정한다.	第44조(등록) ① 등록은 문교부장관이 이를 관장한다. ② 등록에 관하여 필요한 사항은 대통령령으로 정한다.	第44조(등록) ① 등록은 문교부장관이 이를 관장한다. ② 등록에 관하여 필요한 사항은 대통령령으로 정한다.
第45조(소멸) 상속인 없는 경우에는 저작권은 소멸된다.	第45조(소멸) 상속인 없는 경우에는 저작권은 소멸된다.	第45조(소멸) 상속인 없는 경우에는 저작권은 소멸된다.
第46조(외국인 저작권) 외국인의 저작권에 대하여서는 조약에 별단의 규정이 있는 것을 제외하고는 본법의 규정을 적용한다. 단 저작권 보호에 관하여 조약에 규정이 없는 경우에는 국내에 있어서 처음으로 그 저작물을 발행한 자에 한하여 본법의 보호를 받는다.	第46조(외국인 저작권) 외국인의 저작권에 대하여서는 조약에 별단의 규정이 있는 것을 제외하고는 본법의 규정을 적용한다. 단 저작권 보호에 관하여 조약에 규정이 없는 경우에는 국내에 있어서 처음으로 그 저작물을 발행한 자에 한하여 본법의 보호를 받는다.	第46조(외국인 저작권) 외국인의 저작권에 대하여서는 조약에 별단의 규정이 있는 것을 제외하고는 본법의 규정을 적용한다. 단 저작권 보호에 관하여 조약에 규정이 없는 경우에는 국내에 있어서 처음으로 그 저작물을 발행한 자에 한하여 본법의 보호를 받는다.
제3장 출판권 및 공연권	제3장 출판권 및 공연권	제3장 출판권과 공연권
第47조(설정) 저작권자는 그 저작물의 출판을 인수하는 자에 대하여 출판권을 설정할 수 있다.	第47조(설정) 저작권자는 그 저작물의 출판을 인수하는 자에 대하여 출판권을 설정할 수 있다.	第47조(설정) 저작권자는 그 저작물의 출판을 인수하는 자에 대하여 출판권을 설정할 수 있다.
第48조(출판권자) ① 출판권자는 설정행위의 정하는 바에 의하여 출판권의 목적인 저작물을 원작 그대로 출판할 권리를 가진다.	第48조(출판권자) ① 출판권자는 설정행위의 정하는 바에 의하여 출판권의 목적인 저작물을 원작 그대로 출판할 권리를 가진다.	第48조(출판권자) ① 출판권자는 설정행위의 정하는 바에 의하여 출판권의 목적인 저작물을 원작 그대로 출판할 권리를 가진다.

1952년 법안	1955년 법안	구법
		② 출판권자는 출판권을 표시하기 위하여 각 출판물에 저작권자의 검인을 첩부하여야 한다. 단 출판권자가 저작권의 양도를 받은 경우에는 그 취지를 출판물에 표시하여야 한다.
제49조(존속기간) 출판권은 설정행위에 별도로 정함이 없는 한 설정일로부터 3년간 존속한다.	제49조(존속기간) 출판권은 설정행위에 별도로 정함이 없는 한 설정일로부터 3년간 존속한다.	제49조(존속기간) 출판권은 설정행위에 별도로 정함이 없는 한 설정일로부터 3년간 존속한다.
제50조(양도입질) 출판권자는 저작권자의 동의를 얻어 이를 양도, 입질할 수 있다.	제50조(양도입질) 출판권자는 저작권자의 동의를 없이는[17] 양도 또는 입질할 수 없다.	제50조(양도입질) 출판권자는 저작권자의 동의 없이는 양도 또는 입질할 수 없다.
제51조(출판의무) ① 출판권자는 특약이 없는 한 출판권 설정일로부터 6월 이내에 저작물을 출판하고 또 계속하여 출판하여야 한다.	제51조(출판의무) ① 출판권자는 특약이 없는 한 출판권 설정일로부터 6월 이내에 저작물을 출판하여야 한다. ② 출판권자는 특약이 없는 한 저작물을 계속하여 출판하여야 한다.	제51조(출판의무) ① 출판권자는 특약이 없는 한 출판권 설정일로부터 6월 이내에 저작물을 출판하여야 한다. ② 출판권자는 특약이 없는 한 저작물을 계속하여 출판하여야 한다.
제52조(통지의무) 출판권자가 출판물을 재판중판하는 경우에는 저작자로 하여금 수정증감의 기회를 주기 위하여 사전에 저작자에 그 취지를 통지하여야 한다.	제52조(통지의무) 출판권자가 출판물을 재판중판하는 경우에는 저작자로 하여금 수정증감의 기회를 주기 위하여 사전에 저작자에 그 취지를 통지하여야 한다.	제52조(통지의무) 출판권자가 출판물을 재판중판하는 경우에는 저작자로 하여금 수정증감의 기회를 주기 위하여 사전에 저작자에게 그 취지를 통지하여야 한다.
제53조(수정가감권) 저작권자는 각판의 복제완료까지 그 저작물에 정당한 범위 내의 수정증감을 가할 수 있다.	제53조(수정가감권) 저작권자는 각판의 복제완료까지 그 저작물에 정당한 범위 내의 수정증감을 가할 수 있다.	제53조(수정가감권) 저작권자는 각판의 복제완료까지 그 저작물에 정당한 범위 내의 수정증감을 가할 수 있다.
제54조(별도출판권) 저작권자인 저작자가 사망한 때 또는 설정행위에 별도로 정함이 없는 경우에 있어서 출판권 설정 후 3년을 경과한 때에는 저작권자는 저작물을 전집 기타의 편집물으로 집	제54조(별도출판권) 저작권자인 저작자가 사망한 때 또는 설정행위에 별도로 정함이 없는 경우에 있어서 출판권 설정 후 3년을 경과한 때에는 저작권자는 저작물을 전집 기타의 편집물로 집록	제54조(별도출판권) 저작권자인 저작자가 사망한 때 또는 설정행위에 별도로 정함이 없는 경우에 있어서 출판권 설정 후 3년을 경과한 때에는 저작권자는 저작물을 전집 기타의 편집물로 집록

1952년 법안	1955년 법안	구법
록하거나 또는 전집 기타의 편집물의 일부를 분리하여 별도로 이를 출판할 수 있다.	하거나 또는 전집 기타의 편집물의 일부를 분리하여 별도로 이를 출판할 수 있다.	하거나 또는 전집 기타의 편집물의 일부를 분리하여 별도로 이를 출판할 수 있다.
제55조(소멸통고권) ① 출판권자가 출판권 설정 후 6월 이내에 출판을 하지 아니하거나 또는 계속해서 출판을 하지 않을 때에는 저작권자는 6월 이상의 기간을 정하여 그 이행을 최고하고 그 기간 내에 이행치 않을 때에는 출판권의 소멸을 청구할 수 있다.	제55조(소멸청구권) ① 출판권자가 출판권 설정 후 6월 이내에 출판을 하지 아니하거나 또는 계속해서 출판을 하지 않을 때에는 저작권자는 6월 이상의 기간을 정하여 그 이행을 최고하고 그 기간 내에 이행치 않을 때에는 출판권의 소멸을 청구할 수 있다.	제55조(소멸통고권) ① 출판권자가 출판권 설정 후 6월 이내에 출판을 하지 아니하거나 또는 계속해서 출판을 하지 않을 때에는 저작권자는 6월 이상의 기간을 정하여 그 이행을 최고하고 그 기간 내에 이행하지 않을 때에는 출판권의 소멸을 통고할 수 있다. ② 출판이 불가능한 경우 또는 출판의사 없음이 명백한 경우에는 즉시로 출판권의 소멸을 통고할 수 있다. ③ 출판권의 소멸을 통고한 경우에는 통고한 때에 출판권이 소멸한다.
제56조(소멸청구권) 저작권자는 언제든지 출판을 중지함으로 인한 손해를 배상하고 출판권의 소멸을 청구할 수 있다.	제56조(소멸청구권) 저작권자는 언제든지 출판을 중지함으로 인한 손해를 배상하고 출판권의 소멸을 청구할 수 있다.	제56조(소멸청구권) 저작권자는 전조의 경우에 언제든지 원상회복을 청구하거나 또는 출판을 중지함으로 인한 손해의 배상을 청구할 수 있다.
제57조(대항요건) 출판권의 득실(得失), 변경 및 입질은 그 등록을 받지 아니하면 이로써 제3자에게 대항할 수 없다. 제43조의 규정은 출판권의 등록에 이를 준용한다.	제57조(대항요건) 출판권의 득상(得喪), 변경 및 입질은 그 등록을 하지 아니하면 이로써 제3자에 대항할 수 없다. 제44조의 규정은 출판권의 등록에 이를 준용한다.	제57조(대항요건) 출판권의 득상(得喪), 변경과 입질은 그 등록을 하지 아니하면 이로써 제3자에 대항할 수 없다. 제44조의 규정은 출판권의 등록에 이를 준용한다.
제58조(침해) 출판권의 침해에 대하여서는 본법 중 제63조의 규정을 제외하고는 저작권 침해에 관한 규정을 준용한다.	제58조(침해) 출판권의 침해에 대하여서는 본법 중 제63조의 규정을 제외하고는 저작권 침해에 관한 규정을 준용한다.	제58조(침해) 출판권의 침해에 대하여서는 본법 중 제64조의 규정을 제외하고는 저작권 침해에 관한 규정을 준용한다.
제59조(공연권) 저작권자는 그 저작물의 공연을 인수하	제59조(공연권) 저작권자는 그 저작물의 공연을 인수하	제59조(공연권) 저작권자는 그 저작물의 공연을 인수하

1952년 법안	1955년 법안	구법
는 자에 대하여 공연권을 설정할 수 있다.	는 자에 대하여 공연권을 설정할 수 있다.	는 자에 대하여 공연권을 설정할 수 있다.
제60조(동전) 공연권자는 설정행위의 정하는 바에 의하여 공연권의 목적인 저작물을 원작 그대로 공연할 권리를 전유한다.	제60조(공연권) 공연권자는 설정행위의 정하는 바에 의하여 공연권의 목적인 저작물을 원작 그대로 공연할 권리를 가진다.	제60조(동전) 공연권자는 설정행위의 정하는 바에 의하여 공연권의 목적인 저작물을 원작 그대로 공연할 권리를 가진다.
제61조(동전) 공연권 설정에 관하여서는 본장의 규정을 준용한다. 단 제49조의 준용에 있어서 그 기간은 1년으로 한다.	제61조(공연권) 공연권 설정에 관하여서는 본장 출판권 설정의 규정을 준용한다. 단 제49조의 준용에 있어서 그 기간은 1년으로 한다.	제61조(동전) 공연권 설정에 관하여서는 본장 출판권 설정의 규정을 준용한다. 단 제49조의 준용에 있어서 그 기간은 1년으로 한다.
제4장 저작권 침해	제4장 저작권 침해	제4장 저작권 침해
제62조(민법 기타 법령의 준용) 저작권을 침해한 자는 본법의 규정하는 바 이외에 민법 물권의 규정과 불법행위의 규정에 의하여 원상회복, 침해제거, 침해예방의 책임을 지며 또 침해로 인하여 발생한 손해를 배상할 책임이 있다.	제62조(물권적청구권과 손해배상청구권) 저작권을 침해한 자는 본법의 규정하는 바 이외에 민법 제2편 물권편의 규정과 민법 제3편 채권편 제5장 불법행위의 규정에 준하여 원상회복, 침해제거, 침해예방의 책임을 지며 또 침해로 인하여 발생한 손해를 배상할 책임이 있다.	제62조(민법 기타 법령의 준용) 저작권을 침해한 행위에 대하여서는 본법에 특별한 규정이 있는 경우 외에는 민법 기타의 법령을 적용한다.
		제63조(부정출판물의 부수 추정) 저작자의 승낙 없이 저작물을 출판하거나 제48조제2항의 규정에 위반하여 저작자의 검인 없이 저작물을 출판한 때에 부정출판물의 부수를 산정하기 어려운 때에는 이를 3천부로 추정한다.
제63조(비침해행위) 이미 발행된 저작물을 좌의 방법에 의하여 복제하는 것은 이를 저작권 침해로 보지 않는다.	제63조(비침해행위) 이미 발행된 저작물을 좌의 방법에 의하여 복제하는 것은 이를 저작권 침해로 보지 않는다.	제64조(비침해행위) ① 이미 발행된 저작물을 다음 방법에 의하여 복제하는 것은 이를 저작권 침해로 보지 않는다.

1952년 법안	1955년 법안	구법
1. 신문지 또는 잡지에 게재된 정치상의 시사문제를 논의한 기사(학문상의 저작물은 제외한다)로서 특히 전재를 금하는 뜻의 명기가 없을 때 이를 타 신문지 또는 잡지에 전재하는 것 2. 시사문제에 관한 공개연술을 신문지 또는 잡지에 게재하는 것 허락을 얻어 수집하는 것 3. 발행할 의사 없이 또한 기계적 또는 화학적 방법에 의하지 아니하고 복제하는 것 4. 자기의 저작물 중에 정당한 범위 내에 있어서 절록인용(節錄引用)하는 것 5. 국정교과서의 목적에 공하기 위하여 정당한 범위 내에서 발췌수집(拔萃蒐輯)하는 것 6. 학문적 예술적 저작물의 문구를 자기가 저작한 각본에 삽입하거나 악보에 충용(充用)하는 것 7. 학문적 예술적 저작물을 설명하는 자료로써 학문적 예술적 저작물을 삽입한 것 8. 회화를 조각물 모형으로 제작하고 또는 조각물 모형을 회화로 맨드는 것 9. 각본 또는 악보를 수익을 목적으로 하지 아니하고 또한 출연자가 보수를 받지 않는 공연의 용에 공하고 또는 공연을 방송하는 것 10. 음반, 녹음필림 등을 공연 또는 방송의 용(用에) 공	1. 발행할 의사 없이 기계적 또는 화학적 방법에 의하지 아니하고 복제하는 것 2. 자기의 저작물 중에 정당한 범위 내에 있어서 절록인용(節錄引用)하는 것 3. 교과용도서의 목적을 위하여 정당한 범위 내에서 발췌수집(拔萃蒐輯)하는 것 4. 학문적, 예술적 저작물의 문구를 자기가 저작한 각본에 삽입하거나 악보에 충용(充用)하는 것 5. 학문적, 예술적 저작물을 설명하는 자료로써 학문적 예술적 저작물을 삽입한 것 6. 회화를 조각물 모형으로 제작하고 또는 조각물 모형을 회화로 제작하는 것 7. 각본 또는 악보를 교육을 목적으로 하여 공연의 하거나[18] 또는 공연을 방송하는 것 8. 음반, 녹음필림 등을 공연 또는 방송의 용(用에) 공(供)하는 것 본조의 경우에 있어서는 그 출소를 명시하여야 한다. 단 전항제3호의 경우에는 예외로 한다.	1. 발행할 의사 없이 기계적 또는 화학적 방법에 의하지 아니하고 복제하는 것 2. 자기의 저작물 중에 정당한 범위 내에 있어서 절록인용(節錄引用)하는 것 3. 교과용도서의 목적을 위하여 정당한 범위 내에서 발췌수집(拔萃蒐輯)하는 것 4. 학문적 또는 예술적 저작물의 문구를 자기가 저작한 각본에 삽입하거나 악보에 충용(充用)하는 것 5. 학문적 또는 예술적 저작물을 설명하는 자료로써 학문적 또는 예술적 저작물을 삽입한 것 6. 회화를 조각물 모형으로 제작하고 또는 조각물 모형을 회화로 제작하는 것 7. 각본 또는 악보를 교육을 목적으로 하여 공연하거나 또는 공연을 방송하는 것 8. 음반, 녹음필림 등을 공연 또는 방송의 용(用에) 공(供)하는 것 ② 본조의 경우에 있어서는 그 출소를 명시하여야 한다. 단 전항제3호의 경우에는 예외로 한다.

1952년 법안	1955년 법안	구법
(供)하는 것 본조의 경우에 있어서는 그 출소를 명시하여야 한다.		
제64조(침해행위) 좌의 각항의 1에 해당할 때에는 이를 저작권 침해로 본다. 1. 저작권을 침해한 저작물을 수입하여 국내에서 발매배포(發賣配布)하는 것 2. 연습용을 위하여 저작된 문제의 해답서를 발행하는 것	제64조(침해행위) 좌의 각호의 1에 해당할 때에는 이를 저작권 침해로 본다. 1. 저작권을 침해한 저작물을 수입하여 국내에서 발매배포(發賣配布)하는 것 2. 연습용을 위하여 저작된 문제의 해답서를 발행하는 것	제65조(침해행위) 다음 각호의 1에 해당할 때에는 이를 저작권 침해로 본다. 1. 저작권을 침해한 저작물을 수입하여 국내에서 발매배포(發賣配布)하는 것 2. 연습용을 위하여 저작된 문제의 해답서를 발행하는 것
제65조(이득반환의무) 선의이며 또한 과실 없이 저작권을 침해하여 이익을 받음으로써 타인에게 손실을 가한 자는 그 이익이 현존하는 한도에 있어서 이를 반환하여야 한다.	제65조(부당이득반환의무) 선의이며 또한 과실 없이 저작권을 침해하여 이익을 받음으로써 타인에게 손실을 가한 자는 그 이익이 현존하는 한도에 있어서 이를 반환하여야 한다.	제66조(이득반환의무) 선의이며 또한 과실 없이 저작권을 침해하여 이익을 받음으로써 타인에게 손실을 가한 자는 그 이익이 현존하는 한도에 있어서 이를 반환하여야 한다.
제66조(합저작자) 수인의 합저작에 관한 저작물의 저작권자는 저작권 침해에 대하여 다른 저작권자의 동의 없이 고소를 하고 자기의 지분에 대한 손해의 배상을 청구하고 또는 자기의 지분에 응하여 전조의 이익의 반환을 청구할 수 있다.	제66조(합저작자) 수인의 합저작에 관한 저작물의 저작권 침해에 대하여서는 다런[19] 저작권자의 동의 없이 고소를 하고 자기의 지분에 대한 손해의 배상을 청구하고 또는 자기의 지분에 응하여 전조의 이익의 반환을 청구할 수 있다.	제67조(합저작자) 수인의 합저작에 관한 저작물의 저작권 침해에 대하여서는 다른 저작권자의 동의 없이 고소를 하고 자기의 지분에 대한 손해의 배상을 청구하고 또는 자기의 지분에 응하여 전조의 이익의 반환을 청구할 수 있다.
제67조(임시처분) ① 저작권 침해에 관하여 민사의 출소(出訴) 또는 형사의 기소 있을 때에는 법원은 원고 또는 고소인의 신청에 의하여 보증을 세우거나 또는 세우지 않게 하고 가(假)로 저작권 침해의 의심 있는 저작물의 발매배포를 금지하고 또는 이를 차압 혹은 그 공연을 금지시킬 수 있다.	제67조(임시처분) ① 저작권 침해에 관하여 민사의 출소(出訴) 또는 형사의 기소 있을 때에는 법원은 원고 또는 고소인의 신청에 의하여 보증을 세우거나 또는 세우지 않게 하고 임시로 저작권 침해의 의심 있는 저작물의 발매배포를 금지하고 또는 이를 차압 혹은 그 공연을 금지시킬 수 있다.	제68조(임시처분) ① 저작권 침해에 관하여 민사의 출소(出訴) 또는 형사의 기소 있을 때에는 법원은 원고 또는 고소인의 신청에 의하여 보증을 세우거나 또는 세우지 않게 하고 임시로 저작권 침해의 의심 있는 저작물의 발매배포를 금지하고 또는 이를 압류 혹은 그 공연을 금지시킬 수 있다.

1952년 법안	1955년 법안	구법
② 전항의 경우에 있어서 저작권의 침해가 없다는 뜻의 판결 확정한 때에는 신청자는 금지 또는 차압으로 인하여 발생한 손해를 배상하여야 한다.	② 전항의 경우에 있어서 저작권의 침해가 없다는 뜻의 판결이 확정한 때에는 신청자는 금지 또는 차압으로 인하여 발생한 손해를 배상하여야 한다.	② 전항의 경우에 있어서 저작권의 침해가 없다는 뜻의 판결이 확정한 때에는 신청자는 금지 또는 압류로 인하여 발생한 손해를 배상하여야 한다.
제5장 벌칙	제5장 벌칙	제5장 벌칙
제68조(저작인격권의 침해) 제14조, 제16조의 규정에 위반하여 저작자의 명예를 훼손시킨 자는 20만원 이하의 벌금에 처한다.	제68조(저작인격권의 침해) 제14조, 제16조의 규정에 위반하여 저작자의 명예를 훼손시킨 자는 20만환 이하의 벌금에 처한다.	제69조(저작인격권의 침해) 제14조, 제16조의 규정에 위반하여 저작자의 명예를 훼손시킨 자는 6월 이하의 징역 또는 10만환 이하의 벌금에 처한다.
제69조(부정발행) 저작자가 아닌 자의 성명칭호를 부(附)하여 저작물을 발행한 자는 50만원 이하의 벌금에 처한다.	제69조(부정발행) 저작자가 아닌 자의 성명칭호를 부(附)하여 저작물을 발행한 자는 50만환 이하의 벌금에 처한다.	제70조(부정발행) 저작자가 아닌 자의 성명칭호를 부(附)하여 저작물을 발행한 자는 50만환 이하의 벌금에 처한다.
제70조(부정출판공연) ① 저작권을 침해한 자 및 정을 알고 저작권을 침해한 저작물을 발매 또는 배포한 자는 100만원 이하의 벌금에 처한다.	제70조(부정발매배포) ① 저작권을 침해한 자 및 정을 알고 저작권을 침해한 저작물을 발매 또는 배포한 자는 100만환 이하의 벌금에 처한다.	제71조(부정출판공연) ① 저작권을 침해하여 저작물을 출판 또는 공연한 자는 1년 이하의 징역에 처한다. ② 제48조제2항의 규정에 위반한 자는 전항과 같다. ③ 전2항의 경우에는 50만환 이하의 벌금을 병과할 수 있다. ④ 제1항제2항의 저작물을 그 정을 알고 이를 발매 또는 배포한 자는 6월 이하의 징역 또는 20만환 이하의 벌금에 처한다.
제71조(출처불명시) 제63조제2항의 규정에 위반하여 출소를 명시하지 않고 복제한 자는 10만원 이하의 벌금에 처한다.	제71조(출처불명시) 제63조제2항의 규정에 위반하여 출소를 명시하지 않고 복제한 자는 10만환 이하의 벌금에 처한다.	제72조(출처불명시) 제64조제2항의 규정에 위반하여 출소를 명시하지 아니하고 복제한 자는 10만환 이하의 벌금에 처한다.

1952년 법안	1955년 법안	구법
제72조(허위등록) 허위의 등록을 받은 자는 10만원 이하의 벌금에 처한다.	제72조(허위등록) 허위의 등록을 하[20] 자는 10만환 이하의 벌금에 처한다.	제73조(허위등록) 허위의 등록을 한 자는 6월 이하의 징역 또는 20만환 이하의 벌금에 처한다.
제73조(몰수) 저작권을 침해한 저작물 및 저작권 침해의 용에 공한 기계기구는 저작권 침해자, 인쇄자, 발매자와 배포자의 소유인 경우에 한하여 이를 몰수한다.	제73조(몰수) 저작권을 침해한 저작물는[21] 저작권 침해자, 인쇄자, 발매자 및 배포자의 소유인 경우에 한하여 이를 몰수한다.	제74조(몰수) 저작권을 침해한 저작물은 저작권 침해자, 인쇄자, 발매자와 배부자의 소유인 경우에 한하여 이를 몰수한다.
제74조[15](친고) 본장에 규정한 죄는 피해자의 고소를 기다려 그 죄를 논한다. 단 제68조의 경우에 있어서는 저작자가 사망한 때와 제69조, 제72조의 경우에 있어서는 예외로 한다.	제74조(친고) 본장에 규정한 죄는 피해자의 고소를 기다려 그 죄를 논한다. 단 제68조의 경우에 있어서 저작자가 사망한 때와 제69조, 제72조의 경우에 있어서는 예외로 한다.	제75조(친고) 본장에 규정한 죄는 피해자의 고소를 기다려 그 죄를 논한다. 단 제69조의 경우에 있어서 저작자가 사망한 때와 제70조, 제73조의 경우에 있어서는 예외로 한다.
제75조 본장의 죄에 대한 공소의 시효는 2년을 경과함으로써 완성한다.	제75조(공소시효) 본장의 죄에 대한 공소의 시효는 2년을 경과함으로써 완료한다.	
부 칙	부 칙	부 칙
본법은 공포일로부터 시행한다.	본법은 공포일로부터 시행한다. 단기 4278년 8월 15일 이전에 국어 또는 한문으로 된 저작물에 관한 저작권양도계약은 이를 무효로 한다.	본법은 공포한 날로부터 시행한다. 단기 4278년 8월 15일 이전에 국어 또는 한문으로 된 저작물에 관한 저작권양도계약은 이를 무효로 한다. 「저작권법을 조선에 시행하는 데 관한 건」은 이를 폐지한다. 본법 공포일 전에 이미 각 출판물의 판매소에 배부된 출판물로서 제48조제2항의 규정에 위반한 출판물은 본법 공포일로부터 3월 이내에 제48조제2항의 요건을 구비하여야 한다.

15) '제73조'의 오기이다. 법제사법위원회, 「저작권법안심사회송의건」에 있는 비교표('저작권법안수정가안')상의 '원안'에서는 '제74조'라고 하고 있다.

16) '지방의회에서의'의 오기인 듯하다. 법제사법위원회, 「저작권법안심사회송의건」에 있는 비교표('저작권법안수정가안')상의 '원안'에서도 '지방의회와에서의'라고 하고 있다. 민의원문교위원회, 「저작권법안심사회부에관한건」에 담긴 법안은 일부 표현을 삭제(당시에는 글자 가운데를 두 줄로 그어 삭제 표시를 했다)하거나 수정한 흔적이 있다. 수정 전 제3호는 "공개한 법정 국회 지방의회와 정담집회에서의 연술"로 돼 있었으나 '정담집회(政談集會)'만을 삭제하다보니 "… 지방의회와에서의 연술"로 된 것이다.

17) '동의 없이는'의 오기이다. 법제사법위원회, 「저작권법안심사회송의건」에 있는 비교표('저작권법안수정가안')상의 '원안'에서는 '동의 없이는'이라고 하고 있다.

18) '공연하거나'의 오기이다. 법제사법위원회, 「저작권법안심사회송의건」에 있는 비교표('저작권법안수정가안')상의 '원안'에서는 '공연하거나'라고 하고 있다.

19) '다른'의 오기이다. 법제사법위원회, 「저작권법안심사회송의건」에 있는 비교표('저작권법안수정가안')상의 '원안'에서는 '다른'이라고 하고 있다.

20) '한'의 오기이다. 법제사법위원회, 「저작권법안심사회송의건」에 있는 비교표('저작권법안수정가안')상의 '원안'에서는 '한'이라고 하고 있다.

21) '저작물은'의 오기이다. 법제사법위원회, 「저작권법안심사회송의건」에 있는 비교표('저작권법안수정가안')상의 '원안'에서는 '저작물은'이라고 하고 있다.

c-2. 1955년 법안과 법제사법위원회 수정안 비교

[비교표]

1955년 법안	법제사법위원회 수정안
제3조(비저작물) 좌에 기재한 것은 이를 본법에 의한 저작물로 보지 않는다. 1. 법률명령 및 관공서문서의 본문 2. 신문지 또는 잡지에 게재된 시사를 보도하는 기사 3. 공개한 법정, 국회, 지방의회에서의 연술	제3조(비저작물) 좌에 기재한 것은 이를 본법에 의한 저작물로 보지 않는다. 1. 법률명령과 관공서문서의 본문, 단 내비(內祕) 중인 것은 예외로 한다. 2. 시사보도 3. 신문 또는 잡지에 게재된 잡보 4. 공개한 법정, 국회, 지방의회에서의 연술
제22조(방송권) ① 저작자는 그 저작물의 라디오에 의한 방송을 허락할 권리가 있다.	제22조(방송권) ① 저작자는 그 저작물의 래디오 또는 테레비죤에 의한 방송을 허락할 권리가 있다.
제42조(양도권) ① 저작권은 그 전부 또는 일부를 양도할 수 있다.	제42조(양도권) ① 저작권은 그 전부 또는 일부를 양도할 수 있다. ② 저작권의 양도는 번역권의 양도를 포함하지 않는 것으로 추정한다.
제48조(출판권자) ① 출판권자는 설정행위의 정하는 바에 의하여 출판권의 목적인 저작물을 원작 그대로 출판할 권리를 가진다.	제48조(출판권자) ① 출판권자는 설정행위의 정하는 바에 의하여 출판권의 목적인 저작물을 원작 그대로 출판할 권리를 가진다. ② 출판권자는 출판권을 표시하기 위하여 각 출판물에 저작권자의 검인을 첩부하여야 한다. 단 출판권자가 저작권의 양도를 받은 경우에는 그 취지를 출판물에 표시하여야 한다.
제55조(소멸청구권) ① 출판권자가 출판권 설정 후 6월 이내에 출판을 하지 아니하거나 또는 계속해서 출판을 하지 않을 때에는 저작권자는 6월 이상의 기간을 정하여 그 이행을 최고하고 그 기간 내에 이행치 않을 때에는 출판권의 소멸을 청구할 수 있다.	제55조[23] ① 출판권자가 출판권 설정 후 6월 이내에 출판을 하지 아니하거나 또는 계속해서 출판을 하지 않을 때에는 저작권자는 6월 이상의 기간을 정하여 그 이행을 최고하고 그 기간 내에 이행하지 않을 때에는 출판권의 소멸을 통고할 수 있다. ② 출판이 불가능한 경우 또는 출판의사

1955년 법안	법제사법위원회 수정안
	없음이 명백한 경우에는 즉시로 출판권의 소멸을 통고할 수 있다. ③ 출판권의 소멸을 통고한 경우에는 통고한 때에 출판권이 소멸된다.
제56조(소멸청구권) 저작권자는 언제든지 출판을 중지함으로 인한 손해를 배상하고 출판권의 소멸을 청구할 수 있다.	제56조(회복배상청구권) 저작권자는 전조의 경우에 언제든지 원상회복을 청구하거나 또는 출판을 중지함으로 인한 손해의 배상을 청구할 수 있다.
제62조(물권적청구권과 손해배상청구권) 저작권을 침해한 자는 본법의 규정하는 바 이외에 민법 제2편 물권편의 규정과 민법 제3편 채권편 제5장 불법행위의 규정에 준하여 원상회복, 침해제거, 침해예방의 책임을 지며 또 침해로 인하여 발생한 손해를 배상할 책임이 있다.	제62조[24] 저작권을 침해한 행위에 대하여서는 본법에 특별한 규정이 있는 경우외에는 민법 기타의 법령을 준용한다.
	<조 신설> 저작자의 승낙 없이 저작물을 출판하거나 제48조제2항의 규정에 위반하여 저작자의 검인 없이 저작물을 출판한 때에 부정출판물의 부수를 산정하기 어려운 때에는 이를 3천부로 추정한다.
제68조(저작인격권의 침해) 제14조, 제16조의 규정에 위반하여 저작자의 명예를 훼손시킨 자는 20만환 이하의 벌금에 처한다.	제68조(저작인격권의 침해) 제14조, 제16조의 규정에 위반하여 저작자의 명예를 훼손시킨 자는 6월 이하의 징역 또는 10만환 이하의 벌금에 처한다.
제70조(부정발매배포) ① 저작권을 침해한 자 및 정을 알고 저작권을 침해한 저작물을 발매 또는 배포한 자는 100만환 이하의 벌금에 처한다.	제70조[25] ① 저작권을 침해하여 저작물을 출판한 자는 1년 이하의 징역에 처한다. ② 제48조제2항의 규정에 위반한 자는 전항과 같다. ③ 전2항의 경우에는 50만환 이하의 벌금을 병과할 수 있다. ④ 제1항제2항의 저작물을 그 정을 알고 이를 발매 또는 배포한 자는 6월 이하의 징역 또는 20만환 이하의 벌금에 처한다.

1955년 법안	법제사법위원회 수정안
第72조(허위등록) 허위의 등록을 하[22] 자는 10만환 이하의 벌금에 처한다.	第72조(허위등록) 허위의 등록을 한 자는 6월 이하의 징역 또는 20만환 이하의 벌금에 처한다.
	제75조(공소시효) <삭제>
부 칙	부 칙
본법은 공포일로부터 시행한다. 단기 4278년 8월 15일 이전에 국어 또는 한문으로 된 저작물에 관한 저작권양도계약은 이를 무효로 한다.	본법은 공포일로부터 시행한다. 단기 4278년 8월 15일 이전에 국어 또는 한문으로 된 저작물에 관한 저작권양도계약은 이를 무효로 한다. 「저작권법을 조선에 시행하는 데 관한 건」은 이를 폐지한다. 본법 공포일 전에 기히 각 출판물의 판매소에 배부된 출판물로서 제48조제2항의 규정에 위반한 출판물은 본법 공포일로부터 3월 이내에 제48조제2항의 요건을 구비하여야 한다.

22) '한'의 오기인 듯하다.
23) 수정안에는 조 제목이 없다.
24) 수정안에는 조 제목이 없다.
25) 수정안에는 조 제목이 없다.

[법제사법위원회 수정안]

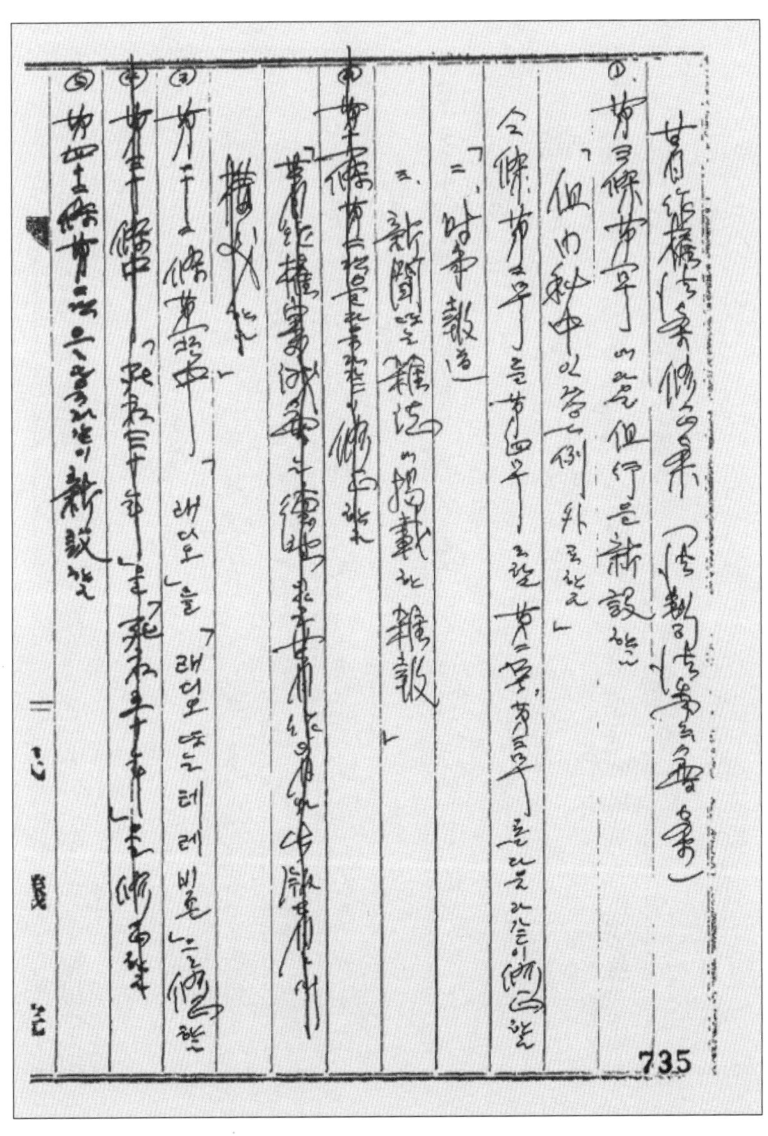

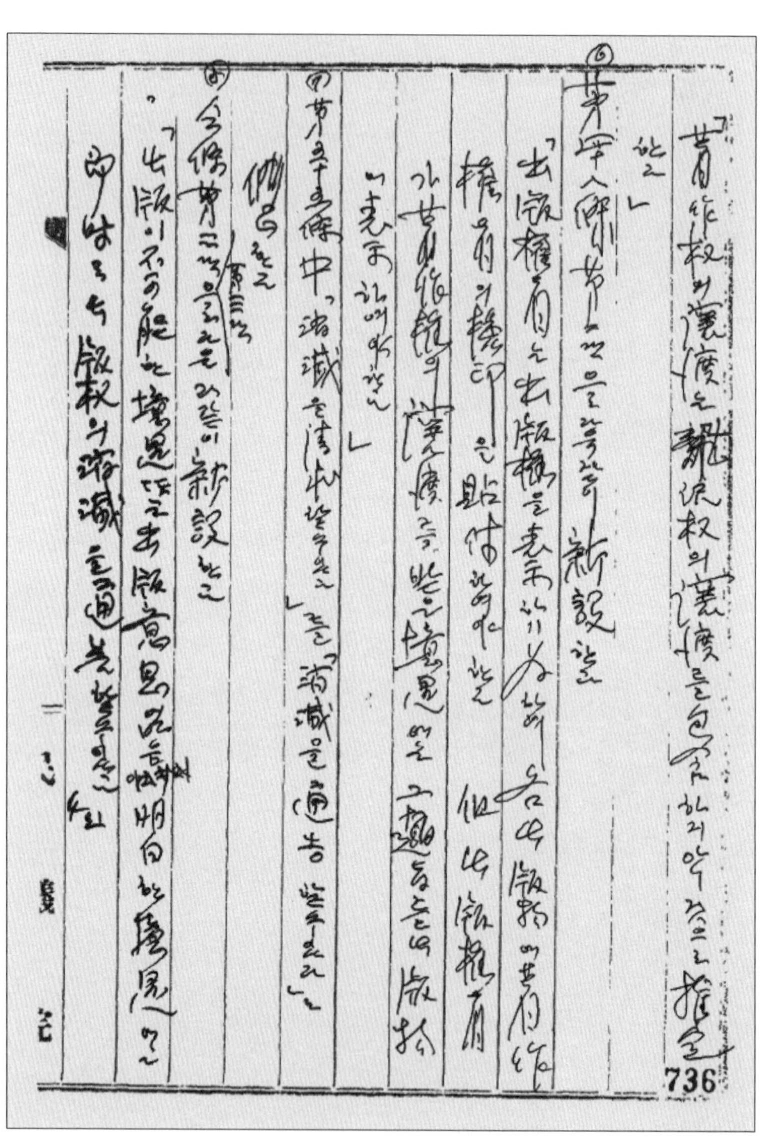

出版權의 消滅을 通告한 場合에는 그 通告한 때에 出版權이 消滅한다」

(9) 第五十六條를 左記와 如히 修正한다

「著作權者는 前條의 場合에 [illegible] 出版權의 消滅을 請求하거나 또는 出版을 中止함으로 因한 損害의 賠償을 請求할 수 있다」

(10) 第六十二條를 左記와 如히 修正한다

「著作權 侵害 行爲에 對하여는 本法에 特別한 規定이 있는 場合 外에는 民法 規定을 準用한다」

(11) 第六十三條 中에 左의 條文을 新設한다

著作權者의 承諾없이 著作物을 出版하거나 第四十八條 第二項의 規定에 違反하여 著作權者의 檢印없이 著作物을 出版한 者의 出版部數는 算定할 수 없을 때에는 五千部로 推定한다

737

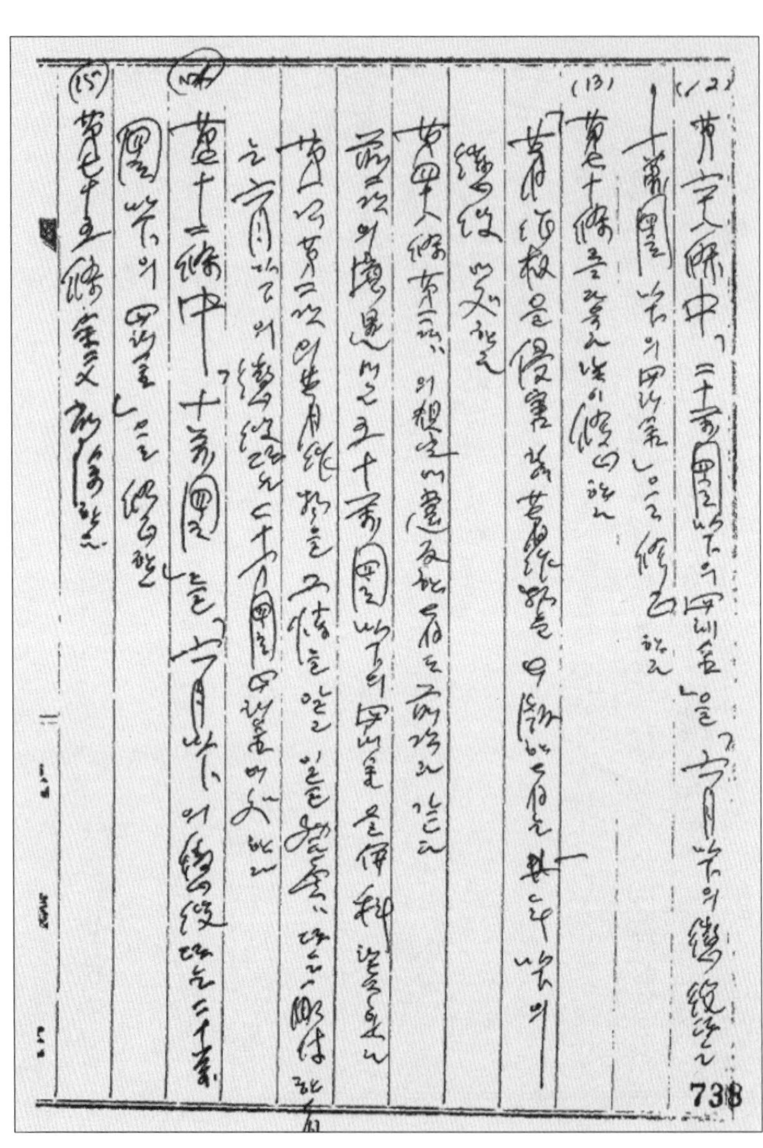

738

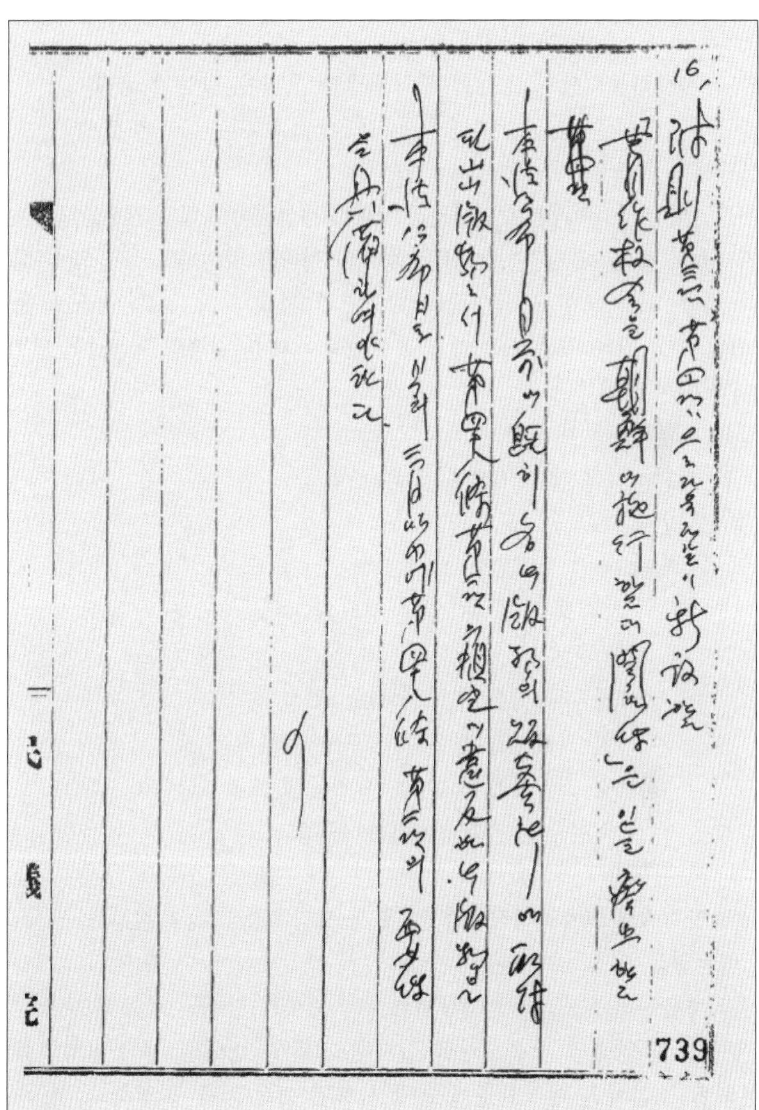

739

d. 저작권법안 요강

1951년 저작권법안 요강

금반 문교사회분위에서 초안한 저작권법안 요강은 다음과 같다.

▷저작권법안 요강

1. 저작권의 본질 : 저작권은 인격권적 성질과 재산권적 성질의 양면을 공비한다.
2. 저작물의 정의 : 표현의 방법 또는 형식의 여하를 막론하고 문서·연술·회화·조각·건축·도형·모형·사진·악곡·악보·연주·가창·舞譜·각본·연출·음반·녹음·필름·영화 기타 학문 또는 예술의 범위에 속하는 일절의 제작물을 말한다.
3. 저작자의 정의
    1) 제1차 저작자(창작자)
    2) 제2차 저작자(단 적법한 경우)
        (1) 번역자
        (2) 개작자
            가. 신저작물로 볼 수 있는 정도의 수정 증감하는 것
            나. 번안하는 것
                (가) 원 저작물을 영화화 하는 것
                (나) 원 저작물을 다른 기술로서 전화하는 것
                (다) 원 저작물을 음반 또는 필름에 寫調 또는 녹음하는 것
                (라) 소설을 각본화, 詩歌화하는 것
        (3) 편집자
4. 저작인격권의 보호 : 저작인격권으로서 자격주장권, 공표결정권, 원상유지권, 변경권을 인정하고 영구히 보호한다.
5. 저작재산권의 보호 : 저작재산권으로서 복제권·발매권·배포권·발행권·출판권·공연권·연술권·방송허가권·실시권·전람권·번역권·개작권(영화화권·각본화권·소설화권·시가화권·복제권·사조권·녹음권)을 인정하고 저작자의 생존간과 사후 50년간 보호한다(현행법은 사후 30년). 예외 번역권 10년(현행법), 사진권 10년(동)

6. 저작권의 이동 : 저작권의 이동은 등록으로서 제3자에 대한 대항 요건으로 한다.

7. 출판권

 1) 저작권 내용으로서의 출판권 외에 인정출판물을 인정한다.
 2) 출판계약은 출판권의 인정을 요소로 하지 않는다.
 3) 출판권법을 별도로 제정치 않는다.
 4) 출판권은 3년을 한도로 한다.

8. 공연권(신설) : 인정공연권을 인정하고 인정출판권의 규정을 준용한다.

9. 저작권 침해(借作) INFRINGEMENT

 1) 借作이란 말을 사용하지 않는다.
 2) 저작권 침해가 되지 않는 경우
  (1) 신문지 또는 잡지에 게재된 정치상의 시사를 논의한 기사(학문상의 저작물을 제한다)를 특히 전재를 금하는 뜻의 명기가 없을 때 이를 타신문지 또는 잡지에 전재하는 것
  (2) 시사문제에 관한 공개 연술을 신문지 또는 잡지에 게재하거나 동일 저작자의 연술을(불명)
  (3) 발행할 의사 없이 또한 기계적 또는 화학적 방법에 의하지 않고 복제하는 것
  (4) 자기의 저작물 중에 정당한 범위 내에 있어서 節錄 인용하는 것
  (5) 교과서의 목적에 공하기 위하여 정당한 범위 내에서 발췌 수집하는 것
  (6) 학문적 예술적 저작물의 문구를 자기가 저작한 각본에 삽입하거나 악보에 충용하는 것
  (7) 학문적 예술적 저작물을 설명하는 재료로서 학문적 예술적 저작물을 삽입하는 것
  (8) 회화를 조각물 모형으로 만들고 또는 조각물 모형을 회화로 만드는 것
  (9) 각본 또는 악보를 수익을 목적으로 하지 않고 또한 공연자가 보수를 받지 않는 공연의 용에 공하고 또는 공연을 방송하는 것
  (10) 음반·녹음·필름을 공연 또는 방송의 용에 공하는 것

3) 저작권 침해로 보는 경우

(1) 국내에서 발매 배포할 목적으로 저작권을 침해한 저작물을 수입할 때

(2) 연습용을 위하여 저작한 문제의 해답서를 발행할 때

10. 1) 저작권 심의회의 저작자로서 조직한다. 2) 주무부장관의 자문기관이다.

1952년 저작권법안 제안이유 및 주요골자

제안이유

학문적, 예술적 저작물의 저작자가 소유하는 저작권, 출판권, 공연권 등에 관하여 그 권리행사방법과 권리침해를 보호할 수 있도록 규정함으로써 창작자의 창작의욕을 증진시키고, 이를 보호육성하여 민족문화발전의 향상을 도모하고자 이 법을 제정하려는 것임.

주요골자

1. 저작물이라 함은 표현의 방법 또는 형식의 여하를 막론하고 문서, 연술, 회화, 조각, 건축, 도형, 모형, 사진, 악보, 연주, 영화 및 기타 학문 또는 예술의 범위에 속하는 일체의 것을 말함(제2조).
2. 다음 각호에 기재한 것은 이 법에 의한 저작물로 간주하지 아니함(제3조).
   가. 법률, 명령 및 관공서문서의 본문
   나. 신문지 또는 잡지에 게재된 잡보 및 시사를 보호하는 기사
   다. 공개한 법정, 국회, 지방의회에서의 연술
3. 적법하게 타인의 저작물을 번역, 개작 또는 편집한 자는 원저작자의 권리를 해치지 않는 범위 내에서 이를 이 법에 의한 저작자로 간주하도록 함(제5조)
4. 다음 각호의 1에 해당하는 자는 이를 이 법에 의한 저작자로 추정토록 함(제6조)
   가. 이미 발행한 저작물에 있어서 그 저작자로 성명을 게기한 자
   나. 아직 발행하지 않은 각본, 악보 및 영화화한 저작물의 공연에 있어서 저작자로 성명을 게기한 자

다. 저작자의 성명을 게기하지 아니한 때에는 그 공연자

5. 이 법에서 저작권이라 함은 저작자가 그 저작물 위에 가지고 있는 일체의 인격적 및 재산적 권리를 말함(제7조).

6. 수인의 합저작에 의한 저작물의 저작권은 각 저작자의 공유에 속하도록 함(제12조).

7. 미공표의 저작물의 저작자는 이를 공표하거나 또는 공표하지 않을 것을 자유로 결정할 권리가 있도록 함(제15조).

8. 발행 또는 공연한 저작물의 저작권은 저작자의 생존 기간 및 사후 50년간 존속하도록 함(제30조).

9. 수인의 합저작에 관한 저작물의 저작권은 최종에 사망한 자의 사후 50년간 존속하도록 함(제30조).

10. 저작권자가 원저작물 발행일로부터 10년 내에 그 번역물을 발행하지 않을 때에는 그 번역권은 소멸되도록 함(제34조).

11. 저작권은 그 전부 또는 일부를 양도할 수 있도록 함(제42조).

12. 저작권의 상속, 양도, 신탁, 입질은 그 등록을 받지 아니하면 이를 제3자에게 대항할 수 없도록 함(제43조).

13. 저작권자는 그 저작물의 출판을 인수하는 자에 대하여 출판권을 설정할 수 있도록 함(제47조).

14. 출판권은 설정행위에 별도로 정함이 없는 한 설정일로부터 3년간 존속하도록 함(제49조).

15. 출판권자는 저작권자의 동의를 얻어 이를 양도, 입질할 수 있도록 함(제50조).

16. 선의이며 또한 과실 없이 저작권을 침해하여 이익을 받음으로써 타인에게 손해를 가한 자는 그 이익이 현존하는 한도에 있어서 이를 반환하도록 함(제65조).

17. 저작권을 침해한 자 및 정을 알고 저작권을 침해한 저작물을 발매 또는 배포한 자는 100만환 이하의 벌금에 처하도록 함(제70조).

1957년 저작권법안 요강

제1 본 법 제정의 목적

한국인의 저작권 보호에 관한 법률이 불비하여 저작권을 침해당하는 일이 많음으로 그들을 보호하기 위하여 본 법을 제정한다.

제2 본 법의 체재

본 법은 일제시대의 '저작권법'의 체제를 답습하지 않고 주로 베른조약의 체재에 의하였다.

저작권에 관한 국제조약으로는 1886년의 베른조약, 1928년의 하바나조약, 1952년에 협정하고 1955년에 발효한 제네바조약의 셋이 있는데 베른조약은 주로 구주 제국이 가입하고 하바나조약은 주로 미주 제국이 가입하였으며 제네바 조약은 상기 두 조약을 통일한 것인데 베른조약이 가장 보편적으로 되어 있다.

제3 저작권의 본질

저작권의 본질에 관하여는 재산권설과 인격권설이 대립하여 있으나 불국 저작권법의 예에 따라 이원설을 취하여 저작인격권과 저작재산권을 공인하였다.(제7조)

제4 저작권의 객체(저작물)

1. 저작물의 예시(제2조)

(1) 기술 저작물－문서 연술

(2) 조형적 저작물

a. 미술 저작물－회화, 조각, 공예

b. 건축

c. 지형, 도형, 모형

d. 사진

(3) 음악적 저작물－악곡, 악보, 연주, 가창

(4) 무용 저작물－무보

(5) 연극 저작물－각본, 연출

(6) 음반(레코드), 녹음필림(토키)

(7) 영화 저작물

2. 비저작물(제3조)

제5 저작권의 주체(저작자)

1. 제1차적 저작자(제4조)

2. 제2차적 저작자(제5조)

(1) 번역

(2) 개작

a. 원저작물의 수정 증감

b. 번안−영화화, 미술적 전화, 음악적 전화, 녹음, 소설의 각본화, 각본의 소설화, 소설각본의 시가화, 시가의 소설각본화

(3) 편집

3. 추정 저작자(제6조)

제6 저작권의 내용(효력)

1. 저작인격권의 내용

(1) 귀속권(제14조)

(2) 공표권(제15조)

(3) 원상유지권(제16조)

(4) 변경권(제17조)

2. 저작재산권의 내용

(1) 저작물의 원상이용권

a. 발행권(제18조)

b. 출판권(제19조)

c. 공연권(제20조)

d. 연술권(제21조)

e. 방송권(제22조)

f. 실시권(제23조)

g. 전람권(제24조)

(2) 저작물의 개작 이용권

a. 번역권(제25조)

b. 개작권(제26조)

c. 편집권(제27조)

3. 저작물 불차압권(제28조)
제7 저작권의 보호기간
1. 입법제
(1) 무한주의
(2) 유한주의
(3) 사망 기산 주의
a. 50년 주의(영, 불)
b. 30년 주의(독, 일)
c. 15년 주의(쏘련)
(4) 발행 기산 주의
a. 28년 주의(미)
2. 본 법
(1) 저작인격권－무한주의(제29조)
(2) 저작재산권－30년주의(제30조)
예외
번역권 5년(제34조)
사진저작권 10년(제35조)
제8 설정출판권 3년간
제9 설정공연권 1년간
제10 저작권 침해에 대한 구제
1. 민법에 의한 구제(제62조)
(1) 물권적 청구권
(2) 손해배상청구권
(3) 기타
2. 저작권법에 의한 구제
(1) 부수 추정(제63조)
(2) 이득 반환(제66조)
제11 벌칙
1. 저작인격권침해죄(제69조) 6월 이하의 징역 또는 10만 환 이하의 벌금
2. 부정발행죄(제70조) 50만 환 이하의 벌금

3. 부정출판공연죄(제71조) 1년 이하의 징역
4. 출처불명시죄(제72조) 10만 환 이하의 벌금
5. 허위등록죄(제73조) 6월 이하의 징역 또는 10만 환 이하의 벌금

e. 구법 시행령[26)]

제1장 저작권심의회

제1조 저작권심의회(이하 심의회라 한다)는 저작권법(이하 법이라 한다) 제11조의 규정에 의하여 문교부장관의 자문에 의하여 다음 사항을 조사 심의한다.

1. 법과 본령에 의한 제등록에 관한 사항
2. 법제20조 제2항의 규정에 의한 발행 또는 공연에 관한 사항
3. 법제20조 제3항의 규정에 의한 발행 또는 공연과 그 보상금액에 관한 사항
4. 법제22조 제3항의 규정에 의한 방송의 공익성여부와 그 보상금액에 관한 사항
5. 기타 저작권에 관하여 문교부장관이 중요하다고 인정하는 사항

제2조 심의회는 회장1인, 부회장1인을 포함한 20인 이내의 위원으로써 구성한다.

회장은 문교부차관이 되고 부회장중 1인은 문교부 편수국장, 1인은 위원중에서 호선한다.

위원은 학식 덕망이 있는 저작자중에서 문교부장관이 위촉한다.

제3조 회장은 회무를 통리하며 심의회를 대표한다.

부회장은 회장을 보좌하며 회장이 사고가 있을 때에는 회장이 지정하는 부회장이 그 직무를 대리한다.

제4조 회장은 심의회를 소집하고 그 의장이 된다.

심의회는 재적위원 3분의2 이상의 출석으로써 개의하고, 출석위원 과반수의 찬성으로써 의결한다. 가부동수인 경우에는 의장이 결정한다.

제5조 심의회는 필요에 따라 심의 안건과 관계있는자의 출석을 요청하여 질문을 하거나 그 의견을 들을수 있다.

제6조 위원은 자기와 관계있는 안건의 심의와 의결에 참여할수 없다.

제7조 심의회는 분과제(分課制)로 할수 있으며, 또 필요에따라 전문위원 약간인을 둘수있다.

---

26) 대통령령 제1482호.

전문위원은 학문 또는 예술에 관한 지식이 풍부한 자중에서 문교부장관이 위촉한다.

제8조 심의회에 간사1인과 서기 약간인을 둔다.

간사와 서기는 문교부공무원중에서 문교부장관이 명한다.

간사는 회장의 명을 받아 심의회의 서무를 처리하고, 서기는 간사를 보조한다.

제9조 위원과 전문위원에게는 예산의 범위내에서 일당과 여비를 지급한다.

그러나 위원의 일당은 회의에 출석한 일수에 한한다.

제2장 저작에 관한 등록

제10조 제작에 관한 등록은 다음 사항에 대하여 한다.

1. 저작권의 이전, 변경, 처분의 제한 또는 소멸과 저작권을 목적으로하는 질권(質權)의 설정, 이전, 변경, 처분의 제한 또는 소멸
2. 무명 또는 변명으로써 발행 또는 공연한 저작물에 관한 저작자의 실명(實名)
3. 저작의 연월일
4. 저작물의 최초발행 또는 공연연월일
5. 출판권 또는 이를 목적으로 하는 질권의 설정, 이전, 변경, 처분의 제한 또는 소멸
6. 공연권 또는 이를 목적으로 하는 질권의 설정, 이전, 변경, 처분의 제한 또는 소멸
7. 이미 등록된 사항의 변경, 갱정, 말소 또는 말소된 등록의 회복

제11조 다음의 경우에는 가등록(假登錄)을 할 수 있다.

1. 등록의 신청에 필요한 절차상의 조건이 구비되지 아니한 때
2. 전조제1호, 제5호와 제6호의 권리의 설정, 이전, 변경 또는 소멸의 청구권을 보전하고자 할 때 그 청구권이 시기부(始期附) 또는 정지조건부(停止條件附)인 것이거나 기타 장래에 있어서 확정할수 있는것인 경우에도 또한 같다.

제12조 전2조의 규정에 의한 등록신청은 등록권리자와 등록의무자가 공동으

로 이를 행한다. 그러나 신청서에 등록의무자의 승낙서 또는 등록원인을 증명하는 서면을 첨부함으로써 등록권리자만으로 이를 신청할수 있다.

제13조 등록신청서는 1건마다 1통씩 작성하되, 다음사항을 기재하고 기명날인 하여야 한다.

1. 저작물의 제호(題號)및 저작물을 조성하는 책(개)수와 저작자의 성명(외국인의 경우에는 그 국적도 기재한다)
2. 신청인의 성명, 연령과 본적, 주소(외국인의 경우에는 그 국적도 기재한다)
3. 대리인이 신청하는 경우에는 그 성명, 주소와 대리원인
4. 등록원인과 그날자
5. 등록의 목적
6. 등록의 목적이 저작권 이외의 권리에 관련된 경우에는 그 권리의 표시
7. 등록세의 금액과 질권설정의 등록을 신청하는 경우에는 그 채권금액(채권금액이 없는 경우에는 저작물의 가격)
8. 신청 연월일

제14조 실명의 등록 신청서에는 제13조의 기재사항 이외에 다음 사항도 기재하여야 한다.

1. 저작자의 실명, 연령과 본적, 주소(외국인의 경우에는 그 국적도 기재한다)
2. 이미 발행 또는 공연한 저작물에 표시한 저작자의 변명(무명이었던 경우에는 그 뜻을 표시한다)
3. 저작권자의 성명, 주소와 외국인의 경우에는 그 국적(저작권자가 없을 때에는 그 뜻을 표시한다)
4. 법제43조 제4항의 발행자 또는 공연자의 성명과 주소(외국인의 경우에는 그 국적도 기재한다)

제15조 저작연월일의 등록신청서에는 제13조의 기재사항 이외에 다음사항도 기재하여야 한다.

1. 저작의 연월일
2. 저작권자의 성명, 주소와 외국인의 경우에는 그 국적(저작권자가 없을 때에는 그 뜻을 표시한다)

第16조 저작물의 최초발행 또는 공연연월일의 등록 신청서에는 第13조의 기재사항 이외에 다음 사항도 기재하고, 최초발행 또는 공연의 연월일을 증명할만한 자료를 첨부하여야 한다.

1. 최초의 발행 또는 공연연월일
2. 최초의 발행자 또는 공연자의 성명과 주소(외국인의 경우에는 그 국적도 기재한다)
3. 저작권자의 성명과 주소(외국인의 경우에는 그 국적도 기재한다)

第17조 출판권설정의 등록신청서에는 第13조의 기재사항 이외에 다음사항도 기재하여야 한다.

1. 출판권설정의 범위
2. 인세와 그 지급시기
3. 출판권의 존속기간에 관한 특약기간
4. 법제51조 제1항에 관한 특약기간
5. 법제51조 제2항에 관한 특약
6. 법제54조에 관한 특약 전항제3호내지 제6호의 사항에 관하여 특약이 없는 경우에는 그뜻을 각각 표시하여야 한다

第18조 공연권설정의 등록신청서에는 第13조의 기재사항 이외에 다음사항도 기재하여야 한다.

1. 공연권설정의 범위
2. 공연료와 그 지급시기
3. 공연권의 존속기간에 관한 특약기간
4. 법제61조에 의하여 준용되는 법제51조 제1항에 관한 특약기간
5. 법제61조에 의하여 준용되는 법제51조 제2항에 관한 특약
6. 법제61조에 의하여 준용되는 법제54조에 관한 특약

전항제3호 내지 제6호의 사항에 관하여 특약이 없는 경우에는 그뜻을 각각 표시하여야 한다.

第19조 저작권, 출판권, 공연권의 일부이전이나 제한부이전의 등록을 신청하는 경우에 있어서는 그이전할 권리의 부분 또는 제한내용을 등록신청서에 기재하여야 한다.

저작권, 출판권, 공연권 또는 이들을 목적으로하는 질권의 승계인(承繼人)

이 다수인 경우에 있어서 등록의 원인에 지분(持分)의 약정이 있을때에는 그 지분에 관하여도 전항의 예에 의한다.

제20조 신탁(信託)의 등록신청서에는 제13조의 기재사항 이외에 다음사항도 기재하여야 한다.

1. 위탁자, 수탁자, 수익자와 신탁관리인의 성명, 연령및 본적, 주소(외국인의 경우에는 그 국적도 기재한다)
2. 신탁의 목적
3. 신탁한 저작권의 관리방법
4. 신탁종료의 사유
5. 기타신탁의 조항

제21조 등록신청서에는 다음사항을 기재한 저작물의 명세서를 첨부하여야 한다.

1. 저작물의 제호
2. 저작자의 성명(외국인의 경우에는 그 국적도 기재한다)
3. 이미 발행 또는 공연한 저작물의 경우에는 처음으로 발행 또는 공연하였을 당시에 표시한 저작자의 실명 또는 변명(무명저작물인 경우에는 그 뜻을 표시한다)
4. 저작의 연월일
5. 외국인의 저작물에 관하여 등록을 신청하는 경우에는 그 저작물을 처음으로 발행 또는 공연한 국명
6. 저작물을 처음으로 발행 또는 공연한 연월일(아직 발행 또는 공연하지 않은것인 때에는 그 요지)
7. 저작물의 종별및 내용과 형태(그형태를 명료하게 하기위하여 필요한때에는 그견본, 도면 또는 사진등을 첨부하여야 한다)
8. 저작물에 관하여 기왕에 등록한 사실이 있었을 때에는 그 등록의 연월일과 등록번호

제22조 다음의 경우에 있어서는 그 사실을 증명할수있는 호적부나 등기부의 등본 또는 초본을 등록 신청서에 첨부하여야 한다.

1. 등록원인이 상속기타의 일반승계(一般承繼)인 경우
2. 신청인의 상속인 기타의 일반승계인이 등록을 신청할 경우

3. 등록명의인의 명의(名義)의 변경 또는 개정의 등록을 신청할 경우

제23조 등록의 변경, 갱정, 말소 또는 말소한 등록의 회복을 신청할 경우에 있어서 등록상, 이해관계를 가지는자가 있을때에는 등록신청서에 그 승낙서 또는 그에게 대항할수있는 재판의 등본을 첨부하여야 한다.

제24조 문교부장관은 저작에 관한 등록을 시행하기 위하여 저작권등록부, 출판권등록부와 공연권등록부를 비치하되, 저작권등록부에는 제10조 제1호내지 제4호와 제7호의 사항을, 출판권등록부에는 동조제5호와 제7호의 사항을, 공연권등록부에는 동조제6호와 제7호의 사항을 각각 등록한다.

전항의 등록부의 양식과 그 기재방법에 관하여는 문교부령으로써 정한다.

제25조 문교부장관은 등록을 완료하였을때에는 그 등록사항을 관보에 공고하는 동시 신청인에게 통지하여야 한다.

제26조 문교부장관은 등록을 완료한후, 그등록에 착오 또는 유루(遺漏)를 발견하였을 경우에는 지체없이 그 사유를 등록권리자와 등록의무자에게 통지하여야 한다.

전항의 착오 또는 유루가 등록공무원의 과오로 인한 것인때에는 지체없이 그 등록의 갱정을 하고, 그 사유를 등록권리자와 등록의무자에게 통지하여야 한다.

전2항의 경우에 있어서 등록부상 이해관계를 가진 제3자가 있는 경우에는 갱정을 하기전에 그 자에게도 착오 또는 유루의 사유를 통지하여야 한다.

제27조 등록부의 등본 또는 초본의 교부를 신청하거나 등록부 또는 그 부속서류의 열람을 신청하는 자는 다음의 수수료를 납부하여야 한다.

1. 등록부의 등본 또는 초본의 교부 용지1매마다 2백환
2. 등록부 또는 그 부속서류의 열람 1회마다 백환

전항의 수수료는 수입인지를 신청서에 첩부(貼付)하여 이를 납부한다.

제28조 전조의 신청을 하고자하는자는 다음사항을 기재한 신청서를 문교부장관에게 제출하여야 한다.

1. 저작물의 제호와 저작자의 성명
2. 등록의 연월일과 등록번호
3. 신청의 연월일
4. 등록부의 초본의 교부를 신청하는 경우에는 그 신청하는 부분

5. 부속서류의 열람을 신청하는 경우에는 그 열람하고자하는 부분

제3장 저작권자와 협의할수없는 저작물의 발행 또는 공연

第29조 법제20조 제2항의 규정에 의하여 저작물을 발행 또는 공연하고자 하는 자는 다음사항을 기재한 신청서를 문교부장관에게 제출하여 그 허가를 받아야 한다.

1. 저작물의 제호와 저작자의 성명(외국인의 경우에는 그 국적도 기재한다)
2. 저작물의 종별 및 내용과 형태
3. 저작물의 발행 또는 공연의 일시와 그 방법
4. 저작권자가 불명한 사유
5. 저작권에 저작권 이외의 권리가 관련된 경우에는 그 권리의 표시

第30조 법제20조 제3항의 규정에 의하여 저작물을 발행 또는 공연하고자 하는 자는 다음사항을 기재한 신청서를 문교부장관에게 제출하여 그 허가를 받아야 한다.

1. 저작물의 제호와 저작자의 성명(외국인의 경우에는 그 국적도 기재한다)
2. 저작물의 종별및 내용과 형태
3. 저작물의 발행 또는 공연의 일시와 그 방법
4. 저작권자의 성명과 주소(외국인의 경우에는 그 국적도 기재한다)
5. 저작권자와 협의할수 없는 이유
6. 보상금의 추산액과 그 산출기준
7. 저작권에 저작권 이외의 권리가 관련된 경우에는 그권리의 표시

第31조 문교부장관이 전2조의 신청을 받았을 때에는 심의회의 의견을 물어 그 허가여부를 결정한다.

문교부장관은 전항의 규정에 의하여 허가를 할때에는 그보상금의 액수, 발행 또는 공연의 일시와 그 방법 기타 신청의 내용에 대하여 변경을 가하거나 또는 조건을 부할수있다.

第32조 문교부장관은 전조의 규정에 의하여 허가를 하였을 때에는 그 허가내

용을 관보에 공고하는 동시 신청인에게 통지하여야 한다
第33조 제31조의 규정에 의한 허가를 받은후 신청인이 발행 또는 공연의 일시나 방법을 변경하고자 할때에는 문교부장관의 승인을 받아야 한다.

제4장 저작권자의 승낙을 얻지못한 저작물의 방송

第34조 법제22조 제3항의 규정에 의하여 저작권자의 승낙을 얻지못하고 그 저작물을 방송하고자 하는자는 다음 사항을 기재한 신청서를 문교부장관에게 제출하여 그 허가를 받아야한다.

1. 저작물의 제호와 저작자의 성명(외국인의 경우에는 그 국적도 기재한다)
2. 저작물의 종별과 내용
3. 이미 행하여진 저작물의 발행 또는 공연의 연월일
4. 저작권자의 성명과 주소(외국인의 경우에는 그 국적도 기재한다)
5. 방송의 일시, 장소, 그 방법과 범위
6. 방송을 필요로하는 이유
7. 저작권자의 승낙을 얻지못한 이유
8. 보상금의 추산액과 그 산출기준

전항의 신청서에는 저작권자의 의견서를 첨부하여야 하되, 이를 첨부할수 없는 경우에는 그 이유를 기재하여야 한다.
第35조 문교부장관은 전조의 규정에 의한 허가를 하였을때에는 그 허가내용을 저작권자와 신청인에게 통지하여야 한다.
第36조 제34조의 규정에 의한 허가를 받은후 방송자가 방송의 일시 또는 장소를 변경한때에는 그 사유를 문교부장관에게 신고하는 동시 저작권자에게 통지하여야 한다.
第37조 제31조의 규정은 본장에 이를 준용한다.

부 칙

본령은 공포한 날로부터 시행한다.

f. 문교부령 제85호

저작에 관한 등록부의 양식과 그 기재방법에 관한 건[27]

저작권법시행령 제24조제2항의 규정에 의하여 저작에 관한 등록부의 양식과 그 기재방법을 다음과 같이 정한다

각종 등록부의 양식과 그 기재방법

1. 저작권등록부의 양식은 별표 (1)에 의한다
   저작권등록부의 기재방법은 별표 (1)의 기재방법에 의한다
2. 출판권등록부의 양식은 별표 (2)에 의한다
   출판권등록부의 기재방법은 별표 (2)의 기재방법에 의한다
3. 공연권등록부의 양식은 별표 (3)에 의한다
   공연권등록부의 기재방법은 별표 (3)의 기재방법에 의한다

부 칙

본령은 저작권법시행령의 시행일로부터 시행한다.

---

27) 문교부령 제85호, 1960. 1. 28. 이 부령은 문화공보부령 제11호(1969. 6. 19)에 의해 전부 개정되었다. 양식을 바꾼 것이다.

별표 1.[28]

별표 (1)

저 작 권 등 록 부 양 식

(갑 호) 등록부표제용지

등록번호	제 호

		저작물의 종별 및 내용 또는 형태
저작물의 제 호와 저작물을 조성하는 책 (개) 수		
최초발행 또는 공연 당시의 저작자의 성명		
저 작 자 의 성 명		
저 작 자 의 실 명		
실명등록 연 월 일 저 작 연 월 일	단기 년 월 일 단기 년 월 일	
최 초 발 행 또 는 공 연 연 월 일	단기 년 월 일	

〈표 면〉

예 란		

〈이 면〉

(을 호) 등록부사항용지

등록번호	순위번호	등록연월일	등록목적	등 록 원 인	등록신청서 접수연월일 및 동번호	등록신청자또는대리인의성명및주소	비 고
제 호							

이 용지는 에 계속함

---

28) 문교부령 제85호, 1960. 1. 28.

○ 기재 방법

1. 표제용지의 기재방법

(ㄱ)「등록번호」란에는 저작권등록부에 저작물을 등록한 순서를 기재한다.

(ㄴ)「최초발행 또는 공연당시의 저작자의 성명」란에는 저작물을 최초로 발행 또는 공연하였을 때에 밝힌 저작자의 실명 또는 변명을 기재하고 무명저작물일 때에는「무명」이라 기재한다. 그러나 등록신청 당시에 아직 발행 또는 공연한 일이 없는때에는 아무런 기재도 하지 아니한다.

(ㄷ)「저작자의 성명」란에는 저작물의 등록당시에 그 저작물에 표시된 저작자의 성명을 기재하되 무명저작물일 때에는「무명」이라 기재한다.

(ㄹ)「저작자의 실명」란과「실명등록연월일」란에는 실명의 등록이 있을 때에 그 실명과 연월일을 각각 기재한다.

(ㅁ)「최초발행 또는 공연연월일」란에는 저작물을 처음으로 발행 또는 공연한 연월일을 기재한다. 그러나 등록신청 당시에 아직 발행 또는 공연한 일이 없는 때에는 아무런 기재도 하지 아니한다.

(ㅂ)「예비란」에는 표면에 기재한 사항의 내용에 대한 보충적 사항을 기재한다.

(ㅅ) 위의 기재방법에 열거되지 아니한 란에는 각각 해당사항을 기재한다.

2. 사항용지의 기재방법

(ㄱ)「등록번호」란에는 표제용지에 표시된 등록번호를 기재한다.

(ㄴ)「순위번호」란에는 본 용지에 등록사항을 기재한 순서를 기재한다.

(ㄷ)「등록원인」란에는 등록의 원인 그 연월일을 당사자의 성명과 주소 기타 등록하여야 할 권리의 변동에 관한 사항을 기재한다.

(ㄹ)「비고」란에는 등록사항을 기재할 때마다 권리자의 성명을 직권으로 표시한다.

(ㅁ) 위의 기재방법에 열거되지 아니한 란에는 각각 해당사항을 기재한다.

별표 1.[29]

[별표 1]

저 작 권 등 록 부 양 식

(갑 호) 등록부표제용지

	등록 번호	제 호	
표면	저작물의 제호와 저작물을 조정하는 책(개)수		저작물의 종별 및 내용 또는 형태
	최초발행 또는 공연 당시의 저작자의 성명		
	저작자의 성명		
	저작자의 실명		
	실명등록 연월일	년 월 일	
	저작 연월일	년 월 일	
	최초발행 또는 공연	년 월 일	
이면	예비란		

(을 호) 등록부사항용지

등록번호	순위번호	등록연월일	등록목적	등록원인	등록신청서접수연월일	등록신청자 또는 대리인의 성명 및 주소	비고
		○	○	○	○	○	○
		○	○	○	○	○	○
		○	○	○	○	○	○
		○	○	○	○	○	○
		○	○	○	○	○	○
		○	○	○	○	○	○

○ 기재 방법

<생략> <필자 주 | 위 별표 1과 같음>

29) 문화공보부령 제11호, 1969. 6. 19.

별표 2.[30)]

별표 (2)

출 판 권 등 록 부 양 식

(갑 호) 등록부표제용지

등록 번호	제 호

저작물의 제 호와 저작물을 조성하는 책 (개) 수		저작물의 종별 및 내용 또는 형태	<표면>
저 작 자 의 성 명			
출 판 권 설 정 자 의 성 명			
출 판 권 자 의 성 명			
존 속 기 간	단기 년 월 일까지 (일간)		
출 판 권 설 정 의 범 위			
출 판 권 설 정 상 의 특 약			

예 비 란			<이면>

(을 호) 등 록 부 사 항 용 지

(저작권등록부의 사항용지의 양식과 같음)

30) 문교부령 제85호, 1960. 1. 28.

○ **기재 방법**

1. 표제용지 기재방법

(ㄱ) 「출판권 설정상의 특약」란에는 저작권법시행령 제17조제1항제4호 내지 제6호에 관한 특약이 있을 경우에 그 특약사항을 기재한다.

(ㄴ) 「출판권 설정상의 특약」란 이외의 란에는 각각 해당사항을 기재하되 저작권등록부의 표제용지에 표시된 것과 같은 내용의 란에는 각각 그 방법에 따른다.

2. 사항용지 기재방법

저작권등록부 사항용지의 기재방법과 같음

별표 2.[31]

[별표 2]

출 판 권 등 록 부 양 식

(갑 호) 등록부표제용지

등 록 번 호	제 호

	저작물의 제호와 저작물을 조정하는 책(개)수		저작물의 종별 및 내용 또는 형태
〈표면〉	저작자의 성명		
	출판권설정자의 성명		
	출판권자의 성명		
	출판권의 존속기간	년 월 일부터 년 월 일까지	
	출판권설정의 범위		
	출판권설정상의 특약		
〈이면〉	예비란	○	○
		○	○
		○	○
		○	○
		○	○
		○	○

(을 호)

등 록 부 사 항 용 지

(저작권등록부의 사항용지의 양식과 같음)

기 재 방 법

1. 표제용지 기재방법
   (ㄱ) "출판권설정상의 특약"란에는 저작권법시행령 제17조제1항제4호 내지 제6호에 관한 특약이 있을 경우에 그 특약사항을 기재한다.
   (ㄴ) "출판권설정상의 특약"란 이외의 난에는 각각 해당사항을 기재하되, 저작권등록부의 표제용지에 표시된 것과 같은 내용의 난에는 각각 그 방법에 따른다.
2. 사항용지 기재방법
   저작권등록부 사항용지의 기재방법과 같음.

31) 문화공보부령 제11호, 1969. 6. 19.

별표 3.[32]

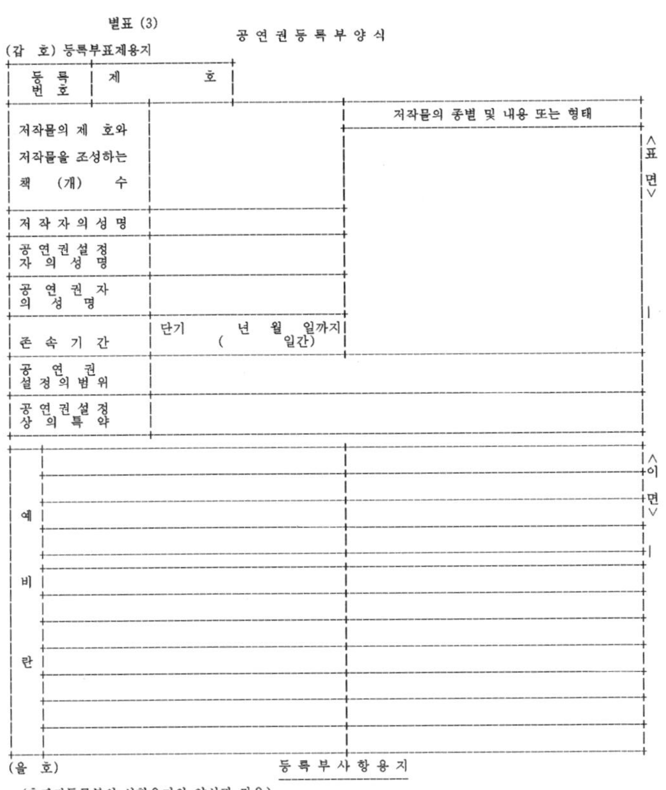

별표 (3)

공 연 권 등 록 부 양 식

(갑 호) 등록부표제용지

등 록 번 호	제 호

저작물의 제 호와 저작물을 조성하는 책 (개) 수		저작물의 종별 및 내용 또는 형태
저 작 자 의 성 명		
공 연 권 설 정 자 의 성 명		
공 연 권 자 의 성 명		
존 속 기 간	단기 년 월 일까지 (일간)	
공 연 권 설 정 의 범 위		
공 연 권 설 정 상 의 특 약		

<표면>

예 비 란		

<이면>

(을 호) 등록부사항용지

(출판권등록부의 사항용지의 양식과 같음)

32) 문교부령 제85호, 1960. 1. 28.

○ **기재 방법**

1. 표제용지 기재방법

(ㄱ) 「공연권 설정상의 특약」란에는 저작권법시행령 제18조제1항제4호 내지 제6호에 관한 특약이 있을 경우에 그 특약사항을 기재한다.

(ㄴ) 「공연권 설정상의 특약」란 이외의 란에는 각각 해당사항을 기재하되 출판권등록부의 표제용지에 표시된 것과 같은 내용의 란에는 각각 그 방법에 따른다.

2. 사항용지 기재방법

출판권등록부 사항용지의 기재방법과 같음

별표 3.[33)]

[별표 3]

공 연 권 등 록 부 양 식

(갑 호) 등록부표제용지

등 록 번 호	제 호

	저작물의 제호와 저작물을 조정하는 책(개)수		저작물의 종별 및 내용 또는 형태
<표면>	저작자의 성명		
	공연권설정자의 성명		
	공연권자의 성명		
	공연권의 존속기간	년 월 일부터(일 년 월 일까지간)	
	공연권설정의 범위		
	공연권설정상의 특약		
<이면>	예비란	○	○
		○	○
		○	○
		○	○
		○	○
		○	○

(을 호)

등 록 부 사 항 용 지

(출판권등록부의 사항용지의 양식과 같음)

기 재 방 법

1. 표제용지 기재방법
   (ㄱ) "공연권설정상의 특약"란에는 저작권법시행령 제18조제1항제4호 내지 제6호에 관한 특약이 있을 경우에 그 특약사항을 기재한다.
   (ㄴ) "공연권설정상의 특약"란 이외의 난에는 각각 해당사항을 기재하되, 출판권등록부의 표제용지에 표시된 것과 같은 내용의 난에는 각각 그 방법에 따른다.
2. 사항용지 기재방법
   출판권등록부 사항용지의 기재방법과 같음.

33) 문화공보부령 제11호, 1969. 6. 19.

g. 문교부고시 제125호

호외 관보 단기4293년 5월24일(화요일) (2)

포함)에관한사항

一〇、기정방침에의한국고금및세입세출의현금의출납에관한사항

一一、기정방침에의한물품구입검수및출납보관에관한사항

一二、관유재산의관수에관한사항

一三、자동차배차에관한사항

一四、계산증명에관한사항

一五、기정계획범위내에서하는직원후생및후생물자배급에관한사항

一六、직원의봉급、급여수당및여비지급에관한사항

제六조 의정국장은다음의사항을전결한다

一、의료업자국가시험및동자격시험응시자격결정에관한사항

二、의료업자에대한전문과목표방허가시험실시에있어서의자격인정에관한사항

三、의료업자신원조회에관한사항

四、의료업자의의적증명에관한사항

五、사망또는실종의료업자의적부말소에관한사항

六、의료기재및약품의배정에관한사항

七、한지의료업자면허지역변경허가처리에관한사항

八、나(癩)환자전염병인정에관한사항

九、의료업자면허발급에관한사항

一〇、병원、의원、의무실및요양소개설허가에관한사항

一一、공의배치에관한사항

一二、의료요원보수교육중해외유학승인에관한사항

一三、의료시설환자입퇴원조치에관한사항

제七조 방역국장은다음의사항을전결한다

一、가검물시험의뢰및시험결과수거(收去)물자에대한폐기처분에관한사항

二、식품제조업소에대한위생시설허가사전승인에관한사항

三、방역약품및자재의배정에관한사항

四、이용사시험중앙위원파견에관한사항

五、식료품시험성적증명발부에관한사항

제八조 약정국장은다음의사항을전결한다

一、약사면허발급에관한사항

二、의약품(화장품、의료용구、위생재료포함)수출승인에관한사항

三、의약품(화장품、의료용구、위생재료포함)수입승인에관한사항

四、의약품수출입업등록에관한사항

五、마약취급자면허유효기간경신허가에관한사항

六、의약품및의료자재의수급보관및검정의뢰에관한사항

七、의약품및마약취급업소에대한입점、불량의약품및마약의수거또는검정에관한사항

八、부정약업자및부정마약취급업자의수사、고발및송청에관한사항

九、불량의약품및불량마약의처분에관한사항

一〇、약업자및마약취급업자의등록허가사항의변경등록및업태증명에관한사항

一一、약사국가시험및동예비시험응시자격결정에관한사항

一二、제허가증재교부에관한사항

一三、마약봉함증지및구입서(판매서)용지발부에관한사항

一四、사고마약의처리에관한사항

一五、마약관계사법경찰관리직무취급지명제청에관한사항

一六、몰수마약류수납에관한사항

제九조 원호국장은다음의사항을전결한다

一、구호명에의한구호대상자구호결정에관한사항

二、상이군경및전몰유가족의원호및취업알선에관한사항

三、외국민간구호단체구호물자도입사전승인에관한사항

四、위문금품수납에관한사항

五、연금증서발급에관한사항

六、군경원호시설수용자입퇴소조치에관한사항

七、난민정착및가대수공업자재배정에관한사항

八、구호양곡배정에관한사항

九、구호협의위원회에관한사항

一〇、난민정착사업장대표자및정착지변경승인에관한사항

一一、주택공사시공실적증명발급에관한사항

一二、연금해당자심사에관한사항

一三、연금관계제반통보및연락에관한사항

一四、연금사무지도감독에관한사항

一五、주택건설자재배정에관한사항

一六、후생시설설립인가승인에관한사항

제十조 부녀국장은다음의사항을전결한다

一、감화령제一조의규정에의한감화대상자입원결정에관한사항

二、후생시설에대한물자배정에관한사항

三、후생시설설립인가승인에관한사항

四、부녀및아동보호시설수용자의입퇴소조치에관한사항

五、위문금품수납에관한사항

六、아동의위탁보육양연、재활、혼혈아입양에관한사항

七、강연회및강습회강사위촉에관한사항

제十一조 노동국장은다음의사항을전결한다

一、노동조합설립신고서및노동조합으로부터법령또는예규에명시한신고서및보고서심사처결에관한사항

二、사용자및근로자에대한보고와출두에관한사항

三、근로동원법상복무기간만료자에대한제대귀향증명서발급에관한사항

四、미동원자명부에대한조복과그정리및만기제대자에대한귀향통지에관한사항

五、동원면제및보류결정자에대한증명서발급에관한사항

六、실업자취직알선에관한사항

부 칙

본령은단기四二九三년六월一일부터시행한다

보건사회부훈령제十三호는본령시행과동시에이를폐지한다

고 시

◉**문교부고시제一二五호**

저작권등록에관한각종서식을다음과같이정한다

단기四천二백九十三년五월二十四일

문교부장관 이 병 도

외四八二

9

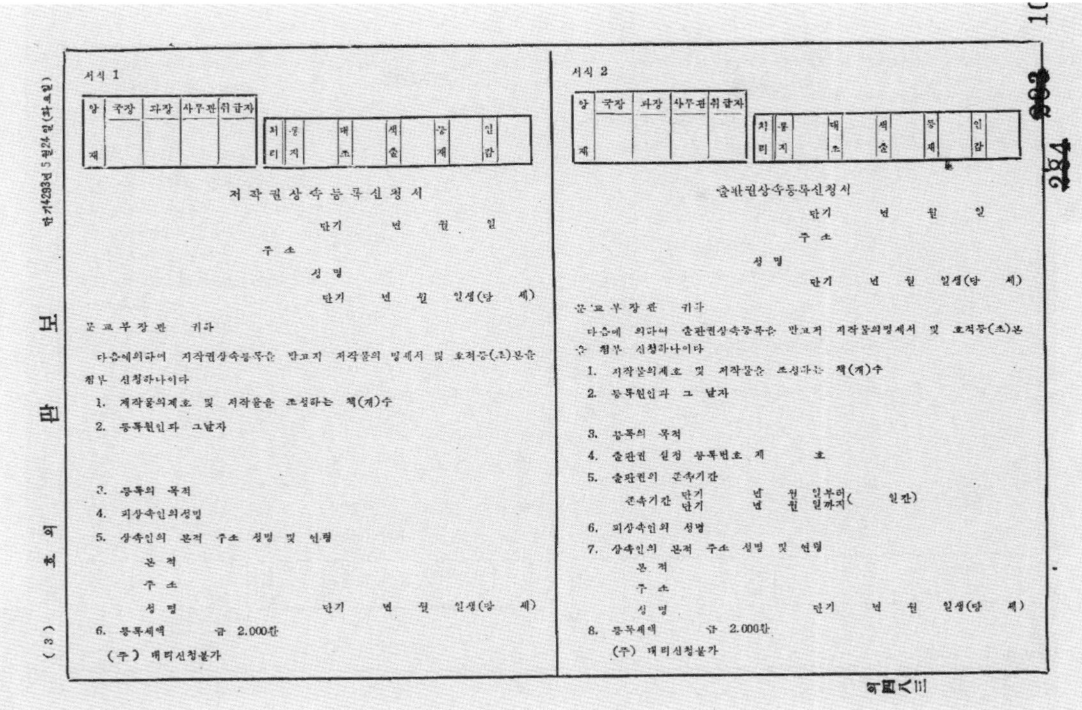

(3) 호외 관보 단기4293년 5월24일(화요일)

서식 1

양	국장	과장	사무관	취급자
재				

처리	용지		대조		색출		등재		인감	

저작권상속등록신청서

단기 년 월 일

주 소

성 명

단기 년 월 일생(당 세)

문교부장관 귀하

다음에의하여 저작권상속등록을 받고저 저작물의 명세서 및 호적등(초)본을 첨부 신청하나이다

1. 저작물의제호 및 저작물을 조성하는 책(개)수
2. 등록원인과 그날자
3. 등록의 목적
4. 피상속인의성명
5. 상속인의 본적 주소 성명 및 연령

   본 적

   주 소

   성 명 단기 년 월 일생(당 세)
6. 등록세액 금 2.000환

(주) 대리신청불가

서식 2

양	국장	과장	사무관	취급자
재				

처리	용지		대조		색출		등재		인감	

출판권상속등록신청서

단기 년 월 일

주 소

성 명

단기 년 월 일생(당 세)

문교부장관 귀하

다음에 의하여 출판권상속등록을 받고저 저작물의명세서 및 호적등(초)본을 첨부 신청하나이다

1. 저작물의제호 및 저작물을 조성하는 책(개)수
2. 등록원인과 그 날자
3. 등록의 목적
4. 출판권 설정 등록번호 제 호
5. 출판권의 존속기간

   존속기간 단기 년 월 일부터
단기 년 월 일까지(일간)
6. 피상속인의 성명
7. 상속인의 본적 주소 성명 및 연령

   본 적

   주 소

   성 명 단기 년 월 일생(당 세)
8. 등록세액 금 2.000환

(주) 대리신청불가

외四八三

~~303~~ 284

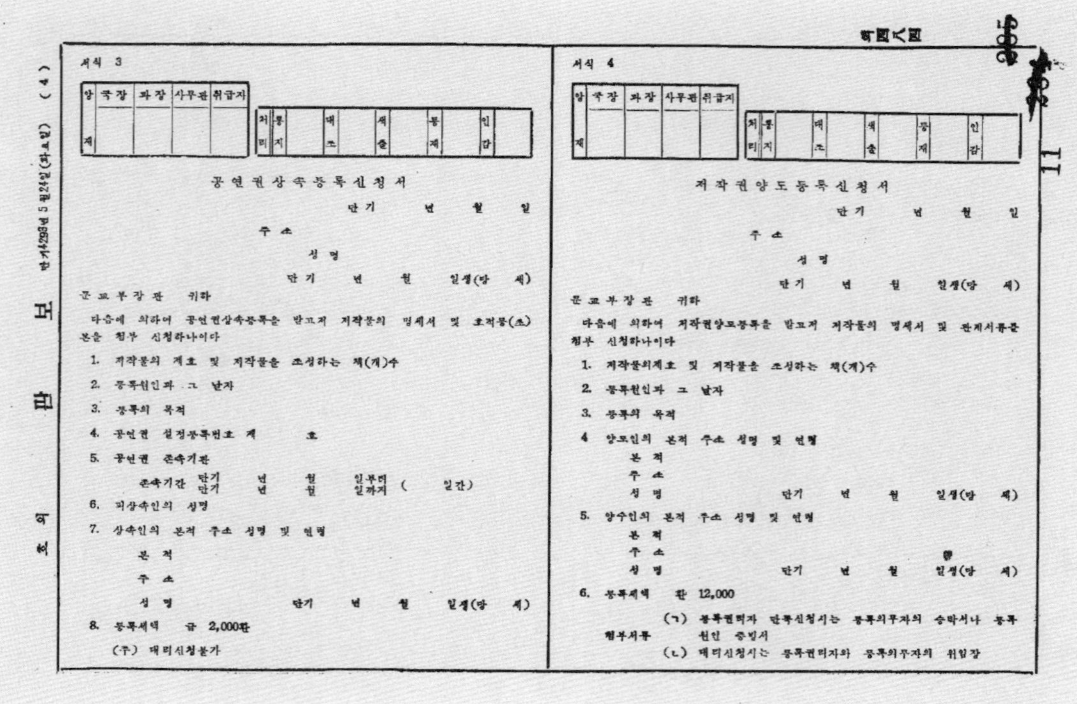

서식 3

양	국장	과장	사무관	취급자
제				

처리	통지	대조	색출	등재	인감

공연권상속등록신청서

단기 년 월 일

주소

성명

단기 년 월 일생(당 세)

문교부장관 귀하

다음에 의하여 공연권상속등록을 받고저 저작물의 명세서 및 호적등(초)본을 첨부 신청하나이다

1. 저작물의 제호 및 저작물을 조성하는 책(개)수
2. 등록원인과 그 날자
3. 등록의 목적
4. 공연권 설정등록번호 제 호
5. 공연권 존속기관
   존속기간 단기 년 월 일부터 / 단기 년 월 일까지 (일간)
6. 피상속인의 성명
7. 상속인의 본적 주소 성명 및 연령
   본적
   주소
   성명 단기 년 월 일생(당 세)
8. 등록세액 금 2,000환
   (주) 대리신청불가

서식 4

양	국장	과장	사무관	취급자
제				

처리	통지	대조	색출	등재	인감

저작권양도등록신청서

단기 년 월 일

주소

성명

단기 년 월 일생(당 세)

문교부장관 귀하

다음에 의하여 저작권양도등록을 받고저 저작물의 명세서 및 관계서류를 첨부 신청하나이다

1. 저작물의제호 및 저작물을 조성하는 책(개)수
2. 등록원인과 그 날자
3. 등록의 목적
4. 양도인의 본적 주소 성명 및 연령
   본적
   주소
   성명 단기 년 월 일생(당 세)
5. 양수인의 본적 주소 성명 및 연령
   본적
   주소
   성명 단기 년 월 일생(당 세)
6. 등록세액 환 12,000

첨부서류
(ㄱ) 등록권리자 단독신청시는 등록의무자의 승낙서나 등록원인 증빙서
(ㄴ) 대리신청시는 등록권리자와 등록의무자의 위임장

서식 5

양국 장	과 장	사무관	취급자
재			

처리	등지	대조	세출	등재	인감

출판권양도등록신청서

단기　　년　　월　　일

주 소
성 명
단기　　년　　월　　일생(당　　세)

문교부장관　귀하

다음에의하여 출판권양도등록을 받고저 저작물의명세서및 관계서류를 첨부 신청하나이다

1. 저작물의제호및 저작물을 조성하는 책(개)수
2. 등록원인과 그 날자
3. 등록의 목적
4. 출판권설정연월일과 존속기간및 등록번호
   설정연월일 단기　　년　　월　　일
   존속기간 단기　　년　　월　　일부터 단기　　년　　월　　일까지 (　　일간)
   등록번호 제　　호
5. 양도인의 본적 주소 성명및 연령
   본 적
   주 소
   성 명　　단기　　년　　월　　일생(당　　세)
6. 양수인의 본적 주소 성명및 연령
   본 적
   주 소
   성 명　　단기　　년　　월　　일생(당　　세)
7. 등록세액　금 12,000환

첨부서류
(ㄱ) 등록권리자 단독신청시는 등록의무자의 승낙서나 등록원인 증명서
(ㄴ) 대리신청시는 등록권리자와 등록의무자의 위임장
(ㄷ) 출판권자가 양도인일때는 저작권자의 동의서

서식 6

양국 장	과 장	사무관	취급자
재			

처리	등지	대조	세출	등재	인감

공연권양도등록신청서

단기　　년　　월　　일

주 소
성 명
단기　　년　　월　　일생(당　　세)

문교부장관　귀하

다음에 의하여 공연권양도등록을 받고저 저작물의명세서및 관계서류를 첨부 신청하나이다

1. 저작물의제호및 저작물을 조성하는 책(개)수
2. 등록인과 그 날자
3. 등록의 목적
4. 공연권설정연월일과 존속기간및 등록번호
   설정연월일 단기　　년　　월　　일
   존속기간 단기　　년　　월　　일부터 단기　　년　　월　　일까지 (　　일간)
   등록번호 제　　호
5. 양도인의 본적 주소 성명및 연령
   본 적
   주 소
   성 명　　단기　　년　　월　　일생(당　　세)
6. 양수인의 본적 주소 성명및 연령
   본 적
   주 소
   성 명　　단기　　년　　월　　일생(당　　세)
7. 등록세액　금 12,000환

첨부서류
(ㄱ) 등록권리자 단독신청시는 등록의무자의 승낙서나 등록원인 증명서
(ㄴ) 대리신청시는 등록권리자와 등록의무자의 위임장
(ㄷ) 공연권자가 양도인일때는 저작권자의 동의서

외四八五

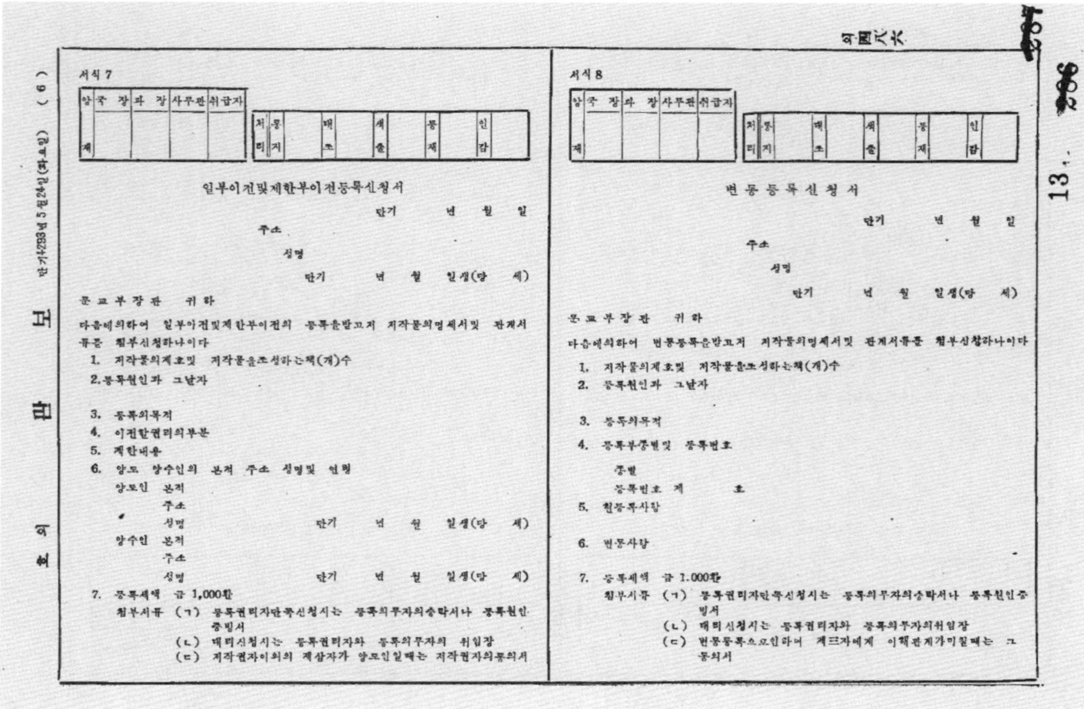

외四八六

서식 7

국 장	과 장	사무관	취급자
결재			

처리	등지	대조	세출	등재	인감

일부이전및제한부이전등록신청서

단기 년 월 일

주소

성명

단기 년 월 일생(당 세)

문교부장관 귀하

다음에의하여 일부이전및제한부이전의 등록을받고저 저작물의명세서및 관계서류를 첨부신청하나이다

1. 저작물의제호및 저작물을조성하는책(개)수
2. 등록원인과 그날자
3. 등록의목적
4. 이전할권리의부분
5. 제한내용
6. 양도 양수인의 본적 주소 성명및 연령

양도인 본적
주소
성명 단기 년 월 일생(당 세)

양수인 본적
주소
성명 단기 년 월 일생(당 세)

7. 등록세액 금 1,000환

첨부서류 (ㄱ) 등록권리자단독신청시는 등록의무자의승락서나 등록원인증빙서
(ㄴ) 대리신청시는 등록권리자와 등록의무자의 위임장
(ㄷ) 저작권자이외의 제삼자가 양도인일때는 저작권자의동의서

서식 8

국 장	과 장	사무관	취급자
결재			

처리	등지	대조	세출	등재	인감

변동등록신청서

단기 년 월 일

주소

성명

단기 년 월 일생(당 세)

문교부장관 귀하

다음에의하여 변동등록을받고저 저작물의명세서및 관계서류를 첨부신청하나이다

1. 저작물의제호및 저작물을조성하는책(개)수
2. 등록원인과 그날자
3. 등록의목적
4. 등록부종별및 등록번호

종별
등록번호 제 호

5. 원등록사항
6. 변동사항
7. 등록세액 금 1.000환

첨부서류 (ㄱ) 등록권리자단독신청시는 등록의무자의승락서나 등록원인증빙서
(ㄴ) 대리신청시는 등록권리자와 등록의무자의위임장
(ㄷ) 변동등록으로인하여 제三자에게 이해관계가미칠때는 그 동의서

13. 286

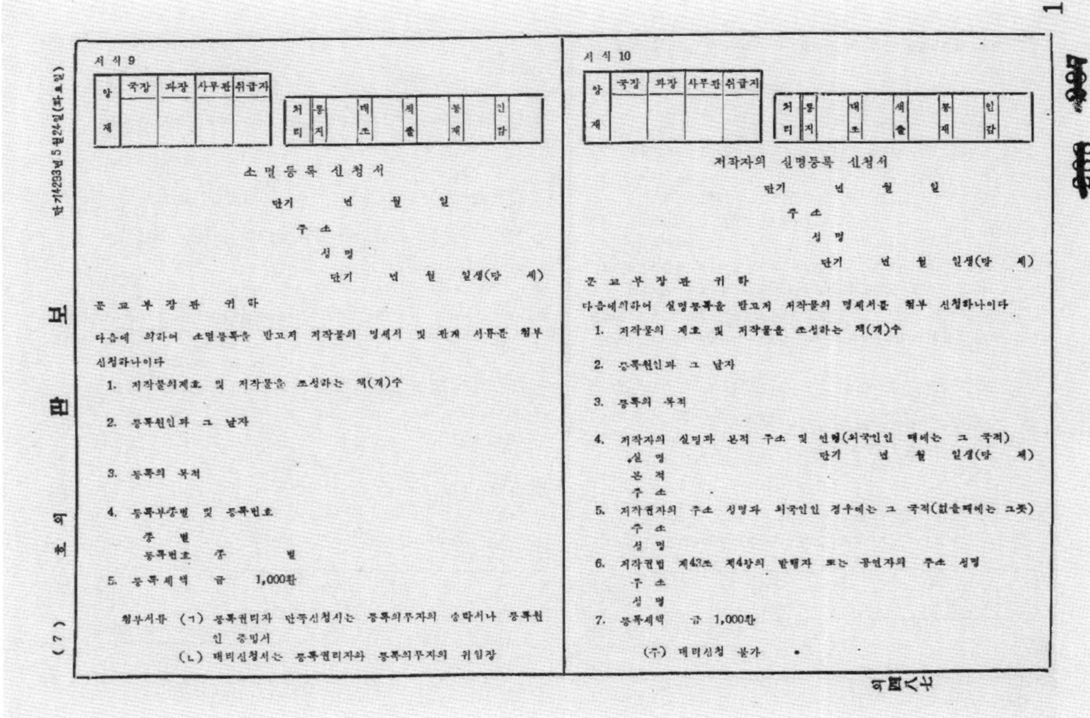

단기4293년 5월24일(화요일) 관 보 호외 (7)

서식 9

양재	국장	과장	사무관	취급자

처리	동지	대조	색출	등재	인감

소멸등록 신청서

단기 년 월 일

주 소

성 명

단기 년 월 일생(당 세)

문교부장관 귀하

다음에 의하여 소멸등록을 받고저 저작물의 명세서 및 관계 서류를 첨부 신청하나이다

1. 저작물의제호 및 저작물을 조성하는 책(개)수

2. 등록원인과 그 날자

3. 등록의 목적

4. 등록부종별 및 등록번호
   종 별
   등록번호 종 별

5. 등록세액 금 1,000환

첨부서류 (ㄱ) 등록권리자 단독신청시는 등록의무자의 승락서나 등록원인 증명서
(ㄴ) 대리신청시는 등록권리자와 등록의무자의 위임장

서식 10

양재	국장	과장	사무관	취급자

처리	동지	대조	색출	등재	인감

저작자의 실명등록 신청서

단기 년 월 일

주 소

성 명

단기 년 월 일생(당 세)

문교부장관 귀하

다음에의하여 실명등록을 받고저 저작물의 명세서를 첨부 신청하나이다

1. 저작물의 제호 및 저작물을 조성하는 책(개)수

2. 등록원인과 그 날자

3. 등록의 목적

4. 저작자의 실명과 본적 주소 및 연령(외국인인 때에는 그 국적)
   실 명 단기 년 월 일생(당 세)
   본 적
   주 소

5. 저작권자의 주소 성명과 외국인인 경우에는 그 국적(없을때에는 그뜻)
   주 소
   성 명

6. 저작권법 제43조 제4항의 발행자 또는 공연자의 주소 성명
   주 소
   성 명

7. 등록세액 금 1,000환

(주) 대리신청 불가

의四八七

1

서식 11

결재	국장	과장	사무관	취급자

처리	통지		대조		세출		등재		인감	

저작연월일의등록신청서

단기 년 월 일

주 소

성 명

단기 년 월 일생(당 세)

문교부장관 귀하

다음에 의하여 저작연월일의등록을 받고저 저작물의 명세서를 첨부신청하나이다.

1. 저작물의제호 및 저작물을 조성하는 책(개)수

2. 등록원인과 그 날자

3. 등록의목적

4. 저작권자의 주소 성명과 외국인의경우에는 그 국적(없을때에는 그뜻)

5. 등록세액 금 1,000환

(주) 대리신청불가.

서식 12

결재	국장	과장	사무관	취급자

처리	통지		대조		세출		등재		인감	

저작물의최초발행또는공연연월일등록신청서

단기 년 월 일

주 소

성 명

단기 년 월 일생(당 세)

문교부장관 귀하

다음에 의하여 저작물의최초발행 또는 공연 연월일의 등록을 받고저 저작물의 명세서를 첨부 신청하나이다

1. 저작물의 제호 및 저작물을 조성하는 책(개) 수
2. 등록원인과 그 날자
3. 등록의 목적
4. 최초발행 또는 공연자의 주소 성명
   주 소
   성 명
5. 저작권자 주소 성명
   주 소
   성 명
6. 등록세액 금 1,000환

첨부서류 (7) 최초발행 또는 공연의 연월일을 증명할만한 자료

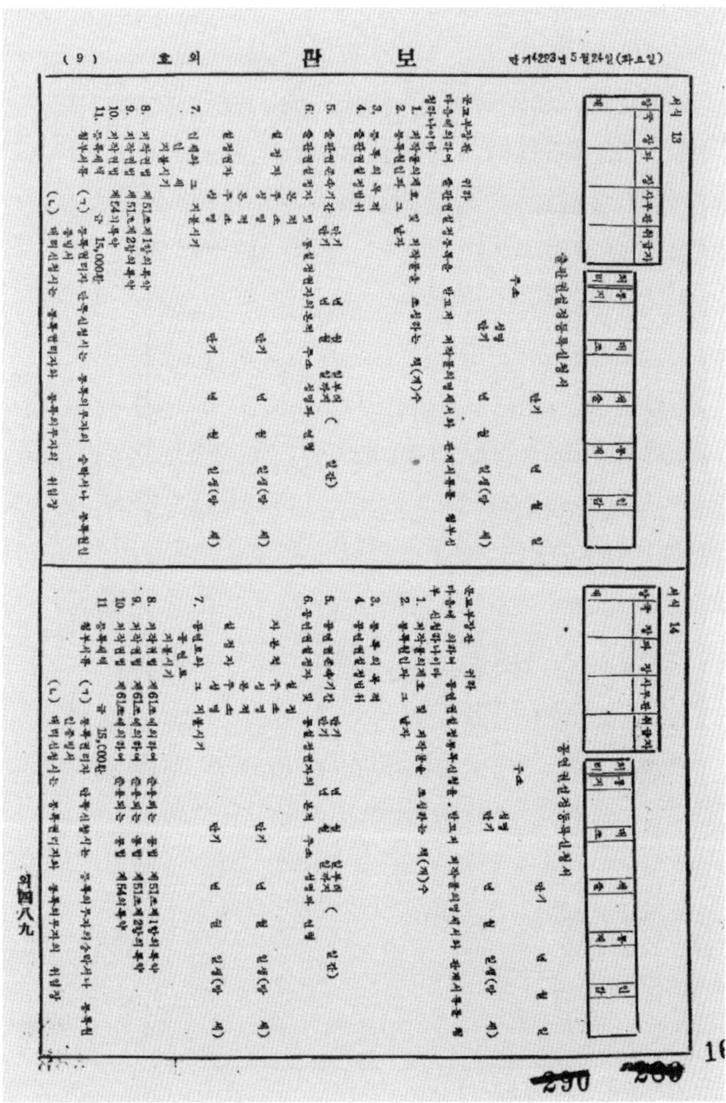

서식 13

당	국 장	과 장	사무관	취급자
계				

처리	통지		대조		색출		통제		인감	

출판권설정등록신청서

단기 년 월 일

주소

성명

단기 년 월 일생(당 세)

문교부장관 귀하

다음에의하여 출판권설정등록을 받고저 저작물의명세서와 관계서류를 첨부신청하나이다

1. 저작물의제호 및 저작물을 조성하는 책(개)수
2. 등록원인과 그 날자
3. 등 록 의 목 적
4. 출판권설정범위
5. 출판권존속기간 단기 년 월 일부터 단기 년 월 일까지 (일간)
6. 출판권설정자 및 동설정권자의본적 주소 성명과 연령
   - 설정자 본적 / 주소 / 성명 단기 년 월 일생(당 세)
   - 설정권자 본적 / 주소 / 성명 단기 년 월 일생(당 세)
7. 인세와 그 지불시기
   - 인 세
   - 지불시기
8. 저작권법 제51조제1항의특약
9. 저작권법 제51조제2항의특약
10. 저작권법 제54의특약
11. 등록세액 금 15,000환

첨부서류 (ㄱ) 등록권리자 단독신청시는 등록의무자의 승락서나 등록원인증빙서

(ㄴ) 대리신청시는 등록권리자와 등록의무자의 위임장

서식 14

당	국 장	과 장	사무관	취급자
계				

처리	통지		대조		색출		통제		인감	

공연권설정등록신청서

단기 년 월 일

주소

성명

단기 년 월 일생(당 세)

문교부장관 귀하

다음에 의하여 공연권설정등록신청을 받고저 저작물의명세서와 관계서류를 첨부 신청하나이다

1. 저작물의제호 및 저작물을 조성하는 책(개)수
2. 등록원인과 그 날자
3. 등 록 의 목 적
4. 공연권설정범위
5. 공연권존속기간 단기 년 월 일부터 단기 년 월 일까지 (일간)
6. 공연권설정자 및 동설정권자의 본적 주소 성명과 연령
   - 설정자 본적 / 주소 / 성명 단기 년 월 일생(당 세)
   - 설정자 본적 / 주소 / 성명 단기 년 월 일생(당 세)
7. 공연료와 그 지불시기
   - 공 연 료
   - 지불시기
8. 저작권법 제61조에의하여 준용되는 동법 제51조제1항의특약
9. 저작권법 제61조에의하여 준용되는 동법 제51조제2항의특약
10. 저작권법 제61조에의하여 준용되는 동법 제54의특약
11. 등록세액 금 15,000환

첨부서류 (ㄱ) 등록권리자 단독신청시는 등록의무자의승락서나 등록원인증빙서

(ㄴ) 대리신청시는 등록권리자와 등록의무자의 위임장

하四八九

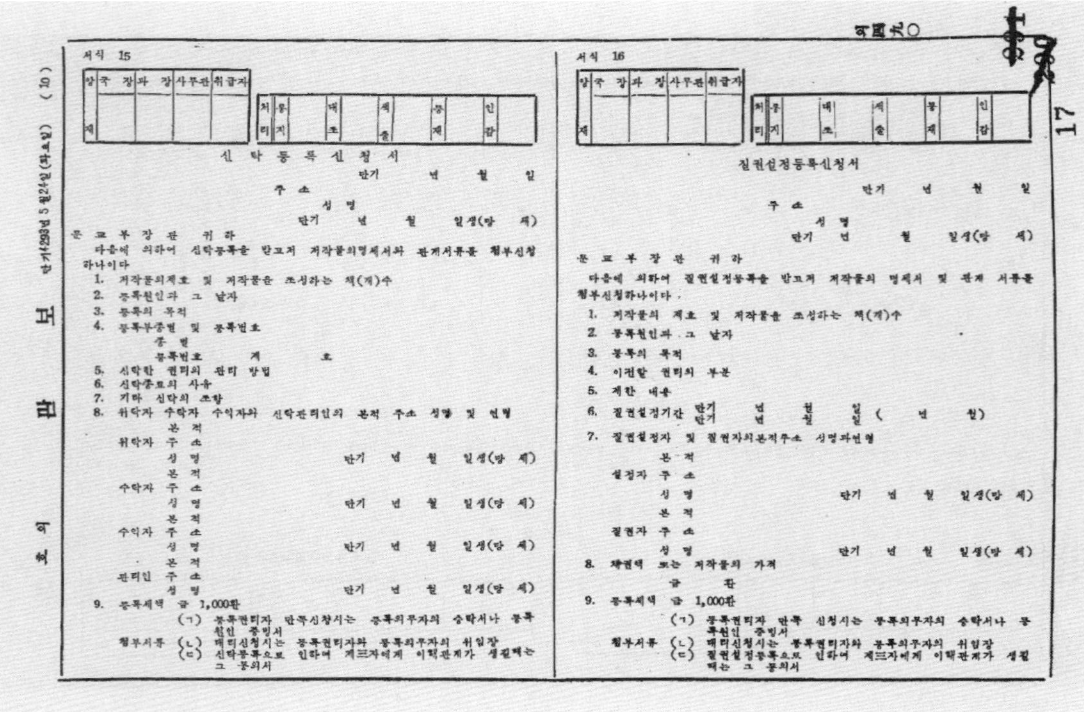

서식 15

당	국 장	과 장	사무관	취급자
제				

처리	통지		대조		제출		등재		인감	

신 탁 등 록 신 청 서

단기 년 월 일

주 소

성 명

단기 년 월 일생(당 세)

문 교 부 장 관 귀 하

다음에 의하여 신탁등록을 받고저 저작물의명세서와 관계서류를 첨부신청하나이다

1. 저작물의제호 및 저작물을 조성하는 책(개)수
2. 등록원인과 그 날자
3. 등록의 목적
4. 등록부종별 및 등록번호
   종 별
   등록번호 제 호
5. 신탁한 권리의 관리 방법
6. 신탁종료의 사유
7. 기타 신탁의 조항
8. 위탁자 수탁자 수익자와 신탁관리인의 본적 주소 성명 및 년령

위탁자 본 적
주 소
성 명 단기 년 월 일생(당 세)

수탁자 본 적
주 소
성 명 단기 년 월 일생(당 세)

수익자 본 적
주 소
성 명 단기 년 월 일생(당 세)

관리인 본 적
주 소
성 명 단기 년 월 일생(당 세)

9. 등록세액 금 1,000환

첨부서류
(ㄱ) 등록권리자 단독신청시는 등록의무자의 승락서나 등록원인 증빙서
(ㄴ) 대리신청시는 등록권리자와 등록의무자의 위임장
(ㄷ) 신탁등록으로 인하여 제三자에게 이해관계가 생길때는 그 동의서

서식 16

당	국 장	과 장	사무관	취급자
제				

처리	통지		대조		제출		등재		인감	

질권설정등록신청서

단기 년 월 일

주 소

성 명

단기 년 월 일생(당 세)

문 교 부 장 관 귀 하

다음에 의하여 질권설정등록을 받고저 저작물의 명세서 및 관계 서류를 첨부신청하나이다.

1. 저작물의 제호 및 저작물을 조성하는 책(개)수
2. 등록원인과 그 날자
3. 등록의 목적
4. 이전할 권리의 부분
5. 제한 내용
6. 질권설정기간 단기 년 월 일 / 단기 년 월 일 (년 월)
7. 질권설정자 및 질권자의본적주소 성명과년령

설정자 본 적
주 소
성 명 단기 년 월 일생(당 세)

질권자 본 적
주 소
성 명 단기 년 월 일생(당 세)

8. 채권액 또는 저작물의 가격
   금 환
9. 등록세액 금 1,000환

첨부서류
(ㄱ) 등록권리자 단독 신청시는 등록의무자의 승락서나 등록원인 증빙서
(ㄴ) 대리신청시는 등록권리자와 등록의무자의 위임장
(ㄷ) 질권설정등록으로 인하여 제三자에게 이해관계가 생길때는 그 동의서

외國九○

291 290

17

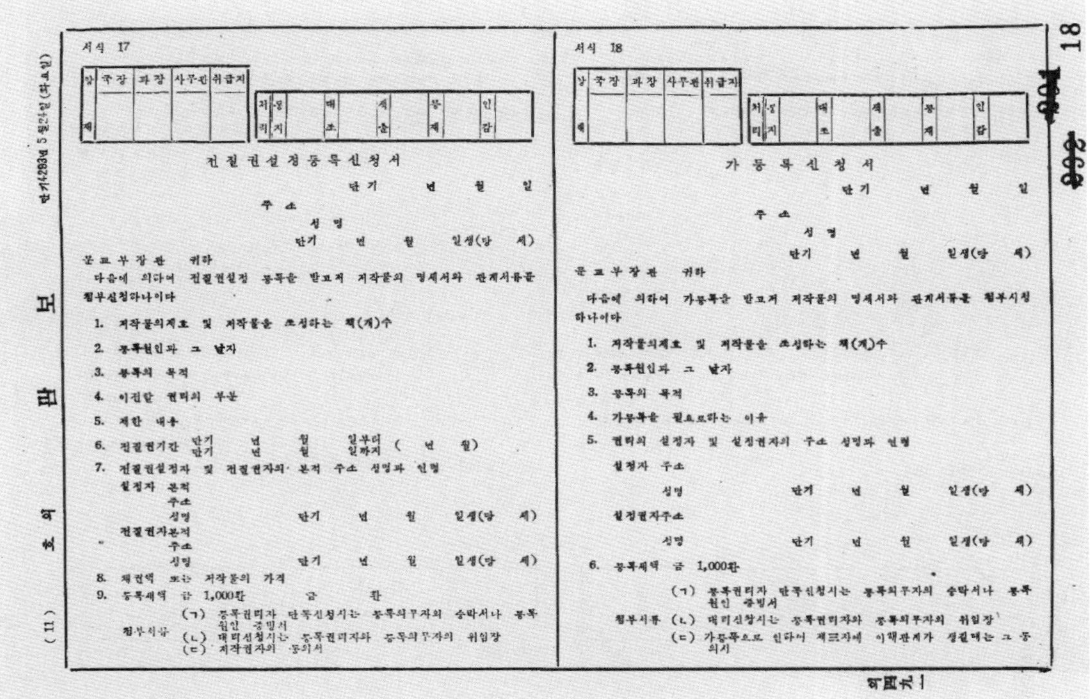

(11) 호 외 관 보 단기4283년 5월24일(화요일)

서식 17

국장	과장	사무관	취급자

처리	영지	대조	제출	등재	인감

전질권설정등록신청서

단기 년 월 일

주소

성명

단기 년 월 일생(당 세)

문교부장관 귀하

다음에 의하여 전질권설정 등록을 받고저 저작물의 명세서와 관계서류를 첨부신청하나이다

1. 저작물의제호 및 저작물을 조성하는 책(개)수
2. 등록원인과 그 날자
3. 등록의 목적
4. 이전할 권리의 부분
5. 제한 내용
6. 전질권기간 단기 년 월 일부터 단기 년 월 일까지 (년 월)
7. 전질권설정자 및 전질권자의 본적 주소 성명과 인형

설정자 본적
주소
성명 단기 년 월 일생(당 세)

전질권자본적
주소
성명 단기 년 월 일생(당 세)

8. 채권액 또는 저작물의 가격
9. 등록세액 금 1,000환 금 환

첨부서류
(ㄱ) 등록권리자 단독신청시는 등록의무자의 승락서나 등록원인 증명서
(ㄴ) 대리신청시는 등록권리자와 등록의무자의 위임장
(ㄷ) 저작권자의 동의서

서식 18

국장	과장	사무관	취급자

처리	영지	대조	제출	등재	인감

가등록신청서

단기 년 월 일

주소

성명

단기 년 월 일생(당 세)

문교부장관 귀하

다음에 의하여 가등록을 받고저 저작물의 명세서와 관계서류를 첨부신청하나이다

1. 저작물의제호 및 저작물을 조성하는 책(개)수
2. 등록원인과 그 날자
3. 등록의 목적
4. 가등록을 필요로하는 이유
5. 권리의 설정자 및 설정권자의 주소 성명과 인형

설정자 주소
성명 단기 년 월 일생(당 세)

설정권자주소
성명 단기 년 월 일생(당 세)

6. 등록세액 금 1,000환

첨부서류
(ㄱ) 등록권리자 단독신청시는 등록의무자의 승락서나 등록원인 증명서
(ㄴ) 대리신청시는 등록권리자와 등록의무자의 위임장
(ㄷ) 가등록으로 인하여 제三자에 이해관계가 생길때는 그 동의서

외四九一

18

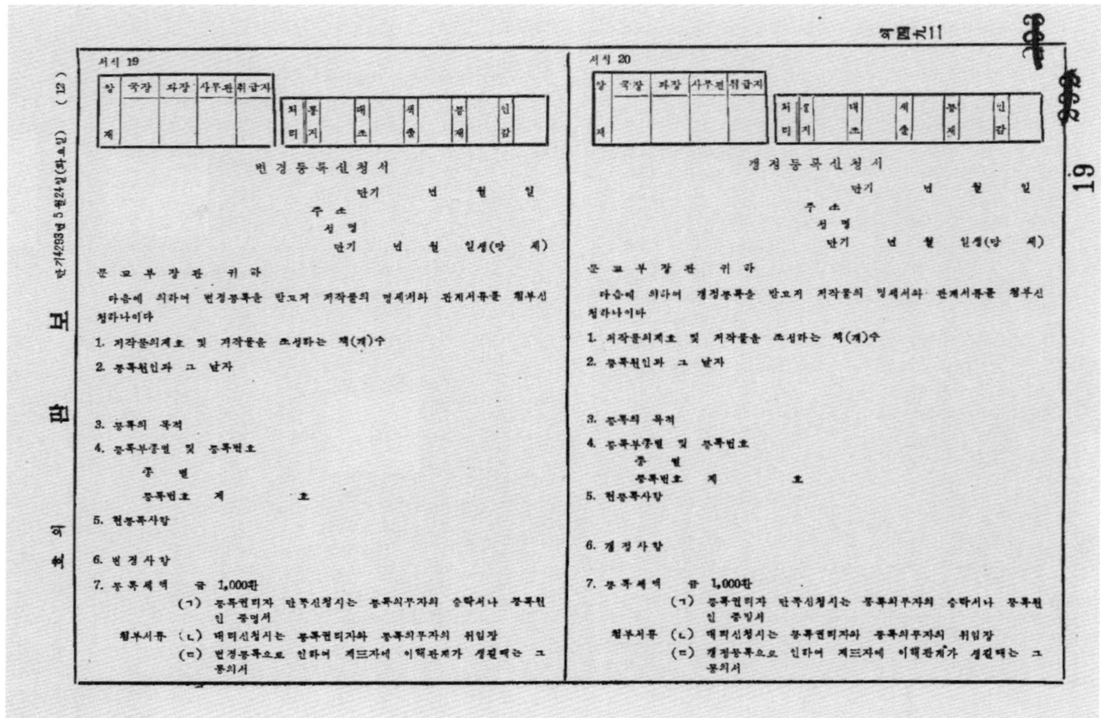

서식 19

상재	국장	과장	사무관	취급자

처리	통지		대조		색출		등재		인감	

번경등록신청서

단기 년 월 일

주소
성명
단기 년 월 일생(당 세)

문교부장관 귀하

다음에 의하여 번경등록을 받고저 저작물의 명세서와 관계서류를 첨부신청하나이다

1. 저작물의제호 및 저작물을 조성하는 책(개)수
2. 등록원인과 그 날자
3. 등록의 목적
4. 등록부종별 및 등록번호
   종 별
   등록번호 제 호
5. 현등록사항
6. 번경사항
7. 등록세액 금 1,000환

첨부서류
(ㄱ) 등록권리자 단독신청시는 등록의무자의 승락서나 등록원인 증명서
(ㄴ) 대리신청시는 등록권리자와 등록의무자의 위임장
(ㄷ) 번경등록으로 인하여 제三자에 이해관계가 생길때는 그 동의서

서식 20

상재	국장	과장	사무관	취급자

처리	통지		대조		색출		등재		인감	

경정등록신청서

단기 년 월 일

주소
성명
단기 년 월 일생(당 세)

문교부장관 귀하

다음에 의하여 경정등록을 받고저 저작물의 명세서와 관계서류를 첨부신청하나이다

1. 저작물의제호 및 저작물을 조성하는 책(개)수
2. 등록원인과 그 날자
3. 등록의 목적
4. 등록부종별 및 등록번호
   종 별
   등록번호 제 호
5. 현등록사항
6. 경정사항
7. 등록세액 금 1,000환

첨부서류
(ㄱ) 등록권리자 단독신청시는 등록의무자의 승락서나 등록원인 증명서
(ㄴ) 대리신청시는 등록권리자와 등록의무자의 위임장
(ㄷ) 경정등록으로 인하여 제三자에 이해관계가 생길때는 그 동의서

19

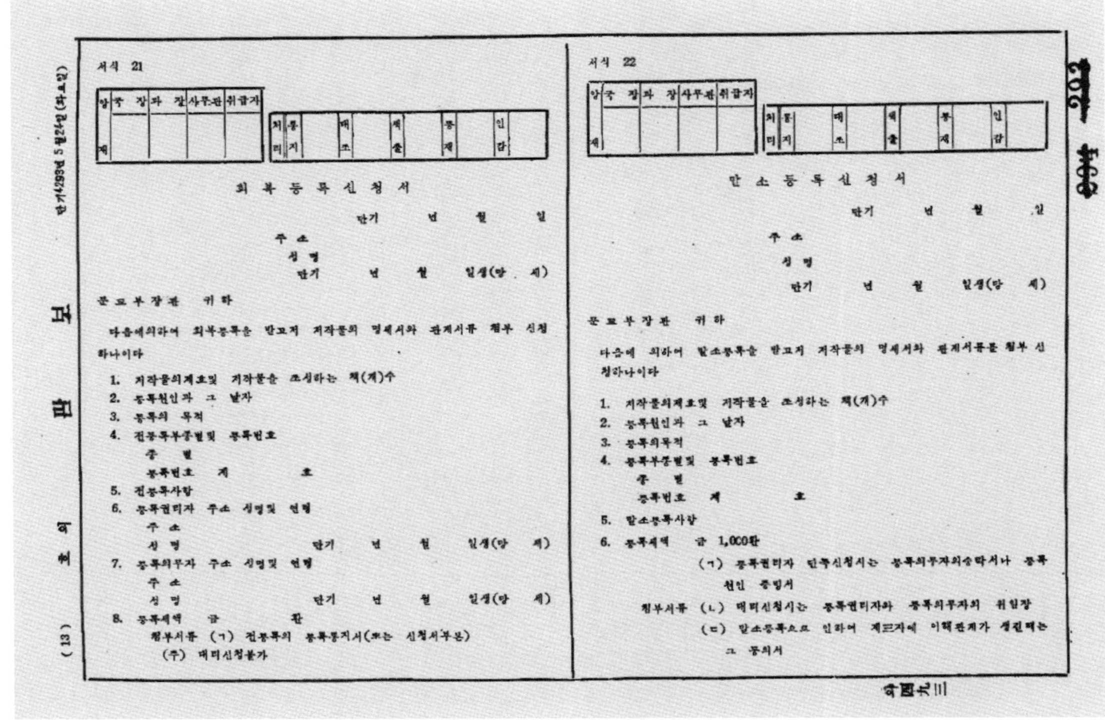

서식 21

양식	국 장	과 장	사무관	취급자
제				

처리	등지		대조		제출		등재		인감	

회 복 등 록 신 청 서

단기　　년　　월　　일

주 소

성 명

단기　　년　　월　　일생(당　세)

문교부장관　귀하

다음에의하여 회복등록을 받고저 저작물의 명세서와 관계서류 첨부 신청하나이다

1. 저작물의제호및 저작물을 조성하는 책(개)수
2. 등록원인과 그 날자
3. 등록의 목적
4. 전등록부종별및 등록번호
   종 별
   등록번호 제　　호
5. 전등록사항
6. 등록권리자 주소 성명및 연령
   주 소
   성 명　　단기　　년　　월　　일생(당　세)
7. 등록의무자 주소 성명및 연령
   주 소
   성 명　　단기　　년　　월　　일생(당　세)
8. 등록세액 금　　환
   첨부서류 (ㄱ) 전등록의 등록증지서(또는 신청서부본)
   (주) 대리신청불가

서식 22

양식	국 장	과 장	사무관	취급자
제				

처리	등지		대조		제출		등재		인감	

말 소 등 록 신 청 서

단기　　년　　월　　일

주 소

성 명

단기　　년　　월　　일생(당　세)

문교부장관　귀하

다음에 의하여 말소등록을 받고저 저작물의 명세서와 관계서류를 첨부 신청하나이다

1. 저작물의제호및 저작물을 조성하는 책(개)수
2. 등록원인과 그 날자
3. 등록의목적
4. 등록부종별및 등록번호
   종 별
   등록번호 제　　호
5. 말소등록사항
6. 등록세액 금 1,000환

첨부서류
(ㄱ) 등록권리자 단독신청시는 등록의무자의승낙서나 등록원인 증빙서
(ㄴ) 대리신청시는 등록권리자와 등록의무자의 위임장
(ㄷ) 말소등록으로 인하여 제三자에 이해관계가 생길때는 그 동의서

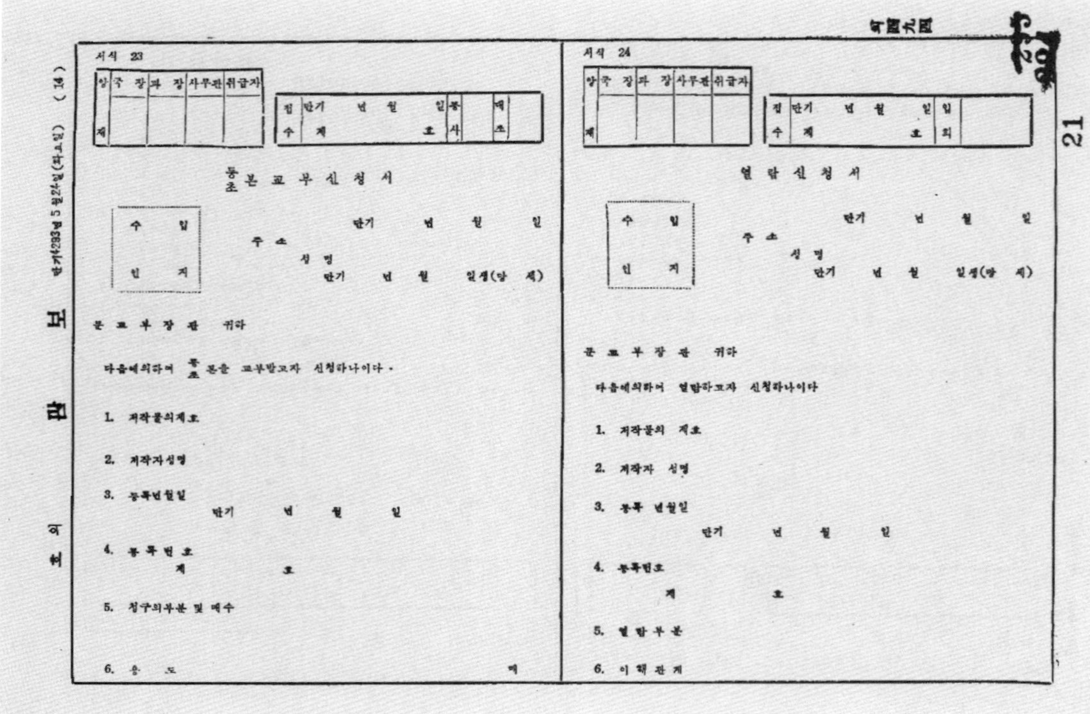

서식 23

양	국 장	과 장	사무관	취급자
제				

접수	단기 년 월 일 제 호	통사	매초

등초본교부신청서

수입 인지

단기 년 월 일

주소

성명

단기 년 월 일생(당 세)

문교부장관 귀하

다음에의하여 등초본을 교부받고자 신청하나이다.

1. 저작물의제호
2. 저작자성명
3. 등록년월일
   단기 년 월 일
4. 등록번호
   제 호
5. 청구의부분 및 매수
6. 용 도 매

서식 24

양	국 장	과 장	사무관	취급자
제				

접수	단기 년 월 일 제 호	입회	

열람신청서

수입 인지

단기 년 월 일

주소

성명

단기 년 월 일생(당 세)

문교부장관 귀하

다음에의하여 열람하고자 신청하나이다

1. 저작물의 제호
2. 저작자 성명
3. 등록 년월일
   단기 년 월 일
4. 등록번호
   제 호
5. 열람부분
6. 이해관계

제四九四

21

별지

저작물의명세서

1. 저작물의제호

2. 저작자의성명(국적)

3. 처음으로 발행또는 공연하였을당시 표시한 저작자의실명 또는 변명

4. 저작의연월일
   단기 년 월 일

5. 처음으로 발행또는 공연한 연월일(국명)

6. 저작물의종별

7. 저작물의 내용과형태

8. 전등록의 연월일과 등록번호
   단기 년 월 일
   제 호

기재요령 (ㄱ) 2의(국적)은 저작자가 외국인의 경우에 기재함
(ㄴ) 3은 이미 발행또는 공연한 저작물에한하여 기재하되 무명저작물에는 그뜻을 표시함
(ㄷ) 5의(국명)은 외국인저작물의경우에 기재하고 미발행(공연)일때에는 그요지를기재함

서식 1

저작물 발행/공연 허가신청서 (1)

단기 년 월 일

주소

성명

단기 년 월 일생(당 세)

문교부장관 귀하

저작권법제20조제2항의 규정에의하여 다음과같이 저작물을 발행/공연 하고자 신청하오니 허가하여주시기 바라나이다

1. 저작물의 제호
2. 저작자의 성명
3. 저작물의 종별 내용및 형태
4. 저작물의 발행 공연의 일시와 그방법
   일시 단기 년 월 일
   방법
5. 저작권자의 주소 성명
   주소
   성명
6. 저작권자와 협의할수 없는 이유
7. 보상금의 추산액과 그산출기준
   추산액 금 환
   산출기준

(주) 신청인이 단체나 기관일시는 기관장명의로 신청함

서식 2

저작물 발행 공연 허가신청서 (2)

단기 년 월 일

주소

성명

단기 년 월 일생(당 세)

문교부장관 귀하

저작권법 제20조 제3항의 규정에의하여 다음과같이 저작물을 발행 공연 하고자 신청하오니 허가하여 주시기 바라나이다

1. 저작물의 제호

2. 저작자의 성명

3. 저작물의종별 및 내용과 형태
   종별
   내용과 형태

4. 저작물의발행 공연의 일시와 그 방법
   일시 단기 년 월 일
   방법

5. 저작권자가 불명한 사유

(주) 신청인이 단체나 기관일시는 기관장명의로 신청함

이상

서식 3

저작물방송허가신청서

단기 년 월 일

주소

성명

단기 년 월 일생(당 세)

문교부장관 귀하

저작권법 제22조 제3항의 규정에 의하여 다음과같이 저작물을 방송하고자 관계서류를 첨부 신청하오니 허가하여 주시기 바라나이다

1. 저작물의 제호

2. 저작자의 성명

3. 저작물의 종별과 형태
   종별
   형태

4. 저작물의 발행 또는 공연의 연월일

5. 저작권자의 주소 성명
   주소
   성명

6. 방송의 일시 장소 그 방법과 범위
   일시 단기 년 월 일
   장소
   방법과 범위

7. 방송을 필요로하는 이유

8. 저작권자의 승락을 얻지 못한 이유

9. 보상금의 추산액과 그 산출기준
   추산액 환
   산출기준

첨부서류 (ㄱ) 저작권자의 의견서
(ㄴ) 저작권자의 의견서를 첨부할수없는 경우에는 그 이유서

(주) 신청인이 단체나 기관일시는 기관장명의로 신청함

이상

서식 4

저작물 발행/공연 허가변경승인신청서

단기 년 월 일

주 소

성 명

단기 년 월 일생 (당 세)

문교부장관 귀하

단기 년 월 일자 문편제 호의 허가사항중 다음과같이 변경하고자 신청하오니 승인하여 주시기 바라나이다

기

1. 허 가 사 항
2. 신 청 사 항
3. 변경을 필요로하는 이유

(주) 신청인이 단체나 기관일시에는 기관장명의로 신청함

이 상

서식 5

저작물방송허가변경신고서

단기 년 월 일

주 소

성 명

단기 년 월 일생 (당 세)

문교부장관 귀하

단기 년 월 일자 문편제 호로의 허가사항중 다음과같이 변경하였기 신고하나이다

기

1. 허 가 사 항
2. 변 경 사 항
3. 변 경 이 유

(주) 신청인이 단체나 기관일시는 기관장의 명의로 신청함

이 상

인 감 대 지

주 소
(인) 인 감
성 명
단기 년 월 일생

(주) 지질 : 모조지

규격 : 가로 6촌 세로 1촌

●상공부고시제三二八호

무역법제九조제三항에의하여수출용광산물의검사에관하여다음과같이정한다

단기四천二백九十三년五월二十四일

상공부장관 전 택 보

一、상공부고시제三一九호(四二九三년二월二十九일자공포)에의한광산물을수출코저하는자는사단법인대한광업회가시행하는검사를받어야한다

二、전항의검사는견본을포함한수출용광산물에적용한다

三、사단법인대한광업회는상공부고시제三一九호 (四二九三년二월二十九일자공포) 및四二九三년五월二十四일자상역제一、七○三호로상공부장관의승인을받은광산물의검사규정에의하여검사를행하여야한다

四、전각항에의한검사는四二九三년七월一일부터시행한다

전우관영문인쇄주식회사 인쇄

부록 4.2. 1899년 일본 저작권법

○ 일본 저작권법은 1899년(明治32년) 3월 8일 법률 제39호로 제정되었다(이하 일본 구법이라 한다). 그 후 1910년(법률 제63호), 1920년(법률 제60호), 1931년(법률 제64호), 1934년(법률 제48호) 개정된 바 있고, 다른 법률[위원회 등의 정리 등에 관한 법률, 1941년 법률 제35호 ; 전파법, 1950년 법률 제131호 ; 문부성설치법의 일부를 개정하는 법률, 1952년 법률 168호 ; 만국저작권조약의 실시에 수반하는 저작권법의 특례에 관한 법률, 1956년 법률 제86호]에 의해서 개정되기도 했다. 1958년(1957년에는 개정이 없다) 이후 1970년 전면 개정될 때까지 8차례 추가 개정되기도 했다. 여기서는 그간의 개정 사항을 반영한 일본 구법을 수록하되, 1958년 이후 변경 사항을 확인할 수 있도록 주석을 붙였다. 일본 구법 개정 사항은 著作權法百年史編集委員會, 『著作權法百年史』(資料編), 社團法人 著作權情報センター, 平成12年, pp.916~929 참조.

○ 1899년 일본 저작권법은 일본 저작권정보센터에서 제공한 것을 바탕으로 하되, 1958년 이후 개정 부분은 제외했다.
http://www.cric.or.jp/db/domestic/old_index.html 참조.

○ 번역은 이영록(번역), 『일본 저작권법』, 저작권관계자료 2010-03, 한국저작권위원회, 2010에 따랐다.

일본 저작권법(1899년)	번역
第一章　著作者の權利	제1장 저작자의 권리
第一條[著作權の內容]　文書演述図書建築彫刻模型寫眞演奏歌唱其の他文芸學術若は美術(音樂を含む以下之に同じ)の範囲に屬する著作物の著作者は其の著作物を複製するの權利を專有す 文芸學術の著作物の著作權は翻譯權を包含し各種の脚本及樂譜の著作權は興行權を包含す	제1조(저작권의 내용) ① 문서, 연술, 도화, 건축, 조각, 모형, 사진, 연주, 가창, 기타 문예, 학술 혹은 미술(음악을 포함한다. 이하 같다)의 범위에 속하는 저작물의 저작자는 그 저작물을 복제하는 권리를 전유한다. ② 문예, 학술저작물의 저작권은 번역권을 포함하며 각종의 각본 및 악보의 저작권은 흥행권을 포함한다.
第二條[讓渡] 著作權は其の全部又は一部を讓渡すことを得	제2조(양도) 저작권은 그의 전부 또는 일부를 양도할 수 있다.
第三條[保護期間－生前公表著作物]　發行又は興行したる著作物の著作權は著作者の生存間及其の死後三十年間継續す 數人の合著作に係る著作物の著作權は最終に死亡したる者の死後三十年間継續す	제3조(보호기간－생전공표저작물) ① 발행 또는 흥행한 저작물의 저작권은 저작자의 생존간 및 그의 사후 30년간 계속한다. ② 수인의 합저작과 관련된 저작물의 저작권은 최종 사망한 자의 사후 30년간 계속한다.
第四條[同前－死後公表著作物]　著作者の死後發行又は興行したる著作物の著作權は發行又は興行のときより三十年間継續す	제4조(보호기간－사후공표저작물) 저작자의 사후 발행 또는 흥행한 저작물의 저작권은 발행 또는 흥행한 때부터 30년간 계속한다.
第五條[同前－無名·変名著作物] 無名又は変名著作物の著作權は發行又は興行のときより三十年間継續す但し其の期間內に著作者其の實名の登録を受けたるときは第三條の規定に從う	제5조(보호기간－무명·변명저작물)　무명 또는 변명저작물의 저작권은 발행 또는 흥행한 때부터 30년간 계속한다. 다만, 그 기간 내에 저작자가 그의 실명의 등록을 받은 경우는 제3조의 규정에 따른다.
第六條[同前－団体著作物]　官公衙學校社寺協會會社其の他団体に於て著作の名義を以て發行又は興行したる著作物の著作權は發行又は興行のときより三十年間継續す	제6조(보호기간－단체저작물) 관공서, 학교, 사찰, 협회, 회사, 기타 단체가 저작명의로 발행 또는 흥행한 저작물의 저작권은 발행 또는 흥행한 때부터 30년간 계속한다.
第七條[同前－翻譯權]　著作權者原著作物發行のときより十年內に其の翻譯物を發行せざるときは其の翻譯權は消滅す 前項の期間內に著作權者其の保護を受けんとする國語の翻譯物を發行したるときは其の國語の翻譯權は消滅せず	제7조(보호기간－번역권) ① 저작권자가 원저작물 발행시부터 10년 내에 그 번역물을 발행하지 아니하는 경우는 그 번역권은 소멸한다. ② 전항의 기간 내에 저작권자가 그 보호를 받고자 하는 국어의 번역물을 발행한 경우는 그 국어의 번역권은 소멸하지 아니

일본 저작권법(1899년)	번역
	한다.
第八條[同前－継續的刊行物] 冊号を逐い順次に發行する著作物に關しては前四條の期間は毎冊若は毎号發行のときより起算す 一部分ずつを漸次に發行し全部完成する著作物に關しては前四條の期間は最終部分の發行のときより起算す但し三年を経過し仍継續の部分を發行せざるときは既に發行したる部分を以て最終のものと看做す	제8조(보호기간－계속적 간행물) ① 책호를 따라 순차로 발행하는 저작물에 관하여는 전 4조의 기간은 매책 혹은 매호 발행시부터 기산한다. ② 일부분씩을 점차로 발행하여 전부 완성하는 저작물에 관하여는 전 4조의 기간은 최종 부분의 발행시부터 기산한다. 다만, 3년을 경과하도록 계속하는 부분을 발행하지 아니하는 경우는 이미 발행한 부분으로서 최종의 것으로 본다.
第九條[期間の計算] 前六條の場合に於て著作權の期間を計算するには著作者死亡の年又は著作物を發行又は興行したる年の翌年より起算す	제9조(기간의 계산) 전 6조의 경우에 있어서 저작권의 기간을 계산함에는 저작자 사망의 해 또는 저작물을 발행 또는 흥행한 해의 다음 해부터 기산한다.
第十條[相續人の不存在] 相續人なき場合に於て著作權は消滅す	제10조(상속인의 부존재) 상속인이 없는 경우에 있어서 저작권은 소멸한다.
第十一條[著作權の目的とならない著作物] 左に記載したるものは著作權の目的物と爲ることを得ず 一　法律命令及官公文書 二　新聞紙又は雜誌に掲載したる雜報及時事を報道する記事 三　公開せる裁判所、議會並政談集會に於て爲したる演述	제11조(저작권의 목적이 되지 아니하는 저작물) 아래에 기재한 것은 저작권의 목적물이 될 수 없다. 1. 법률, 명령 및 관공문서 2. 신문 또는 잡지에 게재한 잡보 및 시사보도 기사 3. 공개된 법원, 의회와 政談집회에서 행한 연술
第十二條[無名·変名著作物の權利保全] 無名又は変名著作物の發行者又は興行者は著作權者に屬する權利を保全することを得但し著作者其の實名の登錄を受けたるときは此の限に在らず	제12조(무명·변명저작물의 권리보전) 무명 또는 변명저작물의 발행자 또는 흥행자는 저작권자에게 속하는 권리를 보전할 수 있다. 다만, 저작자가 실명의 등록을 받은 경우는 그러하지 아니하다.
第十三條[共同著作物] 數人の合著作に係る著作物の著作權は各著作者の共有に屬す 各著作者の分担したる部分明瞭ならざる場合に於て著作者中に其の發行又は興行を拒む者あるときは他の著作者は其の者に賠償して其の持分を取得することを得但し反對の契約あるときは此の限に在らず 各著作者の分担したる部分明瞭なる場合に於て著作者中に其の發行又は興行を拒む者あるときは	제13조(공동저작물) ① 수인의 합저작과 관련된 저작물의 저작권은 각 저작자의 공유에 속한다. ② 각 저작자가 분담한 부분이 명료하지 아니한 경우에 있어서 저작자 중 그 발행 또는 흥행을 거부하는 자가 있는 경우는 다른 저작자는 그 자에게 배상하고 그 지분을 취득할 수 있다. 다만, 반대의 계약이 있는 경우는 그러하지 아니하다.

일본 저작권법(1899년)	번역
他の著作者は自己の部分を分離し單獨の著作物として發行又は興行することを得但し反對の契約あるときは此の限に在らず 本條第二項の場合に於ては發行又は興行を拒みたる著作者の意に反して其の氏名を其の著作物に掲ぐることを得ず	③ 각 저작자가 분담한 부분이 명료한 경우에 있어서 저작자 중 그 발행 또는 흥행을 거부한 자가 있는 경우는 다른 저작자는 자신의 부분을 분리하여 단독저작물로서 발행 또는 흥행할 수 있다. 다만, 반대의 계약이 있는 경우는 그러하지 아니하다. ④ 본조 제2항의 경우에 있어서는 발행 또는 흥행을 거부한 저작자의 뜻에 반하여 그 성명을 그 저작물에 게재할 수 없다.
第十四條[編集著作物] 數多の著作物を適法に編輯したる者は著作者と看做し其の編輯物全部に付てのみ著作權を有す但し各部の著作權は其の著作者に屬す	제14조(편집저작물) 다수의 저작물을 적법하게 편집한 자는 저작자로 간주하고 그 편집물 전부에 대하여만 저작권을 가진다. 다만, 각 부분의 저작권은 그 저작자에게 속한다.
第十五條[登 錄] 著作權の相續讓渡及質入は其の登錄を受くるに非ざれば之を以て第三者に對抗することを得ず 無名又は変名著作物の著作者は現に其の著作權を有すると否とに拘らず其の實名の登錄を受くることを得 著作者は現に著作權を有すると否とに拘らず其の著作物の著作年月日の登錄を受くることを得 著作權者其の著作物を始めて發行したるときは著作權者又は著作物の發行者は一年內に限り第一發行年月日の登錄を受くることを得	제15조(등록) ① 저작권의 상속, 양도 및 入質은 그 등록을 받지 아니하면 이로써 제3자에게 대항할 수 없다. ② 무명 또는 변명저작물의 저작자는 현재 그 저작권을 가지는지 여부를 불문하고 그 실명의 등록을 받을 수 있다. ③ 저작자는 현재 저작권을 가지는지 여부를 불문하고 그 저작물의 저작연월일의 등록을 받을 수 있다. ④ 저작권자는 그 저작물을 처음으로 발행한 경우는 저작권자 또는 저작물의 발행자는 1년 이내에 한하여 최초발행연월일의 등록을 받을 수 있다.
第十六條[登錄廳] 登錄は行政廳之を行う 登錄に關する規定は命令を以て之を定む	제16조(등록청) ① 등록은 행정청이 이를 행한다. ② 등록에 관한 규정은 명령으로서 이를 정한다.
第十七條[差押禁止物] 未だ發行又は興行せざる著作物の原本及其の著作權は債權者の爲に差押を受くることなし但し著作權者に於て承諾を爲したるときは此の限に在らず	제17조(압류금지물) 아직 발행 또는 흥행하지 아니한 저작물의 원본 및 그 저작권은 채권자를 위한 압류를 받지 아니한다. 다만, 저작권자에게 승낙을 받은 경우는 그러하지 아니하다.
第十八條[著作者人格權] 他人の著作物を發行又は興行する場合に於ては著作者の生存中は著作者が現に其の著作權を有すると否とに拘らず其	제18조(저작인격권) ① 타인의 저작물을 발행 또는 흥행하는 경우에 있어서는 저작자의 생존 중에는 저작자가 현재 그 저작권을

일본 저작권법(1899년)	번역
の同意なくして著作者の氏名称号を変更若は隱匿し又は其の著作物に改竄其の他の変更を加え若は其の題号を改むることを得ず 他人の著作物を發行又は興行する場合に於ては著作者の死後は著作權の消滅したる後と雖も其の著作物に改竄其の他の変更を加えて著作者の意を害し又は其の題号を改め若は著作者の氏名称号を変更若は隱匿することを得ず 前二項の規定は第二十條、第二十條の二、第二十二條の五第二項、第二十七條第一項第二項、第三十條第一項第二号乃至第九号の場合に於ても之を適用す	가지는지 여부를 불문하고 그 동의 없이 저작자의 성명, 칭호를 변경 혹은 은닉하거나 또는 그 저작물에 개찬 기타의 변경을 가하거나 혹은 그 제호를 변경할 수 없다. ② 타인의 저작물을 발행 또는 흥행하는 경우에 있어서는 저작자의 사후에는 저작권이 소멸한 후라 하더라도 그 저작물에 개찬 기타의 변경을 가하여 저작자의 뜻을 해하거나 또는 그 제호를 바꾸거나 혹은 저작자의 성명, 칭호를 변경 혹은 은닉할 수 없다.
第十九條[改作物] 原著作物に訓点、傍訓、句讀、批評、註解、附錄、図書を加え又は其の他の修正增減を爲し若は翻案したるが爲新に著作權を生ずることなし但し新著作物と看做さるべきものは此の限に在らず	제19조(개작물) 원저작물에 훈점(訓点), 방훈(토), 구두(句讀), 비평, 주해, 부록, 도화를 추가하거나 또는 기타의 수정증감을 하거나 혹은 번안하더라도 새로운 저작권이 발생하지 아니한다. 다만, 새로운 저작물로 간주되어야 하는 것은 그러하지 아니하다.
第二十條[時事問題を論議した記事] 新聞紙又は雜誌に掲載したる政治上の時事問題を論議したる記事（學術上の著作物を除く）は特に轉載を禁ずる旨の明記なきときは其の出所を明示して之を他の新聞紙又は雜誌に轉載することを得	제20조(시사문제를 논의한 기사) 신문 또는 잡지에 게재한 정치상의 시사문제를 논의한 기사(학술상의 저작물을 제외한다)는 특히 전재를 금지하는 취지의 명기가 없는 경우는 그 출처를 명시하고 이를 다른 신문 또는 잡지에 전재할 수 있다.
第二十條の二[時事問題の公開演述] 時事問題に付ての公開演述は著作者の氏名、演述の時及場所を明示して之を新聞紙又は雜誌に掲載することを得但し同一著作者の演述を蒐輯する場合は其の著作者の許諾を受くることを要す	제20조의2(시사문제의 공개연술) 시사문제에 대한 공개연술은 저작자의 성명, 연술의 때와 장소를 명시하여 이를 신문 또는 잡지에 게재할 수 있다. 다만, 동일 저작자의 연술을 수집하는 경우는 그 저작자의 허락을 받아야 한다.
第二十一條[翻譯物] 翻譯者は著作者と看做し本法の保護を享有す但し原著作者の權利は之が爲に妨げらるることなし	제21조(번역물) 번역자는 저작자로 간주하고 본법의 보호를 향유한다. 다만, 원저작자의 권리는 이로 인하여 방해되지 아니한다.
第二十二條[美術著作物の異種複製] 原著作物と異りたる技術に依り適法に美術上の著作物を複製したる者は著作者と看做し本法の保護を享有す	제22조(미술저작물의 이종복제) 원저작물과 다른 기술에 의하여 적법하게 미술상의 저작물을 복제한 자는 저작자로 간주하고 본법의 보호를 향유한다.
第二十二條の二[著作權の内容－映書化權等]	제22조의2(저작권의 내용－영화화권 등) 문

일본 저작권법(1899년)	번역
文芸、學術又は美術の範囲に屬する著作物の著作權は其の著作物を活動寫眞術又は之と類似の方法に依り複製（脚色して映畵と爲す場合を含む）し及興行するの權利を包含す	예, 학술 또는 미술의 범위에 속하는 저작물의 저작권은 그 저작물의 활동사진술 또는 이와 유사한 방법에 의하여 복제(각색하여 영화화하는 경우를 포함한다) 및 흥행하는 권리를 포함한다.
第二十二條の三[映畵の著作權] 活動寫眞術又は之と類似の方法に依り製作したる著作物の著作者は文芸、學術又は美術の範囲に屬する著作物の著作者として本法の保護を享有す其の保護の期間に付ては獨創性を有するものに在りては第三條乃至第六條及第九條の規定を適用し之を欠くものに在りては第二十三條の規定を適用す	제22조의3(영화의 저작권) 활동사진술 또는 이와 유사한 방법에 의하여 제작한 저작물의 저작자는 문예, 학술 또는 미술의 범위에 속하는 저작물의 저작자로서 본법의 보호를 향유한다. 그 보호의 기간에 대하여는 독창성을 가지는 것에 있어서는 제3조 내지 제6조 및 제9조의 규정을 적용하며 이를 결하는 것에 있어서는 제23조의 규정을 적용한다.
第二十二條の四[同前] 他人の著作物を活動寫眞術又は之と類似の方法に依り複製(脚色して映畵と爲す場合を含む)したる者は著作者と看做し本法の保護を享有す但し原著作者の權利は之が爲に妨げらるることなし	제22조의4(영화의 저작권) 타인의 저작물을 활동사진술 또는 이와 유사한 방법에 의하여 복제(각색하여 영화화하는 경우를 포함한다)한 자는 저작자로 간주하고 본법의 보호를 향유한다. 다만, 원저작자의 권리는 이로 인하여 방해되지 아니한다.
第二十二條の五[著作權の內容－放送權] 文芸、學術又は美術の範囲に屬する著作物の著作權は其の著作物の無線電話に依る放送を許諾するの權利を包含す 放送事業者は既に發行又は興行したる他人の著作物を放送せんとするときは著作權者と協議を爲すことを要す協議調わざるときは命令の定むる所に依り文化廳長官の定むる相當の償金を支拂い其の著作物を放送することを得 <1968년 법개정('행정기구의 간소화 등을 위한 총리부설치법 등의 일부를 개정하는 법률')으로 '主務大臣'을 '文化廳長官'으로 변경> 前項の償金の額に付異議ある者は訴を以て其の增減を請求することを得 <1962년 법개정('행정사건소송법의 시행에 따른 관계법률의 정리 등에 관한 법률')으로 '民事裁判所に出訴することを得'를 '訴を以て其の增減を請求することを得'로 변경> 前項の訴に於ては著作權者又は放送事業者を以	제22조의5(저작권의 내용－방송권) ① 문예, 학술 또는 미술의 범위에 속하는 저작물의 저작권은 그 저작물의 무선전화에 의한 방송을 허락하는 권리를 포함한다. ② 방송사업자는 이미 발행 또는 흥행한 타인의 저작물을 방송하고자 하는 경우는 저작권자와 협의를 하여야 한다. 협의가 이루어지지 아니하는 경우는 명령이 정하는 바에 의하여 문화청장관이 정하는 상당한 상금을 지불하고 그 저작물을 방송할 수 있다. ③ 전항의 상금의 액에 대해 이의가 있는 자는 소송으로 그 증감을 청구할 수 있다. ④ 전항의 소송에 있어서는 저작권자 또는 방송사업자를 피고로 한다.

일본 저작권법(1899년)	번역
て被告とす <1962년 법개정('행정사건소송법의 시행에 따른 관계법률의 정리 등에 관한 법률')으로 신설>	
第二十二條の六[同前－錄音權] 文芸、學術又は美術の範囲に屬する著作物の著作權は其の著作物を音を機械的に複製するの用に供する機器に寫調し及其の機器に依り興行するの權利を包含す	제22조의6(저작권의 내용－녹음권) 문예, 학술 또는 미술의 범위에 속하는 저작물의 저작권은 그 저작물을 음을 기계적으로 복제하는 이용에 제공하는 기기에 사조(寫調) 및 그 기기에 의하여 흥행하는 권리를 포함한다.
第二十二條の七[錄音物の著作權] 音を機械的に複製するの用に供する機器に他人の著作物を適法に寫調したる者は著作者と看做し其の機器に付てのみ著作權を有す	제22조의7(녹음물의 저작권) 음을 기계적으로 복제하는 이용에 제공하는 기기에 타인의 저작물을 적법하게 사조(寫調)한 자는 저작자로 간주하고 그 기기에 대하여만 저작권을 가진다.
第二十三條[保護期間－寫眞著作物] 寫眞著作權は十年間繼續す 前項の期間は其の著作物を始めて發行したる年の翌年より起算す若し發行せざるときは種板を製作したる年の翌年より起算す 寫眞術に依り適法に美術上の著作物を複製したる者は原著作物の著作權と同一の期間內本法の保護を享有す但し當事者間に契約あるときは其の契約の制限に從う	제23조(보호기간－사진저작물) ① 사진저작권은 10년간 계속한다. ② 전항의 기간은 그 저작물을 최초로 발행한 해의 다음 해부터 기산한다. 만약 발행하지 아니한 경우는 種板(원판)을 제작한 해의 다음 해부터 기산한다. ③ 사진술에 의하여 적법하게 미술상의 저작물을 복제한 자는 원저작물의 저작권과 동일한 기간 동안 본법의 보호를 향유한다. 다만, 당사자간에 계약이 있는 경우는 그 계약의 제한에 따른다.
第二十四條[同前] 文芸學術の著作物中に挿入したる寫眞にして特に其の著作物の爲に著作し又は著作せしめたるものなるときは其の著作權は文芸學術の著作物の著作者に屬し其の著作權と同一の期間內繼續す	제24조(보호기간－사진저작물) 문예, 학술저작물 중에 삽입한 사진으로 특히 그 저작물을 위하여 저작하거나 저작하게 한 것인 경우 그 저작권은 문예, 학술저작물의 저작자에게 속하고 그 저작권과 동일한 기간 동안 계속한다.
第二十五條[囑託による寫眞肖像] 他人の囑托に依り著作したる寫眞肖像の著作權は其の囑托者に屬す	제25조(촉탁에 의한 사진초상) 타인의 촉탁에 의하여 저작한 사진초상의 저작권은 그 촉탁자에게 속한다.
第二十六條[寫眞類似の著作物] 寫眞に關する規定は寫眞術と類似の方法に依り製作したる著作物に準用す	제26조(사진 유사의 저작물) 사진에 관한 규정은 사진술과 유사한 방법에 의하여 제작한 저작물에 준용한다.
第二十七條[法定許諾] 著作權者の不明なる著作物にして未だ發行又は興行せざるものは命令	제27조(법정허락) ① 저작권자가 불명한 저작물로 아직 발행 또는 흥행하지 아니한

일본 저작권법(1899년)	번역
の定むる所に依り之を發行又は興行することを得 著作權者の居所不明なる場合其の他命令の定むる事由に因り著作權者と協議すること能わざるときは命令の定むる所に依り文化廳長官の定むる相当の償金を供託して其の著作物を發行又は興行することを得 <1968년 법개정('행정기구의 간소화 등을 위한 총리부설치법 등의 일부를 개정하는 법률')으로 '主務大臣'을 '文化廳長官'으로 변경> 前項の償金の額に付異議ある者は訴を以て其の增減を請求することを得 <1962년 법개정('행정사건소송법의 시행에 따른 관계법률의 정리 등에 관한 법률')으로 '民事裁判所に出訴することを得'를 '訴を以て其の增減を請求することを得'로 변경> 前項の訴に於ては著作權者又は著作物を發行若は興行する者を以て被告とす <1962년 법개정('행정사건소송법의 시행에 따른 관계법률의 정리 등에 관한 법률')으로 신설>	것은 명령이 정하는 바에 의하여 이를 발행 또는 흥행할 수 있다. ② 저작권자의 거소가 불명한 경우, 기타 명령이 정하는 사유로 인하여 저작권자와 협의할 수 없는 경우는 명령이 정하는 바에 의하여 문화청장관이 정하는 상당한 상금을 공탁하고 그 저작물을 발행 또는 흥행할 수 있다. ③ 전항의 상금의 액에 대해 이의가 있는 자는 소송으로 그 증감을 청구할 수 있다. ④ 전항의 소송에 있어서는 저작권자 또는 저작물을 발행 혹은 흥행하는 자를 피고로 한다.
第二十八條[外國人の著作權] 外國人の著作權に付ては條約に別段の規定あるものを除く外本法の規定を適用す但し著作權保護に關し條約に規定なき場合には帝國に於て始めて其の著作物を發行したる者に限り本法の保護を享有す	제28조(외국인의 저작권) 외국인의 저작권에 대하여는 조약에 별단의 규정이 있는 것을 제외하고 본법의 규정을 적용한다. 다만, 저작권 보호에 관한 조약에 규정이 없는 경우에는 제국에서 최초로 그 저작물을 발행한 자에 한하여 본법의 보호를 향유한다.
第二章　出版權	제2장 출판권
第二十八條の二[設定] 著作權者は其の著作物を文書又は図書として出版することを引受くる者に對し出版權を設定することを得	제28조의2(설정) 저작권자는 그의 저작물을 문서 또는 도화로서 출판하는 것을 인수하는 자에 대해 출판권을 설정할 수 있다.
第二十八條の三[內容] 出版權者は設定行爲の定むる所に依り出版權の目的たる著作物を原作の儘印刷術其の他の機械的又は化學的方法に依り文書又は図書として複製し之を發賣頒布するの權利を專有す但し著作權者たる著作者の死亡したるとき又は設定行爲に別段の定なき場合に於て出版權の設定ありたる後三年を経過したるときは著作權	제28조의3(내용) 출판권자는 설정행위가 정하는 바에 의하여 출판권의 목적인 저작물을 원작 그대로 인쇄술 기타의 기계적 또는 화학적 방법에 의하여 문서 또는 도화로서 복제하고 이를 발매, 배포하는 권리를 전유한다. 다만, 저작권자인 저작자가 사망한 경우 또는 설정행위에 별단의 정함이

일본 저작권법(1899년)	번역
者は著作物を全集其の他の編輯物に輯録し又は全集其の他の編輯物の一部を分離して別途に之を出版することを妨げず	없는 경우에 있어서 출판권의 설정이 있은 후 3년을 경과한 경우는 저작권자는 저작물을 전집 기타의 편집물에 집록하거나 또는 전집 기타의 편집물의 일부를 분리하여 별도로 이를 출판하는 것을 방해하지 아니한다.
第二十八條の四[存續期間]　出版權は設定行爲に別段の定なきときは其の設定ありたるときより三年間存續す	제28조의4(존속기간) 출판권은 설정행위에 별단의 정함이 없는 경우는 그 설정이 있은 때로부터 3년간 존속한다.
第二十八條の五[出版の義務]　出版權者は出版權の設定ありたるときより三月以内に著作物を出版するの義務を負う但し設定行爲に別段の定あるときは此の限に在らず 出版權者が前項の義務に違反したるときは著作權者は出版權の消滅を請求することを得	제28조의5(출판의 의무) ① 출판권자는 출판권의 설정이 있은 때로부터 3월 이내에 저작물을 출판할 의무를 진다. 다만, 설정행위에 별도로 정하는 경우는 그러하지 아니하다. ② 출판권자가 전항의 의무를 위반한 경우는 저작권자는 출판권의 소멸을 청구할 수 있다.
第二十八條の六[継續出版の義務]　出版權者は著作物を継續して出版するの義務を負う但し設定行爲に別段の定あるときは此の限に在らず 出版權者が前項の義務に違反したるときは著作權者は三月以上の期間を定めて其の履行を催告し其の期間内に履行なきときは出版權の消滅を請求することを得	제28조의6(계속출판의 의무) ① 출판권자는 저작물을 계속하여 출판할 의무를 진다. 다만, 설정행위에 별도로 정하는 경우는 그러하지 아니하다. ② 출판권자가 전항의 의무를 위반한 경우는 저작권자는 3월 이상의 기간을 정하여 그 이행을 최고하고 그 기간 내에 이행이 없는 경우는 출판권의 소멸을 청구할 수 있다.
第二十八條の七[修正增減·再版]　著作者は出版權者が著作物の各版の複製を完了するに至る迄其の著作物に正当の範囲内に於て修正增減を加うることを得 出版權者が著作物を再版する場合に於ては其の都度予め著作者に其の旨を通知することを要す	제28조의7(수정증감·재판) ① 저작자는 출판권자가 저작물의 각판의 복제를 완료할 때까지 그 저작물에 정당한 범위 내에서 수정증감을 가할 수 있다. ② 출판권자가 저작물을 재판하는 경우에 있어서는 그때마다 미리 저작자에게 그 취지를 통지하여야 한다.
第二十八條の八[消滅の請求]　著作權者は其の著作物の出版を廢絶する爲何時にても損害を賠償して出版權の消滅を請求することを得	제28조의8(소멸의 청구) 저작권자는 그 저작물의 출판을 폐절하기 위하여 언제든지 손해를 배상하고 출판권의 소멸을 청구할 수 있다.
第二十八條の九[處分]　出版權は著作權者の同意を得て其の讓渡又は質入を爲すことを得	제28조의9(처분) 출판권은 저작권자의 동의를 얻어 그 양도 또는 입질을 할 수 있다.

일본 저작권법(1899년)	번역
第二十八條の十[登錄] 出版權の得喪、変更及質入は其の登錄を受くるに非ざれば之を以て第三者に對抗することを得ず 第十六條の規定は出版權の登錄に付之を準用す	제28조의10(등록) ① 출판권의 득실, 변경 및 입질은 그 등록을 받지 아니하면 이로써 제3자에게 대항할 수 없다. ② 제16조의 규정은 출판권의 등록에 대하여 이를 준용한다.
第二十八條の十一[侵害] 出版權の侵害に付ては本法中第三十四條及第三十六條の二の規定を除くの外僞作に關する規定を準用す	제28조의11(침해) 출판권의 침해에 대하여는 본법 중 제34조 및 제36조의2 규정을 제외하고 위작에 관한 규정을 준용한다.
第三章　僞作	제3장 위작
第二十九條[著作權侵害者の責任] 著作權を侵害したる者は僞作者とし本法に規定したるものの外民法第三編第五章の規程に從い之に因りて生じたる損害を賠償するの責に任ず	제29조(저작권 침해자의 책임) 저작권을 침해한 자를 위작자로 하고 본법에 규정한 것 외에 민법 제3편 제5장의 규정에 따라 이로 인하여 발생한 손해를 배상할 책임을 진다.
第三十條[著作權の制限] 既に發行したる著作物を左の方法に依り複製するは僞作と看做さず 第一 發行するの意思なく且器械的又は化學的方法に依らずして複製すること 第二 自己の著作物中に正当の範囲内に於て節錄引用すること	제30조(저작권의 제한) ① 이미 발행한 저작물을 다음 방법에 의하여 복제하는 것은 위작으로 간주하지 아니한다. 1. 발행할 의사 없이 또한 기계적 혹은 화학적 방법에 의하지 아니하고 복제하는 것 2. 자신의 저작물 중에 정당한 범위 내에서 절록인용하는 것
第三 普通教育上の修身書及讀本の目的に供する爲に正当の範囲内に於て拔萃蒐輯すること	3. 보통교육상의 수신서(修身書) 및 독본의 목적에 제공하기 위해 정당한 범위 내에서 발췌수집하는 것
第四 文芸學術の著作物の文句を自己の著作したる脚本に挿入し又は樂譜に充用すること	4. 문예·학술저작물의 문구를 자신이 저작한 각본에 삽입하거나 또는 악보에 충당하여 사용하는 것
第五 文芸學術の著作物を說明するの材料として美術上の著作物を挿入し又は美術上の著作物を說明するの材料として文芸學術の著作物を挿入すること 第六 図畵を彫刻物模型に作り又は彫刻物模型を図畵に作ること 第七 脚本又は樂譜を收益を目的とせず且出演者が報酬を受けざる興行の用に供し又は其の興行を放送すること	5. 문예·학술저작물을 설명하는 재료로서 미술상의 저작물을 삽입하거나 또는 미술상의 저작물을 설명하는 재료로서 문예·학술저작물을 삽입하는 것 6. 도화를 조각물 모형으로 만들거나 또는 조각물 모형을 도화로 만드는 것 7. 각본 또는 악보를 수익을 목적으로 하지 아니하고 또한 출연자가 보수를 받지 아니하는 흥행용으로 제공하거나 또는 그 흥행을 방송하는 것

일본 저작권법(1899년)	번역
第八　音を機械的に複製するの用に供する機器に著作物の適法に寫調せられたるものを興行又は放送の用に供すること 第九　專ら官廳の用に供する爲複製すること 本條の場合に於ては其の出所を明示することを要す	8. 음을 기계적으로 복제하는 이용에 제공하는 기기에 저작물이 적법하게 사조된 것을 흥행 또는 방송용으로 제공하는 것 9. 오로지 관청용으로 제공하기 위해 복제하는 것 ② 본조의 경우에 있어서는 그 출처를 명시하여야 한다.
第三十一條[著作權侵害物の輸入]　帝國に於て發賣頒布するの目的を以て僞作物を輸入する者は僞作者と看做す	제31조(저작권 침해물의 수입) 제국에서 발매 배포할 목적으로 위작물을 수입하는 자는 위작자로 간주한다.
第三十二條[問題の解答書]　練習用の爲に著作したる問題の解答書を發行する者は僞作者と看做す	제32조(문제의 해답서) 연습용을 위해 저작한 문제의 해답서를 발행하는 자는 위작자로 간주한다.
第三十三條[善意無過失による侵害]　善意にして且過失なく僞作を爲して利益を受け之が爲に他人に損失を及ぼしたる者は其の利益の存する限度に於て之を返還する義務を負う	제33조(선의·무과실에 의한 침해) 선의로 또한 과실 없이 위작을 하여 이익을 얻고 이로 인하여 타인에게 손실을 미친 자는 그 이익이 있는 한도에서 이를 반환할 의무를 진다.
第三十四條[共同著作物の侵害]　數人の合著作に係る著作物の著作權者は僞作に對し他の著作權者の同意なくして告訴を爲し及自己の持分に對する損害の賠償を請求し又は自己の持分に応じて前條の利益の返還を請求することを得	제34조(공동저작물의 침해) 수인의 합저작과 관련된 저작물의 저작권자는 위작에 대해 다른 저작권자의 동의 없이 고소하고 아울러 자신의 지분에 대한 손해배상을 청구하거나 또는 자신의 지분에 따라 전조의 이익의 반환을 청구할 수 있다.
第三十五條[著作者·發行者の推定]　僞作に對し民事の訴訟を提起する場合に於ては既に發行したる著作物に於て其の著作者として氏名を掲げたる者を以て其の著作者と推定す 無名又は変名著作物に於ては其の著作物に發行者として氏名を掲げたる者を以て其の發行者と推定す 未だ發行せざる脚本、樂譜及活動寫眞術又は之と類似の方法に依り製作したる著作物の興行に關しては其の興行に著作者として氏名を顯わしたる者を以て其の著作者と推定す 著作者の氏名を顯わさざるときは其の興行者を以て其の著作者と推定す 第十五條第三項の規定に依り著作年月日の登錄を受けたる著作物に在りては其の年月日を以て著	제35조(저작자·발행자의 추정) ① 위작에 대해 민사소송을 제기하는 경우에 있어서는 이미 발행한 저작물에 있어서 그 저작자로서 성명을 표시한 자를 그 저작자로 추정한다. ② 무명 또는 변명저작물에 있어서는 그 저작물에 발행자로서 성명을 표시한 자를 그 발행자로 추정한다. ③ 아직 발행하지 아니한 각본, 악보 및 활동사진술 또는 이와 유사한 방법에 의하여 제작한 저작물의 흥행에 관하여는 그 흥행에 저작자로서 성명을 나타낸 자를 그 저작자로 추정한다. ④ 저작자의 성명을 나타내지 아니한 경우는 그 흥행자를 그 저작자로 추정한다.

일본 저작권법(1899년)	번역
作の年月日と推定す 第十五條第四項の規定に依り第一發行年月日の登錄を受けたる著作物に在りては其の年月日を以て始めて發行したる年月日と推定す	⑤ 제15조 제3항의 규정에 의하여 저작연월일의 등록을 받은 저작물에 있어서는 그 연월일을 저작연월일로 추정한다. ⑥ 제15조 제4항의 규정에 의하여 최초발행연월일의 등록을 받은 저작물에 있어서는 그 연월일을 처음으로 발행한 연월일로 추정한다.
第三十六條[差止·差押] 僞作に關し民事の出訴又は刑事の起訴ありたるときは裁判所は原告又は告訴人の申請に依り保証を立てしめ又は立てしめずして仮に僞作の疑ある著作物の發賣頒布を差止め若は之を差押え又は其の興行を差止むることを得 前項の場合に於て僞作に非ざる旨の判決確定したるときは申請者は差止又は差押より生じたる損害を賠償するの責に任ず	제36조(정지·압류) ① 위작에 관하여 민사소송의 제기 또는 형사의 기소가 있는 경우는 법원은 원고 또는 고소인의 신청에 의하여 보증을 서게 하거나 또는 서게 하지 아니하고 가령 위작의 의심이 있는 저작물의 발매 배포를 정지하거나 혹은 이를 압류하거나 또는 그 흥행을 정지시킬 수 있다. ② 전항의 경우에 있어서 위작이 아니라는 취지의 판결이 확정된 경우는 신청자는 정지 또는 압류에 의하여 발생한 손해를 배상할 책임을 진다.
第三十六條の二[著作者人格權の侵害] 第十八條の規定に違反したる行爲を爲したる者に對しては著作者は著作者たることを確保し又は訂正其の他其の聲望名譽を回復するに適當なる處分を請求し及民法第三編第五章の規程に從い損害の賠償を請求することを得 第十八條の規定に違反したる行爲を爲したる者に對しては著作者の死後に於ては著作者の親族に於て其の著作者たることを確保し又は訂正其の他其の聲望名譽を回復するに適當なる處分を請求することを得 前二項の規定に依る民事の訴訟に付ては前二條の規定を準用す	제36조의2(저작인격권의 침해) ① 제18조의 규정에 위반한 행위를 한 자에 대하여는 저작자는 저작자임을 확보 또는 정정 기타 그 성망, 명예를 회복함에 적당한 처분을 청구하고 아울러 민법 제3편 제5장의 규정에 따라 손해배상을 청구할 수 있다. ② 제18조의 규정에 위반한 행위를 한 자에 대하여는 저작자의 사후에 있어서는 저작자의 친족에 있어서 그 저작자임을 확보 또는 정정 기타 그 성망, 명예를 회복함에 적당한 처분을 청구할 수 있다. ③ 전 제2항의 규정에 의한 민사소송에 대하여는 전조의 규정을 준용한다.
第三十六條の三[著作權制度審議會] 文化廳長官は第二十二條の五第二項又は第二十七條第二項の規定に依る償金の額を定めんとするときは著作權制度審議會に諮問すべし <1962년 법개정('문부성설치법의 일부를 개정하는 법률')으로 '著作權審議會'를 '著作權制度審議會'로 변경 ; 1968년 법개정('행정기구의 간소화 등을 위한 총리부설치법 등의 일부를	제36조의3(저작권제도심의회) 문화청장관은 제22조의5 제5항 또는 제27조 제2항의 규정에 의한 상금의 액을 정하고자 하는 경우는 저작권제도심의회에 자문하여야 한다.

일본 저작권법(1899년)	번역
개정하는 법률')으로 '主務大臣'을 '文化廳長官'으로 변경>	
第四章　罰　則	제4장 벌칙
第三十七條[著作權侵害の罪] 僞作を爲したる者及情を知て僞作物を發賣し又は頒布したる者は二年以下の懲役又は五万円以下の罰金に處す <1958년 법개정[34]으로 '五十円以上五百円以下の罰金'을 '二年以下の懲役又は五万円以下の罰金'으로 변경>	제37조(저작권 침해의 죄) 위작을 한 자 및 정을 알고 위작물을 발매 또는 배포한 자는 2년 이하의 징역 또는 5만엔 이하의 벌금에 처한다.
第三十八條[著作者人格權侵害の罪] 第十八條の規定に違反したる者は五万円以下の罰金に處す <1958년 법개정으로 '三十円以上三百円以下の罰金'을 '五万円以下の罰金'으로 변경>	제38조(저작인격권 침해의 죄) 제18조의 규정에 위반한 자는 5만엔 이하의 벌금에 처한다.
第三十九條[出所不明示の罪] 第二十條、第二十條の二及第三十條第二項の規定に違反し出所を明示せずして複製したる者並第十三條第四項の規定に違反したる者は一万円以下の罰金に處す <1958년 법개정으로 '一百円以下の罰金'을 '一万円以下の罰金'으로 변경>	제39조(출처불명시의 죄) 제20조, 제20조의 2 및 제30조 제2항의 규정에 위반하여 출처를 명시하지 아니하고 복제한 자와 제13조 제4항의 규정에 위반한 자는 1만엔 이하의 벌금에 처한다.
第四十條[著作者名詐称の罪] 著作者に非ざる者の氏名称号を附して著作物を發行したる者は一年以下の懲役又は三万円以下の罰金に處す <1958년 법개정으로 '三十円以上五百円以下の罰金'을 '一年以下の懲役又は三万円以下の罰金'으로 변경>	제40조(저작자명 사칭의 죄) 저작자 아닌 자의 성명, 칭호를 붙여 저작물을 발행한 자는 1년 이하의 징역 또는 3만엔 이하의 벌금에 처한다.
第四十一條　削除	제41조(삭제)
第四十二條[虛僞登錄の罪] 虛僞の登錄を受けたる者は一万円以下の罰金に處す <1958년 개정으로 '一百円以下の罰金'을 '一万円以下の罰金'으로 변경>	제42조(허위등록의 죄) 허위의 등록을 받은 자는 1만엔 이하의 벌금에 처한다.
第四十三條[沒收] 僞作物及專ら僞作の用に供したる器械器具は僞作者、印刷者、發賣者及頒布者の所有に在る場合に限り之を沒收す	제43조(몰수) 위작물 및 오로지 위작의 이용에 제공한 기계 기구는 위작자, 인쇄자, 발매자 및 배포자의 소유인 경우에 한하여 이를 몰수한다.
第四十四條[親告罪] 本章に規定したる罪は被害者の告訴を待て其の罪を論ず但し第三十八條の場合に於て著作者の死亡したるとき並第四十條乃	제44조(친고죄) 본 장에 규정한 죄는 피해자의 고소를 기다려 그 죄를 논한다. 다만, 제38조의 경우에 있어서 저작자가 사망한

일본 저작권법(1899년)	번역
至第四十二條の場合は此の限に在らず	경우와 제40조 내지 제42조의 경우에는 그러하지 아니하다.
第四十五條 削除 <1958년 법개정으로 삭제되기 전의 규정은 다음과 같다 : "本章の罪に對する公訴の時效は二年を経過するに因り完成す">	제45조(삭제)
第五章　附則	제5장 부칙
第四十六條　本法施行の期日は勅令を以て之を定む[明治三十二年七月十五日から施行] 明治二十六年法律第十六号版權法明治二十年勅令第七十八号脚本樂譜條例明治二十年勅令第七十九号寫眞版權條例は本法施行の日より廢止す	제46조 ① 본법의 시행기일은 칙령으로 이를 정한다 [1899년 7월 15일부터 시행]. ② 1893년 법률 제16호 판권법, 1887년 칙령 제78호 각본악보조례, 1887년 칙령 제79호 사진판권조례는 본법의 시행일로부터 폐지한다.
第四十七條　本法施行前に著作權の消滅せざる著作物は本法施行の日より本法の保護を享有す	제47조 본법 시행 전에 저작권이 소멸하지 아니한 저작물은 본법 시행일로부터 본법의 보호를 향유한다.
第四十八條　本法施行前僞作と認められざりし複製物にして既に複製したるもの又は複製に著手したるものは之を完成して發賣頒布することを得 前項の複製の用に供したる器械器具の現存するときは本法施行後五年間仍其の複製の爲之を使用することを得	제48조 ① 본법 시행 전 위작으로 인정되지 아니하는 복제물로서 이미 복제한 것 또는 복제에 착수한 것은 이를 완성하여 발매·배포할 수 있다. ② 전항의 복제의 이용에 제공한 기계, 기구가 현존하는 경우는 본법 시행 후 5년간 계속 그 복제를 위하여 이를 사용할 수 있다.
第四十九條　本法施行前翻譯し又は翻譯に著手し其の当時に於て僞作と認められざりしものは之を完成して發賣頒布することを得但し翻譯物は本法施行後七年内に發行することを要す 前項の翻譯物は發行後五年間仍之を複製することを得	제49조 ① 본법 시행 전 번역하거나 또는 번역에 착수하고 그 당시에 있어서 위작으로 인정되지 아니한 것은 이를 완성하여 발매·배포할 수 있다. 다만, 번역물은 본법 시행 후 7년 내에 발행하여야 한다. ② 전항의 번역물은 발행 후 5년간 계속 이를 복제할 수 있다.
第五十條　本法施行前既に興行し若は興行に著手し其の当時に於て僞作と認められざりしものは本法施行後五年間仍之を興行することを得	제50조 본법 시행 전 이미 흥행하거나 또는 흥행에 착수하고 그 당시에 있어서 위작으로 인정되지 아니한 것은 본법 시행 후 5년간 계속 이를 흥행할 수 있다.
第五十一條　第四十八條乃至第五十條の場合に於ては命令の定むる手續を履行するに非ざれば	제51조 제48조 내지 제50조의 경우에 있어서는 명령이 정하는 절차를 이행하지 아니

일본 저작권법(1899년)	번역
其の複製物を發賣頒布し又は興行することを得ず	하면 그 복제물을 발매·배포 또는 흥행할 수 없다.
第五十二條 第三條乃至第五條中三十年とあるは演奏歌唱の著作權及第二十二條の七に規定する著作權を除く外当分の間三十八年とす <1962년 법개정으로 신설 ; 1965년 법개정으로 '三十三年'을 '三十五年'으로 변경 ; 1967년 법개정으로 三十五年'을 '三十七年'으로 변경 ; 1969년 법개정으로 '三十七年'을 '三十八年'으로 변경> 第六條中三十年とあるは演奏歌唱の著作權及第二十二條の七に規定する著作權を除く外当分の間三十三年とす <1967년 법개정으로 신설 ; 1969년 법개정으로 '三十二年'을 '三十三年'으로 변경> 第二十三條第一項中十年とあるは当分の間十三年とす <1967년 법개정으로 신설 ; 1969년 법개정으로 '一十二年'을 '一十三年'으로 변경>	제52조 ① 제3조 내지 제5조 중 30년은 연주, 가창의 저작권 및 제22조의7에 규정하는 저작권을 제외하고 당분간 38년으로 한다. ② 제6조 중 30년은 연주, 가창의 저작권 및 제22조의7에 규정하는 저작권을 제외하고 당분간 33년으로 한다. ③ 제23조 제1항 중 10년은 당분간 13년으로 한다.
附則(昭和三十七年法律第七十四号)	부칙(1962년 법률 제74호)
この法律は、公布の日から施行する。ただし、この法律の施行前に著作權の消滅した著作物については、適用しない.[昭和三十七年四月五日から施行]	이 법률은 공포일로부터 시행한다. 다만, 이 법률의 시행 전에 저작권이 소멸한 저작물에 대하여는, 적용하지 아니한다. [1962년 4월 5일부터 시행]
附則(昭和四十年法律第六十七号)	부칙(1965년 법률 제67호)
この法律は、公布の日から施行する。ただし、この法律の施行前に著作權の消滅した著作物については、適用しない.[昭和四十年五月十八日から施行]	이 법률은 공포일로부터 시행한다. 다만, 이 법률의 시행 전에 저작권이 소멸한 저작물에 대하여는, 적용하지 아니한다. [1965년 5월 18일부터 시행]
附則(昭和四十二年法律第八十七号)	부칙(1967년 법률 제87호)
この法律は、公布の日から施行する。ただし、この法律の施行前に著作權の消滅した著作物については、適用しない.[昭和四十二年七月二十	이 법률은 공포일로부터 시행한다. 다만, 이 법률의 시행 전에 저작권이 소멸한 저작물에 대하여는, 적용하지 아니한다. [1967년

일본 저작권법(1899년)	번역
七日から施行]	7월 27일부터 시행]
附則(昭和四十四年法律第八十二号)	부칙(1969년 법률 제82호)
この法律は、公布の日から施行する。ただし、この法律の施行前に著作権の消滅した著作物については、適用しない.[昭和四十四年十二月八日から施行]	이 법률은 공포일로부터 시행한다. 다만, 이 법률의 시행 전에 저작권이 소멸한 저작물에 대하여는, 적용하지 아니한다. [1969년 12월 8일부터 시행]

34) 법률 명칭을 별도로 표시하지 않는 한 '저작권법의 일부를 개정하는 법률'을 의미한다.

부록 4.3. 양국 저작권법 비교

○ 양국 저작권법이란 우리 구법과 1899년 일본 구법을 말한다. 우리 구법은 위 부록 4.1.b. 구법(수정본)을, 일본 구법은 1956년까지 개정된 일본 저작권법 번역문을 싣는다. 번역문은 이영록(번역), 위의 책에 따르되, 1958년 이후 개정 부분은 필자가 따로 번역했다. 일본 구법에는 각조에 제목이 붙지 않았지만, 여기서는 편의상 제목을 그대로 두었다. 일본 구법 제45조에는 제목을 새로 추가했다.

구법	일본 저작권법(1899)
제1장 총칙	제1장 저작자의 권리
제1조(목적) 본법은 학문적 또는 예술적 저작물의 저작자를 보호하여 민족문화의 향상발전을 도모함을 목적으로 한다.	
제2조(저작물) 본법에서 저작물이라 함은 표현의 방법 또는 형식의 여하를 막론하고 문서, 연술, 회화, 조각, 공예, 건축, 지도, 도형, 모형, 사진, 악곡, 악보, 연주, 가창, 무보, 각본, 연출, 음반, 녹음필림, 영화와 기타 학문 또는 예술의 범위에 속하는 일체의 물건을 말한다.	제1조(저작권의 내용) ① 문서, 연술, 도화, 건축, 조각, 모형, 사진, 연주, 가창, 기타 문예, 학술 혹은 미술(음악을 포함한다. 이하 같다)의 범위에 속하는 저작물의 저작자는 그 저작물을 복제하는 권리를 전유한다.
제3조(비저작물) 다음에 기재한 것은 이를 본법에 의한 저작물로 보지 않는다. 1. 법률명령과 관공서문서의 본문, 단 내비(內祕) 중인 것은 예외로 한다. 2. 시사보도 3. 신문 또는 잡지에 게재된 잡보 4. 공개한 법정, 국회, 지방의회에서의 연술	제11조(저작권의 목적이 되지 아니하는 저작물) 아래에 기재한 것은 저작권의 목적물이 될 수 없다. 1. 법률, 명령 및 관공문서 2. 신문 또는 잡지에 게재한 잡보 및 시사보도 기사 3. 공개된 법원, 의회와 政談집회에서 행한 연술
제4조(저작자) 본법에서 저작자라 함은 저작물을 창작한 자를 말한다.	
제5조(동전) ① 타인의 저작물을 그 창작자의 동의를 얻어 번역, 개작 또는 편집한 자는 원저작자의 권리를 해하지 않는 범위 내에 있어서 이를 본법에 의한 저작자로 본다.	제14조(편집저작물) 다수의 저작물을 적법하게 편집한 자는 저작자로 간주하고 그 편집물 전부에 대하여만 저작권을 가진다. 다만, 각 부분의 저작권은 그 저작자에게 속한다.
② 본법에서 개작이라 함은 신저작물로 될 수 있는 정도로 원저작물에 수정증감을 가하거나 또는 다음의 방법에 의하여 변형복제하는 것을 말한다. 1. 원저작물을 영화화(각색하여 영화화하는 경우를 포함한다)하거나 또는 영화를 각본화, 소설화하는 것 2. 미술적저작물을 원저작물과 다른 기술로써 전화시키는 것 3. 음악적저작물을 원저작물과 다른 기술로써 전화시키어 그 선율을 변화시키는 것	제19조(개작물) 원저작물에 훈점(訓点), 방훈(토), 구두(句讀), 비평, 주해, 부록, 도화를 추가하거나 또는 기타의 수정증감을 하거나 혹은 번안하더라도 새로운 저작권이 발생하지 아니한다. 다만, 새로운 저작물로 간주되어야 하는 것은 그러하지 아니하다. 제21조(번역물) 번역자는 저작자로 간주하고 본법의 보호를 향유한다. 다만, 원저작자의 권리는 이로 인하여 방해되지 아니한다. 제22조(미술저작물의 이종복제) 원저작물

구법	일본 저작권법(1899)
4. 원저작물을 음반 또는 필림에 사조 또는 녹음하는 것 5. 소설을 각본화하거나 또는 각본을 소설화하는 것 6. 소설각본을 시가화하거나 또는 시가를 소설, 각본화하는 것	과 다른 기술에 의하여 적법하게 미술상의 저작물을 복제한 자는 저작자로 간주하고 본법의 보호를 향유한다. 제22조의3(영화의 저작권) 활동사진술 또는 이와 유사한 방법에 의하여 제작한 저작물의 저작자는 문예, 학술 또는 미술의 범위에 속하는 저작물의 저작자로서 본법의 보호를 향유한다. 그 보호의 기간에 대하여는 독창성을 가지는 것에 있어서는 제3조 내지 제6조 및 제9조의 규정을 적용하며 이를 결하는 것에 있어서는 제23조의 규정을 적용한다. 제22조의4(영화의 저작권) 타인의 저작물을 활동사진술 또는 이와 유사한 방법에 의하여 복제(각색하여 영화화하는 경우를 포함한다)한 자는 저작자로 간주하고 본법의 보호를 향유한다. 다만, 원저작자의 권리는 이로 인하여 방해되지 아니한다. 제23조(보호기간－사진저작물) ③ 사진술에 의하여 적법하게 미술상의 저작물을 복제한 자는 원저작물의 저작권과 동일한 기간 동안 본법의 보호를 향유한다. 다만, 당사자간에 계약이 있는 경우는 그 계약의 제한에 따른다. 제22조의7(녹음물의 저작권) 음을 기계적으로 복제하는 이용에 제공하는 기기에 타인의 저작물을 적법하게 사조(寫調)한 자는 저작자로 간주하고 그 기기에 대하여만 저작권을 가진다.
제6조(동전) 다음 각호의 1에 해당하는 자는 이를 본법에 의한 저작자로 추정한다. 1. 이미 발행한 저작물에 있어서 그 저작자로써 성명을 게기한 자 2. 아즉 발행하지 않은 각본, 악보와 영화화한 저작물의 공연에 있어서 저작자로서 성명을 게기한 자 3. 저작자의 성명을 게기하지 아니한 때에는 그 출판자 또는 그 공연자	제35조(저작자·발행자의 추정) ① 위작에 대해 민사소송을 제기하는 경우에 있어서는 이미 발행한 저작물에 있어서 그 저작자로서 성명을 표시한 자를 그 저작자로 추정한다. ② 무명 또는 변명저작물에 있어서는 그 저작물에 발행자로서 성명을 표시한 자를 그 발행자로 추정한다. ③ 아직 발행하지 아니한 각본, 악보 및
제7조(저작권) 본법에서 저작권이라 함은	활동사진술 또는 이와 유사한 방법에 의

구법	일본 저작권법(1899)
저작자가 그 저작물 위에 가지고 있는 일체의 인격적·재산적 권리를 말한다.	하여 제작한 저작물의 흥행에 관하여는 그 흥행에 저작자로서 성명을 나타낸 자를 그 저작자로 추정한다.
제8조(발행) ① 본법에서 발행이라 함은 저작물을 복제하여 발매 또는 배포하는 행위를 말한다. ② 무명 또는 변명저작물에 있어서는 그 저작물에 발행자로서 성명을 게기한 자를 발행인으로 추정한다.	④ 저작자의 성명을 나타내지 아니한 경우는 그 흥행자를 그 저작자로 추정한다. ⑤ 제15조 제3항의 규정에 의하여 저작연월일의 등록을 받은 저작물에 있어서는 그 연월일을 저작연월일로 추정한다.
제9조(출판) 본법에서 출판이라 함은 문서, 회화 등의 저작물을 인쇄술 기타의 기계적화학적 방법에 의하여 복제하여 발매 또는 배포함을 말한다.	⑥ 제15조 제4항의 규정에 의하여 최초발행연월일의 등록을 받은 저작물에 있어서는 그 연월일을 처음으로 발행한 연월일로 추정한다.
제10조(공연) 본법에서 공연이라 함은 각본, 악보, 음반, 영화 등의 저작물을 상연, 연주, 상영, 기타의 방법으로 공개연출함을 말한다.	
제11조(저작권심의회) ① 본법에 규정된 제등록 제20조제3항 또는 제22조제3항의 규정에 의한 보상금의 액 또는 저작권에 관한 일반적 사항 등에 관하여 주무장관의 자문에 응하고 또는 이에 관한 사항을 조사심의하기 위하여 저작권심의회를 둔다. ② 저작권심의회는 덕망있는 저작자로써 구성한다. ③ 저작권심의회의 조직과 기타 필요한 사항은 대통령령으로써 정한다.	제36조의3(저작권심의회) 주무대신은 제22조의5 제5항 또는 제27조 제2항의 규정에 의한 상금의 액을 정하고자 하는 경우는 저작권심의회에 자문하여야 한다.
제2장 저작권	제1장 저작자의 권리
제12조(합저작물) ① 수인의 합저작에 관한 저작물의 저작권은 각 저작자의 공유에 속한다. ② 각 저작자의 분담한 부분이 명확하지 않는 경우에 있어서 저작자 중에 그 발행 또는 공연을 거절하는 자가 있을 때에는 그 외의 저작자는 그 자에게 배상함으로써 그 지분을 취득할 수 있다. 단 반대의 계약이 있을 때에는 예외로 한다. ③ 각 저작자의 분담한 부분이 명확한 부	제13조(공동저작물) ① 수인의 합저작과 관련된 저작물의 저작권은 각 저작자의 공유에 속한다. ② 각 저작자가 분담한 부분이 명료하지 아니한 경우에 있어서 저작자 중 그 발행 또는 흥행을 거부하는 자가 있는 경우는 다른 저작자는 그 자에게 배상하고 그 지분을 취득할 수 있다. 다만, 반대의 계약이 있는 경우는 그러하지 아니하다. ③ 각 저작자가 분담한 부분이 명료한 경

구법	일본 저작권법(1899)
분에 있어서 저작자 중에 그 발행 또는 공연을 거절하는 자가 있을 때에는 그 이외의 저작자는 자기의 부분을 분리하여 단독의 저작물로서 발행 또는 공연할 수 있다. 단 반대의 계약이 있을 때에는 예외로 한다.	우에 있어서 저작자 중 그 발행 또는 흥행을 거부한 자가 있는 경우는 다른 저작자는 자신의 부분을 분리하여 단독저작물로서 발행 또는 흥행할 수 있다. 다만, 반대의 계약이 있는 경우는 그러하지 아니하다.
④ 본조제2항의 경우에 있어서 발행 또는 공연을 거절한 저작자의 성명은 그 의사에 반하여 그 성명을 그 저작물에 게기할 수 없다.	④ 본조 제2항의 경우에 있어서는 발행 또는 흥행을 거부한 저작자의 뜻에 반하여 그 성명을 그 저작물에 게재할 수 없다.
제13조(촉탁저작물) 타인의 촉탁에 의하여 저작된 사진초상의 저작권은 그 촉탁자에 속한다.	제25조(촉탁에 의한 사진초상) 타인의 촉탁에 의하여 저작한 사진초상의 저작권은 그 촉탁자에게 속한다.
제14조(귀속권) 저작자는 저작물에 관한 재산적 권리에 관계없이 또한 그 권리의 이전 후에 있어서도 그 저작물의 창작자임을 주장할 권리가 있다.	제18조(저작인격권) ① 타인의 저작물을 발행 또는 흥행하는 경우에 있어서는 저작자의 생존 중에는 저작자가 현재 그 저작권을 가지는지 여부를 불문하고 그 동의 없이 저작자의 성명, 칭호를 변경 혹은 은닉하거나 또는 그 저작물에 개찬 기타의 변경을 가하거나 혹은 그 제호를 변경할 수 없다.
제15조(공표권) 미공표의 저작물의 저작자는 이를 공표하거나 또는 공표하지 않을 것을 자유로 결정할 권리가 있다.	
제16조(원상유지권) 저작자는 저작물에 관한 재산적 권리에 관계없이 또한 그 권리의 이전 후에 있어서도 그 저작물의 내용 또는 제호를 개찬, 절제 또는 기타 변경을 가하여 그 명예와 성망을 해한 자에 대하여 이의를 주장할 권리가 있다.	② 타인의 저작물을 발행 또는 흥행하는 경우에 있어서는 저작자의 사후에는 저작권이 소멸한 후라 하더라도 그 저작물에 개찬 기타의 변경을 가하여 저작자의 뜻을 해하거나 또는 그 제호를 바꾸거나 혹은 저작자의 성명, 칭호를 변경 혹은 은닉할 수 없다.
제17조(변경권) 저작자는 그 저작물의 내용 형식과 제호를 변경할 권리가 있다.	
제18조(발행권) 저작자는 그 저작물을 발행할 권리가 있다.	제1조(저작권의 내용) ① 문서, 연술, 도화, 건축, 조각, 모형, 사진, 연주, 가창, 기타 문예, 학술 혹은 미술(음악을 포함한다. 이하 같다)의 범위에 속하는 저작물의 저작자는 그 저작물을 복제하는 권리를 전유한다.
제19조(출판권) 저작자는 그 저작물을 출판할 권리가 있다.	
제20조(공연권) ① 저작자는 그 저작물을 공연할 권리가 있다.	
② 저작자의 불명한 저작물로서 아직 발행 또는 공연하지 않은 것은 대통령령의 정하는 바에 의하여 이를 발행 또는 공연할 수 있다.	② 문예, 학술저작물의 저작권은 번역권을 포함하며 각종의 각본 및 악보의 저작권은 흥행권을 포함한다.
③ 저작권자의 거소가 불명하거나 또는	제22조의2(저작권의 내용－영화화권 등) 문예, 학술 또는 미술의 범위에 속하는

구법	일본 저작권법(1899)
저작권자와 협의할 수 없을 때에는 대통령령의 정하는 바에 의하여 상당한 보상금을 공탁하고 그 저작물을 발행 또는 공연할 수 있다. ④ 전항의 보상금의 액에 관하여 이의가 있는 자는 법원에 출소할 수 있다. 제21조(연술권) 저작자는 그 저작물을 연술할 권리가 있다. 제22조(방송권) ① 저작자는 그 저작물의 라디오 또는 테레비죤에 의한 방송을 허락할 권리가 있다. ② 이미 발행 또는 공연된 저작물을 방송하고저 할 때에는 방송자는 저작권자의 승낙을 얻어야 한다. ③ 전항의 승낙을 얻지 못하고 그 저작물의 방송이 공익상 필요할 때에는 방송자는 대통령령의 정하는 바에 의하여 상당한 보상금을 지급하고 저작물을 방송할 수 있다. 제23조(실시권) 저작자는 그 저작물을 건조 기타의 방법으로 실시할 권리가 있다. 제24조(전람권) 저작자는 그 저작물을 전람할 권리가 있다. 제25조(번역권) 저작자는 그 저작물을 번역할 권리가 있다. 제26조(개작권) 저작자는 그 저작물을 개작할 권리가 있다. 제27조(편집권) 저작자는 그 저작물을 편집할 권리가 있다.	저작물의 저작권은 그 저작물의 활동사진술 또는 이와 유사한 방법에 의하여 복제(각색하여 영화화하는 경우를 포함한다) 및 흥행하는 권리를 포함한다. 제22조의6(저작권의 내용－녹음권) 문예, 학술 또는 미술의 범위에 속하는 저작물의 저작권은 그 저작물을 음을 기계적으로 복제하는 이용에 제공하는 기기에 사조(寫調) 및 그 기기에 의하여 흥행하는 권리를 포함한다. 제22조의5(저작권의 내용－방송권) ① 문예, 학술 또는 미술의 범위에 속하는 저작물의 저작권은 그 저작물의 무선전화에 의한 방송을 허락하는 권리를 포한한다. ② 방송사업자는 이미 발행 또는 흥행한 타인의 저작물을 방송하고자 하는 경우는 저작권자와 협의를 하여야 한다. 협의가 이루어지지 아니하는 경우는 명령이 정하는 바에 의하여 주무대신이 정하는 상당한 상금을 지불하고 그 저작물을 방송할 수 있다. ③ 전항의 상금의 액에 대해 이의가 있는 자는 민사재판소에 출소할 수 있다. 제27조(법정허락) ① 저작권자가 불명한 저작물로 아직 발행 또는 흥행하지 아니한 것은 명령이 정하는 바에 의하여 이를 발행 또는 흥행할 수 있다. ② 저작권자의 거소가 불명한 경우, 기타 명령이 정하는 사유로 인하여 저작권자와 협의할 수 없는 경우는 명령이 정하는 바에 의하여 주무대신이 정하는 상당한 상금을 공탁하고 그 저작물을 발행 또는 흥행할 수 있다. ③ 전항의 상금의 액에 대해 이의가 있는 자는 민사재판소에 출소할 수 있다.
제28조(압류금지) 아직 발행 또는 공연하지 않은 저작물의 원본과 그 저작권은 채권자를 위하여 압류되지 아니한다. 단 저작권자의 승낙이 있는 때에는 예외로 한다.	제17조(압류금지물) 아직 발행 또는 흥행하지 아니한 저작물의 원본 및 그 저작권은 채권자를 위한 압류를 받지 아니한다. 다만, 저작권자에게 승낙을 받은 경우는 그

구법	일본 저작권법(1899)
	러하지 아니하다.
제29조(저작권의 존속기간) 제14조 내지 제17조의 권리는 영구히 존속한다.	
제30조(동전) ① 발행 또는 공연한 저작물의 저작권은 저작자의 생존간과 사후 30년간 존속한다. ② 수인의 합저작에 관한 저작물의 저작권은 최종 사망자의 사후 30년간 존속한다.	제3조(보호기간－생전공표저작물) ① 발행 또는 흥행한 저작물의 저작권은 저작자의 생존간 및 그의 사후 30년간 계속한다. ② 수인의 합저작과 관련된 저작물의 저작권은 최종 사망한 자의 사후 30년간 계속한다.
제31조(동전) 저작자의 사후 발행 또는 공연한 저작물의 저작권은 발행 또는 공연한 날로부터 30년간 존속한다.	제4조(보호기간－사후공표저작물) 저작자의 사후 발행 또는 흥행한 저작물의 저작권은 발행 또는 흥행한 때부터 30년간 계속한다.
제32조(동전) 무명 또는 변명저작물의 저작권은 발행 또는 공연한 날로부터 30년간 존속한다. 단 기간 내에 저작자가 그 실명의 등록을 받을 때에는 제30조의 규정에 의한다.	제5조(보호기간－무명·변명저작물) 무명 또는 변명저작물의 저작권은 발행 또는 흥행한 때부터 30년간 계속한다. 다만, 그 기간 내에 저작자가 그의 실명의 등록을 받은 경우는 제3조의 규정에 따른다.
제33조(동전) 관공서, 학교, 회사 또는 기타 사회단체가 저작자로서 발행 또는 공연한 저작물의 저작권은 발행 또는 공연한 날로부터 30년간 존속한다.	제6조(보호기간－단체저작물) 관공서, 학교, 사찰, 협회, 회사, 기타 단체가 저작명의로 발행 또는 흥행한 저작물의 저작권은 발행 또는 흥행한 때부터 30년간 계속한다.
제34조(동전) ① 저작권자가 원저작물 발행일로부터 5년 내에 그 번역물을 발행하지 않을 때에는 그 번역권은 소멸한다. ② 전항의 기간 내에 저작자가 그 보호를 받고져 하는 국어의 번역물을 발행할 때에는 그 국어의 번역권은 제30조의 규정에 의한다.	제7조(보호기간－번역권) ① 저작권자가 원저작물 발행시부터 10년 내에 그 번역물을 발행하지 아니하는 경우는 그 번역권은 소멸한다. ② 전항의 기간 내에 저작권자가 그 보호를 받고자 하는 국어의 번역물을 발행한 경우는 그 국어의 번역권은 소멸하지 아니한다.
제35조(동전) ① 사진저작권은 10년간 존속한다. ② 사진술에 의하야 적법으로 예술상의 저작권을 복제한 자는 원저작물에 관한 저작권과 동일한 기간 내 본법의 보호를 받는다. 단 당사자 간에 계약이 있을 때에는 그 계약의 제한에 따른다.	제23조(보호기간－사진저작물) ① 사진저작권은 10년간 계속한다. ③ 사진술에 의하여 적법하게 미술상의 저작물을 복제한 자는 원저작물의 저작권과 동일한 기간 동안 본법의 보호를 향유한다. 다만, 당사자간에 계약이 있는 경우는 그 계약의 제한에 따른다.
제36조(동전) 학문적 또는 예술적 저작물	제24조(보호기간－사진저작물) 문예, 학술

구법	일본 저작권법(1899)
중에 삽입된 사진으로서 특히 그 저작물을 위하여 저작하였거나 또는 저작시켰을 때에는 그 사진저작권은 학문적 또는 예술적 저작물의 저작자에 속하고 그 저작권은 그 학문적 또는 예술적 저작권과 동일한 기간 내에 존속한다.	저작물 중에 삽입한 사진으로 특히 그 저작물을 위하여 저작하거나 저작하게 한 것인 경우 그 저작권은 문예, 학술저작물의 저작자에게 속하고 그 저작권과 동일한 기간 동안 계속한다.
第37조(동전) 사진에 관한 규정은 사진술과 유사한 방법에 의하여 제작한 저작물에 준용한다.	第26조(사진 유사의 저작물) 사진에 관한 규정은 사진술과 유사한 방법에 의하여 제작한 저작물에 준용한다.
第38조(동전) 영화제작권은 독창성을 갖인 것에 있어서는 제30조 내지 제33조의 규정을 적용하고 이를 결한 것에 있어서는 제35조의 규정을 준용한다.	第22조의3(영화의 저작권) 활동사진술 또는 이와 유사한 방법에 의하여 제작한 저작물의 저작자는 문예, 학술 또는 미술의 범위에 속하는 저작물의 저작자로서 본법의 보호를 향유한다. 그 보호의 기간에 대하여는 독창성을 가지는 것에 있어서는 제3조 내지 제6조 및 제9조의 규정을 적용하며 이를 결하는 것에 있어서는 제23조의 규정을 적용한다.
第39조(존속기간의 시기) 제30조 내지 제34조의 경우에 있어서 저작권의 기간을 계산함에는 저작자 사망의 해 또는 저작물을 발행 또는 공연한 때의 익년부터 기산한다.	第9조(기간의 계산) 전 6조의 경우에 있어서 저작권의 기간을 계산함에는 저작자 사망의 해 또는 저작물을 발행 또는 흥행한 해의 다음 해부터 기산한다.
第40조(동전) 사진저작권의 기간은 그 저작물을 처음으로 발행한 해의 익년부터 기산한다. 만일 발행하지 않을 때에는 원판을 제작한 해의 익년부터 기산한다.	第23조(보호기간－사진저작물) ② 전항의 기간은 그 저작물을 최초로 발행한 해의 다음 해부터 기산한다. 만약 발행하지 아니한 경우는 種板(원판)을 제작한 해의 다음 해부터 기산한다.
第41조(동전) ① 책호를 따라 순차로 발행하는 저작물에 관하여서는 제30조 내지 제34조의 기간은 매책 또는 매호 발행일로부터 기산한다. ② 부분식 순차로 발행하여 전부 완성한 저작물에 관하여서는 제30조 내지 제34조의 기간은 최종 부분을 발행한 날로부터 기산한다. 단 3년을 경과하고 아직 계속의 부분을 발행하지 않을 때에는 이미 발행한 부분으로서 최종의 것으로 본다.	第8조(보호기간－계속적 간행물) ① 책호를 따라 순차로 발행하는 저작물에 관하여는 전 4조의 기간은 매책 혹은 매호 발행시부터 기산한다. ② 일부분씩을 점차로 발행하여 전부 완성하는 저작물에 관하여는 전 4조의 기간은 최종 부분의 발행시부터 기산한다. 다만, 3년을 경과하도록 계속하는 부분을 발행하지 아니하는 경우는 이미 발행한 부분으로서 최종의 것으로 본다.
第42조(양도권) ① 저작권은 그 전부 또는	第2조(양도) 저작권은 그의 전부 또는 일부

구법	일본 저작권법(1899)
일부를 양도할 수 있다. ② 저작권의 양도는 번역권의 양도를 포함하지 아니한 것으로 추정한다.	를 양도할 수 있다.
제43조(대항요건) ① 저작권의 상속, 양도, 신탁, 입질은 그 등록을 하지 아니하면 이로써 제3자에게 대항할 수 없다. ② 무명 또는 변명저작물의 저작자는 현재 그 저작권의 소유 여부에 관계없이 그 실명의 등록을 할 수 있다. ③ 저작자는 현재 그 저작권의 소유 여부에 관계없이 그 저작물의 저작년월일의 등록을 할 수가 있다.	제15조(등록) ① 저작권의 상속, 양도 및 入質은 그 등록을 받지 아니하면 이로써 제3자에게 대항할 수 없다. ② 무명 또는 변명저작물의 저작자는 현재 그 저작권을 가지는지 여부를 불문하고 그 실명의 등록을 받을 수 있다. ③ 저작자는 현재 저작권을 가지는지 여부를 불문하고 그 저작물의 저작연월일의 등록을 받을 수 있다. ④ 저작권자는 그 저작물을 처음으로 발행한 경우는 저작권자 또는 저작물의 발행자는 1년 이내에 한하여 최초발행연월일의 등록을 받을 수 있다.
④ 무명 또는 변명저작물의 발행자 또는 공연자는 저작권자에 속하는 권리를 보전할 수 있다. 단 저작자가 그 실명의 등록을 하였을 때에는 예외로 한다.	제12조(무명·변명저작물의 권리보전) 무명 또는 변명저작물의 발행자 또는 흥행자는 저작권자에게 속하는 권리를 보전할 수 있다. 다만, 저작자가 실명의 등록을 받은 경우는 그러하지 아니하다.
제44조(등록) ① 등록은 문교부장관이 이를 관장한다. ② 등록에 관하여 필요한 사항은 대통령령으로 정한다.	제16조(등록청) ① 등록은 행정청이 이를 행한다. ② 등록에 관한 규정은 명령으로서 이를 정한다.
제45조(소멸) 상속인 없는 경우에는 저작권은 소멸된다.	제10조(상속인의 부존재) 상속인이 없는 경우에 있어서 저작권은 소멸한다.
제46조(외국인 저작권) 외국인의 저작권에 대하여서는 조약에 별단의 규정이 있는 것을 제외하고는 본법의 규정을 적용한다. 단 저작권 보호에 관하여 조약에 규정이 없는 경우에는 국내에 있어서 처음으로 그 저작물을 발행한 자에 한하여 본법의 보호를 받는다.	제28조(외국인의 저작권) 외국인의 저작권에 대하여는 조약에 별단의 규정이 있는 것을 제외하고 본법의 규정을 적용한다. 다만, 저작권 보호에 관한 조약에 규정이 없는 경우에는 제국에서 최초로 그 저작물을 발행한 자에 한하여 본법의 보호를 향유한다.
제3장 출판권과 공연권	제2장 출판권
제47조(설정) 저작권자는 그 저작물의 출판을 인수하는 자에 대하여 출판권을 설정	제28조의2(설정) 저작권자는 그의 저작물을 문서 또는 도화로서 출판하는 것을 인수

구법	일본 저작권법(1899)
할 수 있다.	하는 자에 대해 출판권을 설정할 수 있다.
제48조(출판권자) ① 출판권자는 설정행위의 정하는 바에 의하여 출판권의 목적인 저작물을 원작 그대로 출판할 권리를 가진다. ② 출판권자는 출판권을 표시하기 위하여 각 출판물에 저작권자의 검인을 첩부하여야 한다. 단 출판권자가 저작권의 양도를 받은 경우에는 그 취지를 출판물에 표시하여야 한다.	제28조의3(내용) 출판권자는 설정행위가 정하는 바에 의하여 출판권의 목적인 저작물을 원작 그대로 인쇄술 기타의 기계적 또는 화학적 방법에 의하여 문서 또는 도화로서 복제하고 이를 발매, 배포하는 권리를 전유한다. 다만, 저작권자인 저작자가 사망한 경우 또는 설정행위에 별단의 정함이 없는 경우에 있어서 출판권의 설정이 있은 후 3년을 경과한 경우는 저작권자는 저작물을 전집 기타의 편집물에 집록하거나 또는 전집 기타의 편집물의 일부를 분리하여 별도로 이를 출판하는 것을 방해하지 아니한다.
제49조(존속기간) 출판권은 설정행위에 별도로 정함이 없는 한 설정일로부터 3년간 존속한다.	제28조의4(존속기간) 출판권은 설정행위에 별단의 정함이 없는 경우는 그 설정이 있은 때로부터 3년간 존속한다.
제50조(양도입질) 출판권자는 저작권자의 동의 없이는 양도 또는 입질할 수 없다.	제28조의9(처분) 출판권은 저작권자의 동의를 얻어 그 양도 또는 입질을 할 수 있다.
제51조(출판의무) ① 출판권자는 특약이 없는 한 출판권 설정일로부터 6월 이내에 저작물을 출판하여야 한다. ② 출판권자는 특약이 없는 한 저작물을 계속하여 출판하여야 한다.	제28조의5(출판의 의무) ① 출판권자는 출판권의 설정이 있은 때로부터 3월 이내에 저작물을 출판할 의무를 진다. 다만, 설정행위에 별도로 정하는 경우는 그러하지 아니하다. ② 출판권자가 전항의 의무를 위반한 경우는 저작권자는 출판권의 소멸을 청구할 수 있다.
제52조(통지의무) 출판권자가 출판물을 재판중판하는 경우에는 저작자로 하여금 수정증감의 기회를 주기 위하여 사전에 저작자에게 그 취지를 통지하여야 한다.	제28조의6(계속출판의 의무) ① 출판권자는 저작물을 계속하여 출판할 의무를 진다. 다만, 설정행위에 별도로 정하는 경우는 그러하지 아니하다. ② 출판권자가 전항의 의무를 위반한 경우는 저작권자는 3월 이상의 기간을 정하여 그 이행을 최고하고 그 기간 내에 이행이 없는 경우는 출판권의 소멸을 청구할 수 있다.
제53조(수정가감권) 저작권자는 각판의 복제완료까지 그 저작물에 정당한 범위 내	제28조의7(수정증감·재판) ① 저작자는 출판권자가 저작물의 각판의 복제를 완료

구법	일본 저작권법(1899)
의 수정증감을 가할 수 있다.	할 때까지 그 저작물에 정당한 범위 내에서 수정증감을 가할 수 있다. ② 출판권자가 저작물을 재판하는 경우에 있어서는 그때마다 미리 저작자에게 그 취지를 통지하여야 한다.
第54조(별도출판권) 저작권자인 저작자가 사망한 때 또는 설정행위에 별도로 정함이 없는 경우에 있어서 출판권 설정 후 3년을 경과한 때에는 저작권자는 저작물을 전집 기타의 편집물로 집록하거나 또는 전집 기타의 편집물의 일부를 분리하여 별도로 이를 출판할 수 있다.	第28조의3(내용) 출판권자는 설정행위가 정하는 바에 의하여 출판권의 목적인 저작물을 원작 그대로 인쇄술 기타의 기계적 또는 화학적 방법에 의하여 문서 또는 도화로서 복제하고 이를 발매, 배포하는 권리를 전유한다. 다만, 저작권자인 저작자가 사망한 경우 또는 설정행위에 별단의 정함이 없는 경우에 있어서 출판권의 설정이 있은 후 3년을 경과한 경우는 저작권자는 저작물을 전집 기타의 편집물에 집록하거나 또는 전집 기타의 편집물의 일부를 분리하여 별도로 이를 출판하는 것을 방해하지 아니한다.
第55조(소멸통고권) ① 출판권자가 출판권 설정 후 6월 이내에 출판을 하지 아니하거나 또는 계속해서 출판을 하지 않을 때에는 저작권자는 6월 이상의 기간을 정하여 그 이행을 최고하고 그 기간 내에 이행하지 않을 때에는 출판권의 소멸을 통고할 수 있다. ② 출판이 불가능한 경우 또는 출판의사 없음이 명백한 경우에는 즉시로 출판권의 소멸을 통고할 수 있다. ③ 출판권의 소멸을 통고한 경우에는 통고한 때에 출판권이 소멸한다. 第56조(소멸청구권) 저작권자는 전조의 경우에 언제든지 원상회복을 청구하거나 또는 출판을 중지함으로 인한 손해의 배상을 청구할 수 있다.	第28조의8(소멸의 청구) 저작권자는 그 저작물의 출판을 폐절하기 위하여 언제든지 손해를 배상하고 출판권의 소멸을 청구할 수 있다.
第57조(대항요건) 출판권의 득상(得喪), 변경과 입질은 그 등록을 하지 아니하면 이로써 제3자에 대항할 수 없다. 第44조의 규정은 출판권의 등록에 이를 준용한다.	第28조의10(등록) ① 출판권의 득실, 변경 및 입질은 그 등록을 받지 아니하면 이로써 제3자에게 대항할 수 없다. ② 제16조의 규정은 출판권의 등록에 대하여 이를 준용한다.

구법	일본 저작권법(1899)
第58조(침해) 출판권의 침해에 대하여서는 본법 중 제64조의 규정을 제외하고는 저작권 침해에 관한 규정을 준용한다. 第59조(공연권) 저작권자는 그 저작물의 공연을 인수하는 자에 대하여 공연권을 설정할 수 있다. 第60조(동전) 공연권자는 설정행위의 정하는 바에 의하여 공연권의 목적인 저작물을 원작 그대로 공연할 권리를 가진다. 第61조(동전) 공연권 설정에 관하여서는 본장 출판권 설정의 규정을 준용한다. 단 제49조의 준용에 있어서 그 기간은 1년으로 한다.	제28조의11(침해) 출판권의 침해에 대하여는 본법 중 제34조 및 제36조의2 규정을 제외하고 위작에 관한 규정을 준용한다.
제4장 저작권 침해	제3장 위작
第62조(민법 기타 법령의 준용) 저작권을 침해한 행위에 대하여서는 본법에 특별한 규정이 있는 경우 외에는 민법 기타의 법령을 적용한다.	제29조(저작권 침해자의 책임) 저작권을 침해한 자를 위작자로 하고 본법에 규정한 것 외에 민법 제3편 제5장의 규정에 따라 이로 인하여 발생한 손해를 배상할 책임을 진다. 제36조의2(저작인격권의 침해) ① 제18조의 규정에 위반한 행위를 한 자에 대하여는 저작자는 저작자임을 확보 또는 정정 기타 그 성망, 명예를 회복함에 적당한 처분을 청구하고 아울러 민법 제3편 제5장의 규정에 따라 손해배상을 청구할 수 있다. ② 제18조의 규정에 위반한 행위를 한 자에 대하여는 저작자의 사후에 있어서는 저작자의 친족에 있어서 그 저작자임을 확보 또는 정정 기타 그 성망, 명예를 회복함에 적당한 처분을 청구할 수 있다. ③ 전 제2항의 규정에 의한 민사소송에 대하여는 전조의 규정을 준용한다.
第63조(부정출판물의 부수 추정) 저작자의 승낙 없이 저작물을 출판하거나 제48조 제2항의 규정에 위반하여 저작자의 검인 없이 저작물을 출판한 때에 부정출판물	

구법	일본 저작권법(1899)
의 부수를 산정하기 어려운 때에는 이를 3천부로 추정한다.	
제64조(비침해행위) ① 이미 발행된 저작물을 다음 방법에 의하여 복제하는 것은 이를 저작권 침해로 보지 않는다. 1. 발행할 의사 없이 기계적 또는 화학적 방법에 의하지 아니하고 복제하는 것 2. 자기의 저작물 중에 정당한 범위 내에 있어서 절록인용(節錄引用)하는 것 3. 교과용도서의 목적을 위하여 정당한 범위 내에서 발췌수집(拔萃蒐輯)하는 것 4. 학문적 또는 예술적 저작물의 문구를 자기가 저작한 각본에 삽입하거나 악보에 충용(充用)하는 것 5. 학문적 또는 예술적 저작물을 설명하는 자료로써 학문적 또는 예술적 저작물을 삽입한 것 6. 회화를 조각물 모형으로 제작하고 또는 조각물 모형을 회화로 제작하는 것 7. 각본 또는 악보를 교육을 목적으로 하여 공연하거나 또는 공연을 방송하는 것 8. 음반, 녹음필림 등을 공연 또는 방송의 용(用에) 공(供)하는 것	제30조(저작권의 제한) ① 이미 발행한 저작물을 다음 방법에 의하여 복제하는 것은 위작으로 간주하지 아니한다. 1. 발행할 의사 없이 또한 기계적 혹은 화학적 방법에 의하지 아니하고 복제하는 것 2. 자신의 저작물 중에 정당한 범위 내에서 절록인용하는 것 3. 보통교육상의 수신서(修身書) 및 독본의 목적에 제공하기 위해 정당한 범위 내에서 발췌수집하는 것 4. 문예·학술저작물의 문구를 자신이 저작한 각본에 삽입하거나 또는 악보에 충당하여 사용하는 것 5. 문예·학술저작물을 설명하는 재료로서 미술상의 저작물을 삽입하거나 또는 미술상의 저작물을 설명하는 재료로서 문예·학술저작물을 삽입하는 것 6. 도화를 조각물 모형으로 만들거나 또는 조각물 모형을 도화로 만드는 것 7. 각본 또는 악보를 수익을 목적으로 하지 아니하고 또한 출연자가 보수를 받지 아니하는 흥행용으로 제공하거나 또는 그 흥행을 방송하는 것 8. 음을 기계적으로 복제하는 이용에 제공하는 기기에 저작물이 적법하게 사조된 것을 흥행 또는 방송용으로 제공하는 것 9. 오로지 관청용으로 제공하기 위해 복제하는 것
② 본조의 경우에 있어서는 그 출소를 명시하여야 한다. 단 전항제3호의 경우에는 예외로 한다.	② 본조의 경우에 있어서는 그 출처를 명시하여야 한다.
제65조(침해행위) 다음 각호의 1에 해당할 때에는 이를 저작권 침해로 본다. 1. 저작권을 침해한 저작물을 수입하여 국내에서 발매배포(發賣配布)하는 것	제31조(저작권 침해물의 수입) 제국에서 발매 배포할 목적으로 위작물을 수입하는 자는 위작자로 간주한다.

구법	일본 저작권법(1899)
2. 연습용을 위하여 저작된 문제의 해답서를 발행하는 것	제32조(문제의 해답서) 연습용을 위해 저작한 문제의 해답서를 발행하는 자는 위작자로 간주한다.
제66조(이득반환의무) 선의이며 또한 과실 없이 저작권을 침해하여 이익을 받음으로써 타인에게 손실을 가한 자는 그 이익이 현존하는 한도에 있어서 이를 반환하여야 한다.	제33조(선의·무과실에 의한 침해) 선의로 또한 과실 없이 위작을 하여 이익을 얻고 이로 인하여 타인에게 손실을 미친 자는 그 이익이 있는 한도에서 이를 반환할 의무를 진다.
제67조(합저작자) 수인의 합저작에 관한 저작물의 저작권 침해에 대하여서는 다른 저작권자의 동의 없이 고소를 하고 자기의 지분에 대한 손해의 배상을 청구하고 또는 자기의 지분에 응하여 전조의 이익의 반환을 청구할 수 있다.	제34조(공동저작물의 침해) 수인의 합저작과 관련된 저작물의 저작권자는 위작에 대해 다른 저작권자의 동의 없이 고소하고 아울러 자신의 지분에 대한 손해배상을 청구하거나 또는 자신의 지분에 따라 전조의 이익의 반환을 청구할 수 있다.
제68조(임시처분) ① 저작권 침해에 관하여 민사의 출소(出訴) 또는 형사의 기소 있을 때에는 법원은 원고 또는 고소인의 신청에 의하여 보증을 세우거나 또는 세우지 않게 하고 임시로 저작권 침해의 의심 있는 저작물의 발매배포를 금지하고 또는 이를 압류 혹은 그 공연을 금지시킬 수 있다. ② 전항의 경우에 있어서 저작권의 침해가 없다는 뜻의 판결이 확정한 때에는 신청자는 금지 또는 압류로 인하여 발생한 손해를 배상하여야 한다.	제36조(정지·압류) ① 위작에 관하여 민사소송의 제기 또는 형사의 기소가 있는 경우는 법원은 원고 또는 고소인의 신청에 의하여 보증을 서게 하거나 또는 서게 하지 아니하고 가령 위작의 의심이 있는 저작물의 발매배포를 정지하거나 혹은 이를 압류하거나 또는 그 흥행을 정지시킬 수 있다. ② 전항의 경우에 있어서 위작이 아니라는 취지의 판결이 확정된 경우는 신청자는 정지 또는 압류에 의하여 발생한 손해를 배상할 책임을 진다.
제5장 벌칙	제4장 벌칙
제69조(저작인격권의 침해) 제14조, 제16조의 규정에 위반하여 저작자의 명예를 훼손시킨 자는 6월 이하의 징역 또는 10만환 이하의 벌금에 처한다.	제38조(저작인격권 침해의 죄) 제18조의 규정에 위반한 자는 30엔 이상 300엔 이하의 벌금에 처한다.
제70조(부정발행) 저작자가 아닌 자의 성명 칭호를 부(附)하여 저작물을 발행한 자는 50만환 이하의 벌금에 처한다.	제40조(저작자명 사칭의 죄) 저작자 아닌 자의 성명, 칭호를 붙여 저작물을 발행한 자는 30엔 이상 500엔 이하의 벌금에 처한다.
제71조(부정출판공연) ① 저작권을 침해하여 저작물을 출판 또는 공연한 자는 1년 이하의 징역에 처한다.	제37조(저작권 침해의 죄) 위작을 한 자 및 정을 알고 위작물을 발매 또는 배포한 자는 50엔 이상 500엔 이하의 벌금에 처한다.

구법	일본 저작권법(1899)
② 제48조제2항의 규정에 위반한 자는 전항과 같다. ③ 전2항의 경우에는 50만환 이하의 벌금을 병과할 수 있다. ④ 제1항제2항의 저작물을 그 정을 알고 이를 발매 또는 배포한 자는 6월 이하의 징역 또는 20만환 이하의 벌금에 처한다.	
제72조(출처불명시) 제64조제2항의 규정에 위반하여 출소를 명시하지 아니하고 복제한 자는 10만환 이하의 벌금에 처한다.	제39조(출처불명시의 죄) 제20조, 제20조의2 및 제30조 제2항의 규정에 위반하여 출처를 명시하지 아니하고 복제한 자와 제13조 제4항의 규정에 위반한 자는 100엔 이하의 벌금에 처한다.
제73조(허위등록) 허위의 등록을 한 자는 6월 이하의 징역 또는 20만환 이하의 벌금에 처한다.	제42조(허위등록의 죄) 허워의 등록을 받은 자는 100엔 이하의 벌금에 처한다.
제74조(몰수) 저작권을 침해한 저작물은 저작권 침해자, 인쇄자, 발매자와 배부자의 소유인 경우에 한하여 이를 몰수한다.	제43조(몰수) 위작물 및 오로지 위작의 이용에 제공한 기계 기구는 위작자, 인쇄자, 발매자 및 배포자의 소유인 경우에 한하여 이를 몰수한다.
제75조(친고) 본장에 규정한 죄는 피해자의 고소를 기다려 그 죄를 논한다. 단 제69조의 경우에 있어서 저작자가 사망한 때와 제70조, 제73조의 경우에 있어서는 예외로 한다.	제44조(친고죄) 본 장에 규정한 죄는 피해자의 고소를 기다려 그 죄를 논한다. 다만, 제38조의 경우에 있어서 저작자가 사망한 경우와 제40조 내지 제42조의 경우에는 그러하지 아니하다.
	………………………………………… 제20조(시사문제를 논의한 기사) 신문 또는 잡지에 게재한 정치상의 시사문제를 논의한 기사(학술상의 저작물을 제외한다)는 특히 전재를 금지하는 취지의 명기가 없는 경우는 그 출처를 명시하고 이를 다른 신문 또는 잡지에 전재할 수 있다. 제20조의2(시사문제의 공개연술) 시사문제에 대한 공개연술은 저작자의 성명, 연술의 때와 장소를 명시하여 이를 신문 또는 잡지에 게재할 수 있다. 다만, 동일 저작자의 연술을 수집하는 경우는 그 저작자의 허락을 받아야 한다. 제45조(공소시효) 본 장의 죄에 대한 공소시효는 2년을 경과함으로써 완성된다.

부록 5. *Le Droit d'Auteur* 우리나라 관련 기사 및 자료

a. 1899년 영국 칙령

○ *Le Droit d'Auteur*, 15 Juin 1903, pp.61~62.

b. 뉴스 : 극동

○ *Le Droit d'Auteur*, 15 Décembre 1904, pp.150~151.

c. 뉴스 : 프랑스

○ *Le Droit d'Auteur*, 15 Janvier 1906, pp.8~9.

d. 미국과 체결한 저작권 보호에 관한 조약

○ *Le Droit d'Auteur*, 15 Avril 1906, pp.43~44.

e. 한국에서 양국의 시민과 신민의 발명, 의장, 상표 및 저작권의 상호보호에 관한 조약

○ *Le Droit d'Auteur*, 15 Novembre 1908, p.146.

f. 뉴스 : 한국

○ *Le Droit d'Auteur*, 15 Novembre 1908, p.156

g. 1908년 일본 칙령 제200호 및 제201호

○ *Le Droit d'Auteur*, 15 Février 1909, pp.17~18.

h. 1907년 영국 칙령

○ *Le Droit d'Auteur*, 15 Juin 1909, p.75.

i. 뉴스 : 일본

○ *Le Droit d'Auteur*, 15 Novembre 1910, p.160.

j. 1910년 일본 칙령 제335호 및 제338호

○ *Le Droit d'Auteur*, 15 Mai 1911, pp.57~58.

k. 일본 로마 개정 베른협약 비준(1)

○ *Le Droit d'Auteur*, 15 Juillet 1931, pp.73~74.

k-2. 일본 로마 개정 베른협약 비준(2)

○ *Le Droit d'Auteur*, 15 Avril 1932, p.40.

l. 로마 개정 베른협약 동맹국

○ *Le Droit d'Auteur*, 15 janvier 1950, p.3.

m. 연구 : 1950년 베른동맹

○ *Le Droit d'Auteur*, 15 janvier 1950, pp.6~7.

a. 1899년 영국 칙령

Législation intérieure: Grande-Bretagne

Ordonnance en Conseil concernant la Juridiction Consulaire Britannique, en Matière de Droits d'Auteur, de Brevets et de Marques de Fabrique, en Chine et en Corée (Du 2 février 1899.)

A la Cour d'Osborne House, île de Wight, le 2 février 1899. Étaient présents: Sa Très Excellente Majesté la Reine en Son Conseil.

Considérant qu'ensuite de concessions conventionnelles, de l'usage, de la tolérance et d'autres moyens légaux, Sa Majesté la Reine exerce un pouvoir et une juridiction en Chine, au Japon et en Corée;

Sa Majesté, dans l'exercice de la compétence qui lui est conférée à cet égard par la «loi de 1890 sur la juridiction à l'étranger» et autrement, veut bien, sur l'avis de Son Conseil privé, ordonner ce qui suit:

1.—Tout acte qui, s'il était commis clans le Royaume-Uni ou dans une possession britannique, constituerait la violation de l'un des statuts du Parlement britannique ou des ordonnances en Conseil ciaprès, savoir:

La loi sur les marques de marchandises, de 1887;

Les lois sur les brevets, dessins et marques do fabrique, de 1883 à 1888;

Tout statut, loi ou ordonnance en Conseil en vigueur en matière de droits d'Auteur, d'inventions, de dessins ou de marques de fabrique, ou

Tout statut amendant ou remplaçant un des statuts susmentionnés,

Constituera, s'il est commis par un sujet britannique en Chine, au Japon ou en Corée, une violation de la présente ordonnance, que cet acte ait été accompli à l'égard d'une propriété ou d'un droit appartenant à un sujet britannique ou à un étranger, ou autrement;

Cela, toutefois, à condition

(1) Qu'un exemplaire du statut ou de l'ordonnance en Conseil dont il s'agit

soit publié dans les bureaux publics de chacun des consulats généraux de Shanghaï, de Tokio et de Séoul, et que toute personne puisse en prendre connaissance à toute heure convenable; et que nul ne soit puni en vertu de la présente ordonnance pour un fait commis avant l'expiration d'un mois depuis la publication dont il s'agit, à moins que l'auteur de la violation n'ait été expressément avisé de l'existence du statut ou de l'ordonnance en cause;

(2) Que les poursuites entamées par un demandeur autre qu'un sujet britannique, ou à son profit, ne soient admises que sur le consentement écrit du Ministre ou du Chargé d'affaires de Sa Majesté, lequel pourra refuser son consentement, s'il n'est pas convaincu qu'il a été pris des mesures effectives pour la punition, par les tribunaux consulaires ou autres en Chine, au Japon ou en Corée (selon le cas), d'actes analogues, commis par les sujets de la Puissance ou de l'État auquel ressortit le demandeur, quand ils concernent ou lèsent les intérêts des sujets britanniques.

2. —La violation de la présente ordonnance pourra être punie de la prison pour une durée n'excédant pas trois mois, ou d'une amende n'excédant pas 100 £, ou des deux peines réunies.

3. —La présente ordonnance peut être citée comme «l'ordonnance en Conseil concernant la Chine, le Japon et la Corée (brevets, etc.)».

Et le Très honorable marquis de Salisbury, K. G., l'un des Secrétaires d'État Principaux de Sa Majesté, est chargé de donner les directions nécessaires à cet égard.

W. FITZ ROY.

Note de la Rédaction. Le titre de cette ordonnance indiquait aussi le Japon, mais, sur une question que lui a adressée le Bureau international, l'Administration anglaise (Board of Trade) a bien voulu faire savoir à ce Bureau par office du 10 juin 1903 que l'article XX du traité de commerce anglo-japonais de 1894 concernant la suppression de la juridiction consulaire britannique au Japon ayant été mis à exécution par une Ordonnance en Conseil du 7 octobre 1899, celle ci-dessus traduite ne s'applique plus au Japon à partir de cette date (was nullified in so far as concerns Japan).

b. 뉴스 : 극동

Nouvelles diverses: Extrême-Orient

Protection des auteurs étrangers en Chine et en Corée sur la base de l'ordonnance anglaise du 2 février 1899 Le 2 février 1899, la Grande-Bretagne avait promulgué une ordonnance en conseil permettant de recourir en Chine et en Corée à la juridiction consulaire britannique en matière de *copyright*, de brevets et de marques de fabrique, chaque fois que l'acte commis dans ces pays d'Orient par un sujet anglais constituerait, s'il était commis dans l'Empire britannique, une violation de la législation de cet État ou encore une atteinte au droit d'un étranger ressortissant à une Puissance qui assure aux Anglais dans lesdits pays le traitement réciproque. Cette ordonnance avait été rendue à la suite des démarches faites par la France auprès du Gouvernement anglais en vue de garantir la protection mutuelle des marques de fabrique en Extrême-Orient, et comme, dans ces pourparlers, il n'avait pas été question des œuvres littéraires et artistiques, on pouvait se demander si le terme *copyright* employé dans l'ordonnance comprenait le droit exclusif de reproduction de ces œuvres ou visait uniquement le droit de reproduction en matière de propriété industrielle. Ce doute vient d'être dissipé.

Le Syndicat des sociétés littéraires et artistiques pour la protection de la propriété intellectuelle, institué au Cercle dé la librairie de Paris, avait adressé au Ministère des Affaires étrangères de France, par lettre du 4 février 1904, la question de savoir si les Français pouvaient se prévaloir en Chine et en Corée de ladite ordonnance pour intenter des poursuites à des sujets anglais dans l'éventualité de contrefaçons littéraires; ce Ministère ayant soumis le cas au *Foreign Office*, Lord Lansdowne lui fit savoir que, après un sérieux examen de la question, la rédaction de l'ordonnance du 2 février 1899 lui paraissait assez large pour comprendre toutes les espèces de *copyright*. En communiquant cette réponse au Syndicat, par lettre du 30 septembre 1904, le Ministère des Affaires étrangères de France en conclut que les nationaux français pourront certainement invoquer désormais cette ordonnance vis-à-vis des contrefacteurs anglais, étant donné que la législation française applicable aux citoyens français en Extrême-Orient offre, au point de vue de la répression des actes de contrefaçon, les garanties exigées par l'ordonnance précitée.

Cette conclusion à laquelle le Syndicat parisien désire voir donner «toute la publicité dont elle est susceptible», implique une solution de principe dont bénéficieront tous les pays qui sont à même d'accorder la réciprocité aux Anglais sur ce terrain.

c. 뉴스 : 프랑스

Nouvelles diverses: France

Action officielle et privée en faveur de la protection internationale des auteurs

L'Empire d'Allemagne ayant réussi à stipuler dans la Convention additionnelle, du 15 juillet 1904, au traité de navigation et de commerce germano-russe, du 10 février 1894, l'engagement du Gouvernement russe d'entrer, dans le délai de trois ans, en négociations pour la conclusion d'un arrangement relatif à la protection réciproque des auteurs (v. *Droit d'Auteur*, 1905, p.54), une stipulation identique a été insérée dans la convention commerciale franco-russe du 16 septembre 1905 (art. 7).

A la date du 2 juillet 1905 a élé signé à Quito im arrangement additionnel à la convention littéraire conclue le 9 mai 1898 entre la France et l'Equateur; il s'agissait de garantir réciproquement aux deux parties contractantes le traitement de la nation la plus favorisée (v. *Droit d'Auteur*, 1905, p.64), afin d'assurer à la France le bénéfice des dispositions plus larges contenues dans le traité littéraire conclu entre l'Equateur et l'Espagne le 30 juin 1900.

Le Syndicat des sociétés littéraires et artistiques pour la protection de la propriété intellectuelle, institué au Cercle de la librairie à Paris, convaincu de la nécessité de réprimer la contrefaçon commise en Chine par l'importation de traductions et reproductions illicites d'œuvres françaises contrefaites à l'étranger et spécialement aux États-Unis, a décidé de prier le Ministère des Affaires étrangères de faire les démarches nécessaires auprès des divers Etats européens intéressés pour conclure avec eux une entente semblable à celle conclue entre l'Angleterre et la France; ces deux pays se sont engagés, sur la base de l'ordonnance anglaise du 2 février 1899, à réprimer tout acte de contrefaçon commis en Chine et en Corée par un de leurs ressortissants au détriment du sujet ou citoyen de l'autre pays (v. *Droit d'Auteur*, 1904, p.150).

d. 미국과 체결한 저작권 보호에 관한 조약

Conventions particulières: Japon

Traité concernant la Protection du Droit d'Auteur Conclu avec les États-Unis d'Amérique (Du 10 novembre 1905.)

Le Président des États-Unis d'Amérique et S. M. l'Empereur du Japon, également désireux d'étendre à leurs sujets et citoyens le bénéfice de la protection légale, dans les deux pays, du droit d'Auteur, ont décidé de conclure dans ce but une convention et ont nommé pour leurs plénipotentiaires (noms de ceux-ci) …

ARTICLE 1er.—Les sujets ou citoyens de chacune des deux Hautes Parties contractantes jouiront, dans les possessions de l'autre, de la protection du droit d'Auteur contre la reproduction illicite, à l'égard de leurs œuvres de littérature et d'art ainsi que des photographies sur la même base que celle qui assure la protection aux sujets ou citoyens de l'autre Partie, sous réserve, toutefois, des dispositions de l'article 2 de la présente convention.

ART. 2.—Les sujets ou citoyens de chacune des deux Hautes Parties contractantes pourront, sans autorisation, traduire des livres, brochures ou tous autres écrits, œuvres dramatiques et compositions musicales, publiés dans les possessions de l'autre Partie par les sujets ou citoyens de la dernière, et imprimer et publier ces traductions.
ART. 3.—La présente convention sera ratifiée et les ratifications en seront échangées à Tokio aussi tôt que possible; elle entrera en vigueur à partir du jour de l'échange des ratifications et ne s'appliquera qu'aux œuvres publiées après sa mise à exécution. Chacune des Parties contractantes aura le droit de notifier à l'autre, en tout temps, son intention de mettre fin à la présente convention laquelle cessera entièrement de déployer ses effets à l'expiration de trois mois à partir de ladite notification. En foi de quoi, les Plénipotentiaires précités ont signé la présente convention et y ont apposé leurs sceaux.

Fait en double exemplaire, en langues anglaise et japonaise, à Tokio, le 10 novembre 1905, correspondant au 10e jour du 11e mois de la 38e année de Meiji.

LLOYD C. GRISCOM.

TARO KATSURA.

Note de la Rédaction. —Le traité ci-dessus est entré en vigueur le 28 février 1906, jour de l'échange des ratifications. V. sur ses antécédents, *Droit d'Auteur*, 1906, p.32; v. aussi sur les rapports entre les deux pays, ibid., 1900, p.23.

e. 한국에서 양국의 시민과 신민의 발명, 의장, 상표 및 저작권의 상호보호에 관한 조약

Conventions particulières: Japon-États-Unis

Convention concernant la Protection Réciproque, en Corée, des Inventions, Dessins, Marques de Fabrique et Droits d'Auteur des Citoyens et Sujets des Deux Pays (Du 19 mai 1908.)

ARTICLE PREMIER.—Le Gouvernement japonais fera mettre à exécution en Corée, simultanément avec la mise en vigueur de la présente convention, des lois et règlements, analogues à ceux existant actuellement au Japon concernant les inventions, dessins, marques de fabrique et droits d'Auteur.

Ces lois et règlements seront applicables aux citoyens américains en Corée de la même manière qu'aux sujets japonais et coréens. Si les lois et règlements actuels du Japon, mentionnés dans le precedent paragraphe, étaient modifiés ultérieurement, les lois et règlements ainsi mis en vigueur en Corée seraient également modifies conformément aux principes adoptés dans la législation nouvelle.

ART. 2.—Dans le cas où il serait porté atteinte par des citoyens américains à des inventions, dessins, marques de fabrique ou droits d'Auteur susceptibles d'être protégés en Corée, le Gouvernement des États-Unis d'Amérique s'engage à placer ces citoyens, à cet égard, sous la juridiction exclusive des tribunaux japonais en Corée, la jurisdiction extraterritoriale des États-Unis étant écartée en ces matières.

ART. 3.—Les citoyens des possessions appartenant aux États-Unis bénéficieront, en ce qui concerne l'application de la présente convention, du même traitement que les citoyens des États-Unis.

ART. 4.—Les sujets coréens jouiront aux États-Unis de la même protection que les nationaux en ce qui concerne les inventions, dessins, marques de fabrique et droits d'Auteur, pourvu qu'ils remplissent les formalités prescrites par les lois et règlements des États-Unis.

ART. 5.—Les inventions, dessins, marques de fabrique et droits d'Auteur qui, avant la mise en vigueur des lois et règlements mentionnés dans l'article 1er cidessus, auront été dûment brevetés ou enregistrés au Japon au profit de citoyens des États-Unis jouiront sans autres formalités, en Corée, en vertu de la présente convention, de la protection qui est ou sera ultérieurement assurée aux mêmes droits de propriété industrielle et littéraire qui auront été brevetés ou enregistrés d'une façon analogue au profit de sujets japonais ou coréens.

Les inventions, dessins, marques de fabrique et droits d'Auteur qui auront été dûment brevetés ou enregistrés aux États-Unis au profit de citoyens ou sujets de l'une ou l'autre des Hautes Parties contractantes ou de sujets coréens avant la mise en vigueur de la présente convention auront, de même, droit à être brevets ou enregistrés en Corée sans le payement d'aucune taxe, à la condition que ces inventions, dessins, marques de fabri que et droits d'Auteur soient de nature à pouvoir être brevetés ou enregistrés en vertu des lois et règlements ci-dessus mentionnés et, en outre, que les demarches faites pour obtenir le brevet ou l'enregistrement soient entreprises dans le délai d'un an après la mise à exécution de la présente convention.

ART. 6.—Le Gouvernement du Japon s'engage à appliquer en Corée aux citoyens américains le même traitement en matière de protection du nom commercial que celui dont ils jouissent dans les territoires et possessions du Japon en vertu de la Convention pour la protection de la propriété industrielle, signée à Paris le 20 mars 1883.

Les désignations d'établissements («Hong» marks) seront considérées pour les effets de la présente convention comme étant des noms commerciaux.

ART. 7.—La présente convention sera ratifiée et les ratifications en seront échangées à Tokio le plus tôt possible. Elle entrera en vigueur dix jours après cet échange des ratifications.

En foi de quoi, etc.

Note.—Les données concernant la ratification et la mise à exécution de la convention ci-dessus sont absolument les memes que celles relatives à la convention traduite en premier lieu et conclue par les mêmes plénipotentiaires.

f. 뉴스 : 한국

Nouvelles diverses: Corée

Nouvelle législation sur le droit d'Auteur

Par une convention conclue le 19 mai 1908 entre les États-Unis d'Amérique et le Japon pour la protection réciproque, en Corée, des inventions, dessins, marques et droit d'Auteur des citoyens et sujets respectifs, le Gouvernement japonais s'est engagé à mettre en exécution des lois et règlements, analogues à ceux existant actuellement au Japon, concernant ces domaines, et cela simultanément avec la mise en vigueur de la convention précitée. Cet engagement est réalisé. La convention est entrée en vigueur le 16 août 1908, et, trois jours avant cette date, la Gazette officielle du Japon (n° du 13 août) a publié le texte des lois relatives à la protection, en Corée, des brevets, marques de fabrique, dessins et droit d'Auteur, ces lois étant inspirées des lois japonaises sur les mêmes matières.

g. 1908년 일본 칙령 제200호 및 제201호

Législation intérieure: Japon

I

Ordonnance concernant le Droit d'Auteur en Corée (n° 200, du 12 août 1908.)(1)

ARTICLE PREMIER.—En ce qui concerne le droit d'Auteur en Corée, sera applicable la législation (japonaise) en matière de droit d'Auteur(2); toutefois, dans l'interprétation de cette loi, le ternie «Empire» désigne «la Corée» et l'expression «Cour de justice» désigne les «Résidences et la Cour de résidence générale».

ART. 2.—La présente ordonnance accorde la même protection aux sujets japonais et coréens par rapport aux droits d'Auteur et sera également applicable aux sujets ou citoyens des pays qui n'exercent pas en Corée de juridiction extraterritoriale en ce qui concerne la protection du droit d'Auteur.

Dispositions additionnelles

ART. 3.—La présente ordonnance entrera en vigueur le 16 août 1908.

ART. 4.—Les droits d'Auteur que pourront posséder au Japon des sujets japonais, des sujets coréens ou des citoyens américains antérieurement à la mise en vigueur de la présente ordonnance seront protégés en vertu de celle-ci.

ART. 5.—Les sujets japonais, les sujets coréens ou les citoyens américains dont les droits d'Auteur auront été, antérieurement à la mise en vigueur de la présente ordonnance, enregistrés aux États-Unis, pourront en demander l'enregistrement, sans aucuns frais, au Bureau des brevets de la Résidence générale dans le délai d'une année à partir de l'entrée en vigueur de la présente ordonnance.

ART. 6.—Quiconque aura, sans le consentement du titulaire du droit d'Auteur, reproduit, traduit, exécuté ou représenté, ou commencé à reproduire, traduire, exécuter ou représenter en Corée, avant la mise en vigueur de la présente ordonnance, les œuvres de sujets japonais, de sujets coréens ou de citoyens américains, protégées au Japon ou aux États-Unis, pourra les compléter et les vendre, répandre, exécuter ou représenter pendant l'année subséquente au jour de la mise en vigueur de la présente ordonnance.

ART. 7.—Dans les cas prévus dans l'article précédent, les reproductions ne pourront être vendues, répandues, exécutées ou représentées que sous les conditions fixées par une ordonnance de la Résidence générale.

Marquis TARO KATSURA, Premier Ministre.

Vicomte MASATAKE TERAUCHI, Ministre des Affaires étrangères.

(1) Publiée dans la Gazette officielle du 18 août 1908.

(2) La loi japonaise du 3 mars 1S99, *Droit d'Auteur*, 1899, p.141 et s.

II

Ordonnance concernant la Protection des Brevets, Dessins et Modèles, Marques de Fabrique et Droits d'Auteur dans les Provinces de Canton et les Autres Pays où le Japon Pourrait Exercer une Juridiction Extraterritoriale (N° 201, du 12 août 1908.)

ARTICLE 1er.—La validité des droits en matière de brevets, de dessins et modèles, de marques de fabrique et de droit d'Auteur dont les sujets japonais et coréens jouissent au Japon est étendue aux sujets japonais et coréens résidant dans la province de Canton et dans tous autres pays où le Japon pourrait exercer une juridiction extraterritoriale.

ART. 2.—Les dispositions pénales des lois(1) sur les brevets, sur les dessins et modèles, sur les marques de fabrique et le droit d'Auteur sont applicables aux sujets japonais et coréens résidant dans la province de Canton et dans tout autre pays où le Japon pourrait exercer une juridiction extraterritoriale.

ART. 3.—En ce qui concerne les droits en matière de propriété industrielle et de droit d'Auteur dont jouissent au Japon les sujets ou citoyens d'autres pays que le Japon et la Corée, les dispositions des deux articles précédents ne seront applicables que si ces autres pays protègent la propriété industrielle et le droit d'Auteur des sujets japonais et coréens dans les États étrangers où ils pourraient exercer une juridiction extraterritoriale, et s'ils n'exercent pas une juridiction extraterritoriale en Corée en matière de propriété industrielle et de droit d'Auteur.

(Note: Ces deux conditions sont: (a) la protection réciproque de la propriété industrielle dans tous pays où une juridiction extraterritoriale pourrait être exercée; (b) la renonciation à une telle juridiction en Corée en ce qui concerne la propriété industrielle.)

Dispositions additionnelles

ART. 4.—La présente ordonnance entrera en vigueur le 16 août 1908.

ART. 5.—Toute personne qui, à l'époque de l'entrée en vigueur de la présente ordonnance, aurait en son pouvoir des marchandises frauduleusement munies de marques de fabrique appartenant à une autre personne investie du droit à la protection en vertu de la présente ordonnance, ou munies de l'imitation d'une telle marque, devra enlever ou oblitérer ces marques ou retirer ces marchandises du marché chinois dans les six mois à partir de l'entrée en vigueur de la présente ordonnance.

ART. 6.—Toute personne qui, sans le consentement du titulaire d'un droit d'Auteur, aura reproduit, traduit ou représenté, ou commencé à reproduire, à traduire ou à représenter, en Chine, avant l'entrée en vigueur de la présente ordonnance, une œuvre dont un sujet japonais ou coréen ou un sujet américain a acquis le droit d'Auteur au Japon ou aux États-Unis, pourra compléter cette œuvre, la vendre, la distribuer ou l'exécuter, pendant l'année qui suivra l'entrée en vigueur de la présente ordonnance.

(*Mêmes signatures.*)

(1) Japonaises.

h. 1907년 영국 칙령

Législation intérieure: Grande-Bretagne

Ordonnance concernant la Juridiction Britannique en Matière de Droit d'Auteur, Etc., en Chine et en Corèe (Du 11 février 1907.)

L'article 3 de cette ordonnance a la même portée, sinon la même teneur, que l'ordonnance ci-dessus; la protection est donc également étendue aux indigènes (native); il n'en a pas été ainsi dans la première ordonnance relative à la juridiction anglaise en Chine et en Corée, du 2 février 1899 (v. le texte, *Droit d'Auteur*, 1903, p.61), qui a été remplacée par l'article 69 de l'Ordonnance principale de 1904 (The China and Corea Order in Council, 1904), article amendé, à son tour, par l'ordonnance du 11 février 1907. Dans cette dernière, nous trouvons l'adjonction suivante: «Lorsqu'un arrangement semblable (il s'agit d'un arrangement établissant la réciprocité entre la Grande-Bretagne et l'État auquel le demandeur appartient) est en vigueur, le Ministre pourra publier un avis à ce sujet et le tribunal devra en prendre connaissance en administrant justice.»

i. 뉴스 : 일본

Nouvelles diverses: Japon

Annexion de la Corée

Après quelques années de protectorat, le Japon a procédé à l'annexion de la Corée le 29 août 1910. Les deux régimes ont eu leur répercussion sur la protection des droits des auteurs.

Le 19 mai 1908, le Japon avait conclu avec les États-Unis une convention concernant la protection réciproque, en Corée, des inventions, dessins, marques de fabrique et droits d'Auteur des citoyens et sujets des deux pays; il s'était engagé à mettre à exécution, dans ce but, en Corée, des lois et règlements analogues à ceux existant au Japon concernant ces matières, et cela aussitôt que cette convention serait entrée en vigueur (v. *Droit d'Auteur*, 1908, p.146 et 156). Effectivement, par une ordonnance n° 200, du 12 août 1908, et qui devait déployer ses effets le 16 août suivant, jour de la mise en vigueur de la convention précitée, le Japon déclara sa propre législation en matière de droit d'Auteur applicable en Corée; en vertu de l'article 2 de l'ordonnance, la même protection relative aux droits d'Auteur était accordée aux sujets japonais et coréens, de même qu'aux sujets et citoyens des pays n'exerçant pas en Corée de juridiction extraterritoriale en cette matière; l'ordonnance contenait, en outre, des dispositions d'ordre transitoire quant à la protection des droits d'Auteur au Japon, en Corée et aux États-Unis en faveur des sujets japonais, des sujets coréens et des citoyens américains (v. *Droit d'Auteur*, 1909, p.17).

Cette ordonnance (*The Imperial ordinance relating to copyrights in Korea*) a été abrogée, à la suite de l'annexion, par une autre portant le n° 338 et concernant la mise à exécution, en Corée, de la législation japonaise pure et simple sur le droit d'Auteur, étant entendu que les enregistrements effectués conformément à l'ancienne ordonnance seront considérés comme opérés sous l'empire de la loi japonaise elle-même. Dans une déclaration faite au sujet de l'annexion par le Gouvernement du Japon, il est dit que les traités existant entre les Puissances étrangères et le Japon remplaceront, le cas échéant, les traités conclus jusqu'ici par la Corée, lesquels cesseront d'être en vigueur. Nous saurons probablement sous peu si cette disposition s'applique également, par voie indirecte, au traité d'Union; nous étudierons alors les conséquences que cette extension territoriale du Japon aura, éventuellement, pour l'Union de Berne, en général, et pour certains de ses membres, en particulier, qui, comme la France et la Grande-Bretagne, se sont engagés, sur la base de l'ordonnance anglaise du 2 février 1899, à réprimer tout acte de contrefaçon commis en Chine et en Corée par un de leurs ressortissants au détriment du sujet ou citoyen de l'autre pays(1).

(1) V. *Droit d'Auteur*, 1903, p.61; 1904, p.150; 1906. p.9; 1909, p.75.

j. 1910년 일본 칙령 제335호 및 제338호

Législation intérieure: Japon

I

Ordonnance Impériale N° 335 déclarant Applicables en Corée les Lois sur les Brevets d'Invention, le Droit d'Auteur, Etc. (Du 29 août 1910.)

Les lois ci-dessous énumérées sont applicables en Corée:

1° La loi sur les brevets d'invention;

2° La loi sur les dessins et modèles industriels;

3° La loi sur les modèles d'utilité;

4° La loi sur les marques de fabrique ou de commerce;

5° La loi sur le droit d'Auteur.

Disposition additionnelle

La présente ordonnance entrera en vigueur le jour de sa promulgation.

(Signature de l'Empereur.)

Marquis TARO KATSURA,
Premier Ministre.

II

Ordonnance Impériale N° 338 relative à la Mise à Exécution, en Corée, de la Loi sur le Droit d'Auteur (Du 29 août 1910.)

Les enregistrements obtenus en vertu de l'ordonnance impériale concernant le droit d'Auteur en Corée seront considérés comme ayant été obtenus en vertu de la loi sur le droit d'Auteur.

L'ordonnance impériale concernant le droit d'Auteur en Corée est abrogée par la présente(1).

Disposition additionnelle

La présente ordonnance entrera eu vigueur le jour de sa promulgation.

(Signature de l'Empereur.)

Marquis TARO KATSURA, Premier Ministre.
(Signatures de tous les autres Ministres.)

(1) V. le texte de cette ordonnance, N° 200, du 12 août 1908, *Droit d'Auteur*, 1909, p.17.

k. 일본 로마 개정 베른협약 비준(1)

Union internationale: Japon

RATIFICATION par le Japon de la Convention de Berne pour la Protection des Oeuvres Littéraires et Artistiques, Revisée en Dernier Lieu à Rome le juin 1928

Circulaire du Conseil fédéral suisse aux Gouvernements des Pays unionistes

Berne, le 2 juillet 1931.

Monsieur le Ministre,

Nous avons l'honneur de porter à la connaissance de Votre Excellence que la Légation royale d'Italie à Berne nous a informés, le 24 juin dernier, de la ratification par le Japon de la Convention de Berne pour la protection des oeuvres littéraires et artistiques, revisée en dernier lieu à Rome le 2 juin 1928, par la note suivante:

«D'ordre de son Gouvernement la Légation royale d'Italie a l'honneur de porter à la connaissance du Département politique fédéral que l'Ambassade du Japon à Rome a notifié au Ministère royal des Affaires étrangères, par une note en date du 12 juin courant (sub n° 131), que le Japon ratifie la Convention pour les oeuvres littéraires et artistiques du 9 septembre 1886, revisée à Berlin le 13 novembre 1908 et à Rome le 2 juin 1928.

L'instrument de ratification, qui est daté du 5 juin 1931, a été expédié de Tokio le 9 de ce mois, et sera remis au Ministère royal des Affaires étrangères dès qu'il parviendra à Rome.

Ledit Ministère, en prenant acte de cette déclaration officielle, a répondu à l'Ambassade du Japon qu'on considère ce pays comme ayant ratifié en temps dû la Convention susmentionnée.»

La ratification dont il s'agit produira ses effets le jour de l'entrée en vigueur de ladite Convention, conformément aux dispositions des alinéas 1 et 2 de l'article

28 de cet accord.

En vous priant de bien vouloir prendre acte de ce qui précède, nous vous présentons, Monsieur le Ministre, l'assurance de notre haute considération.

Au nom du Conseil fédéral suisse:

Le Vice-Président,

MOTTA.

Le Vice-Chancelier,

G. BOVET.

Note de la Rédaction.—Les ratifications de la Bulgarie et du Japon viennent s'ajouter à celle de la Suisse, que nous avons annoncée dans le *Droit d'Auteur* du 15 juin 1931, p.61. Ces trois ratifications produiront leur effet à partir du ler août 1931.

k-2. 일본 로마 개정 베른협약 비준(2)

Union internationale: Japon

Première circulaire

Voir dans le *Droit d'Auteur* du 15 juillet 1931, p.73, la circulaire du Conseil fédéral suisse aux Gouvernements des Pays contractants, en date du 2 juillet 1931.

Deuxième circulaire

RATIFICATION de la Convention de Berne Revisée en Dernier Lieu à Rome le 2 juin 1928. Notification Complémentaire Relative au Maintien d'une Réserve à l'Application de l'Acte de Rome dans Certaines Possessions Japonaises et au Passage du Japon de la Deuxième dans la Première Classe pour la Participation aux Dépenses du Bureau International

Circulaire du Conseil fédéral suisse aux Gouvernements des Pays contractants

Berne, le 16 mars 1932.

Monsieur le Ministre,

En complément de notre note-circulaire du 2 juillet dernier, nous avons l'honneur de porter à la connaissance de Votre Excellence qu'en ratifiant, auprès du Gouvernement royal d'Italie, la Convention de Berne pour la protection des œuvres littéraires et artistiques, revisée en dernier lieu à Rome le 2 juin 1928, le Gouvernement japonais a déclaré vouloir conserver la réserve qu'il avait antérieurement formulée au sujet du droit de traduction. Cette réserve consiste à substituer à l'article 8 de la Convention de Berne, revisée à Berlin le 13 novembre 1908, l'article 5 de la Convention de Berne primitive, du 9 septembre 1886, dans la version de l'Acte additionnel de Paris, du 4 mai 1896.

En outre, par note du 15 juillet 1931, la Légation du Japon à Berne nous a fait savoir :

1° qu'en vertu de l'article 26, alinéa 1er, de la Convention de Berne revisée en dernier lieu à Rome le 2 juin 1928, ladite Convention était applicable, à partir du jour de sa mise en vigueur au Japon (1er août 1931), aux territoires ci-après mentionnés: Corée (Chôsen), Formose (Taïwan), Sakhaline du Sud (Karafuto), territoire à bail de Kouantoung (Kwanto);

2° que, conformément aux stipulations de l'article 23, alinéa 4, de la Convention de Berne révisée en dernier lieu à Rome le 2 juin 1928, le Japon entendait être rangé, dès l'exercice 1932, dans la première classe des pays de l'Union, au lieu de la deuxième, pour sa participation aux dépenses du Bureau international.

En vous priant de bien vouloir prendre acte de ce qui précède, nous vous présentons. Monsieur le Ministre, l'assurance de notre haute considération.

Au nom du Conseil fédéral suisse:
Le Président de la Confédération,
MOTTA.
Le Chancelier de la Confédération,
KAESLIN.

Note de la Rédaction.—Au sujet de la date de l'entrée en vigueur de l'Acte de Rome dans les possessions japonaises susindiquées, voir, mutatis mutandis, notre observation concernant les colonies néerlandaises, *Droit d'Auteur* du 15 septembre 1931, p.107, 1er col.

Traduction française de l'instrument de ratification

HIROHITO, par la Grâce du Ciel, Empereur du Japon, placé sur le Trône occupé éternellement par la même Dynastie, à tous ceux qui les présentes lettres verront, Salut!

Ayant vu et examiné la Convention de Berne pour la protection des œuvres littéraires et artistiques du 9 septembre 1886, revisée à Berlin le 13 novembre 1908 et à Rome le 2 juin 1928, qu'ont signé, le deuxième jour du sixième mois de la troisième année de Showa, à Rome, Nos Plénipotentiaires, ainsi que les autres Plénipotentiaires des pays intéressés,

Nous déclarons par les présentes l'approuver et la ratifier.

En foi de quoi, nous avons signé les présentes et y avons fait apposer le Sceau de l'Empire à Notre Palais Impérial à Tokio, le cinquième jour du sixième mois de la sixième année de Showa, correspondant à l'an deux mille cinq cent quatre-vingt-onze de l'Avènement au Trône de l'Empereur Jimmu.

L S (Signé) HIROHITO.

(Contresigné)

Baron KUURO SHIDEHARA,

Ministre des Affaires étrangères.

Déclaration

Conformément aux stipulations de l'article 27 (2) de la Convention de Berne pour la protection des œuvres littéraires et artistiques du 9 septembre 1886, revisée à Berlin le 13 novembre 1908 et à Rome le 2 juin 1928, le soussigné, dûment autorisé à cet effet déclare que le Gouvernement japonais entend conserver le bénéfice de la réserve qu'il a formulée antérieurement, c'est-à-dire entend rester lié, en ce qui concerne le droit exclusif des auteurs de faire ou d'autoriser la traduction de leurs œuvres, qui est visé à l'article 8 de ladite Convention, par les dispositions de l'article 5 de la Convention de Berne du 9 septembre 1886, amendé par le n° 3 de l'article 1er de l'Acte additionnel signé à Paris le 4 mai 1896.

Fait à Rome le 10 juillet (6 Showa) 1931.

(Signé) SHIGERU YOSHIDA

I. 로마 개정 베른협약 동맹국

Union internationale: III. L'Acte de Rome

……

Enfin, l'Acte de Rome a été déclaré applicable:

dans un certain nombre de possessions britanniques (v. *Droit d'Auteur* des 15 avril 1932, pp.38-39, 15 janvier 1933, p.3, 15 décembre 1933, p.134, 15 octobre 1938, p.113, 15 novembre 1938, p.125);

dans les colonies françaises et dans les pays de protectorat et territoires relevant du Ministère français des Colonies (v. *Droit d'Auteur* du 15 décembre 1933, p.133);

dans les territoires suivants: Corée, Formose, Sakhaline du Sud et Kouantoung (v. *Droit d'Auteur* du 15 avril 1932, p.40) (2);

dans les colonies suivantes des Pays-Bas: Indonésie, Surinam et Antilles néerlandaises (v. *Droit d'Auteur* du 15 avril 1932, p.41);

dans la zone espagnole du protectorat du Maroc et dans les colonies espagnoles (v. *Droit d'Auteur* du 15 décembre 1934, p.133);vc

dans les Territoires de Papua, dans Vile de Norfolk, dans les Territoires de la Nouvelle Guinée et de Nauru, selon notification du Gouvernement, de Sa Majesté Britannique en Australie (v. *Droit d'Auteur* du 15 juillet 1936, p.73);

dans le Samoa Occidental, selon notification du Gouvernement de Sa Majesté Britannique en Nouvelle-Zélande (v. *Droit d'Auteur* du 15 novembre 1947, p.121);

dans le Congo belge et le Ruanda-Urundi, selon notification du Gouvernement belge (v. *Droit d'Auteur* du 15 décembre 1948, p.141).

(2) Possessions ci-devant japonaises, au sujet desquelles des informations officielles font encore défaut.

m. 연구 : 1950년 베른동맹

Études générales: L'Union internationale au seuil de 1950

……

Dans le Droit d'Auteur du 15 avril 1932, p.40, nous avons reproduit la circulaire du Conseil fédéral suisse annonçant aux pays contractants que la Convention de Berne revisée à Rome le 2 juin 1928 était applicable dans les possessions japonaises suivantes: Corée, Formose, Sakhaline du Sud et Kouantoung. La défaite de 1945 a privé le Japon de toutes ses colonies: on doit par conséquent considérer que les possessions en cause ont cessé d'être unionistes dèle moment où elles ont échappé à la souveraineté japonaise. Mais nous n'avons encore reçu aucune notification officielle qui enregistre le changement survenu. Les faits ont là: ils apparaissent en particulier à propos de l'île de Formose, qui joue présentement un rôle stratégique important dans la guerre civile chinoise, comme bastion du Gouvernement nationaliste. Tant qu'un traité de paix n'a pas été signé avec le Japon, peut-on soutenir que les possessions japonaises susmentionnées sont détachées juridiquement du Japon et donc qu'une oeuvre suisse, par exemple, n'est plus protégée à Formose, île chinoise de facto? La question n'a pas une grande portée pratique. On peut la formuler en théorie.

찾아보기

_ㅅ

_ㅇ

_ㅈ

_ㅊ

_ㅋ

_ㅍ

_ㅎ

_A~Z